鋼モルタル板を用いた
座屈拘束ブレース
Buckling-Restrained Brace using Steel Mortar planks ; BRBSM

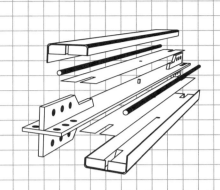

鋼モルタル板を用いた座屈拘束ブレース
Buckling-Restrained Brace using Steel Mortar planks ; BRBSM

岩田 衛
Mamoru Iwata

鹿島出版会

Buckling Restrained Brace using Steel Mortar planks ; BRBSM
by Mamoru Iwata
Copyright© 2018 by Mamoru Iwata
ISBN978-4-306-03384-9 C3012

All right reserved
including the right of reproduction
in whole or in part in any form.
Published 2018 in Japan
by Kajima Institute Publishing Co.,Ltd.
2-5-14 Yaesu, Chuo-Ku, Tokyo 104-0028, Japan

はじめに

　日本のような地震国における建築構造の設計にとって、耐震設計法は最重要課題の一つである。現行の耐震設計法では、設計目標として中規模地震時には地震後でも無損傷で建物が継続使用可能であること、大地震時には人命を保護することが示されている。言い換えるならば、大地震時には建物が崩壊して居住者の命が奪われないことを条件に、建物が継続使用不可となるような損傷を許容しているということになる。実際、1995年の兵庫県南部地震およびその後の大地震においては、柱と梁からなる主体構造に多くの破壊が集中し、大規模補修や建替えを余儀なくされた建物が多く報告されている。多くの人々は、人命保護は当然のこととして、大地震後であっても建物が継続使用可能で、資産価値が下がらないことを求めているであろう。

　著者は共同研究者らと共に、1990年から建築構造の損傷制御という考え方に基づき、大地震時でも主体構造を弾性範囲に抑え、耐震・制振部材によりエネルギー吸収を図り、損傷を最小限に留める「損傷制御構造」を研究してきた。その後、建物の耐震性能における"財産の保護"という考え方は広まっていき、損傷制御構造に関する先駆的な研究が認められ、2003年（平成15年）に日本建築学会賞（技術）（建築物の損傷制御構造の研究・開発・実現）を和田章博士（当時、東京工業大学教授）、川合廣樹博士（当時、日建設計技師長）と共同受賞した。

　更に、著者は損傷制御構造を広く普及させるためには、従来の耐震・制振部材よりも高性能・低コストのものが必要であると考え、1999年の神奈川大学への赴任を機会に、新しい座屈拘束ブレースの研究に着手した。本書で叙述する「鋼モルタル板を用いた座屈拘束ブレース（BRBSM：Buckling Restrained Brace using Steel Mortar planks）」を発案した後、BRBSMの主として実験的研究を、緑川光正博士（当時、北海道大学教授）、中込忠男博士（当時、信州大学教授）らと共に長年に亘り行った。

　東海・東南海・南海などの海洋型地震や直下地震も想定される近年のわが国において、BRBSMを用いて建物の損傷を最小限に抑え、できる限り継続使用可能な状況に留めることは災害時の危機管理、レジリエンス確保の上で必須事項となっている。またBRBSMを用いた建物は、大地震時における損傷をBRBSMのみに限定することにより、地球環境に配慮したサステナブル建築の第一要件である建物の長寿命化を図ることができる。既存不適格建物をBRBSMで耐震補強して寿命を延ばすことも重要である。

現代では、コンピュータを用いた数値解析によって建築構造の挙動を把握する手法が広まっている。数値解析には力学的原理が用いられ、実在する部材や構造物を力学モデルに置き換え、建築構造の挙動を把握する。しかし、この手法が一般論として広まってしまうことは危うい一面もある。数値解析では、構造物にさまざまな条件を設定しモデル化し、そのもとで結果が示される。もし設定条件が実際の条件と異なれば、解析結果が示す挙動は実現象とは大きく異なってくる。建築構造の挙動を把握する手段としては有効だが、その結果は必ずしも確実なものではない。

　一方、実験は材料試験、部材実験、構造実験を踏まえた一つの実挙動結果である。コンピュータ解析が容易にできる時代にこそ、先ずは実験により事実確認をするべきである。もちろん実験結果が構造物の実挙動を完全に再現しているわけではなく、実験装置でさえも荷重と建物をモデル化したもので、実際の建物とは同じではない。それでも実験によって肌で感じられる直観的・体感的な事実や結果の目視は重要である。本書は著者らが20年近くに亘り行ったBRBSMに関する実験的研究を主として纏めたものである。膨大な実験データを主体とした内容であり、本書を読んだ方がBRBSMの実挙動について深く理解し、今後の研究や実務の参考にして頂ければ幸いである。

2018年3月

岩田　衛

Introduction

In an earthquake-prone country like Japan, seismic design is critically important. The existing seismic design criteria set the following goals: when buildings are exposed to a moderate earthquake, they should remain intact and usable afterwards, and human life must be protected when a major earthquake occurs. In other words, the criteria permit damage to buildings such that they cannot continue to be used provided there is no loss of life if a building collapses. It has been reported that during the 1995 Southern Hyogo Earthquake and subsequent major earthquakes, much of the destruction affected the column-to-beam connections of the primary structure, and so the damaged buildings required major repair and reconstruction. Many people believe that human life will be protected, and that structures will continue to be usable and the value of property will not depreciate even after a major earthquake.

Since 1990, my collaborators and I have been studying damage-controlled structures based on our idea for controlling the damage to building structures. In the damage-controlled structure, the columns and beams, which are the primary structure elements, are maintained within the elastic range during a major earthquake. Seismic energy is absorbed by earthquake-resistant members and seismic-response-control members to minimize damage. Eventually, the idea that seismic performance should take into consideration the protection of property began to spread. In 2003, our pioneering study received a recognition award from the Architectural Institute of Japan (AIJ) (technology: the research, development and realization of a damage-controlled structure of buildings), which I shared with Dr. Akira Wada (then professor at the Tokyo Institute of Technology) and Dr. Hiroki Kawai (then chief engineer at Nikken Sekkei).

To facilitate the spread of the damage-controlled structure, I felt that higher-performance, lower-cost earthquake-resistant and seismic-response-control members were necessary. In April 1999, I took up a new post at Kanagawa University and used the opportunity to start developing a new buckling-restrained brace. Since inventing a new buckling-restrained brace using steel mortar planks (hereafter BRBSM) as described in this book, I have been performing experimental studies on the BRBSM for many years with Dr. Mitsumasa Midorikawa (then professor at Hokkaido University) and Dr. Tadao Nakagome (then professor at Shinshu University), among others.

It is predicted that subduction-zone earthquakes will occur in Japan, such as major earthquakes in the Tokai, Tonankai, and Nankai areas, as well as epicentral earthquakes. Using the BRBSM, it is important to minimize building damage caused by earthquakes and, wherever possible, to allow the buildings to continue to be used, in terms of crisis management and ensuring resilience in times of disaster. By limiting earthquake damage to the BRBSM alone, buildings incorporating the BRBSM have a longer service life, which is the primary requirement of environment-friendly sustainable architecture. For existing non-conforming buildings, it is also important to extend their service life through seismic retrofitting using the BRBSM.

In this modern age, computerized numerical analysis is widely used for understanding the behavior of building structures. The dynamic principle is used in numerical analysis where existing structural members and structures are replaced with dynamic models to grasp the behavior of the building structure. However, using this approach as a universal idea involves some risk. In numerical analysis, a structure is modeled by setting various conditions and the analytical results of the model are shown. If such conditions differ from the actual conditions, the behavior estimated by the analysis may differ vastly from the actual behavior. Numerical analysis is an effective way of grasping the behavior of a building structure; however, the analytical results are not necessarily reliable.

On the other hand, the results obtained from testing show a single actual behavior of a building structure based on material, member and structural testing. Now that computerized analysis can be easily performed, it is important to confirm the facts through testing. Clearly, the test results do not perfectly reproduce the actual behavior of the building structure. Even the test equipment is a model that represents the load and the building, and that building is not exactly the same as the actual building. Nevertheless, it is necessary to physically experience and visually confirm the facts and results obtained from testing.

This book mainly contains a large amount of data pertaining to experimental studies on the BRBSM conducted by myself and my collaborators for nearly 20 years. I hope the book helps the readers to understand the actual behavior of the BRBSM, and that they will refer to it for future studies and business.

March 2018
Mamoru IWATA

BRBSMの実施例（1）

1　神奈川大学横浜キャンパス3号館

設計：横浜市建築設計共同組合
BRBSM 製作：株式会社巴コーポレーション

同方向配置された BRBSM 付きラーメン構造
地震後の RBSBM の損傷度を把握するモニタリングシステムを設置
2014 年竣工

2　ふじのくに千本松フォーラム
　　（PLAZA VERDE）

設計：長谷川逸子・建築計画工房株式会社
BRBSM 製作：大和ハウス工業株式会社

屋根斜行トラス、柱、BRBSM からなる
立体空間構造
2014 年竣工

BRBSMの実施例（2）

3　DPL川崎夜光物流施設

設計：大和ハウス工業株式会社
BRBSM製作：大和ハウス工業株式会社

BRBSMにより、架構耐力の確保・偏心率の調整
2017年竣工

4　中部電力通信鉄塔（耐震補強）

設計：中電不動産株式会社
BRBSM製作：株式会社巴コーポレーション

引張力と圧縮力の繰返し軸歪±4%に耐える
BRBSMによる耐震補強
大地震後の通信の継続使用を図る
2007年竣工

BRBSMの製作手順（1）

1. 芯材を設計寸法にレーザーカット

2. 拘束材の曲げ加工

3. 芯材端部の孔開け

4. 芯材端部補強リブの孔開け

5. 補強リブの溶接

6. 拘束材端部当金の取付け（溶接）

7. 芯材中央部滑り止の取付け（溶接）

8. 拘束材の箱抜き

BRBSMの製作手順（2）

9. 拘束材のモルタル打設

10. モルタル硬化後ウレタンを除去した拘束材

11. 芯材にクリアランス調整材を貼付

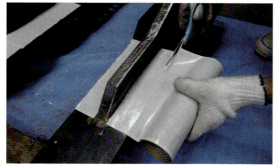

12. 合体前の芯材と拘束材

13. 拘束材に丸鋼を取付け（部分溶接）

14. クリアランスの確認・調整

15. 芯材と拘束材の合体溶接（連続溶接）

16. BRBSMの完成

BRBSMの構成

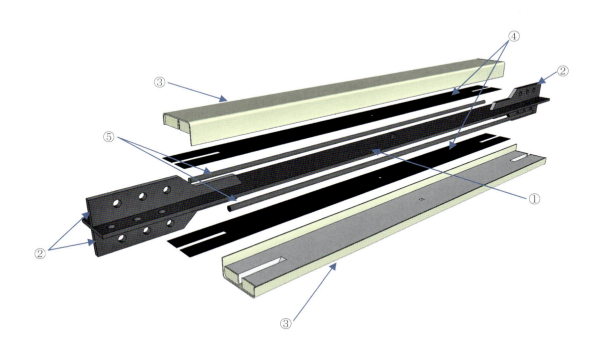

① ; Core plate
② ; Rib
③ ; Steel mortar plank
④ ; Clearance adjustment material
⑤ ; Round steel bar

芯材（①）は平鋼であり、両端部に補強リブ（②）を取付ける
2つの鋼モルタル板（③）は隅肉溶接され一体となり、拘束材となる
芯材と鋼モルタル板の間にクリアランス調整材（④）を挟む
芯材の強軸方向に芯材と拘束材との隙間を充填する丸鋼（⑤）を配置する

実験装置

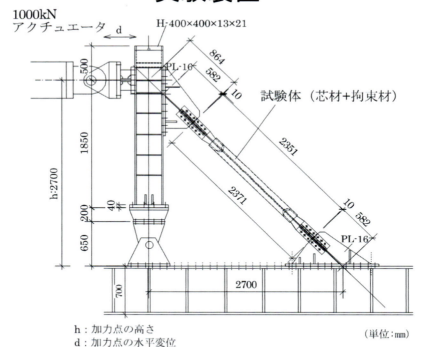

h：加力点の高さ
d：加力点の水平変位
（単位：mm）

載荷柱下部はピン支持とし、試験体を45度方向に設置
面外方向の拘束は載荷柱頭部にパンタグラフを取付
試験体の軸方向変位δは、A-B点間(1931mm)変位を試験体手前と奥側で測定し、その平均値とする

載荷パターン

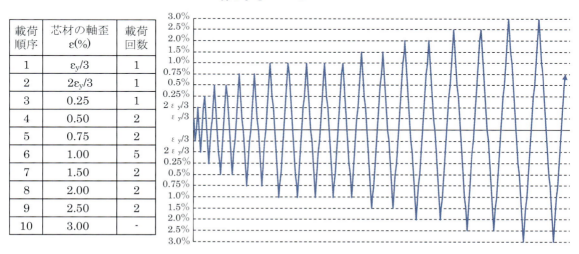

載荷順序	芯材の軸歪 ε(%)	載荷回数
1	$\varepsilon_y/3$	1
2	$2\varepsilon_y/3$	1
3	0.25	1
4	0.50	2
5	0.75	2
6	1.00	5
7	1.50	2
8	2.00	2
9	2.50	2
10	3.00	-

載荷は、試験体の軸方向変位制御による静的な引張力と圧縮力の交番繰返し載荷
軸歪1.0%は、BRBSMの必要性能として、5回繰返す
これ以降は、軸歪3.0%までの限界性能をみる
軸歪3.0%は、耐力が低下するか、引張破断するまで繰返し行う

BRBSMの最終状態

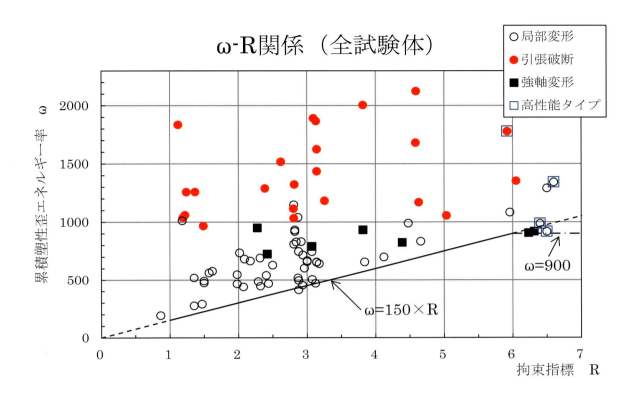

既往の実験結果から算出した累積塑性歪エネルギー率ωと拘束指標Rとの関係

累積塑性歪エネルギー率ω；累積塑性歪エネルギーE_t／（降伏耐力P_y×弾性限界変形量$δ_y$）
拘束指標R；拘束材のオイラー座屈荷重P_E／芯材の降伏耐力P_y

芯材の最終状態を、局部変形、引張破断、強軸変形の3つに分類
性能を下げる目的などで、意図的に試験体を製作して実験を行ったデータは表示していない
芯材の形状は、絞りのない基本タイプと絞りのある高性能タイプ（□表示）がある

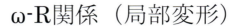

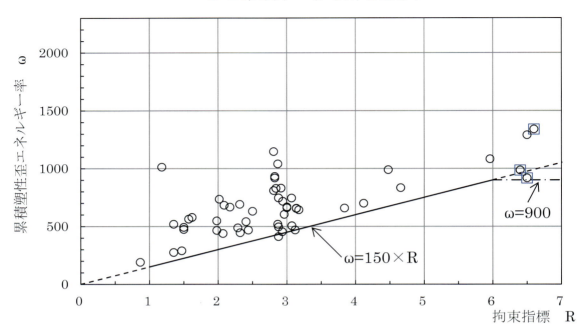

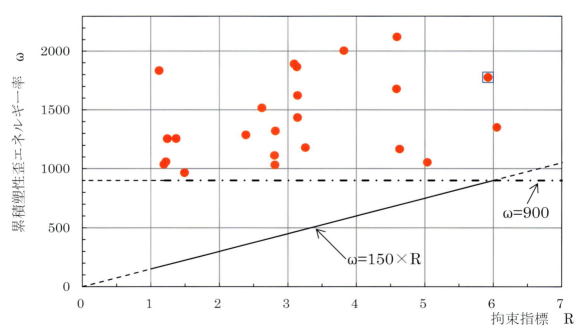

目　　次

はじめに·· *i*

口絵··· *v ~ xii*
　BRBSMの実施例、製作手順、構成、実験装置、最終状態

各章の要約·· *1～40*

第1章　座屈拘束ブレース·· *41*

　　1.1　座屈挙動·· *41*
　　1.2　座屈拘束ブレースの発想·· *42*
　　1.3　座屈拘束の基本原理·· *42*
　　1.4　座屈拘束ブレースの歴史·· *42*
　　1.5　損傷制御構造·· *44*
　　1.6　本書の流れ··· *45*
　　引用・参考文献·· *48*

第2章　座屈拘束ブレースの性能比較·· *49*

　　2.1　序··· *49*
　　2.2　実験計画·· *50*
　　2.3　試験体··· *50*
　　2.4　載荷計画·· *51*
　　2.5　実験結果·· *53*
　　2.6　必要性能·· *55*
　　2.7　限界性能·· *56*
　　2.8　最終状態·· *56*
　　2.9　結··· *57*
　　引用・参考文献·· *57*

第3章　BRBSMの発案と実験 ································· 58

    3.1　序 ··· 58
    3.2　実験モデルの設定 ································· 58
    3.3　試験体 ·· 59
    3.4　載荷計画 ·· 61
    3.5　実験結果 ·· 61
    3.6　復元力特性 ··· 62
    3.7　塑性変形能力 ······································ 64
    3.8　最終状態 ·· 64
    3.9　性能評価 ·· 65
    3.10　結 ··· 66
    引用・参考文献 ··· 66

第4章　BRBSMと他方式の比較 ······················· 67

    4.1　序 ··· 67
    4.2　BRBSMの拘束材の設計法 ······················· 67
    4.3　試験体 ·· 68
    4.4　試験体の製作比較 ································· 70
    4.5　載荷計画 ·· 71
    4.6　復元力特性 ··· 71
    4.7　最終状態 ·· 72
    4.8　圧縮引張耐力比 ···································· 73
    4.9　累積塑性歪エネルギー率 ························ 74
    4.10　結 ··· 75
    引用・参考文献 ··· 75

第5章　BRBSMの断面ディテールによる影響 ········· 76

    5.1　序 ··· 76
    5.2　試験体 ·· 77
    5.3　載荷計画 ·· 79
    5.4　実験結果 ·· 79
    5.5　復元力特性 ··· 79
    5.6　最終状態 ·· 82
    5.7　性能評価 ·· 82
    5.8　断面ディテールの影響 ··························· 83
    5.9　クリアランス調整材の有用性 ··················· 84
    5.10　丸鋼の有用性 ····································· 84
    5.11　結 ··· 85
    引用・参考文献 ··· 85

第6章　BRBSMの芯材による影響 ········ 86

    6.1　序 ········ 86
    6.2　実験計画 ········ 87
    6.3　試験体 ········ 88
    6.4　載荷計画 ········ 89
    6.5　実験結果 ········ 90
    6.6　圧縮引張耐力比 ········ 92
    6.7　累積塑性歪エネルギー率-拘束指標関係 ········ 93
    6.8　塑性化部長さ‐座屈モード関係 ········ 94
    6.9　塑性化部長さ比-累積塑性歪エネルギー率関係 ········ 94
    6.10　結 ········ 95
    引用・参考文献 ········ 95

第7章　BRBSMの有限要素法解析 ········ 96

    7.1　序 ········ 96
    7.2　解析方法 ········ 96
    7.3　単調圧縮載荷 ········ 99
    7.4　引張力と圧縮力の交番繰返し載荷 ········ 101
    7.5　解析と実験の比較 ········ 103
    7.6　結 ········ 105
    引用・参考文献 ········ 105

第8章　BRBSMの高性能化 ········ 106

    8.1　序 ········ 106
    8.2　過去の研究 ········ 106
    8.3　過去の研究の分析 ········ 108
    8.4　試験体 ········ 111
    8.5　載荷計画 ········ 113
    8.6　実験結果 ········ 113
    8.7　復元力特性 ········ 114
    8.8　性能評価 ········ 115
    8.9　拘束指標 ········ 115
    8.10　圧縮引張耐力比 ········ 116
    8.11　芯材端部の影響 ········ 116
    8.12　芯材塑性化部における絞りの有効性 ········ 117
    8.13　芯材の軸歪 ········ 117
    8.14　累積塑性歪エネルギー率の大きなBRBSMの要件 ········ 117
    8.15　結 ········ 118
    引用・参考文献 ········ 118

第9章　BRBSM の疲労性能 ……………………………………… *119*

 9.1 序 ………………………………………………………………… *119*
 9.2 基本タイプと高性能タイプ …………………………………… *119*
 9.3 試験体 …………………………………………………………… *120*
 9.4 載荷計画 ………………………………………………………… *121*
 9.5 復元力特性 ……………………………………………………… *122*
 9.6 最終状態 ………………………………………………………… *123*
 9.7 疲労性能 ………………………………………………………… *124*
 9.8 引張破断および局部変形位置 ………………………………… *125*
 9.9 累積塑性歪エネルギー率 ……………………………………… *125*
 9.10 圧縮引張耐力比 ………………………………………………… *126*
 9.11 拘束指標 ………………………………………………………… *126*
 9.12 結 ………………………………………………………………… *126*
 引用・参考文献 ……………………………………………………… *127*

第10章　BRBSM の降伏耐力と軸剛性の調整 ………………… *128*

 10.1 序 ………………………………………………………………… *128*
 10.2 軸剛性の計算式 ………………………………………………… *128*
 10.3 増厚板による効果 ……………………………………………… *131*
 10.4 実験計画 ………………………………………………………… *134*
 10.5 試験体 …………………………………………………………… *134*
 10.6 載荷計画 ………………………………………………………… *135*
 10.7 実験結果 ………………………………………………………… *135*
 10.8 復元力特性 ……………………………………………………… *135*
 10.9 軸剛性 …………………………………………………………… *136*
 10.10 降伏変位 ………………………………………………………… *136*
 10.11 累積塑性歪エネルギー率 ……………………………………… *137*
 10.12 結 ………………………………………………………………… *137*
 引用・参考文献 ……………………………………………………… *138*

第11章　BRBSM の芯材の脆性破壊 …………………………… *139*

 11.1 序 ………………………………………………………………… *139*
 11.2 試験体 …………………………………………………………… *140*
 11.3 載荷計画 ………………………………………………………… *141*
 11.4 材料試験結果 …………………………………………………… *141*
 11.5 実験結果 ………………………………………………………… *142*
 11.6 脆性破面率 ……………………………………………………… *144*
 11.7 降伏応力度 ……………………………………………………… *145*
 11.8 降伏比 …………………………………………………………… *146*

11.9	破断伸び	146
11.10	累積塑性歪エネルギー率	147
11.11	結	148
	引用・参考文献	148

第12章　BRBSMの脆性破壊性能 … 149

12.1	序	149
12.2	試験体	149
12.3	載荷計画	151
12.4	復元力特性	152
12.5	芯材の最終状態	153
12.6	累積塑性歪エネルギー率	153
12.7	破壊の起点および進行	154
12.8	硬さ分布	155
12.9	圧縮引張耐力比	155
12.10	溶接仕様の提案	156
12.11	結	157
	引用・参考文献	157

第13章　BRBSMの品質管理 … 158

13.1	序	158
13.2	BRBSMの特徴	158
13.3	製作時の品質管理数値の設定	159
13.4	クリアランス比の検証実験	161
13.5	ギャップの検証実験	163
13.6	実大モックアップによる品質管理数値の検証	165
13.7	結	168
	引用・参考文献	168

第14章　BRBSMの最終性能 … 169

14.1	序	169
14.2	性能因子	169
14.3	載荷パターンの違いによる比較実験	170
14.4	クリアランスとモルタル強度の実験	172
14.5	結	177
	引用・参考文献	177

第15章　BRBSM を用いた鋼構造 －性能評価－ ... 178

15.1　序 ... 178
15.2　損傷制御構造の設計クライテリア ... 178
15.3　解析モデルの設定 ... 179
15.4　解析モデル ... 179
15.5　解析方法 ... 180
15.6　解析結果 ... 181
15.7　解析モデルの性能評価 ... 184
15.8　実験結果による性能評価 ... 185
15.9　結 ... 186
引用・参考文献 ... 186

第16章　BRBSM を用いた鋼構造 －実験分析－ ... 187

16.1　序 ... 187
16.2　解析モデル ... 187
16.3　解析結果・考察 ... 189
16.4　性能評価方法 ... 190
16.5　累積塑性歪エネルギー率の評価 ... 190
16.6　疲労性能の評価 ... 190
16.7　結 ... 192
引用・参考文献 ... 192

第17章　BRBSM を用いた鋼構造 －方杖配置構法－ ... 193

17.1　序 ... 193
17.2　損傷制御構造 ... 193
17.3　損傷制御接合部実験 ... 194
17.4　設計フロー ... 195
17.5　解析方法 ... 196
17.6　DC 接合部の設計法 ... 197
17.7　BRBSM の設計法 ... 199
17.8　試設計 ... 200
17.9　増分解析結果 ... 202
17.10　応答解析結果 ... 203
17.11　BRBSM の設計 ... 203
17.12　結 ... 204
引用・参考文献 ... 204

第18章　BRBSM を用いた鋼木質複合構造
－CSTS 構法－ ... 205

18.1　序 ... 205
18.2　CSTS の構法 ... 205
18.3　CSTS の設計法 ... 207
18.4　BRBSM の設計 ... 212
18.5　試設計 ... 213
18.6　結 ... 215
引用・参考文献 ... 215

第19章　BRBSM を用いた RC 構造
－スタッド付きガセットプレート構法－ ... 216

19.1　序 ... 216
19.2　構法 ... 217
19.3　損傷制御 RC 構造の設計法 ... 218
19.4　剛性・耐力調節 BRBSM の設計法 ... 221
19.5　S-GPL 構法の設計法 ... 222
19.6　試設計 ... 223
19.7　時刻歴応答解析 ... 227
19.8　結 ... 229
引用・参考文献 ... 229

第20章　BRBSM を用いた RC 構造
－アンカーレス構法－ ... 230

20.1　序 ... 230
20.2　構法 ... 231
20.3　実験計画 ... 231
20.4　実験結果 ... 233
20.5　RC 骨組 ... 234
20.6　鉄骨枠 ... 235
20.7　BRBSM ... 235
20.8　グラウト材タイプとの比較 ... 235
20.9　構法の改良実験 ... 236
20.10　改良構法の実験結果と考察 ... 238
20.11　結 ... 240
引用・参考文献 ... 240

用語日英対照表··· *241*

用語英日対照表··· *248*

BRBSM 文献リスト·· *255*

おわりに··· *260*

Table of Contents

Introduction ··· *iii*

Frontispices ·· *v ~ xii*
    Practical examples of the BRBSM, Fabrication procedure of the BRBSM,
    Configuration of the BRBSM, Test equipment, Final failure mode

A summary of each chapter ·· *1~40*

Chapter 1   Buckling-restrained brace ·· *41*

    1.1 Buckling behavior ·· *41*
    1.2 Conceiving an idea of a buckling-restrained brace ····························· *42*
    1.3 Basic principle of buckling restraining ··· *42*
    1.4 History of a buckling-restrained brace ··· *42*
    1.5 Damage-controlled structure ··· *44*
    1.6 Flow of this book ·· *45*
    Quotations and references ··· *48*

Chapter 2   Performance comparison of buckling-restrained braces ······· *49*

    2.1 Introduction ·· *49*
    2.2 Test plan ·· *50*
    2.3 Specimens ··· *50*
    2.4 Loading plan ··· *51*
    2.5 Test results ·· *53*
    2.6 Required performance ··· *55*
    2.7 Limit-state performance ·· *56*
    2.8 Final failure mode ·· *56*
    2.9 Conclusion ·· *57*
    Quotations and references ··· *57*

Chapter 3　Invention of the BRBSM and testing ··········· 58

　3.1　Introduction ··········· 58
　3.2　Setting of a test model ··········· 58
　3.3　Specimens ··········· 59
　3.4　Loading plan ··········· 61
　3.5　Test results ··········· 61
　3.6　Hysteresis characteristics ··········· 62
　3.7　Plastic deformation capacity ··········· 64
　3.8　Final failure mode ··········· 64
　3.9　Performance evaluation ··········· 65
　3.10　Conclusion ··········· 66
　Quotations and references ··········· 66

Chapter 4　Comparison of the BRBSM and other buckling restraining methods ··········· 67

　4.1　Introduction ··········· 67
　4.2　Design method of the restraining part of the BRBSM ··········· 67
　4.3　Specimens ··········· 68
　4.4　Comparison of specimen fabrication processes ··········· 70
　4.5　Loading plan ··········· 71
　4.6　Hysteresis characteristics ··········· 71
　4.7　Final failure mode ··········· 72
　4.8　Compression-to-tension strength ratio ··········· 73
　4.9　Cumulative plastic strain energy ratio ··········· 74
　4.10　Conclusion ··········· 75
　Quotations and references ··········· 75

Chapter 5　Influence of the BRBSM cross-section details ··········· 76

　5.1　Introduction ··········· 76
　5.2　Specimens ··········· 77
　5.3　Loading plan ··········· 79
　5.4　Test results ··········· 79
　5.5　Hysteresis characteristics ··········· 79
　5.6　Final failure mode ··········· 82
　5.7　Performance evaluation ··········· 82
　5.8　Influence of the BRBSM cross-section details ··········· 83
　5.9　Usefulness of a clearance adjustment material ··········· 84
　5.10　Usefulness of a round steel bar ··········· 84

	5.11	Conclusion	85
	Quotations and references		85

Chapter 6 Influence of the BRBSM core plate — 86

	6.1	Introduction	86
	6.2	Test plan	87
	6.3	Specimens	88
	6.4	Loading plan	89
	6.5	Test results	90
	6.6	Compression-to-tension strength ratio	92
	6.7	Cumulative plastic strain energy ratio-restraining index relationship	93
	6.8	Plastic zone length-buckling mode relationship	94
	6.9	Ratio of core plate length to core plate plastic zone length-cumulative plastic strain energy ratio relationship	94
	6.10	Conclusion	95
	Quotations and references		95

Chapter 7 Finite-element analysis of the BRBSM — 96

	7.1	Introduction	96
	7.2	Analytical method	96
	7.3	Monotonic compressive loading	99
	7.4	Cyclic compressive and tensile loading	101
	7.5	Comparison of analytical results and test results	103
	7.6	Conclusion	105
	Quotations and references		105

Chapter 8 Enhancing the BRBSM performance — 106

	8.1	Introduction	106
	8.2	Past studies	106
	8.3	Analysis of past study results	108
	8.4	Specimens	111
	8.5	Loading plan	113
	8.6	Test results	113
	8.7	Hysteresis characteristics	114
	8.8	Performance evaluation	115
	8.9	Restraining index	115
	8.10	Compression-to-tension strength ratio	116
	8.11	Influence of the core plate end	116

8.12　Effectiveness of reducing the area of the core plate plastic zone end ········· *117*
8.13　Axial strain of the core plate ··· *117*
8.14　Requirements for the BRBSM with a large cumulative plastic strain energy ratio ··· *117*
8.15　Conclusion ··· *118*
Quotations and references ··· *118*

Chapter 9　Fatigue performance of the BRBSM ········· *119*

9.1　Introduction ··· *119*
9.2　Basic type and high-performance type ··· *119*
9.3　Specimens ··· *120*
9.4　Loading plan ··· *121*
9.5　Hysteresis characteristics ··· *122*
9.6　Final failure mode ··· *123*
9.7　Fatigue performance ··· *124*
9.8　Locations of tensile fracture and local deformation ··· *125*
9.9　Cumulative plastic strain energy ratio ··· *125*
9.10　Compression-to-tension strength ratio ··· *126*
9.11　Restraining index ··· *126*
9.12　Conclusion ··· *126*
Quotations and references ··· *127*

Chapter 10　Adjusting the yield strength and axial stiffness of the BRBSM ········· *128*

10.1　Introduction ··· *128*
10.2　Equation for finding the axial stiffness of the BRBSM ··· *128*
10.3　Effectiveness of steel plates welded to the end parts of the core plate to increase their thickness. ··· *131*
10.4　Test plan ··· *134*
10.5　Specimens ··· *134*
10.6　Loading plan ··· *135*
10.7　Test results ··· *135*
10.8　Hysteresis Characteristics ··· *135*
10.9　Axial stiffness ··· *136*
10.10　Yield displacement ··· *136*
10.11　Cumulative plastic strain energy ratio ··· *137*
10.12　Conclusion ··· *137*
Quotations and references ··· *138*

Chapter 11   Brittle fracture of the BRBSM core plate············139

11.1   Introduction············139
11.2   Specimens············140
11.3   Loading plan············141
11.4   Material test results············141
11.5   Test results············142
11.6   Percent brittle fracture············144
11.7   Yield stress············145
11.8   Yield ratio············146
11.9   Elongation at break············146
11.10   Cumulative plastic strain energy ratio············147
11.11   Conclusion············148
Quotations and references············148

Chapter 12   Brittle Fracture Performance of the BRBSM············149

12.1   Introduction············149
12.2   Specimens············149
12.3   Loading plan············151
12.4   Hysteresis Characteristics············152
12.5   Final failure mode of the core plate············153
12.6   Cumulative plastic strain energy ratio············153
12.7   Origin and progress of fracture············154
12.8   Hardness distribution············155
12.9   Compression-to-tension strength ratio············155
12.10   Proposal for welding specifications············156
12.11   Conclusion············157
Quotations and references············157

Chapter 13   Quality control of the BRBSM············158

13.1   Introduction············158
13.2   Features of the BRBSM············158
13.3   Setting of quality control values at the time of manufacture············159
13.4   Verification testing of clearance ratio············161
13.5   Verification testing of gap············163
13.6   Verification of quality control values using a full-scale mockup············165
13.7   Conclusion············168
Quotations and references············168

Chapter 14　Final performance of the BRBSM　169

14.1　Introduction　169
14.2　Factors affecting the BRBSM performance　169
14.3　Comparative testing focusing on different loading patterns　170
14.4　Comparative testing focusing on clearance and mortar strength　172
14.5　Conclusion　177
Quotations and references　177

Chapter 15　Steel structure using the BRBSM
　　　　　　　　－Performance evaluation－　178

15.1　Introduction　178
15.2　Design criteria for the damage-controlled structure　178
15.3　Setting of an analytical model　179
15.4　Analytical model　179
15.5　Analytical method　180
15.6　Analytical results　181
15.7　Performance evaluation of the analytical model　184
15.8　Performance evaluation of the BRBSM based on the test results　185
15.9　Conclusion　186
Quotations and references　186

Chapter 16　Steel structure using the BRBSM
　　　　　　　　－Experimental analysis－　187

16.1　Introduction　187
16.2　Analytical models　187
16.3　Analytical results and discussion　189
16.4　Performance evaluation method　190
16.5　Evaluation of cumulative plastic strain energy ratio　190
16.6　Evaluation of fatigue performance　190
16.7　Conclusion　192
Quotations and references　192

Chapter 17　Steel structure using the BRBSM
　　　　　　　　－Knee brace arrangement－　193

17.1　Introduction　193
17.2　Damage-controlled structure　193
17.3　Test on the damage-controlled connection (DC connection)　194
17.4　Design flow　195

17.5   Analytical method ··· 196
17.6   Design method of the DC connection ······································· 197
17.7   Design method of the BRBSM ·· 199
17.8   Trial design ·· 200
17.9   Results of incremental analysis ·· 202
17.10 Results of response analysis ·· 203
17.11 Designing of the BRBSM ·· 203
17.12 Conclusion ··· 204
      Quotations and references ·· 204

Chapter 18   Composite steel-timber structure using the BRBSM
—CSTS system— ··· 205

18.1   Introduction ·· 205
18.2   CSTS building system ·· 205
18.3   Design method of the CSTS ·· 207
18.4   Designing of the BRBSM ··· 212
18.5   Trial design ·· 213
18.6   Conclusion ·· 215
      Quotations and references ·· 215

Chapter 19   RC structure using the BRBSM
—Stud-gusset plate— ··· 216

19.1   Introduction ·· 216
19.2   Building system ·· 217
19.3   Design method of the damage-controlled RC structure ·············· 218
19.4   Design method of the BRBSM capable of adjusting its stiffness and
       load bearing capacity ·· 221
19.5   Design method of the S-GPL building system ······························ 222
19.6   Trial design ·· 223
19.7   Time-history response analysis ·· 227
19.8   Conclusion ·· 229
      Quotations and references ·· 229

Chapter 20   RC structure using the BRBSM
—Anchorless building system— ·· 230

20.1   Introduction ·· 230
20.2   Building system ·· 231
20.3   Test plan ·· 231
20.4   Test results ·· 233

20.5	RC framework	234
20.6	Steel frame	235
20.7	BRBSM	235
20.8	Comparison of the anchorless building system and a building system using grouting material	235
20.9	Testing for improving the building system	236
20.10	Testing on the improved building system and discussion	238
20.11	Conclusion	240
	Quotations and references	240

Technical term Japanese-English conversion chart ··· 241

Technical term English-Japanese conversion chart ··· 248

List of references concerning the BRBSM ··· 255

Conclusion ··· 262

第1章
座屈拘束ブレース
要約

　鋼材は強度およびヤング係数が高いため、コンクリート、木材等の構造材料に比べて断面を小さくできる。しかし、細長い部材に圧縮力が作用すると、座屈が生じ期待する耐力を発揮することができない。建物の主要な耐震要素であるブレース材には、地震時に引張力と圧縮力の繰返し軸方向力が生じる。そのため、座屈設計を誤ると多大な被害が生じる。設計時に座屈を考慮しなくとも良いブレースは長年の間、設計者の夢であった。

　座屈拘束ブレースとは、軸力を受ける芯となるブレース材（芯材）の周囲を拘束材で補剛したものであり、芯材の受け持つ軸力が外周の拘束材へ伝達しないように、芯材と拘束材との間に、クリアランスあるいはクリアランス調整材が設けられている。このような座屈拘束ブレースは、座屈することなく、引張力および圧縮力に対して等しい降伏軸力と安定した復元力特性が得られ、優れた耐震ブレースが実現できる。

　座屈拘束ブレースを制振ブレースとして用い、積極的に減衰効果を発揮させることにより、巨大地震を受けても、主体構造の塑性化を大幅に低減することができる。これにより損傷制御構造が可能となる。損傷制御構造とは、大地震時に主体構造部位である柱と梁を弾性範囲に抑え、制振部材のみによりエネルギー吸収を行うことで、主体構造の損傷を最小限にするものである。必要に応じて、制振部材の補強または取替えを行うことで、継続利用が可能となり、財産保持に繋がる。

　芯材を鋼管などで座屈拘束するアイデアの歴史は古く、少なくとも19世紀に遡る。米国で、1874年に特許登録された「鉄製柱」、1984年に特許出願された「鞘管付き圧縮材」がある。一方、わが国においても、1970年代から、武田らにより芯材を鉄筋コンクリートで被覆することによって、座屈補剛する部材の試みが多く行われた。藤本らは1988年に鋼管コンクリート拘束材と端部を補強した芯材および適切な厚さのアンボンド材により、引張力と圧縮力下の剛性と耐力が同等で、且つ、拘束材内部で芯材が疲労破断するまで他の部分が健全に保たれる理想的な復元力特性を得ることに成功している。

CHAPTER 1
Buckling-Restrained Brace (BRB)
SUMMARY

As steel has high strength and Young's modulus, its cross-sectional area can be made smaller than that of other structural materials including concrete and timber. However, when exposed to compressive forces, such a slender member buckles and cannot exert its expected strength. During an earthquake, cyclic compressive and tensile axial forces occur in a bracing member, which is the primary earthquake-resistant element of a building. Hence, a flawed buckling design results in great damage. A brace that does not require consideration of buckling in the design phase is a long-cherished dream of the designer.

A buckling-restrained brace has a core plate that supports axial force and its outer periphery is stiffened with restraining part to prevent buckling. Between the core plate and the restraining part, clearance or a clearance adjustment material is provided so as to prevent the transmission of axial force to the restraining part attached along the outer periphery. Such a brace does not buckle and produces an equal amount of yield axial force against both tensile and compressive forces, and achieves stable hysteresis characteristics, realizing an excellent earthquake-resistant bracing system.

By using the buckling-restrained brace as a seismic-response-controlled member that can actively exert a damping effect, the plasticization of the primary structure can be substantially reduced when exposed to a massive earthquake. Thus, a damage-controlled structure becomes possible. The structure's primary elements, the columns and beams, are kept within the elastic range when exposed to a large earthquake, and by allowing seismic energy to concentrate only on seismic-response-controlled members, damage to the primary structure can be minimized. Continuous use of the entire structure can be achieved by replacing or reinforcing damaged seismic-response-controlled members where necessary, thus retaining the properties.

The idea of restraining the buckling of the core plate with a steel pipe goes back a long way, to at least the 19th century. Examples include 'iron column', which was granted a patent in the U.S. in 1874, and 'sleeved compression member' for which a patent application was filed in 1984. Meanwhile in Japan, from the 1970s onward, Takeda et al. attempted to develop a buckling stiffening member by covering the core plate with reinforced concrete. In 1988, using a concrete-filled steel tube, a core plate with reinforced end sections, and unbonded material of appropriate thickness, Fujimoto et al. succeeded in achieving the ideal hysteresis characteristics; in other words, the lateral stiffness and load-bearing capacity under tensile and compressive axial forces are equal, and the core plate elastic zone and connections are kept sound and intact until the core plate fractures due to fatigue within the restraining part.

第2章
座屈拘束ブレースの性能比較
要約

　座屈拘束ブレース（BRB；Buckling-Restrained Brace）は、幾つかの方式で実現されている。座屈拘束方法は方式によって大きく異なっており、性能もまた大きくばらついている。BRB の設計に関して、共通して使用できる設計式の確立および実験による限界性能の確認が必要である。ここでは、芯材の断面積と拘束材の断面2次モーメントがほぼ等しくなるように設計した4つのタイプの試験体（2-A, 2-B, 2-C, 2-D）について実験を行う。

　2-A 試験体は、平鋼の芯材の外側に拘束材として冷間成形角形鋼管を被せ、芯材と鋼管の間にモルタルを充填し、芯材とモルタルの間にはクリアランス調整材を用いる。2-B 試験体は、平鋼の芯材の外側は冷間成形角形鋼管のみで座屈を拘束し、この他には特別な拘束材を設けない。2-C 試験体は、平鋼の芯材を溝形鋼と平鋼で座屈拘束し、拘束材と芯材の間にクリアランス調整材を用いる。拘束材は溝形鋼と平鋼を高力ボルトで接合して形成する。2-D 試験体は、ビルトアップ H 形鋼の芯材を用い、4面溶接角形鋼管で座屈拘束する。芯材と鋼管の間にクリアランスを設ける。

　1000kN アクチュエータを使用し、軸方向変位制御による引張力と圧縮力の交番繰返し載荷とする。載荷は、芯材の降伏歪 ε_y の 1/3 と 2/3 で各1回行い、軸歪 0.25% を1回、0.5%、0.75%歪を各2回、軸歪 1.0% を5回、1.5%、2.0%、2.5% を各2回行う。更に、軸歪 3.0% では耐力低下あるいは破断するまで行う。

　全ての試験体の復元力特性は、軸歪 1.0% まで概ね安定しており、レベル2地震動に対応する層間変形角 1/100rad 相当の変形まで十分な性能を有する。軸歪 1.0% を越えた高歪状態では、座屈拘束方法の違いによってタイプごとに顕著な差が見られる。限界性能までの累積塑性歪エネルギーで比較すると、大きい方から 2-A、2-C、2-D、2-B 試験体の順になる。クリアランス調整材の無い、2-B、2-D 試験体の最終状態は、全体に座屈モードが生じた後、繰返しによって疲労が蓄積されることによる引張破断である。クリアランス調整材は芯材の軸力を拘束材に伝えないという役割ばかりでなく、芯材と拘束材のクリアランスを適切に保ち、且つ、変形の集中を防止する役割もある。

CHAPTER 2
Performance Comparison of Buckling-Restrained braces
SUMMARY

Several methods have been developed for fabricating the buckling-restrained brace (BRB). The buckling restraining method varies widely according to the fabrication method, and so does the performance. For designing the BRB, it is necessary to establish an equation that can be applied to different fabrication methods. It is also necessary to identify the BRB limit-state performance through testing. This chapter describes the performance test using four different types of specimens, 2-A, 2-B, 2-C, and 2-D. The specimens were designed so that the cross-sectional area of the core plate and the geometrical moment of inertia of the restraining part are nearly equal.

In the 2-A specimen, the surface of the core plate made of a flat steel bar is covered with a cold-formed square steel tube that serves as the buckling restraining part. Mortar is used to fill in the space between the core plate and the steel tube, and a clearance adjustment part is provided between the core plate and the mortar. In the 2-B specimen, a cold-formed square steel is applied over the surface of the core plate made of a flat steel bar to restrain buckling. No other buckling restraining parts are provided. In the 2-C specimen, buckling is restrained by applying a channel steel and a flat steel bar over the surface of the core plate made of a flat steel bar, and a clearance adjustment part is provided between the restraining part and the core plate. The restraining part is formed by joining the channel steel and the flat steel bar with high-tension bolts. The 2-D specimen uses a core plate made of a built-up wide-flange beam and buckling is restrained with a built-up box type steel pipe. Clearance is provided between the core plate and the steel pipe.

Using a 1000-kN actuator, cyclic compressive and tensile loading testing is performed. Loading is controlled by changing the axial displacement of the core plate. A load equivalent in magnitude to one-third and two-thirds of the yield strain of the core plate is applied once each. Then a load equivalent in magnitude to a core plate axial strain of 0.25% is applied once, and loads equivalent in magnitude to a core plate axial strain of 0.5% and 0.75% are applied twice each. After that, loads equivalent in magnitude to a core plate axial strain of 1.0% are applied five times, and 1.5%, 2.0%, and 2.5% are applied twice each, after which loading is continued up to an axial strain of 3.0% until each specimen's strength drops or tensile fracture occurs.

Up to an axial strain of 1.0%, all the specimens demonstrated stable hysteresis characteristics, on the whole, and exhibited adequate performance up to the point where they experienced deformation equivalent in magnitude to an interstory deformation angle of 1/100 rad, which corresponds to Level 2 ground motion. Under high strain rate conditions where axial strain exceeded 1.0%, a significant difference was observed between the specimens according to the buckling restraining method. A comparison of the accumulated plastic strain energy in each specimen up to the failure mode showed that the largest amount was in the 2-A specimen, followed by 2-C, 2-D and 2-B specimens in descending order. The failure mode of the 2-B and 2-D specimens having no clearance adjustment part was tensile fracture induced by fatigue accumulation due to cyclic load application after buckling mode occurred throughout the entire specimen. The clearance adjustment part functions to prevent the transmission of axial force from the core plate to the restraining part. It also keeps an appropriate clearance between the core plate and the restraining part, and prevents the concentration of deformation.

第3章
BRBSMの発案と実験
要約

　座屈拘束方法の異なる4つのタイプの座屈拘束ブレース（BRB）の性能比較実験結果から、拘束材として角型鋼管にモルタルを充填したBRBは、軸歪3.0%時にも安定した復元力特性を示し、十分な性能があることが分かった。しかし、芯材を鋼管に差し込み、後からモルタル充填を行う製作法は、モルタルの充填状況の確認ができず、芯材端部の幅を鋼管径より大きくすることができないという短所がある。

　そこで、高歪状態においても安定した復元力特性を有し、品質管理を厳しく行え、両端部ディテールに自由度のある新製作法によるBRB、すなわち「鋼モルタル板を用いた座屈拘束ブレース（BRBSM；Buckling-Restrained Brace using Steel Mortar planks）」を発案した。実験により、このBRBSMの弾塑性性状、補剛性状、累積塑性歪エネルギーなどについて明らかにする。

　構造性能を確認する実験モデルとして、BRBSMを組み込んだ建築物が水平力を受け、せん断変形した場合を想定する。芯材塑性化部に生じる軸歪は、試験体設置角度、試験体全体に生じる軸歪、層間変形角、芯材長さl_Bに対する芯材塑性化部長さl_Cの比であるl_C/l_Bの関係から定まる。試験体設置角度が45度、l_C/l_Bを50%とした場合、BRBSMの芯材弾性部の軸歪を無視すると、芯材塑性化部に生じる軸歪は層間変形角とほぼ等しくなる。

　実験結果によると、各試験体ともに芯材の軸歪2.0%までは、安定した復元力特性を示しており、通常の設計範囲である軸歪1.0%に対しては十分過ぎる性能を有している。芯材の降伏耐力P_yと拘束材のオイラー座屈荷重P_Eの比P_E/P_yと累積塑性歪エネルギー率ωの間には線形的な関係がある。累積塑性歪エネルギー率ωとは、累積塑性歪エネルギーE_tを芯材の降伏耐力P_yに弾性限界変形量δ_yを乗じた値で除した無次元化量である。

　P_EがP_yを上回るように設計したBRBSMは、安定した履歴性状を示す。高歪状態で安定したエネルギー吸収をさせるためには、余裕ある補剛力が必要となり、拘束力の大きさが、その余裕度に関係している。P_E/P_yは拘束力を示す指標であり拘束指標Rとする。

CHAPTER 3
Invention and Testing of the BRBSM
SUMMARY

The results of performance comparison testing on the four types of buckling-restrained braces (BRBs) adopting different buckling restraining methods showed that the BRB using a mortar-filled rectangular steel tube as the restraining part provides stable hysteresis characteristics and adequate performance when subjected to 3.0% axial strain. However, the method in which first the core plate is inserted in a steel tube and then mortar is used to fill in the space between the core plate and the steel tube has two disadvantages in that visual confirmation of the mortar filling process is not possible and the width of the core plate end cannot be made larger than the diameter of the steel tube.

For this reason, I invented a buckling-restrained brace adopting a new manufacturing method, namely, a buckling-restrained brace using steel mortar planks (BRBSM). The BRBSM provides stable hysteresis characteristics under high-strain conditions, and permits strict quality control and increased design freedom at both ends of the core plate. In this chapter, I describe the elastoplastic properties, the stiffening behavior, and the cumulative plastic strain energy of the BRBSM through testing.

To identify the structural performance of the BRBSM, an experimental model is created. The model represents a building incorporating the BRBSM. The test method assumes that shear deformation occurs in the building under the influence of horizontal force. The axial strain that occurs in the core plate plastic zone is determined based on the relationship between the angle of inclination at which the specimen is placed, the axial strain that occurs throughout the specimen, the interstory deformation angle, and l_C/l_B, which is the ratio of the core plate plastic zone length l_C to the core plate length l_B. When the angle of inclination at which the specimen is placed is 45° and l_C/l_B is 50%, the axial strain that occurs in the BRBSM core plate plastic zone is nearly equivalent in magnitude to the interstory deformation angle, provided that the axial strain that occurs in the core plate elastic zone is ignored.

The test results show that all the specimens exhibit stable hysteresis characteristics up to a core plate axial strain of 2.0%, and demonstrate more than adequate performance when exposed to a core plate axial strain of 1.0%, which is a normal design criterion. There is a linear relationship between the ratio of the yield load of the core plate P_y to the Euler buckling load of the restraining material P_E (P_E/P_y) and the cumulative plastic strain energy. The cumulative plastic strain energy ratio is a parameter found by dividing the BRBSM's cumulative plastic strain energy by δy, which is obtained by multiplying the core plate's yield load by its elastic-limit deformation and nondimensionalizing the results of the calculation.

The BRBSM designed so that P_E exceeds P_y demonstrates stable hysteresis characteristics. For the BRBSM to achieve stable energy absorption under high-strain-rate conditions, stiffening force with an adequate margin is necessary; and the magnitude of the restraining force is related to the safety margin level. P_E/P_y is an index indicating the stiffening force, and is referred to as the restraining index R.

第4章
BRBSMと他方式の比較
要約

　座屈拘束ブレース（BRB）に関して、様々な座屈拘束方式が提案され、多くの研究結果が報告されている。実用化されているBRBの拘束材は、鋼とモルタルを用いるものと、鋼材のみで座屈拘束する2種類に大別できる。ここでは、座屈補剛の目安とする拘束指標R（＝P_E/P_y、P_E：拘束材のオイラー座屈荷重、P_y：芯材の降伏耐力）を同じ値で設計する。芯材に低降伏点鋼（LY225）を使用し、BRBSM試験体と拘束材に鋼材のみを用いたS試験体の比較実験を行う。

　両試験体は、比較のため、芯材の鋼種、芯材長さ、塑性化部長さ、断面は同一とする。S試験体は、溝形鋼と平鋼を高力ボルトで組み合わせた拘束材を用いて座屈拘束する。各試験体の製作を比較すると、BRBSM試験体はモルタルの打設や養生に時間がかかり、S試験体は溶接箇所が多いため、溶接時間がBRBSM試験体に比べて約2倍かかる。重量を比較すると、S試験体の総重量はBRBSM試験体の1.3倍、拘束材のみの鋼重量は3.4倍である。

　実験結果は、両試験体とも軸歪2.0%までは安定した復元力特性を有し、軸歪3.0%7回目で終了した。BRBSM試験体は、引張側と圧縮側で同じような履歴曲線を描き、安定した復元力特性を示す。S試験体は、高歪状態の軸歪2.5%圧縮載荷時に弱軸方向変形により、芯材と拘束材が接触し、摩擦による耐力上昇を生じ、軸歪3.0%以降は紡錘形曲線が崩れ、引張破断した。

　圧縮引張耐力比α（＝圧縮耐力/引張耐力）を比較すると、BRBSM試験体では、軸歪1.5%まで緩やかに上昇し、軸歪2.0%以降で弱軸方向変形が大きくなることにより傾きが大きくなるが、比較的緩やかで、αの最大値は1.31である。S試験体では、BRBSM試験体と同様に軸歪1.5%までは、緩やかに上昇しているが、軸歪2.0%以降で、上昇する傾きが大きくなっている。更に、軸歪2.5%の圧縮載荷時に芯材の軸力が拘束材に伝わったため、圧縮耐力が急激に上昇し、αの最大値は1.46である。S試験体のαはBRBSM試験体に対して11%程大きい。

　累積塑性歪エネルギー率ωは概ね一致しており、載荷試験終了時はS試験体のωの方が4.5%程大きい。これは、高歪状態でのS試験体の圧縮耐力がBRBSM試験体より大きいためである。両試験体のエネルギー吸収性能に大きな差はないが、BRBSM試験体の方が安定した復元力特性を示す。

CHAPTER 4
Comparison of BRBSM and Other Buckling Restraining Methods
SUMMARY

Various buckling restraining methods have been proposed for the buckling-restrained brace (BRB), and the results of many studies have been reported. The buckling restraining part of BRBs that have been put to practical use can be roughly categorized into two types: one using steel and mortar and the other, steel alone. This chapter describes the comparative testing of two types of specimens, a BRBSM specimen and an S specimen. The value of the restraining index R, which is used as a measure of buckling stiffening, is set to be equal for the two specimens. These specimens use low-yield point steel (LY225) for the core plate. The S specimen uses steel alone for the restraining part.

For the purpose of comparison, the type of steel used for the core plate, the core plate length of the specimen, the core plate plastic zone length, and the cross-sectional area of the specimen are set to be the same for the two specimens. For buckling restraining, the S specimen uses a restraining part formed by joining a channel steel and a flat steel bar with high-tension bolts. Comparing the fabrication process of the specimens, mortar placement and curing takes time in the BRBSM specimen. Meanwhile, welding takes twice as long in the S specimen compared to the BRBSM specimen due to many welding positions. Comparing the weight, the total weight of the S specimen is 1.3 times that of the BRBSM specimen, and the weight of the steel used for the buckling restraining part alone of the S specimen is 3.4 times that of the BRBSM specimen.

The test results show that for both specimens, testing terminated at the seventh loading at 3.0% axial strain, and stable hysteresis characteristics were demonstrated up to 2.0% axial strain. For the BRBSM specimen, the hysteresis curve on the tension side and that on the compression side were nearly identical, and the specimen demonstrated stable hysteresis characteristics. For the S specimen, deformation occurred in the core plate weak-axis direction when subjected to compressive loading at 2.5% axial strain under high-strain-rate conditions, which caused contact between the core plate and the restraining part. As a result, the specimen's load-bearing capacity increased due to friction, and after 3.0% axial strain, the spindle-shaped hysteresis curve deformed and tensile fracture occurred.

A comparison of the compression-to-tension strength ratio α (= compression strength/tension strength) between the two specimens showed that in the BRBSM specimen, the value of α gradually increased up to 1.5% axial strain. After 2.0% axial strain, the inclination became larger due to increasing deformation in the core plate weak-axis direction; however, it was still relatively gentle, and the maximum value of α was 1.31. Meanwhile, in the S specimen, as in the case with the BRBSM specimen, the compression-to-tension strength ratio α gradually increased up to 1.5% axial strain; however, the ascending inclination became larger after 2.0% axial strain. When subjected to compressive loading at 2.5% axial strain, the specimen's load-bearing capacity rose sharply due to the transmission of axial force to the restraining part. The maximum value of α was 1.46. The value of α was about 11% larger for the S specimen compared to that of the BRBSM specimen.

The cumulative plastic strain energy ratio ω of the BRBSM specimen coincided with that of the S specimen on the whole, and at the end of testing, the ω of the S specimen was approximately 4.5% larger than that of the BRBSM specimen. This is attributable to the fact that the compression strength of the S specimen under high-strain-rate conditions is larger than that of the BRBSM specimen. There was no significant difference in energy absorption performance between the former and the latter; however, the hysteresis characteristics of the BRBSM were more stable.

第5章
BRBSMの断面ディテールによる影響
要約

　ここでは、BRBSMが制振部材として用いられる場合を考え、想定外の損傷および急な耐力低下を起こすことなく、安定した復元力特性を有する断面ディテールを考察する。

　BRBSMを構成する部品には、芯材と鋼モルタル板のほかに、クリアランス調整材と丸鋼がある。クリアランス調整材と丸鋼は、芯材の弱軸方向および強軸方向の拘束に関与しているが、設計法で触れられていない。この箇所についても十分な検討を行う必要がある。

　BRBSMのパラメータとして、芯材と拘束材および断面ディテールを変化させた試験体を製作し、引張力と圧縮力の軸方向繰返し載荷実験を行う。これらが復元力特性、終局状態、芯材最終状態、累積塑性歪エネルギー率に与える影響を明らかにする。得られた結果の比較検討から、BRBSMの適用範囲を定める。

　芯材幅厚比（＝芯材幅/芯材厚さ）が11.0より大きくなると性能評価の下限値を満たすことは難しい。幅厚比4.0の試験体の最終状態は、強軸方向変形あるいは引張破断を起す結果となり、BRBSMの適用範囲とし難い。

　拘束指標 R が4.5より大きくなると、芯材弱軸方向に対して拘束力が大き過ぎることから、芯材の塑性変形は、強軸方向に進行する。

　クリアランス調整材により適切なクリアランスが保たれ、芯材とモルタルとの摩擦力の発生を抑え、芯材の軸力を拘束材に伝えることなく、復元力特性を安定させる。クリアランス調整材厚は、芯材厚の6％から10％未満の範囲で設定する必要がある。クリアランス調整材が芯材厚に対して薄過ぎると、芯材は強軸方向変形を起し、厚いと、弱軸方向への塑性変形の進行が早まり性能が低下する。

　芯材強軸方向の隙間に配置した丸鋼は、芯材の強軸方向変形を拘束する効果がある。芯材が強軸方向変形した場合には、復元力特性を安定させる。

CHAPTER 5
Influence of the BRBSM Cross-Section Details
SUMMARY

Focusing on the case where the BRBSM is used as a seismic-response-control member, this chapter examines the cross-section details that allow the primary structure to reach the final failure mode without suffering non-assumed damage or experiencing a sudden decline in load-bearing capacity while maintaining stable hysteresis characteristics.

In addition to the core plate and steel mortar plank, other elements comprising the BRBSM include a clearance adjustment material and a round steel bar. The clearance adjustment material and steel bar affect the buckling restraining of the core plate in the weak-axis and strong-axis directions, which, however, is not mentioned in the seismic design criteria. It is necessary to conduct a thorough examination on this point as well.

Using the core plate, restraining part and cross-section details as parameters, specimens are created by varying these parameters and then cyclic axial compressive and tensile loading is conducted. I elucidate the effects of the varying parameters on the specimens' hysteresis characteristics, ultimate state, core plate failure mode and cumulative plastic strain energy ratio. I also compare the test results obtained from the individual specimens to define the application scope of the BRBSM.

It is difficult to satisfy the lower limit of the BRBSM performance when the core plate width-to-thickness ratio (= core plate width/core plate thickness) exceeds 11.0. Past study results show that specimens with a core plate width-to-thickness ratio of 4.0 undergo deformation in the strong-axis direction or tensile fracture in the failure mode, so practical application of the BRBSM having such a core plate is difficult.

When the restraining index R (= P_E/P_y, P_E: Euler buckling load of the restraining part, P_y: yield load of the core plate) exceeds 4.5, the buckling restraining force in the core plate weak-axis direction becomes excessively large; hence, the plastic deformation in the core plate progresses in the strong-axis direction.

The clearance adjustment material serves to maintain the appropriate clearance, suppress the generation of frictional force between the core plate and the mortar of the restraining part and stabilize the hysteresis characteristics of the BRBSM without transmitting the axial force from the core plate to the restraining part. It is necessary to set the thickness of the clearance adjustment material within the range of 6% to less than 10% of the core plate thickness. When the thickness of the clearance adjustment material is too small compared to that of the core plate, the core plate undergoes deformation in the strong-axis direction. Meanwhile, when the thickness of the clearance adjustment material is too large compared to that of the core plate, the progress of the plastic deformation in the core plate weak-axis direction accelerates, resulting in performance degradation. A round steel bar placed in the gap along the core plate strong-axis direction effectively restrains the deformation in the core plate strong-axis direction, and stabilizes the hysteresis characteristics when deformation occurs in this direction.

第6章
BRBSMの芯材による影響
要約

　BRBSMの性能に影響を与える因子として、芯材長さ l_B に対する芯材塑性化部長さ l_C の比 l_C/l_B について述べる。実建築物ではBRBSMの l_C/l_B は30％程度から80％近くまで、かなりの幅をもって使用される。BRBSMを汎用性のある制振部材として使用するため、l_C/l_B をパラメータとした実験を行い、検証する必要がある。

　l_C/l_B を変化させる一つの方法として、端部リブ長さを一定とし、芯材長さを変えることにより、l_C/l_B を変えるパターンを設定する。更に、l_C/l_B を変化させるもう一つの方法として、芯材長さを一定とし、端部リブ長さを変えリブ貫入長さ調整することで、l_C/l_B を変化させるパターンを設定する。

　l_C/l_B を小さくした場合、芯材塑性化部に比べて接合部および端部リブ部の剛性が相対的に高くなり、端部リブ付近に応力集中が起き、早期に弱軸方向の局部変形を起こす可能性が高くなる。たとえ、拘束指標Rを大きくしても、芯材弱軸方向の局部変形を起こす可能性は高いと考える。

　以上に基づいて試験体を設定し、引張力と圧縮力の軸方向繰返し載荷を行い、各パラメータが塑性変形能力、復元力特性、累積塑性歪エネルギー率、破壊性状、芯材最終状態に与える影響について検証する。

　l_C/l_B が大きい試験体は、圧縮引張耐力比 $α$ が大きくなり、l_C/l_B が80％程度では、芯材とモルタルとの接触点が増えることで、摩擦による影響が大きく $α$ が1.17ほどにもなる。しかし、軸歪1.0％では、圧縮側と引張側ともほぼ等しい耐力を示す。座屈モード数と芯材の塑性化部長さとの間には線形的な比例関係があり、塑性化部長さが長くなると座屈モード数も多くなる。

　l_C/l_B が小さい試験体は、Rを大きくしてもリブの貫入長さが短い場合、貫入部のリブ端部付近に応力が集中し性能が低下する。また、リブ端部での首折れも起こしやすくなる。リブ貫入長さを長くすることで、リブが曲げモーメントを負担し、芯材塑性化部端部が安定して性能の低下や首折れを防ぐことが可能である。

CHAPTER 6
Influence of the BRBSM Core Plate
SUMMARY

This chapter discusses the ratio of the core plate plastic zone length l_C to the core plate length l_B (l_C/l_B), which is a factor that affects the BRBSM performance. The l_C/l_B of the BRBSM used in actual buildings ranges considerably, from about 30% to nearly 80%.

One way of varying the l_C/l_B is to fix the length of the rib at the core plate end and vary the core plate length. Another way is to fix the core plate length, vary the length of the rib at the core plate end and adjust the rib penetration length.

When l_C/l_B is decreased, the stiffness of the rib section at the core plate end increases relative to that of the core plate plastic zone, causing stress to concentrate in the vicinity of the rib at the core plate end, which ultimately increases the possibility of inducing local deformation in the core plate weak-axis direction at an early stage. Even if the restraining index R is increased, such probability is still considered to be high.

Specimens are created by varying the l_C/l_B and R values. Using these specimens, cyclic axial compressive and tensile loading is conducted to verify the influence of the individual parameters (l_C/l_B and R) on the specimens' plastic deformation capacity, hysteresis characteristics, cumulative plastic strain energy ratio, failure behavior, and core plate failure mode.

In the specimens with a large l_C/l_B, the compression-to-tension strength ratio α becomes large. When l_C/l_B is 80% or so, the value of α becomes approximately 1.17 as the contact point between the core plate and the mortar increases, thereby increasing the influence from friction. However, at a core plate axial strain of 1.0%, the specimens demonstrate nearly equal load-bearing capacity on the compression side and the tension side. There is a linear, proportional relationship between the number of buckling modes and the core plate plastic zone length: the number of buckling modes increases with increasing core plate plastic zone length.

In the specimens with a small l_C/l_B, even if the restraining index R is increased, stress concentrates in the vicinity of the rib at the core end when the rib penetration length is small, resulting in performance degradation. In such specimens, drooping rib ends also tend to occur. Increasing the rib penetration length allows the rib to bear the bending moments, thereby stabilizing the core plastic zone end and preventing performance degradation and drooping of rib ends.

第7章
BRBSMの有限要素解析
要約

　有限要素解析により BRBSM の塑性変形による座屈モードの進展の解明を行う。これまでの実験結果によると、BRBSM が軸歪1.0%まで安定した性能を示すためには、拘束材のオイラー座屈荷重 P_E と芯材の降伏耐力 P_y の比である拘束指標 R が1.0以上必要である。また、歪ゲージを用いた試験体の歪分布を見ると、座屈モードは、まず芯材の中央部に発生し、その後、徐々に端部に発展することによって高次のモードを形成することが分かっている。これらの挙動をより詳細に解明するため、数値解析モデルを用いて拘束指標 R と力学特性の関係を把握する。

　解析は、汎用の非線形構造解析プログラム ADINA を使用する。パラメータとして拘束指標 R を3.1、1.6、1.1、0.9、0.7、0.5の6種類の解析モデルを作成する。加えて、拘束材を設けない R が0.0の解析モデルも解析する。芯材中央部に約 $l_B/1000$（芯材長さ：l_B =2351mm）の初期不整を与える。

　単調圧縮載荷と引張力と圧縮力の交番繰返し載荷の解析を行う。引張力と圧縮力の交番繰返し載荷による解析結果は、R が3.1と1.6のモデルは、3.0%歪まで耐力低下を示さなかった。R が0.9以下のモデルは軸歪1.0%以下で耐力低下を起こす。R が3.1と1.6は、初めは1次の座屈モードを示すが、高歪において、高次の座屈モードが現れた。R が1.1以下では、中央部が撓む1次の座屈モードを描く。

　解析により、実験で測定された荷重変形関係や座屈モードを再現することができた。軸歪1.0%（層間変形角1/100rad 相当）まで耐力を保持するためには、R は1.0以上必要であり、軸歪3.0%（層間変形角1/33rad 相当）まで耐力を保持するためには、R は1.6以上必要である。R が1.0以下の場合は、高次の座屈モードを形成する前に耐力低下が起こる。座屈モードの発生メカニズムは、次の通りである。先ず、1次モードが現れ、次に、芯材が拘束材と数箇所で接触して、低次のモードが形成され、その後、接触箇所が順次増えていき、高次の座屈モードに移行する。

CHAPTER 7
Finite-Element Analysis of the BRBSM
SUMMARY

In this chapter, finite-element analysis is used to elucidate the progress of the buckling mode due to plastic deformation of the BRBSM. Past study results show that for the BRBSM to be capable of maintaining stable hysteresis characteristics up to a core plate axial strain of 1%, the restraining index R, which is the ratio of the Euler buckling load of the restraining material P_E to the yield load of the core plate P_y, needs to be larger than 1.0. The specimen strain distribution obtained using a strain gauge indicates that the buckling mode first occurs in the central part of the core plate and then gradually progresses towards the ends, thereby forming a high-order buckling mode. For the purpose of elucidating in detail such behavior, the relationship between the restraining index R and the dynamic characteristics is thoroughly examined using numerical analysis models.

An analysis is performed using ADINA, a versatile program for nonlinear structural analysis. Six analytical models are created using the restraining index R as a parameter set to 3.1, 1.6. 1.1, 0.9, 0.7, and 0.5, respectively. In addition, an analytical model without restraining part and with R set to 0.0 is also analyzed. Initial imperfections of approximately $l_B/1000$ (core plate length: l_B = 2351 mm) are intentionally given to the central part of the core plate.

Monotonic compressive loading and cyclic compressive and tensile loading are conducted and the results are analyzed. The analytical results obtained through cyclic compressive and tensile loading show that the models in which R is set to 3.1 and 1.6 did not experience a decline in load-bearing capacity up to a core plate axial strain of 3.0%. The models in which R is set to 0.9 or less experienced a decline in load-bearing capacity at a core plate axial strain of 1.0% or less. For the models with R set to 3.1 and 1.6, the first-order buckling mode appeared at the beginning. Under high-strain-rate conditions, however, a higher-order buckling mode appeared. In the specimens with R set to less than 1.1, the first-order buckling mode appeared.

The load-deformation relationship and buckling mode measured through the tests could be reproduced by analysis.

For the BRBSM to be capable of maintaining its load-bearing capacity up to a core plate axial strain of 1.0% (equivalent in magnitude to an interstory deformation angle of 1/100 rad), R needs to be 1.0 or larger. To be capable of maintaining its load-bearing capacity up to a core plate axial strain of 3.0% (equivalent in magnitude to an interstory deformation angle of 1/33 rad), R needs to be 1.6 or larger. When R is less than 1.0, the load-bearing capacity declines before a higher-order buckling mode is formed. The mechanism of buckling mode generation is as follows: First-order buckling mode appears in the beginning and then a low-order buckling mode is formed due to contact between the core plate and the restraining part at several locations. After that, the point of contact sequentially increases, causing the low-order buckling mode to shift toward a higher-order buckling mode.

第8章
BRBSMの高性能化
要約

　前章までは、BRBSM の累積塑性歪エネルギー率 ω が、性能の下限値を示す評価式の値を上回っていれば、構造性能を満たしているとしてきた。しかし、長周期・長継続時間の地震動を伴う3つの地震が連動した海溝型地震が予測されている。そこで、BRBSM の高性能化として、ω の大きな BRBSM を実現する必要がある。

　過去の実験結果から ω の値を決定する要因の検討を行う。$\omega>900$ となる試験体の最終状態を確認すると、全てが引張破断で終了していた。鋼材の破断強度近くまで性能を発揮することが ω を大きくするために必要である。更に、拘束指標 R の範囲が $6<R$ となるとき、引張破断となるものが多い。また、圧縮引張耐力比 α が大きくなると、圧縮側での耐力が上昇し、早期に局部変形や強軸変形を起こす可能性がある。

　強軸変形を抑えるため、芯材塑性化部に絞りを設けスペーサーを入れることにより強軸方向の拘束を大きくすることが可能である。

　芯材長さが等しいとき、芯材塑性化部長さ比 l_C/l_B を大きくすると細長比 λ が大きくなり、α が上昇する。

　芯材幅厚比を大きくすると、局部変形が早期に生じ、性能が低下する。芯材幅厚比を小さくすると、強軸変形が大きくなる。局部変形、強軸変形を抑え引張破断させるには、芯材幅厚比を6～8程度とする。

　芯材の降伏応力度 σ_y が小さくなるに従って、ω の値は大きくなる傾向がある。芯材の σ_y は、建築構造用圧延鋼材（SN400B）の設計基準強度である $235N/mm^2$ を最小値とし、$300N/mm^2$ を最大値とする。

　弱軸方向のクリアランスが小さいほど ω が大きくなる。クリアランス比（＝クリアランス/芯材厚）は、10～15％（弱軸両面のクリアランスの合計）が適切である。

　リブ貫入長さが短くなるとリブ端部での首折れを起こしやすくなる。端部の首折れを抑えるため、リブ貫入長さ比（＝リブ貫入長さ/芯材塑性化部長さ）を 10～20％程度とする。

　以上の分析結果をもとに BRBSM を製作し実験を行った結果、$\omega>1200$ の性能を有し、$\alpha<1.15$ となる BRBSM が実現できることを確認した。

CHAPTER 8
Enhancing the BRBSM Performance
SUMMARY

The preceding chapters described how the BRBSM structural performance requirements are fulfilled when the cumulative plastic strain energy ratio ω exceeds the value shown in the equations for finding the lower limit of the BRBSM performance. However, trench-type earthquakes in which a combination of three independent earthquakes occurs with long-period, long-duration ground motions are predicted in the future. In view of these circumstances, it is necessary to realize BRBSM with a large ω for enhanced performance.

Based on the past test results, this chapter examines the factors that determine the ω value. It was found that all specimens with ω > 900 experienced tensile fracture in the final failure mode. In order to increase the cumulative plastic strain energy ratio ω, the core plate is required to function properly up to nearly the steel's rupture strength. Moreover, many specimens having a restraining index R of >6 experience tensile fracture. When the compression-to-tension ratio α increases, the load-bearing capacity of the specimens rises on the compression side and early-stage deformation and deformation in the core plate strong-axis direction are likely to occur.

By way of suppressing the deformation in the strong-axis direction, the area of the core plate plastic zone end sections is decreased and a spacer is installed in the core plate strong-axis direction, whereby the restraining force in the strong-axis direction can be increased.

Where the core plate length is equal between the specimens, when the ratio of the core plate length to core plate plastic zone length l_C/l_B is increased, the slenderness ratio λ increases and α rises.

When the core plate width-to-thickness ratio is increased, local deformation occurs at an early stage and the load-bearing capacity declines. When the core plate width-to-thickness ratio is decreased, deformation in the strong-axis direction increases. To suppress the local deformation and the deformation in the strong-axis direction and to ultimately induce tensile fracture, the core plate width-to-thickness ratio is set at 6 to 8.

The ω value tends to increase with decreasing core plate yield stress $σ_y$. The minimum value of the core plate yield stress $σ_y$ is set to 235 N/mm^2, which is the design strength of rolled structural steel (SM400B), and the maximum value is set to 300 N/mm^2.

The smaller the clearance along the weak-axis direction, the larger ω becomes. A clearance ratio (= clearance / core plate thickness) of 10–15% (the sum of clearances on both sides of the weak axis) is appropriate.

As the rib penetration length decreases, drooping rib ends are likely to occur. To suppress the drooping, the rib penetration length ratio (= rib penetration length / core plate plastic zone length) is set to 10–20%.

Based on the abovementioned analytical results, I fabricated a BRBSM and performed testing. The test results verified that it is possible to develop a BRBSM having a high performance of ω > 1200 and α < 1.15.

第9章
BRBSMの疲労性能
要約

　BRBSM を制振部材として適用する際には、疲労性能を把握しておくことが重要である。ここでは、BRBSM を基本タイプと高性能タイプに分けて試験体を製作し、歪振幅と繰返し回数を用いて疲労性能について実験を行う。

　載荷方法は、軸方向変位制御による引張力と圧縮力の交番繰返し載荷ではなく、一定歪振幅繰返し載荷とする。所定の振幅において耐力が低下するか、引張破断するまで載荷を繰返す。基本タイプは歪振幅0.15%($1.1\varepsilon_y$)〜4.0%、高性能タイプは歪振幅0.15%($1.1\varepsilon_y$)〜5.5%の範囲で載荷を行う。

　実験結果によると、両タイプともに歪振幅1.0%〜3.0%、高軸歪領域である歪振幅4.0%、5.0%おいても十分な繰返しに耐える性能を示す。歪振幅と耐用回数関係は両タイプともに両対数軸上で線形関係となる。しかし、両タイプの傾きは同じではない。

　最終状態において、両タイプともに歪振幅3.0%以上では、芯材中央部付近で引張破断および局部変形が生じる。歪振幅3.0%未満では、基本タイプは断面変化によって応力が集中するリブ溶接の熱影響部に、高性能タイプは絞りを加えた塑性化部端部で引張破断および局部変形が生じる。芯材形状によって引張破断、局部変形の位置が異なる。

　耐用回数について、歪振幅3.0%以上では、母材の疲労性能によって決まるため、両タイプで耐用回数に差はない。一方、歪振幅3.0%未満では、応力が集中する箇所によって疲労性能が決まる。基本タイプはリブ溶接の熱影響部、高性能タイプは塑性化部を絞った位置に応力集中する。

　耐用回数は高性能タイプの方が優れている。しかし、高性能タイプでも、鋼素材の疲労性能と比較すると、耐用回数は歪振幅3.0%で約1/6、歪振幅0.3%で約1/4と少ない回数となる。また、基本タイプは歪振幅4.0%、高性能タイプは歪振幅5.5%と両タイプともに高軸歪に耐える性能を示す。

　基本タイプと高性能タイプの疲労線図を作成したことにより、設計時にBRBSM の疲労性能を推定することができる。

CHAPTER 9
Fatigue Performance of the BRBSM
SUMMARY

Where a buckling-restrained brace is used as a seismic-response-controlled member, it is important to fully understand its fatigue performance. In this chapter, the BRBSM is divided into the basic type and the high-performance type, and specimens of each type are created. Using the strain amplitude and number of cycles as parameters, a test is conducted to examine their fatigue performance.

Constant strain amplitude cyclic loading is conducted instead of cyclic compressive and tensile loading in which loading is controlled by changing the axial displacement of the core plate. On both specimens, loading is repeated at the predetermined strain amplitudes until each specimen's strength drops or tensile fracture occurs. Loading is conducted at strain amplitudes of 0.15% (1.1εy) to 4.0% for the basic type specimen, and 0.15% (1.1εy) to 5.5% for the high-performance type specimen.

The test results show that both specimens demonstrated adequate performance to withstand loading cycles at strain amplitudes of 1.0% to 3.0%, as well as at high strain amplitudes of 4.0% and 5.0%. In both the basic and high-performance type specimens, the relationship between strain amplitude and the maximum number of loading cycles, or the number of loading cycles that can be withstood, is linear on a double logarithmic graph. However, the slopes of the lines shown in the graph are not parallel to each other in both types.

In both specimens, tensile fracture and local deformation occur in the vicinity of the central part of the core plate at high strain amplitudes exceeding 3.0% in the final failure mode. For the basic type specimen, at strain amplitudes less than 3.0%, tensile fracture and local deformation occur in the rib weld heat-affected zone where stress concentrates due to varying core plate cross-sectional shapes. Meanwhile, for the high-performance specimen, tensile fracture and local deformation occur in the core plate plastic zone end with a reduced area. The location of tensile fracture and local deformation depends on the core plate shape.

At high strain amplitudes exceeding 3.0%, there is no difference in the maximum number of loading cycles between the two types as it depends on the fatigue performance of the base metal. Meanwhile, at strain amplitudes less than 3.0%, the fatigue performance is determined according to the location where stress concentrates. In the basic type, stress concentrates in the rib weld heat-affected zone, and in the high-performance type, in the core plate plastic zone end with a reduced area.

The high-performance type is superior to the basic type in terms of the maximum number of loading cycles. However, when compared to the fatigue performance of the steel raw material, even in the high-performance type, the maximum number of loading cycles is as small as approximately 1/6 at a strain amplitude of 3.0% and 1/4 at a strain amplitude of 0.3%. Both specimens exhibited adequate performance to withstand high strain amplitudes, 4.0% for the basic type and 5.5% for the high-performance type.

A fatigue diagram was generated for both the basic and high-performance types, whereby the fatigue performance of the BRBSM can be estimated during the design process.

第10章
BRBSMの降伏耐力と軸剛性の調整
要約

　座屈拘束ブレース（BRB）は、高い軸剛性と低い降伏耐力、言い換えると小さい降伏変位が要求されることがある。また、降伏耐力と軸剛性を自由に変えたいという要求もある。しかしながら、BRB の軸剛性と降伏耐力は、ともに芯材の断面積に比例するため、独立させて制御することが難しい。低降伏点鋼を用いることで、軸剛性を維持したまま降伏耐力を低下することが可能であるが、低降伏点鋼の種類は限られているため、細かな調整はできない。

　軸剛性を向上させて、且つ、降伏耐力を低下させるためには、芯材の塑性化部長さ比を極端に小さくする方法があるが、この方法による調整範囲は限られる。

　両端部ディテールの設計に自由度が高い BRBSM の利点を生かし、軸剛性を向上させる方法として端部に鋼板を溶接して増厚したものを発想した。この方法を用いれば、BRBSM の降伏耐力および軸剛性の調節の自由度を向上させることが可能である。

　既往の研究で用いられてきた、芯材塑性化部が無加工、および絞りを加えて降伏耐力を落としたタイプ A、芯材塑性化部を短くして軸剛性を向上させたタイプ B に加え、増厚板を溶接したタイプ C の試験体を製作する。これら3つのタイプの比較実験を行い、性能を明らかにする。

　BRBSM の降伏耐力の評価は、芯材塑性化部の断面積が決定すれば、素材試験などで求められる降伏応力度を断面積に乗じることによって表すことができる。次に、軸方向で断面積の変化する BRBSM の軸剛性計算式を提示する。芯材の軸剛性は、数個の直列弾性バネと見なしてモデル化する。芯材の分割数は、精密な計算と比較しても誤差が少ない最小の数とする。ここでは、（弾性部+接合部）+塑性化部+（弾性部+接合部）とした3分割、および接合部+弾性部+塑性化部+弾性部+接合部とした5分割を検討する。

　比較実験の結果、タイプ C の BRBSM を用いると、小さい降伏変位が実現できる。例えば、塑性化部長さ比 0.2 の場合、建物の層間変形角を 1/1000rad 以下に小さくできる。また、芯材の軸剛性は、5個の直列弾性バネとみなして計算することで、芯材長さ、形状、鋼種が異なっても誤差 10%以内で算出が可能である。

CHAPTER 10
Adjusting the Yield Strength and Axial Stiffness of the BRBSM
SUMMARY

In some cases, high axial stiffness and low yield strength, or small yield displacement, are required for the buckling-restrained brace (BRB). There is also a need to vary the yield strength and axial stiffness without restriction. It is difficult, however, to control the axial stiffness and yield strength independently, as they are proportional to the cross-sectional area of the core plate. Using a low-yield-point steel allows a decrease in yield strength while maintaining the axial stiffness; however, its limited variety makes it impossible to perform fine adjustment.

Reducing the width of the core plate plastic zone is one way to enhance the axial stiffness and decrease the yield strength; however, the adjustable range is limited when applying this technique.

Utilizing the advantages of the BRBSM, in this case the increased design freedom at both ends of the core plate, I conceived the idea of welding steel plates to the end parts of the core plate to increase their thickness. Using this technique increases the freedom of adjusting the yield strength and axial stiffness of the BRBSM.

In past studies, two types of specimens, Type A and Type B, were used. In the Type A specimen, the area of the core plate plastic zone is not reduced or it is reduced to decrease the yield strength. In the Type B specimen, the length of the core plate plastic zone is reduced to enhance the axial stiffness. In addition to these specimens, a Type C specimen is created in which steel plates are welded to the end parts of the core plate to increase their thickness. This chapter discusses the results of comparative testing conducted on these three types of specimens to elucidate their performance.

If the cross-sectional area of the core plate plastic zone is determined, the yield strength of the BRBSM can be expressed by multiplying the yield stress obtained from material testing by the cross-sectional area of the core plate plastic zone. Next, an equation for finding the axial stiffness of the BRBSM in which the cross-sectional area varies in the core plate axis direction is presented. An analytical model is created on the supposition that the axial stiffness of the core plate is equivalent to that of several elastic springs arranged in series. The core plate is divided into the minimum number of segments since any error generated by this method will be small even in comparison with the precise calculation. Here, two cases are examined. In the first case, the core plate is divided into five segments: the connection, the elastic zone, the plastic zone, the elastic zone, and the connection. In the other case, the core plate is divided into three segments: the connection plus the elastic zone, the plastic zone, and the elastic zone plus the connection.

From the result of comparative experiment a small yield displacement can be realized by using the Type C BRBSM. For example, when the ratio of core plate length to core plate plastic zone length is 0.2, the interstory deformation angle of a building can be reduced to less than 1/1000 rad.

By supposing that the axial stiffness of the core plate is equivalent to that of five elastic springs arranged in series, the core plate axial stiffness can be calculated within an error of 10% irrespective of the core plate length, shape and steel grade.

第11章
BRBSMの芯材の脆性破壊
要約

　BRBSM以外の座屈拘束ブレース（BRB）の芯材は、鋼管やH形鋼など、溶接により組み立てられたものが使用されることもあり、これらには溶接が連続的に施されている。BRBSMにも芯材中央部のずれ止めや、補強リブを設けるための溶接が施されている。これら溶接部を起因とする脆性破壊に関する知見を得る必要がある。

　芯材にSN材やLY材を用いても、溶接部には弱点を有する可能性があることから、BRBが圧縮力を受けた時に座屈しないという本来の性能のみだけでなく、衝撃的な引張力に対しても脆性破壊せず、十分な変形性能を発揮することが重要である。

　拘束材を除去し、芯材のみをモデル化した試験体について、鋼種、試験体形状および温度をパラメータとして静的単調引張載荷実験を行う。鋼種は板厚が12mmのSN400BおよびLY225の2種類を用いる。試験体形状は、溶接の施されていない基本タイプ、塑性化部中央にずれ止めが隅肉溶接された中央溶接タイプと塑性化部に連続的に溶接が施された十字断面タイプの3タイプとする。

　実験温度は常温およびシャルピー衝撃試験から得られた遷移温度付近で行う。静的単調引張載荷試験により、溶接の有無による基本的な力学特性を確認する。脆性破面率、降伏応力度、降伏比、破断伸び、累積塑性歪エネルギー率 ω を考察する。

　実験結果によると、芯材の塑性化部に連続的な溶接がある場合は、溶接がない場合に比べて、エネルギー吸収性能に差がなくても、脆性破壊を起こす可能性が高い。塑性化部に局所的な溶接が存在していても、溶接がされていない場合と比べ、引張性能は変わらない。

　SN鋼試験体の脆性破面率および降伏応力度の値は、温度の低下により大きくなる。降伏比は、全ての温度で規格値の80%以下であり、破断伸びおよび ω の値は温度によってほとんど変化しない。LY鋼試験体の脆性破面率は遷移温度付近で急激に変化する。降伏応力度はSN鋼試験体に比べ温度による変化が大きい。-60℃では降伏比が80%以上となり十分な塑性変形が望めず、破断伸びおよび ω の値は温度の低下に伴い減少する。

CHAPTER 11
Brittle Fracture of the BRBSM Core Plate
SUMMARY

Some of the core plates of buckling-restrained braces (BRBs) other than the BRBSM are fabricated with welded steel pipes and wide flanges in which continuous welding is provided. In the BRBs as well, welding is used to attach a shear key to the central part of the core plate to immobilize the restraining part as well as the strengthening ribs. It is necessary to acquire knowledge on brittle fracture attributable to such weld locations.

Even if SN and LY steels are used for the core plate, the weld locations may still have defects. Hence, it is crucial that the BRB not only perform its primary task of not buckling under compression but also provide adequate deformation capacity without experiencing brittle fracture even when subjected to large tension.

This chapter discusses a static monotonic tensile loading test conducted on specimens created by modeling the BRB core plate alone. The test parameters are the steel grade, specimen shape and temperature. SN400B and LY225 steels with a thickness of 12 mm are used. Three types of specimens are used: basic type with no welding, one in which a stopper is attached in the central part of the core plate plastic zone by fillet welding, and one with a cross-shaped cross section in which continuous welding is provided in the core plate plastic zone.

The test is conducted at the ordinary temperature and near the fracture appearance transition temperature obtained from the Charpy impact test. The static monotonic tensile loading test is conducted to identify the mechanical characteristics of the specimens in a case where welding is provided in the core plate and a case where welding is not provided. The percent brittle fracture, yield ratio, elongation at break, and cumulative plastic strain energy ratio ω of the specimens are examined.

The test results show that where continuous welding is provided in the core plate plastic zone, brittle fracture is likely to occur even if there is no difference in energy absorption capacity between the cases where welding is provided and where welding is not provided. The tensile performance of the specimens with local welding in the core plate plastic zone does not vary from that of the specimens without welding.

The percent brittle fracture and yield stress values of the specimens using SN steel increase with decreasing temperature. The yield ratio is less than 80% of the standard value at all temperatures. The elongation at break and ω values are largely independent of temperature. The percent brittle fracture of the specimens using LY steel changes abruptly in the vicinity of the fracture appearance transition temperature. The yield stress varies widely according to the temperature compared to the specimens using SN steel. At −60°C, the yield ratio exceeds 80% and adequate plastic deformation cannot be expected. The elongation at break and ω values decrease with decreasing temperature.

第12章
BRBSMの脆性破壊性能
要約

　BRBSMの芯材に存在する溶接形状と実験温度をパラメータとし、軸方向変位制御による引張力と圧縮力の交番繰返し載荷実験を行い、エネルギー吸収性能の差異や破壊性状について考察を行う。更に、前章で得られた引張特性とも合わせて考察し、BRBSM芯材の塑性化部における溶接仕様の提案を行う。

　芯材の鋼種はSN400Bとし、試験体は、溶接のないタイプA、芯材中央にずれ止めを溶接したタイプB、塑性化部全域に鋼板を溶接したタイプC、軸方向にワンパス溶接を施したタイプDの4タイプを製作する。実験温度は、室温（約20℃）に加え、低温（-20℃～-50℃）で行う。低温実験では、冷媒により冷却し、実験温度は芯材の破面遷移温度を目安に設定する。

　実験結果から、塑性化部内に溶接止端部やビード不整が存在すると応力集中が起こり、BRBSMの性能低下の大きな要因となることが分かる。連続的な隅肉溶接は、溶接がない場合に比べて、エネルギー吸収性能が劣り、溶接ビードの不整による断面積が小さい箇所の溶け込み不良を起点とし、比較的早い段階で脆性破壊を起こす。一方で局所的な溶接は、適切な熱処理や仕上げを行うことで性能は低下せず、溶接の熱影響により早期に脆性破壊を起こす可能性も低い。

　BRBSMの芯材の溶接仕様は、塑性化部に局所的な溶接を施す場合、適切な予熱処理をした後、まわし溶接を行い、応力集中が生じないように滑らかに仕上げを行うことで許容することができる。溶接ビードの不整は、性能の低下に繋がるため、不整が生じないように滑らかな溶接を行い、不整が生じたときは、仕上げを行う。

　破壊の起点となる溶け込み不良を防ぐため、隅肉溶接は避け、完全溶け込み溶接あるいは部分溶け込み溶接とすべきである。2つ以上の溶接止端部が塑性化部内で重なると靱性が低下しやすくなり、早期に破壊が生じる可能性が高くなるため、塑性化部では溶接止端部を重ねてはならない。

CHAPTER 12
Brittle Fracture Performance of the BRBSM
SUMMARY

This chapter describes the cyclic compressive and tensile loading test in which loading is controlled by changing the axial displacement of the core plate. The test is conducted using the welding specifications in the BRBSM core plate and the experimental temperature as parameters to examine the energy absorption capacity variance and fracture behavior. The test results are analyzed in conjunction with the tensile characteristics data obtained from the preceding chapter, and welding specifications permissible in the core plate plastic zone of the BRBSM are proposed.

SN400B steel is used for the core plate. Four types of specimens are created: Type A in which welding is not provided, Type B in which a stopper is welded in the central part of the core plate to immobilize the restraining material, Type C in which a steel plate is welded to cover the entire plastic zone, and Type D in which single-pass welds are provided in the axis direction.

The test is conducted at low temperatures between −20°C and −50°C in addition to room temperature of approximately 20°C. In the low-temperature test, the specimens are cooled by a refrigerant. The experimental temperature is set using the fracture appearance transition temperature as a guide.

The test results indicate that weld-end and weld-bead irregularities in the core plate plastic zone induce stress concentration, which becomes a major factor for performance degradation of the BRBSM. The energy absorption capacity of the specimens with continuous fillet welding is lower than that of the specimens without welding, leading to brittle fracture at an early stage. The fracture origin lies in incomplete weld metal penetration at the locations where the cross-sectional area of weld beads is small due to bead irregularities.

Where local welding is provided, appropriate preheating and smooth surface finishing effectively prevent performance degradation. The occurrence of early brittle fracture due to weld heat influence becomes less likely.

When local welding is provided in the plastic zone, the welding specifications in the BRBSM core plate are permissible, but only under certain conditions: providing appropriate preheating prior to boxing and a smooth weld surface to prevent stress concentration.

As weld-bead irregularities lead to performance degradation, it is necessary to form a smooth weld surface to prevent them. When such irregularities occur, finishing is required.

In order to prevent incomplete penetration of weld metal that can become a fracture origin, full or partial penetration welding, instead of fillet welding, should be applied. At locations where more than two weld ends overlap in the plastic zone, ductility easily declines and early fracture is likely to occur. Hence, more than two weld ends should not overlap in the plastic zone.

第13章
BRBSMの品質管理
要約

　BRBSM が真に信頼性を得るためには、設計時に期待した構造性能を実際に発揮できることが前提であり、言い換えるならば、製造時の初期品質が保証されていること、運用時の損傷履歴をヘルスモニタリングし、残存性能を把握していることが条件となる。これらを管理するためには、BRBSM のライフサイクルにおける設計計画、材料調達、製造過程、施工情報、運用履歴、廃棄の各段階での品質情報を記録し、不具合があった場合には情報を遡れるようにしておくことが必要である。

　ここでは、BRBSM を対象に、初期品質を確保するための方策として、製造時の品質管理項目および品質管理数値を設定する。構造性能に影響する重要な品質管理項目であるクリアランス比およびギャップについては、これらをパラメータとした検証実験を行う。

　管理許容差は、製品の95％以上が満足するように製作・施工上の目安を定める目標値である。限界許容差は、これを超える誤差は許されない個々の製品の合格判定のための基準値である。

　クリアランス比およびギャップは既往の研究から得られた数値、その他の項目については、鉄骨工事標準仕様書JASS6鉄骨工事により設定する。

　クリアランス比が構造性能にどう影響するのか、芯材および拘束材の材質・寸法は同様とし、クリアランス比のみをパラメータとした試験体で実験を行う。品質管理数値内に収まっている試験体は安定した復元力特性を示し、累積塑性歪エネルギー率 ω は高い値を示した。クリアランス比が大きくなる程、ω は小さくなっていき、復元力特性は圧縮側で不安定となる。

　ギャップが構造性能にどう影響するのか、芯材および拘束材の条件は全て同様とし、内部ギャップのみパラメータとした試験体で実験を行う。ギャップが品質管理数値を下回っている場合、リブとモルタルが接触することにより圧縮側で荷重が高くなり、圧縮引張耐力比 α が高くなる。

CHAPTER 13
Quality Control of the BRBSM
SUMMARY

In order for the BRBSM to be truly reliable, it must be able to deliver the designed structural performance in actual use. In other words, the BRBSM must retain its initial quality built in during the manufacturing process. It is also important to fully understand the remaining capability of the BRBSM by monitoring its damage history during use. To do this, information on the quality of the BRBSM should be recorded at each phase of its life cycle including design planning, material procurement, manufacturing, construction, operation, and disposal. Such records should be maintained so that information can be traced if a defect is found.

In this chapter, for the purpose of ensuring the initial quality of the BRBSM, quality control items and values at the time of manufacture are set. For the clearance ratio and gap that are important quality control items affecting structural performance, verification testing is conducted using these items as parameters.

The permissible deviation in quality control is a target value to be met by 95% of all products in terms of manufacturing and construction. The permissible deviation limit is the value, or criterion, for judging product acceptability. Errors exceeding this value are not permitted.

Quality control values for the clearance and gap are set based on the values obtained from past studies. Other quality control values are set based on the Japanese Architectural Standard Specification: JASS 6 Structural Steelwork.

To confirm how the clearance ratio affects structural performance, a test is conducted on specimens created using only the clearance ratio as a parameter. The material and dimensions of the core plate and the restraining part are the same for the specimens. The specimens in which the clearance ratio is within the quality control limits exhibited stable hysteretic characteristics and a high cumulative plastic strain energy ratio ω. The cumulative plastic strain energy ratio ω decreased with increasing clearance ratio, and the hysteresis characteristics became unstable on the compression side.

To confirm how the gap affects structural performance, a test is conducted on specimens created using only the internal gap as a parameter. The conditions of the core plate and the restraining part are set to be the same for the specimens. When the gap fell below the quality control values, the load increased on the compression side due to rib-to-mortar contact, and the compression-to-tension strength ratio α increased.

第14章
BRBSMの最終性能
要約

　BRBSMは、拘束指標Rを大きくすることで、エネルギー吸収性能を表す累積塑性歪エネルギー率ωが大きくなる。しかし、Rの値が同じでも、最終状態には局部変形や引張破断が混在し、ωは大小ばらついている。R以外にも力学性能に影響を及ぼす要因があることが推測され、最終状態やωを決定づける要因は何なのか明らかにする必要がある。

　ここでは、載荷パターン、クリアランス、モルタル強度に着目し、各々をパラメータとした試験体を製作して比較実験を行い、BRBSMの力学性能に及ぼす影響を明らかにする。

　載荷パターンの違いによる比較実験では、軸方向変位制御による引張力と圧縮力の交番繰返し載荷における軸歪1.0%を2回と5回の2つの載荷パターンで行う。

　クリアランスとモルタル強度の比較実験では、Rをクリアランスとモルタル強度の影響を受けやすい1.2程度と小さくする。クリアランス調整材の厚さは、2、4、6mmの3種類とする。モルタル強度は、低強度（$21.3N/mm^2$）、中強度（$71.2N/mm^2$）、高強度（$108.3N/mm^2$）を使用する。

　載荷パターンの軸歪1.0%が2回の試験体では、最終状態は局部変形となり、ωは1118であった。軸歪1.0%が5回の試験体では引張破断となり、ωは1510であった。

　クリアランス比（クリアランス/芯材の板厚）が大きい試験体は、圧縮側載荷時に荷重が下がる場合があり、復元力特性が不安定である。これらは、クリアランスが大きいため、芯材が座屈した際、すぐにモルタルによる拘束ができず荷重が下がり、座屈が進行してからモルタルに接触し、拘束し始めることで耐力が上昇するからである。クリアランス比が34%～42%の範囲から11%～13%の範囲に小さくなると、ωは約1.9～2.6倍となる。また、圧縮引張耐力比αの最大値は0.04～0.06大きくなる。

　モルタル強度が$21.3N/mm^2$から$108.3N/mm^2$と大きくなると、ωは約2.2～2.6倍となる。また、αの最大値は0.04～0.08大きくなる。モルタル強度が高い方が座屈モード数は多くなる。

　最終状態が同じ局部変形でも繰返し回数は異なる。クリアランス比が小さく、モルタル強度が高い試験体の繰返し回数は多い。これらの試験体の最終状態は引張破断となる。

CHAPTER 14
Final Performance of the BRBSM
SUMMARY

In the BRBSM, the cumulative plastic strain energy ratio ω that expresses energy absorption capacity is increased by increasing the restraining index R. However, even when the R value is the same, local deformation and tensile rupture exist together in the final failure mode, and ω varies between large and small.

From the above, it is presumed that factors other than R affect the mechanical properties of the BRBSM. It is therefore necessary to identify such factors to determine the final failure mode as well as ω.

This chapter discusses comparative testing focusing on the loading pattern, clearance, and mortar strength to elucidate their influence on the mechanical properties of the BRBSM. Specimens are created using these items as parameters.

The comparative testing adopts cyclic compressive and tensile loading in which loading is controlled by changing the axial displacement of the core plate. Two loading patterns are used: one in which loading is conducted twice at 1.0% axial strain, and the other in which loading is conducted five times at 1.0% axial strain.

In comparative testing focusing on clearance and mortar strength, R is set as small as approximately 1.2, the value that is susceptible to clearance and mortar strength. Three types of clearance materials with a respective thickness of 2, 4, and 6 mm are used. Mortar having low (21.3 N/mm^2), moderate (71.2 N/mm^2) and high (108.3 N/mm^2) strength is used.

The final failure mode of the specimens subjected to loading twice at 1.0% axial strain was local deformation and ω was 1118. Meanwhile, the final failure mode of the specimens subjected to loading five times at 1.0% axial strain was tensile fracture and ω was 1510.

In some of the specimens with a large clearance ratio (clearance/core plate thickness), the load dropped when subjected to compressive loading and the hysteresis characteristics were unstable. This is because where the clearance is large, the core plate cannot be restrained by the mortar immediately after it buckles, causing the load to drop. As buckling progresses, the core plate comes into contact with the mortar, which begins to restrain the core plate and the load rises.

When a clearance ratio in the range of 34% to 42% decreases to 11% to 13%, ω becomes approximately 1.9 to 2.6 times larger. The maximum value of the compression-to-tension strength ratio α increases by 0.04 to 0.06.

When the mortar strength increases from 21.3 to 108.3 N/mm^2, ω becomes approximately 2.2 to 2.6 times larger. The maximum value of α increases by 0.04 to 0.08. The number of buckling modes increases when the mortar strength is high.

Even though the specimens experience local deformation in the final failure mode, the number of cycles differs from one specimen to another. In the specimens with a small clearance ratio and high mortar strength, the number of cycles is large. The final failure mode of such specimens is tensile fracture.

第15章
BRBSMを用いた鋼構造
―性能評価―
要約

　BRBSMは耐震部材として用いるだけでなく、地震エネルギーを吸収する制振部材として構造物に組み込むことで、主体構造の損傷を抑える損傷制御構造として用いることができる。損傷制御構造は、常時荷重の支持と地震時に弾性挙動を示す主体構造と、地震時にエネルギー吸収を図る制振部材を組み合わせた構造システムである。

　BRBSMを制振部材として鋼構造物にK型に組み込んだ10層3スパンの平面解析モデルを用いて解析を行う。損傷制御構造の設計クライテリアに基づいて、大地震動レベルの外力に対しても、層間変形角を1/100rad 以内に抑え、主体構造の応力状態を弾性域とした骨組を解析の対象とする。BRBSMの解析モデルは、塑性化部と弾性部から成り、塑性化部長さはブレース長さの1/2、BRBSMの剛性K_Bと主体構造の剛性K_Fの比K_B/K_Fは全層2.0、BRBSMの降伏せん断力Q_{dy}は各層の保有水平耐力Q_{un}に対して1/10とする。

　非線形平面骨組動的応答解析プログラムを用いて上記モデルを解析する。建物の1次固有周期は1.1秒である。入力観測地震動として、El centro NS、神戸海洋気象台 NS、Taft EW、八戸 EW および日本建築センターの模擬地震波（センター波）を地動最大速度で4つのレベル（25kine、50kine、75kine、100kine）に基準化し、地震継続時間は30秒とする。

　解析結果によると、BRBSMの最大の塑性率μ、累積塑性率ηはレベル2までは各層で一定である。レベル3以降は高次振動モードの影響でバラつきが生じる。累積塑性歪エネルギー率ωは全ての入力レベルにおいてエネルギー吸収分布と累積塑性率分布と相関性があるが、エネルギー吸収分布の方がより正確に損傷程度を把握できる。各地震動でのμ、η、ω、累積疲労損傷度Dの4つを性能評価指標としたところ、エネルギー等価速度の増加に対してはμ、η、ωは線形的に増加し、Dは指数関数的に増加する傾向を示す。ωの要求性能は、大地震とされるレベル2で約100、レベル3で約200である。BRBSMは、レベル4のωの要求性能を満たしている。

CHAPTER 15
Steel Strycture Using the BRBSM
—Performance Evaluation—
SUMMARY

The BRBSM is incorporated in a structure as an earthquake-resisting member as well as a seismic-response controlled member to absorb seismic energy. Such a structure can be used as a damage control structure where damage to the primary structure can be suppressed. The damage control structure comprises the primary structure and a seismic-response controlled member. The primary structure supports the stationary load and exhibits elastic behavior when exposed to earthquakes. A seismic-response controlled member serves to absorb seismic energy.

In this chapter, an analysis is performed using a plane-frame analysis model that represents a ten-story three-span steel structure building in which the BRBSM is incorporated as a seismic-response controlled member. The BRBSMs are positioned so as to form a K. Based on the design criteria for the damage control structure, the analysis is performed on the building frame in which the primary structure is kept within the elastic range when subjected to external forces equivalent in magnitude to seismic ground motions of high intensity. The aforementioned numerical analysis model consists of a plastic zone and elastic zone. The plastic zone length is one-half the brace length. The ratio ($2K_B/K_F$) of the stiffness of the BRBSM (K_B) to that of the primary structure (K_F) is set at 2 for all stories. The story shear of the BRBSM Q_{dy} is set at approximately one-tenth of the horizontal load-carrying capacity of each story Q_{un}.

The analysis is performed using a nonlinear one-dimensional frame dynamic response analysis program. The first-order natural period of the building is 1.1 seconds. The earthquake ground motion records adopted are El Centro NS, Kobe Marine Observatory NS, Taft EW, and Hachinohe EW. The simulated earthquake ground motion records created and released by the Building Center of Japan are also used. The observed ground motion records are normalized into four peak velocity levels of 25, 50, 75, and 100 kine. The duration of ground motion is set at 30 seconds.

The analytical results show that the maximum ductility factor μ and cumulative ductility factor η of the BRBSM remained constant up to level-2 ground motion input at each story. Fluctuations in these values begin to be observed at the level-3 ground motion input due to the effect of higher-order vibrations. Although the cumulative plastic energy ratio ω correlates with the energy absorption distribution and the cumulative ductility factor distribution at all ground motion input levels, the energy absorption distribution permits more accurate evaluation of the degree of damage.

The analytical results were examined using μ, η, ω, and the cumulative fatigue damage rate (D) at the individual ground motion input levels as performance evaluation indexes. It was found that μ, η, and ω increase linearly with increasing energy equivalent velocity (V_E) value. Meanwhile, the D values demonstrate a tendency to increase exponentially. The performance criteria for ω at the level-2 ground motion input, which is considered to be equivalent in magnitude to seismic ground motions of high intensity, is approximately 100, and approximately 200 at the level-3 ground motion input.

The BRBSM meets the performance criteria for ω at the level-4 ground motion input.

第16章
BRBSMを用いた鋼構造
―実験分析―
要約

　エネルギーの釣合いに基づく耐震設計法により、エネルギー吸収部材の効果を早期から発揮させる設計が可能である。これにより、経済性を考慮した断面積の小さい BRBSM が構造物に用いることができる。ここでは、BRBSM の耐力の変化による性能への影響を明らかにするため、降伏耐力を変化させた複数のモデルの解析を行い比較する。更に、今までに行った BRBSM の実験から得られたエネルギー吸収性能と疲労性能が要求性能を満たすか検証する。

　解析結果によると、BRBSM の耐力の低いモデルほど構造物全体の耐力が下がり、変形量が増加するため、層間変形角が大きくなる。また早期に BRBSM が降伏することから累積塑性歪エネルギー率 ω が増加する。それにも関わらず、拘束指標 R が6ならば、BRBSM の耐力の低いモデルでも、レベル3に要求される ω は性能評価下限式を下回っている。高性能タイプならば、更に下回っている。R が3程度でも、レベル2で要求される ω は、性能評価下限式を下回っている。

　線形累積損傷則（マイナー則）を用いた累積疲労は、基本タイプおよび高性能タイプともに1を下回っており、疲労性能の面でも要求される性能を満足している。基本タイプは2～5回の地震動に耐える性能を有し、高性能タイプならば更に約2倍の性能がある。

　制振部材として BRBSM を用いる場合、低歪の変形が繰返し作用することから、超長期の利用を想定する時や、設置と取り換えが困難な箇所に設置する場合には、低歪の疲労性能に優れた高性能タイプを用いると良い。

　BRBSM の保有性能は、稀に発生する地震時および極めて稀に発生する大地震時の地震応答時において、解析結果より得られる ω および累積疲労の要求値を上回っている。BRBSM は耐震性能において極めて高い性能を有しているといえる。

　エネルギー吸収性能や疲労性能の高い高性能タイプを用いることで、エネルギーの釣合いに基づく耐震設計法の特徴を十分に引き出す設計が可能となる。言い換えれば、長期的な供用に適した、安全で且つ経済的な構造物が設計できる。

CHAPTER 16
Steel Structure Using BRBSM
—Experimental Analysis—
SUMMARY

Energy-balance-based seismic design makes it possible to bring out the functions of an energy absorption member from an early stage; thus, the BRBSM with a small cross-sectional area and considering economic efficiency can be used in structures. In this chapter, to examine the impact of the load-bearing capacity variance of the BRBSM on its performance, an analysis is performed on models created by varying the yield load of the BRBSM, and the analytical results obtained from these models are compared. Moreover, the energy absorption capacity and fatigue performance revealed through the tests described in the preceding chapters are examined to verify if they meet the performance requirements.

The analytical results show that in the models incorporating the BRBSM with low load-bearing capacity, the load-bearing capacity of the whole structure lowers and the interstory deformation angle increases due to the increasing amount of deformation. In addition, as the BRBSM yields at an early stage, the cumulative plastic strain energy ratio ω increases.

Nevertheless, when the restraining index R is 6, even in the models incorporating the BRBSM with low load-bearing capacity, ω required for level-3 ground motion input falls below the value shown in the equations for finding the lower limit of the BRBSM performance. In the high-performance type BRBSM, ω falls further below the abovementioned value. Even when R is 3, ω required for level-2 ground motion input falls below the value shown in the equations for finding the lower limit of the BRBSM performance. When the load-bearing capacity of the BRBSM is low, the high-performance type greatly exceeds the required performance.

The cumulative fatigue of the basic type and high-performance type BRBSMs evaluated using the linear cumulative damage rule (Miner's Rule) falls below 1, indicating that both types meet the fatigue performance requirements. Even the basic type BRBSM is capable of withstanding ground motions two to five times. The performance of the high-performance type BRBSM is twice as high as that of the basic type.

Where the BRBSM is used as a seismic-response controlled member, deformation occurs repeatedly at low strain amplitudes. Hence, in cases where the BRBSM is expected to be used for an extremely long period of time, or is installed at a location where installation and/or replacement are difficult, the use of the high-performance type BRBSM having excellent fatigue performance at low strain amplitudes is recommended.

The BRBSM performance when exposed to moderate to large earthquakes that rarely occur and ground motions of strong intensity that occur extremely rarely exceeds the required values of the cumulative plastic strain energy ratio ω and the cumulative fatigue obtained from the analytical results. Thus, the BRBSM has extraordinarily high seismic performance.

A design that extracts the features of the energy-balance-based seismic design can be achieved by using the high-performance type BRBSM having high energy absorption performance and excellent fatigue performance. In other words, it is possible to design safe and economical structures suitable for long-term use.

第17章
BRBSMを用いた鋼構造
－方杖配置構法－
要約

　構造物全体の長寿命化を第一の目標とし、社会ニーズの変化などによりやむなく解体しなければならない場合、部材レベルのリユースを可能とする、地球環境に配慮した構法の開発について述べる。これは、方杖状に配置したBRBSMを用いた損傷制御構造である。

　梁端部に溶接された接合部ユニットを介して柱フランジ部に鋼棒を通し、鋼棒に初期張力を導入するために締め付ける。ここを損傷制御接合部（DC接合部）とする。DC接合部では、生じる曲げモーメントの大きさに応じて、接合部の剛性が段階的に変化する。この特徴により、使用時に要求される剛性と大地震時に要求される変形性能を両立できる。

　BRBSMは内部空間を広く確保できるように、外周のみに方杖状に配置する。外周部以外の内側にある柱は鉛直荷重のみを支える。

　実大T字型試験体で繰返し曲げ実験を行い、主体構造を塑性化させないことを目的としたDC接合部のメカニズムを明らかにする。

　実験結果から得られた知見に基づき、DC接合部やBRBSMの設計方法を確立し、実際の設計に適応できるような構造設計法を提案する。損傷制御構造の設計の流れを設計フローで示した後、提案した設計法に基づいて試設計を行い、目標クライテリアを満足する設計例を示す。

　試設計モデルとして、外周部で水平力を負担する構造であり、オフィスビル等で室内の有効利用が可能な構造形式であるチューブ構造を採用する。BRBSMは内部空間が広く確保できるように、外周部のみ方杖状に配置する。建物規模の適用範囲は、高さについて一般的にBRBSMが有効な、建物のせん断変形が卓越する建物高さとして、31m以下とする。

　解析モデルは、10層、5スパンの鉄骨造とする。この解析モデルの地震応答解析結果により、レベル1の地震動の設計クライテリアである層間変形角1/200radは全ての地震波において満足しており、レベル2についても、概ね層間変形角1/100radを満たしている。BRBSMのエネルギー吸収により、主体構造の継続使用、部材のリユースが可能である。

CHAPTER 17
STEEL STRUCTURE USING BRBSM
—ARRANGED LIKE THE ONE CANE SYSTEM—
SUMMARY

This chapter discusses the development of an environmentally friendly building system with a primary goal of extending the service life of the entire structure system and a secondary goal of realizing a building structure that permits the reuse of structural members if the structure has to be demolished due to changes in social needs. Such a structure is referred to as a damage control structure in which the BRBSMs are installed as a knee brace.

Steel bars are passed through the column flange via the joint unit welded to the beam end. The beam-column connection is tightened by applying initial tension to the steel bars. The beam-column connection using steel bars is defined as the damage-controlled connection (DC connection). The rigidity of the DC connection changes step-by-step according to the bending moment that occurs in the DC connection. Because of this unique characteristic, the rigidity requirements of the structural system in use and the deformation capacity requirements when the system is exposed to a large earthquake can be simultaneously fulfilled.

The columns inside the structure support only the vertical load.

Cyclic bending tests are conducted on full-scale T-shaped models representing the DC connection to elucidate the mechanism of the DC connection intended to protect the primary structure from plasticization.

Based on the findings obtained from the test results, methods for designing the DC connection and the BRBSM are established. To make the methods applicable to actual designing, a structural design method is proposed. The design flow chart of the damage control structure is presented. Then the trial design is conducted based on the proposed design methods, and a design example that meets the target criteria is presented.

The trial design model adopts a tube structure that permits effective utilization of the interior spaces of office buildings. In this tube structure, lateral force is generally supported by its outer periphery. To create a larger inner space, the BRBSMs are installed like a knee brace along the outer periphery only. For the applicable building scale, the building height is set at not exceeding 31 m at which the BRBSM is generally effective and the shear deformation of buildings predominates.

The analytical model is a ten-story five-span steel structure. Seismic response analysis was performed on this model.

The analytical results show that the criterion for level-1 ground motion, namely a drift angle of 1/200 degrees, is met for all types of seismic waves. The criterion for level-2 ground motion, or an interstory deformation angle of 1/100 rad, is met on the whole. Energy absorption by the BRBSM allows the sustainable use of the primary structure as well as the reuse of structural members.

第18章
BRBSMを用いた鋼木質複合構造
－CSTS構法－
要約

　環境負荷削減を目的として建築構造分野では、木質材料を可能な限り多く使用することで森林再生に貢献しようとする試みが模索されている。しかしながら、従来の木質構造では耐荷性能、耐震性能、耐火性能の問題から、4階建て以上に適用することに難がある。木質材料を中高層規模の建物などに適用することを目指した構法が期待されている。

　ここでは、木質材料を建築資源として有効に活用でき、機能性と安全性を損なうことのない、鋼と木質材料の複合構造（CSTS;Composite Steel-Timber Structure）の構法成立の可能性を示す。この構法は、方杖状に配置したBRBSMを有する損傷制御構造である。

　CSTSの柱と梁は、鋼の周囲に木質材料を取り付けた複合部材で構成される。梁の鋼はリユース材の利用を想定し、工場・倉庫に多く使用される圧延H形鋼を用いる。柱には角形鋼管を用いる。木質材料は、日本の森林に大量に存在するスギの間伐材とする。

　CSTSの耐火性能については、木質構造の準耐火構造の燃え代設計を考慮し、木質材料の被り厚さを設ける。

　鋼と木質材料で構成された柱部材と梁部材を純ラーメン構造に適用する場合、鋼と木質材料の一体化の程度が異なるため、柱梁接合部を剛接合とすることが困難である。これに対応するために、CSTSでは、制振部材として方杖状にBRBSMを配置し、柱梁接合部を半剛接合としている。

　CSTSおよびBRBSMの設計法に基づき、CSTSの試設計を行う。解析モデルは、各構面とも5スパンで10層の構造物とする。

　レベル1地震動時においては、地震応答解析によると主体構造とBRBSMはともに弾性範囲である。レベル2地震動時においては、主体構造の梁端部の歪は大きくなる。しかし、BRBSMが地震エネルギーを吸収しているため、BRBSMの塑性率が1以上となり、梁端部では概ね1以下となっている。全ての地震波において、CSTSおよびBRBSMの設計クライテリアを満足している。

　試設計の解析モデルと、あえて梁端部を剛接合とした解析モデルにおける主体構造およびBRBSMの塑性状態を比較する。柱梁接合部が半剛接合の場合、剛接合と比べ、梁端部の歪は小さく、BRBSMの軸歪は大きくなる。BRBSMの累積塑性歪エネルギー率は、半剛接合の方が大きくなる。

CHAPTER 18
Composite Steel–Timber Structure Using BRBSM —CSTS SYSTEM—

SUMMARY

In an effort to reduce the environmental burden, the building structure sector has been trying to use as much timber as possible and thereby contribute to reforestation. However, it is difficult to apply conventional timber structures to buildings four or more stories high from the viewpoint of seismic performance as well as load-resistant and fire-resistant capabilities. A building system that permits the use of timber for mid- to high-rise buildings needs to be developed.

This chapter presents the possibility of a composite steel-timber structure (CSTS) system that effectively utilizes timber as an architectural resource while maintaining the functionality and safety of the structure. This building system is a damage-controlled structure in which the BRBSMs are installed like a knee brace.

The columns and beams of the CSTS are configured with composite structural members in which the outer surface of the steel members is entirely covered with timber. Assuming that they will be reused, the beams are made of rolled H-section steel, which is used for office buildings, factories and warehouses, and the columns are made of rectangular steel pipe. The timber is from the large amount of waste wood produced by the thinning of Japanese cedar forests.

For the fire-resistance performance of the CSTS, the covering depth of the timber is determined taking into consideration the fire resistance design applied for the semi-fireproof construction of timber structures.

Where the column and beam members consisting of steel and timber are used in a pure rigid-frame structure, it is difficult to utilize a rigid joint for the beam-to-column connections because the degree of integration differs between the steel and the timber. To solve this problem, the BRBSMs are used in the CSTS as a seismic-response control member and are installed like a knee brace. A semi-rigid joint is employed for the beam-to-column connections.

Based on the design method of the CSTS and the BRBSM, a trial design of the CSTS is conducted. Seismic response analysis is performed on the analytical model representing a ten-story five-span structure. The analytical results show that when subjected to level-1 ground motion, both the primary structure and the BRBSM were within the elastic range. When subjected to level-2 ground motion, the strain at the beam end in the primary structure increased. However, as seismic energy was absorbed by the BRBSM, the ductility factor of the BRBSM was greater than 1, and 1 or less on the whole at the beam end. The CSTS and BRBSM design criteria were met in all seismic wave types.

The plasticization status of the primary structure and the BRBSM in the aforementioned analytical model for the trial design was compared with that of a model in which a rigid joint is used for the beam-to-column connections. Where a semi-rigid joint is used for the column-to-beam connections, the strain at the beam end is small and the axial strain of the BRBSM is large compared to the case where a rigid joint is used. The cumulative plastic strain energy ratio of the BRBSM is larger when a semi-rigid joint is used.

第19章
BRBSMを用いたRC構造
－スタッド付きガセットプレート構法－
要約

　RC 純ラーメン構造は、主体構造が地震エネルギーを吸収しているため、大地震後に修復困難となることが多い。高強度コンクリートによる RC 構造では特に問題が大きい。そこで、エネルギー吸収能力に優れる BRBSM を用いた損傷制御 RC 構造を提案する。

　損傷制御 RC 構造は、BRBSM を層間変形角1/1000rad 程度で降伏させて、早期からエネルギー吸収を行わせることで実現できる。BRBSM には高い軸剛性と低い降伏耐力が要求される。同時に、変位依存型制振部材である BRBSM の性能を、RC 構造において十分に発揮できる接合部が必要である。

　以上の要求に対する構造要素として、剛性と耐力が調整できる BRBSM、スタッド付きガセットプレート（S-GPL）を用い、損傷制御 RC 構造の一つの構法を提案する。

　BRBSM の降伏耐力と軸剛性の調整は第10章で述べた技術を用いる。S-GPL 構法は柱と梁それぞれにガセットプレートを分割して埋込む。分割埋込みにより、BRBSM からの軸力がパネルゾーンに直接伝達することを避けている。

　BRBSM の配置形式として、連層配置する形式や分散配置する形式が想定される。連層配置の場合、BRBSM からの軸力が下階の柱に集中する。そのため、BRBSM の耐力が制限される。分散配置の場合、BRBSM からの軸力が各柱に分散されるため、主体構造への集中負荷が少ない。BRBSM 耐力を大きくすることも可能である。この分散配置の１つである配置形式として斜行配置がある。

　S-GPL 構法の設計法に従い、損傷制御 RC 構造を成立させる上で最適な斜行配置による試設計を示し、時刻歴応答解析により、設計法の有効性を確認する。

　RC 純ラーメン構造、試設計を行った損傷制御 RC 構造の応答性状を時刻歴応答解析により確認する。LV2入力地震動に対する最大塑性率は、RC 純ラーメン構造で2.04、損傷制御 RC 構造で0.75である。BRBSM の最大塑性率は4.36で、RC 構造は弾性挙動域である。BRBSM を用いた損傷制御 RC 構造の有効性が確認できた。

CHAPTER 19
RC Structure Using BRBSM
—Stud Gusset Plate—
SUMMARY

In pure reinforced-concrete (RC) framed structures, the primary structure absorbs seismic energy; hence, it is difficult to restore the structures after a major earthquake. This is a major issue particularly with RC structures using high-strength concrete. Accordingly, a damage-controlled RC structure having excellent energy absorption capacity is proposed in this chapter.

The damage-controlled RC structure can be realized by designing it so that the BRBSM yields at a story deformation angle of approximately 1/1000 rad and absorbs seismic energy from an early stage. High axial rigidity and low yield strength are required for the BRBSM. At the same time, the damage-controlled RC structure needs to have column-to-beam connections that bring out the best performance of the BRBSM, which is a displacement-dependent seismic-response controlled member.

To meet the abovementioned requirements, I propose a building system that configures the damage-controlled RC structure using the BRBSM capable of adjusting its stiffness and load-bearing capacity as well as stud-gusset plates (S-GPLs).

The technique described in Chapter 10 is used for adjusting the yield strength and axial stiffness of the BRBSM. In the structural system using the S-GPLs, the gusset plate is divided into two segments and each segment is respectively embedded in the column and beam. This technique prevents the transmission of axial force from the BRBSM to the panel zone.

As for the BRBSM arrangement, a continuous multilayer arrangement and a distributed arrangement are assumed. In the case of the continuous multilayer arrangement, the axial force is transmitted in a concentrated manner from the BRBSM to the columns at the lower floors; hence, the load-bearing capacity of the BRBSM is limited. Meanwhile, in the distributed arrangement, the axial force in the BRBSM is distributed to individual columns, decreasing the load concentration in the primary structure. It is also possible to increase the load-bearing capacity of the BRBSM. Oblique arrangement is one form of distributed arrangement.

In accordance with the design method of the structural system using the S-GPLs, the trial design of the oblique arrangement most appropriate for establishing the damage-controlled RC structure is presented. Then, a time-history response analysis is performed to validate the effectiveness of the design method.

Moreover, the time-history response analysis is performed to identify the response characteristics of the pure RC framed structure and the damage-controlled RC structure. When subjected to level-2 ground motion input, the maximum ductility factor of the pure RC framed structure and the damage-controlled RC structure was 2. 04 and 0.75, respectively. The maximum ductility factor of the BRBSM was 4.36, and the damage-controlled RC structure was within the elastic range. The effectiveness of the damage-controlled RC structure using the BRBSM was validated.

第20章
BRBSMを用いたRC構造
－アンカーレス構法－
要約

　RC構造に鉄骨枠付きBRBSMをはめ込むだけのアンカーレス構法の提案と実験を行う。この構法を用いることで、鉄骨枠をRC骨組から分離させることができる。そのため、RC骨組とBRBSMを構造性能要求に合わせ各々設計でき、設計が容易になる。

　巨大地震によりBRBSMが損傷を受けた場合、BRBSMのみ、あるいは鉄骨枠ごと取り替えることにより、建物の継続利用が可能である。

　アンカーレス構法ではRC骨組の内側に鉄骨枠を設ける。鉄骨枠はT形鋼を用い、施工性を考慮しL字形に4分割とする。鉄骨枠の組立にあたり、RC骨組の内側4隅にベッドプレート（BP）を配置し、あらかじめ取り付けたインサートにボルトで固定する。更に、BPと鉄骨枠を接触させる。

　4分割した鉄骨枠は、接触面が密着するよう、傾斜を設けたエンドプレート同士の間に楔を打ち込み一体化させる。楔を打ち込むことで鉄骨枠に初期圧縮力が生じ、一体化が可能である。BRBSMは鉄骨枠に高力ボルトで固定する。また、鉄骨枠の面外方向へのずれを拘束するため、BP側面に設けたボルト孔にプレートを取り付ける。

　実験によると、BRBSMが塑性化した後、変形が大きくなるにつれBPと鉄骨枠が離間する現象が見られた。これはRC骨組の変形に鉄骨枠がうまく追随できていないため生じた。また、鉄骨枠は、楔を打ち込み一体化し、溶接接合をしたため、鉄骨枠の剛性が高くなり、RC骨組の変形に対して追随することができなかった。

　実験結果を踏まえ改良構法として、鉄骨枠にH形鋼を用いL字の2分割とし、BRBSMが取り付いていない側に楔を打ち込む新構法を提案する。楔を打ち込む際、初期圧縮力が鉄骨枠に入るよう行う。新構法における楔は下面のみ現場溶接を行うことで、ピン接合となり、RC骨組の変形に追随することができる。追加実験により、この効果が確認できた。

CHAPTER 20
RC Structure Using the BRBSM
－Anchorless Building System－
SUMMARY

In this chapter, an anchorless building system in which the BRBSM with a steel frame is fitted in an RC structure is proposed and a test is conducted. In this building system, the steel frame can be separated from the RC framework. Hence, the RC framework and the BRBSM can be designed independently according to the structural performance requirements, facilitating the designing of the building system.

When the BRBSM is damaged by a massive earthquake, the BRBSM alone or both the BRBSM and the steel frame can be replaced, permitting continued use of the building.

In the anchorless building system, the steel frame is placed inside the RC framework. The steel frame using T-shaped steel is divided into four L-shaped segments considering workability. In assembling the steel frame, a bed plate (BP) is positioned at four corners inside the RC framework. The bed plates are fixed to preinstalled female insert screws with bolts. Then, the BPs and the steel frame are brought into contact.

To join the four steel frame segments, a wedge is driven between the inclined end plates so that the contact surfaces adhere to each other. Driving a wedge generates initial compression force in the steel frame, making it possible to integrate the divided segments. The BRBSM is fixed to the steel frame with high-tension bolts. To prevent the steel frame from moving in the out-of-plane direction, steel plates are attached to the side of the BPs with bolts.

The test results show that after the BRBSM plasticized, the BP and the steel frame mutually separated as the deformation of the steel frame increased. This is because the steel frame failed to follow the deformation of the reinforced concrete. The four segments of the steel frame are integrated by driving wedges and are joined by welding; hence, the rigidity of the steel frame increased and it failed to follow the deformation of the reinforced concrete.

Based on the test results, I propose an improved building system in which the steel frame using a wide flange beam is divided into two L-shaped segments, which are joined by driving wedges into the sides of the steel frame where the BRBSM is not attached.

The wedges are driven so that initial compressive force is introduced in the steel frame. The wedges are welded on site to the underside of the steel frame to create a pin joint, and thus the steel frame is able to follow the deformation of the reinforced concrete. The test verified the effectiveness of this technique.

第1章
座屈拘束ブレース

1.1 座屈挙動

1.1.1 圧縮材の座屈

鋼材は強度、ヤング係数が高いため、コンクリート、木材等の構造材料に比べて断面を小さくできる。しかし、材長の長い部材や薄い板要素に圧縮力が作用する際、座屈現象が生じ本来発揮できる強度以前に耐力が低下する。

座屈とは、ある圧縮応力状態に達すると軸方向力に対し、直角方向に突然変形が生じる現象をいう。座屈形態として、柱および圧縮材の曲げ座屈、梁の横座屈、板要素の局部座屈などに分けられる。粘り強く、変形能力に優れる鋼構造であるが、座屈が生じると、急激な耐力低下が起こる。

圧縮材の限界耐力として、降伏応力度によって決まる降伏耐力P_yと座屈荷重P_{cr}がある(Fig.1.1)。P_yは(1.1)式で表される。

$$P_y = \sigma_y \times A \qquad (1.1)$$

ここに、σ_yは降伏応力度、Aは断面積。

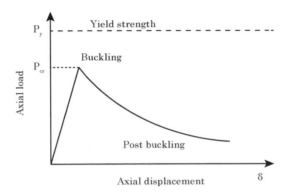

Fig.1.1 Buckling behavior

弾性理論上のP_{cr}は、1744年にオイラーによりオイラー座屈荷重P_Eとして求められた。P_Eを(1.2)式に示す。

$$P_E = \frac{\pi^2 EI}{l^2} \qquad (1.2)$$

ここに、Eはヤング係数、Iは断面2次モーメント、lは材長。

この式において、P_Eはlの2乗に反比例するため、lが長いものはP_Eが低くなる。lが短くなると計算上のP_EはP_yを上回ることもあるが、塑性化を伴う実際のP_{cr}ではありえない。必ずP_{cr}はP_y以下である。

圧縮材の座屈を分析する上で、部材が細長いほど座屈が生じやすくなることから、部材の細長さを表すのが、細長比λである。この値が大きいほど細長く、座屈を起こしやすい。λは(1.3)式より求められる。

$$\lambda = \frac{l}{i} \qquad (1.3)$$

ここに、iは断面2次半径($= \sqrt{I/A}$)。

1.1.2 鋼構造におけるブレース材

建物の主要な耐震要素であるブレース材は、地震時に引張力と圧縮力の交番繰返し力を受ける。そのため、座屈設計を誤ると地震時に多大な被害が生じる。ブレース材には小径の鉄筋から大型の形鋼や鋼管など様々な断面形状があり、使用されるλも多様である。

λが大きいものは、座屈荷重P_{cr}が小さいため引張力のみで抵抗するよう設計する。一方、λの小さいものは、P_{cr}および座屈後の耐力が大きいことを考慮して設計する。P_{cr}および座屈

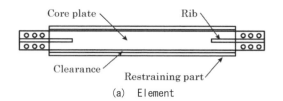

(a) Element

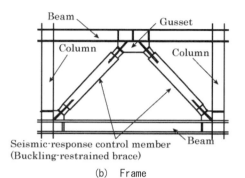

(b) Frame

Fig.1.2 BRB

引張力と圧縮力の交番繰返し力を受けるブレース材において、座屈後の耐力を考慮した設計は、非常に複雑になる。それゆえ、ブレース材の座屈を拘束し、このような複雑な挙動を単純化する方法が長年模索されてきた。

1.2 座屈拘束ブレースの発想

ブレース材の座屈拘束を考慮した座屈拘束ブレースは、軸力を負担する芯となるブレース材（以下、芯材と呼ぶ）の周囲に軸力を負担しない座屈拘束材で補剛したものである。芯材の受け持つ軸力が外周の拘束材へ伝達しないように、芯材と拘束材との間には、クリアランスあるいはクリアランス調整材が設けられている（Fig.1.2 (a)）。

芯材は圧縮力を受けると拘束材内で座屈しようとするが、拘束材に阻まれ、より高い軸力で高次の座屈モードを形成していく。この際、拘束材は軸力を負担せず、芯材の座屈を拘束するための力のみを負担する。

座屈拘束ブレースは、芯材が塑性化すると、耐力は横ばいになり材料特性と同等の復元力特性を示す。また、引張力と圧縮力の交番繰返し力を受ける場合でも、安定した復元力特性を持つ。このような座屈拘束ブレースは、モデル化が容易な耐震ブレースとして使用が可能である。

更に、座屈拘束ブレースを制振部材として主体構造に組み込み、中地震から塑性化させ減衰効果を発揮させることにより、大地震を受けても主体構造の塑性歪は従来の構造に比べて大幅に低減される（Fig.1.2 (b)）。これにより、主体構造の損傷を回避することが可能となる。

1.3 座屈拘束の基本原理

芯材の座屈を拘束するためには、軸力を負担する芯材の周囲に拘束材を設け、覆うことで可能である。理論的には芯材の降伏耐力P_yが、芯材の座屈長さをもとに算定された拘束材のオイラー座屈荷重P_E以下であるならば、部材座屈を起こさない。すなわち、（1.4）式に示すようにP_E/P_yが、1.0以上であればよい。

$$\frac{P_E}{P_y} \geq 1.0 \qquad (1.4)$$

芯材を座屈拘束すれば圧縮力をうけても部材座屈せず、引張力を受けた場合と同様な性質を得ることができ、耐震ブレースとして、また芯材の塑性変形によりエネルギーを吸収させる制振ブレースとしても有効に用いることができる。

1.4 座屈拘束ブレースの歴史

1.4.1 座屈拘束の始まり

芯材を鋼管などで座屈拘束する部材のアイデアの歴史は古く、少なくとも19世紀に遡る。Fig.1.3は1874年に米国で登録された「鉄製柱（Iron Column）」の特許である。分割され、積層された圧縮強度の高い鋳鉄芯材を引張強度の高い錬鉄鋼管で巻き、座屈拘束することによって、圧縮耐力の向上を図ったものである。

同様にFig.1.4は、1984年に出願された「鞘管付き圧縮材（Sleeved Compression Member）」

の特許である。連続または分割された芯材の周囲に間隙をもって鋼管などの座屈拘束材を配し、座屈拘束材には軸力が伝達されないようにすることによって、弾性座屈荷重を向上させ、且つ、芯材が塑性域に入っても拘束材は降伏しないため、耐力が保持される性状が示唆されている。用途としては、柱のほか、石油掘削管、クレーンホイストなどがある。

1.4.2 ブレース材の座屈拘束

一方、わが国においても、1970年代から、芯材を鉄筋コンクリートで被覆することによって、座屈補剛する部材の試みが多く行われている。米国での例が主に弾性圧縮耐力の向上を目的としたのに対し、わが国では、これを弾塑性耐震要素として利用する試みが主となっている。

1) 武田らは、1972年にK型ブレースにおいて鋼製ブレース材を鉄筋コンクリートで被覆し、圧縮ブレース材の耐力を上昇させ、最初に引張ブレース材が降伏するようにしたブレース構造の実験を行っている。コンクリートで巻くことによって、圧縮ブレース材の座屈を防止し弾性域に収め、引張側の塑性化による安定した履歴性状を実現している。しかしながら、繰返し荷重によって鉄筋コンクリートにひび割れが入り、変形の増大とともにコンクリートが剥離すると、急激な座屈・耐力低下を生じる問題が報告されている。

2) 武田らは、更にプレキャスト壁内のブレース外側に角形鋼管を被せ、ブレースと鋼管の間にモルタルを充填した機構についての実験を行っている。鋼管による補強効果のためコンクリートひび割れ後も安定した履歴性状が得られた。しかし、圧縮塑性時にはポワソン効果による断面の膨らみによって、芯材が周囲のモルタルに引っかかり、拘束材に軸力が伝達されて耐力が引張側より大きくなるとともに、端部および露出部の歪集中による端部崩壊が生じた。

3) 望月らは、1984年に芯材と鉄筋コンクリート拘束材によるブレースの実験を行っている。端部の局部座屈やコンクリートのひび割れ破壊は解決しないものの、両者の間にアンボンド材を加えることによる改良を試みている。

4) 藤本らは、1988年に鋼管コンクリート拘束材と端部を補強した芯材および適切な厚さのアンボンド材を組み合わせたものを提案し、引張と圧縮軸力下の剛性・耐力が同等で、且つ、拘束材内部で芯材が疲労破断するまで他の部分が健全に保たれる理想的な復元力特性を得ること

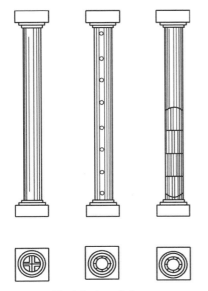

Fig.1.3　Iron Column

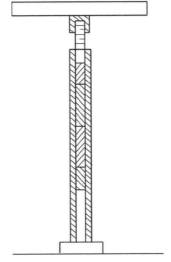

Fig.1.4　Sleeved Compression Member

に成功した。ここに至って初めて、座屈拘束ブレースを耐震要素として利用できる素地が整った。

座屈を拘束材で被覆するアイデアは、非常に単純であるが、現実に対称で安定した履歴曲線を得ることは容易でなかったといえる。
5) 鋼管コンクリートによる座屈拘束ブレースが現実の建物に使用された初期の例としては、1988年竣工第2新日鉄ビル（東京・新川）がある。この建物は初めてFR（Fire Resistant steel）鋼を使用したことでも知られる15階および10階の片側コア方式の平面を持つツインオフィスであり、鉄骨フレーム各階のコア部に、V字型に座屈拘束ブレースが配置され、安定した変形能力を持つ耐震要素として使用された。

以降、設計時のモデル化の容易さ、運搬・施工の簡易さから一般的な耐震要素として普及していった。

1.5 損傷制御構造

損傷制御構造とは、大地震時に主体構造を弾性範囲に抑え、制振部材によりエネルギー吸収を行うことで、損傷を最小限にする構造形式である。Fig.1.5に損傷制御構造の構成を示す。

損傷制御構造は、大地震を受けた際、主体構造をほぼ弾性範囲にとどめられるため、地震動による構造物への入力エネルギーは一時的に主体構造と制振部材で受け取られても、最終的には制振部材によりほとんど吸収される。そのため、制振部材の点検、または取替えのみを行うことで、継続利用が可能となり、建物の財産保持に繋げることができる。

損傷制御構造の概念は、1989年にアメリカのカリフォルニア州で起きたロマ・プリエタ地震の被害分析などをベースに、1990年代初めに和田、岩田、川合によりまとめられた。この地震では、地震エネルギーを吸収するために塑性ヒンジが梁端部に形成されると信じられてきたが、その多くが破断しディテールや品質の信頼性の問題が顕在化した。更に、1994年のカリフォルニア州でのノースリッジ地震および1995年の兵庫県南部地震では、建物や財産が損壊することによる個人的・社会的経済損失が深刻な問題となった。その後、損傷制御構造に対するニーズが高まり、一般に認知された。

制振部材には損傷が集中するため、塑性歪および繰返し変形が多く生じる。通常、損傷制御構造には、変位依存（金属系、摩擦系）や速度依存（粘性系、粘弾性系）の制振部材が使用される。安定した復元力特性を有する座屈拘束ブレースは損傷制御構造における制振部材に適している。

大地震後の構造体を制振部材の交換だけで継続利用しようとする損傷制御構造のコンセプトは、大地震後に残留変形を残し、巨大な産業廃棄物となってしまう在来構法に対し、地球環境に配慮したものだといえる。また、構造的損傷は制振部材のみであり、柱、梁という主体構造は、損傷がなく、材料的劣化もなければ、たとえ解体されてもリユースが可能であり、環境性という面から見て、損傷制御構造は大きな意味を持つ。

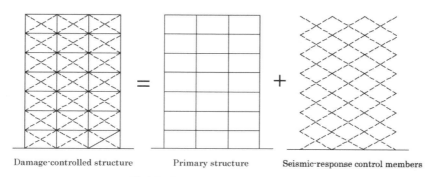

Fig1.5　Damage-controlled structure

1.6 本書の流れ

本書は、鋼モルタル板を用いた座屈拘束ブレースの発想から実用までの流れをまとめたものである。Fig.1.6に概要を示す。

1.6.1 鋼モルタル板を用いた座屈拘束ブレースの確立

2章では、座屈拘束方法が異なる4つのタイプの座屈拘束ブレースの性能比較実験について述べる。芯材の断面積と拘束材の断面2次モーメントがほぼ等しくなるように設計した試験体について実験を行い、共通して使用できる設計式の確立および座屈拘束ブレースの限界性能を確認する。

3章では、安定した復元力特性を有し、品質管理ができ、両端部ディテールに自由度のある改良型の座屈拘束ブレースの確立について述べる。座屈拘束材は、溝形鋼にモルタルを充填した鋼モルタル板を用いる。クリアランス調整材を設けた芯材に、2枚の鋼モルタル板を後から挟み込む新製造法を提案する。

4章では、新製造法による鋼モルタル板を用いた座屈拘束ブレースと、鋼材のみで座屈拘束する2タイプの比較実験について述べる。これらの性能比較実験を行い、制振部材としての性能を明らかにする。

5、6章では、鋼モルタル板を用いた座屈拘束ブレースの性能に影響を与える因子について述べる。

5章では、断面ディテールとして、クリアランス調整材、丸鋼ついて述べる。制振部材として用いられる場合を考え、想定外の損傷および急な耐力低下を起すことなく、安定した復元力特性を有し、終局状態となる断面ディテールと性能評価式を考察する。

6章では、芯材長さに対する塑性化部長さの比について述べる。汎用性のある制振部材として使用するために、様々な塑性化部長さ比に対する性能評価下限式の適用性を検証する。

7章では、有限要素法による解析を行い、解析値と実験値との比較を行うことにより、鋼モルタル板を用いた座屈拘束ブレースの耐力、変形性能を再現できる数値解析モデルを確立し、芯材の塑性変形の進展過程をより詳細に解明する。解析は、実験装置から座屈拘束ブレース部分を取り出し、汎用の非線形構造解析プログラムADINAで行う。

1.6.2 鋼モルタル板を用いた座屈拘束ブレースの要素実験

8章では、累積塑性歪エネルギー率の大きな鋼モルタル板を用いた座屈拘束ブレースを目指す。単一ではなく3つの地震が連動した海溝型の3連動型地震のような、長周期・長継続時間の地震動が予想されている。このため、累積塑性歪エネルギー率の大きな座屈拘束ブレースを実現する必要がある。累積塑性歪エネルギー率の大きな座屈拘束ブレースの性能を実大載荷実験から確認し、その要件を明示する。

9章では、鋼モルタル板を用いた座屈拘束ブレースについて、小塑性歪振幅領域における大中地震を想定し、歪振幅0.5～2.5％、更に巨大地震を想定した3％を超える歪振幅、およびエネルギー吸収性能に影響する拘束指標を小さくした場合の一定歪振幅繰返し載荷による疲労実験を行い、基本タイプと高性能タイプの塑性域全体での疲労線図を完成させる。これを踏まえて、耐用回数や破断および局部変形位置、累積塑性歪エネルギー率、圧縮引張耐力比、拘束指標について、基本タイプと高性能タイプの詳細な考察を行う。

10章では、増厚板を用いた座屈拘束ブレースの実用性について検討を行う。座屈拘束ブレースをRC構造に用いるためには、高い軸剛性と低い降伏耐力、言い換えると小さい降伏変位が要求される。両端部ディテールの設計に自由度がある利点を活かし、軸剛性を向上させる方法として端部に増厚板を溶接した座屈拘束ブレースを用いて、降伏耐力および軸剛性の調節の自由度を向上させる。

11、12章では、鋼モルタル板を用いた座屈拘束ブレースの脆性破壊について述べる。

11章では、芯材のみをモデル化した試験体に

```
┌─────────────────────────────────────────────────────────────────────────┐
│ Establishing a buckling-restrained brace using steel mortar planks (Chapter 2 – Chapter 7) │
└─────────────────────────────────────────────────────────────────────────┘
                │
                │    Chapter 2 : Comparative performance test of buckling-restrained braces
                │                using four different buckling restraining methods
                │    Chapter 3 and Chapter 4: Performance test of a buckling-restrained brace using
                │                steel mortar planks as a restraining part
                │    Chapter 5 and Chapter 6: Elucidation of factors affecting the performance of
                │                the buckling-restrained brace using steel mortar planks
                │    Chapter 7: Finite-element analysis of the buckling-restrained brace
                │                using steel mortar planks
                ▼
┌─────────────────────────────────────────────────────────────────────────┐
│ Element experiments on the buckling-restrained brace using steel mortar planks (Chapters 8 to 12) │
└─────────────────────────────────────────────────────────────────────────┘
                │
                │    Chapter 8: Buckling-restrained brace using steel mortar planks having
                │                a large cumulative plastic strain energy ratio capable of
                │                withstanding three continuous earthquakes
                │    Chapter 9: Fatigue performance of the buckling-restrained brace using
                │                steel mortar planks
                │    Chapter 10: Buckling-restrained brace using steel mortar planks capable
                │                of adjusting its axial stiffness and yield strengthf
                │    Chapter 11 and Chapter 12: Brittle fracture of the buckling-restrained brace using
                │                steel mortar planks
                ▼
┌─────────────────────────────────────────────────────────────────────────┐
│ Quality control of the buckling-restrained brace using steel mortar planks (Chapter 13) │
└─────────────────────────────────────────────────────────────────────────┘
                │
                │    Chapter 13: Quality control of the buckling-restrained brace using
                │                steel mortar planks
                ▼
┌─────────────────────────────────────────────────────────────────────────┐
│ Final performance of the buckling-restrained brace using steel mortar planks (Chapter 14) │
└─────────────────────────────────────────────────────────────────────────┘
                │
                │    Chapter 14: Final performance of the buckling-restrained brace using
                │                steel mortar planks
                ▼
┌─────────────────────────────────────────────────────────────────────────┐
│ Frame testing on the buckling-restrained brace using steel mortar planks (Chapters 15 to 20) │
└─────────────────────────────────────────────────────────────────────────┘

                     Chapters 15 to 17: Buckling-restrained brace using steel mortar planks
                                     incorporated in a steel structure

                     Chapter 18: Buckling-restrained brace using steel mortar planks
                                     incorporated in a composite steel-timber structure

                     Chapter 19 and Chapter 20: Buckling-restrained brace using steel mortar planks
                                     incorporated in RC structures
```

Fig1.6　Flow of this document

ついて、試験体形状、温度および鋼種をパラメータとした静的単調引張載荷実験を行う。また、素材の性質をより明確に把握するための引張試験およびシャルピー衝撃試験を行い、芯材の実験と合わせて、脆性破面率、降伏応力度、降伏比、破断伸び、累積塑性歪エネルギー率について考察し、座屈拘束ブレースの芯材の溶接の有無による、基本的な引張特性を把握することを目的とする。

12章では、芯材に存在する溶接形状および実験温度をパラメータとする静的な引張力と圧縮力の交番漸増繰返し載荷実験を行い、実験結果から、エネルギー吸収性能の差異や、破壊性状などについて考察を行う。更に、芯材の塑性化部の溶接仕様の提案を行う。

1.6.3 鋼モルタル板を用いた座屈拘束ブレースの品質管理

13章では、品質管理の容易な鋼モルタル板を用いた座屈拘束ブレースにおける、ライフサイクルの製作段階に着目し、製作時の初期品質を確保するための方策として、品質管理項目および品質管理値を設定する。特に構造性能に影響する重要な品質管理項目である、クリアランス比および縮み（ギャップ）については、これらをパラメータとした検証実験を行う。更に、実大の座屈拘束ブレースモックアップの製作を実施し、品質管理数値に基づき実際に寸法の計測を行い、妥当性を検証する。

1.6.4 鋼モルタル板を用いた座屈拘束ブレースの最終性能

14章では、拘束指標に反映されていない要因に着目して、鋼モルタル板を用いた座屈拘束ブレースの力学性能に及ぼす影響を明らかにする。座屈拘束ブレースは拘束指標を大きくすることで、累積塑性歪エネルギー率が大きくなる。しかし、同じ拘束指標においても、最終状態および性能がばらついている。拘束指標に反映されていない要因として、載荷パターン、クリアランス、モルタル強度があり、各々をパラメータとした比較実験を行う。

1.6.5 架構に組込まれた鋼モルタル板を用いた座屈拘束ブレース

15～17章では、鋼構造に組み込まれた鋼モルタル板を用いた座屈拘束ブレースを考える。

15章では、鋼モルタル板を用いた座屈拘束ブレースを制振部材として鋼構造物にK型に組み込んだ10層3スパンの平面解析モデルを用いて解析を行う。損傷制御構造の設計クライテリアから、大地震動レベルの外力に対しても、層間変形角を1/100rad以内に抑え、座屈拘束ブレースによるエネルギー吸収により、主体構造の応力状態を弾性域とした骨組を解析の対象とする。有限要素法に基づく非線形平面骨組動的応答解析プログラムを用いて解析を行う。

16章では、座屈拘束ブレースの降伏耐力をパラメータとした解析結果から、座屈拘束ブレースの性能を評価する。性能評価は、エネルギー吸収性能と疲労性能の観点から行う。

17章では、方杖状に配置した鋼モルタル板を用いた座屈拘束ブレースを用いた損傷制御構造の設計について述べる。実験結果から得られた知見に基づき、損傷制御接合部や座屈拘束ブレースの設計方法を確立し、実際の設計に適応できるよう、構造設計法を提案する。提案した設計法に基づいて試設計を行い、目標クライテリアを満足する設計例を示す。

18章では、木質材料を建築資源として有効に活用でき、機能性と安全性を損なうことのない、鋼と木質材料の複合構造システムの構法成立の可能性を示し、10層5スパンの試設計を行う。この構法では、方杖状に配置した鋼モルタル板を用いた座屈拘束ブレースを有する損傷制御構造としている。柱と梁は、鋼の周囲に木質材料を取り付けた複合部材で構成される。鋼はリユース材の利用を想定し、木質材料は、日本の森林に大量に存在するスギの間伐材とする。

19、20章では、RC構造に組み込まれた鋼モルタル板を用いた座屈拘束ブレースを考える。

19章では、剛性と耐力を調節した座屈拘束ブレースおよびスタッド付きガセットプレートを

用いた構法により、損傷制御RC構造を成立させる設計法を示す。設計法に従い、損傷制御RC構造を成立させる上で最適な斜行配置による設計例を示し、時刻歴応答解析により、設計法の有効性を確認する。

　20章では、RC構造に鉄骨枠付き座屈拘束ブレースをはめ込むだけのアンカーレス構法の提案と実験を行い、構造性能の確認を行う。この構法を用いると、RC骨組にガセットプレート等を埋め込む必要がないため、分離が可能である。そのため、座屈拘束ブレースが損傷した場合でも、取り替えが容易で、建物の継続利用が可能となる。

引用・参考文献

1) 建築鋼構造のシステム化（SYSTEMATIZATION OF BUILDING STEEL STRUCTURE）、岩田衛、竹内徹、藤田正則（鋼構造出版、pp.47-63、2001.2）
2) 図1.3-特許 "Iron column"（1874、J.M. Cornell）
3) 図1.4-特許 "Sleeved Compression Menber"（1984、B.N. Sridhara）
4) 建築物の損傷制御設計（DAMAGE-CONTROLLED DESIGN OF BUILDING STRUCTURE）、和田章、岩田衛、清水敬三、安部重孝、川合廣樹（丸善、1998.7）
5) 鋼モルタル板を用いた座屈拘束ブレース　履歴ダンパーとしての性能評価-その1-（BUCKLING-RESTRAINED BRACES USING STEEL MORTAR PLANKS PERFORMANCE EVALUATION AS HYSTERETIC DAMPERS - Part 1）、岩田衛、村井正敏、小林史興（鉄構技術、pp.54-61、2005.4）
6) 鋼モルタル板を用いた座屈拘束ブレース　履歴ダンパーとしての性能評価-その2-（BUCKLING-RESTRAINED BRACES USING STEEL MORTAR PLANKS PERFORMANCE EVALUATION AS HYSTERETIC DAMPER - Part 2）、岩田衛、村井正敏、小林史興（鉄構技術、pp.38-44、2005.5）

第2章
座屈拘束ブレースの性能比較

2.1 序

座屈拘束ブレース（以下、BRB；Buckling-Restrained Brace）は幾つかの座屈拘束を行う方法で実現されている。座屈拘束方法は、方式によって大きく異なっており、性能もまた大きくばらついている。また、それぞれのBRBについて実験結果が報告されているが、それらは試験体形状や実験方法などが各々異なっているため、簡単に比較することができない。

日本で開発されたBRBのディティールを参考に、4種類の試験体を設計し、引張力と圧縮力の交番繰返し載荷を行った際の挙動を比較する。

これまで報告されているBRBは、使用部材の幅厚比や径厚比などについて、それぞれの開発者が条件を設定していると思われるが、ここでは4種類の試験体の条件を揃えることに重点を置いて試験体を設計する。また、それぞれのブレースの耐力を同じ値にするためブレース芯材の断面積を等しくし、拘束材に関しては、剛性を決定する際の変数である断面2次モーメントを等しくする。

BRBの拘束材の設計には以下の2点を確立する必要がある（Fig.2.1）。
1) 芯材が十分に塑性軸変形した状態まで部材全体が座屈しない拘束材の設計

芯材は、拘束材が座屈することなく、また、拘束材とのクリアランスが適切に設定されていると、高次の座屈モードで全長塑性化する。拘束材の座屈は、芯材の塑性軸力に対する拘束材のオイラー座屈荷重により決定される。

2) 芯材全体が塑性化するまで面外局部変形させないための拘束材板厚の設計（拘束材の鋼管板で直接芯材を拘束している場合）

最初に芯材が当たった拘束材内面の局部剛性・耐力が不十分であると、芯材の変形がその

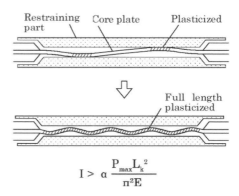

$$I > \alpha \frac{P_{max} L_k^2}{\pi^2 E}$$

I : Second moment of area of restraining part
α : Safety factor for buckling
P_{max} : Maximum axial force of core plate
L_k : Buckling length
E : Young's modulus of restraining part

(1) Design of overall buckling of restraining part

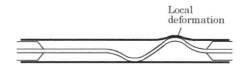

(2) Design of local deformation of restraining part

Fig.2.1　Design of the buckling-restrained brace

部分に集中し、局部的な芯材・拘束材の破壊が起こるとともに、疲労性能の低下を招く。

様々なプロポーションで実行されるBRBの設計に関して、上記の2つの破壊モードに対し、共通して使用できる設計式の確立および実験による限界性能の確認が必要である。

2.2 実験計画

規格化された性能実験は、このような方式の異なる構造部材の性能を比較する上で有効である。Fig.2.2は、米国で柱・梁接合部および耐震要素の性能評価を行うために設定された繰返し載荷メニュー（SACプログラム）である。

1994年のノースリッジ地震において多くの梁端部・耐震要素が大変形に追従できず破断・倒壊した反省から、圧縮、引張の両振りで最大層間変形角3%（約1/33rad）、片振りで2.8%±1.4%（約1/24～1/71rad）と低層建物に50cm/sレベルの地震入力が加わった際の層間変形を想定している。このうち最大層間変形1/30rad両振り履歴プログラムを用いて、載荷を行う。

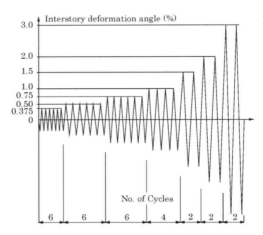

Fig.2.2　SAC Repeated Loading Program

2.3 試験体

試験体は2-A～Dの4種類とする。
試験体の一覧をTable2.1に、計算耐力をTable2.2、芯材の材質と化学成分をTable2.3に示す。

芯材として、2-A、B、C試験体はPL-16×176の平鋼、2-DはBH-136×136×9×6のビル

Table 2.1　List of specimens

Specimens	Core plate		Restraining part		
	Dimension (mm)	Cross section area (mm^2)	Dimension (mm)	Cross section area (mm^2)	$I \times 10^4$ (mm^4)
2-A	PL-16×176	2816	□-210×150×3.2	2260	1114
2-B			□-150×150×6	3370	1150
2-C			2[-180×75×7×10.5 +2PL-160×6	7360	1171
2-D	BH-136× 136×9×6	2746	□-150×150×6	3460	1196

Table 2.2　Computational strength

Specimens	Core plate		Restraining part	P_E/P_y
	Yield load P_y (kN)	Yield strain ε_y (%)	Buckling load P_E (kN)	
2-A	739.5	0.128	8939	12.1
2-B			9228	12.5
2-C			9396	12.7
2-D	794.4	0.140	9597	12.1

Table 2.3 Mechanical properties and chemical composition of core plate

Specimens	Mechanical properties				Chemical composition (%)				
	Yield stress (N/mm^2)	Tensile strength (N/mm^2)	Yield ratio (%)	Elongation (%)	C	Si	Mn	P	S
2-A	262.6	432.5	61	32	0.15	0.09	0.90	0.011	0.002
2-B									
2-C									
2-D	289.1	451.3	64	29	0.20	0.10	0.60	0.016	0.007

トアップH形鋼を用いる。2-Dにおいて、フランジよりウェブを厚くしているが、これは平鋼を用いている他のタイプとできるだけ力の流れを同じようにするためである。

1) 2-A試験体

2-A試験体は、平鋼の芯材の外側に拘束材として冷間成形角形鋼管を被せ、芯材と鋼管の間にモルタルを充填する。芯材とモルタルの間には、クリアランス調整材を用いる（Fig.2.3 (a)）。

2) 2-B試験体

2-B試験体は、平鋼の芯材の外側は冷間成形角形鋼管だけであり、この他には特別な拘束材を設けない（Fig.2.3 (b)）。

3) 2-C試験体

2-C試験体は、平鋼の芯材を溝形鋼と平鋼で座屈拘束し、拘束材と芯材の間にクリアランス調整材を用いる。拘束材は溝形鋼と平鋼を高力ボルトで接合して形成する（Fig.2.3 (c)）。

4) 2-D試験体

2-D試験体は、ビルトアップH形鋼の芯材を用い、4面溶接角形鋼管で座屈拘束する。芯材と鋼管の間にクリアランス調整材を用いず、クリアランスのみがある（Fig.2.3 (d)）。

クリアランス調整材厚あるいはクリアランスは、今回の製作限界の1mmとしている。試験体の両端部では、拘束材から芯材が露出している部分での局部変形を防止するために、芯材両端での断面形状をFig.2.3に示すようにする。

それぞれの芯材の断面積は、ほぼ等しくなるように設計する。芯材の材質は建築構造用鋼材（SN材）であり、降伏点の下限と上限を定め、溶接性、衝撃に対する性能などをもたせたSN400Bを使用する。素材試験による降伏応力度は、2-A、B、Cについては$\sigma_y=263$N/mm^2、2-Dについては$\sigma_y=289$N/mm^{2}である。

拘束材の材質は2-A、BはSTKR400、2-C、DはSS400であり、それぞれの断面2次モーメントがほぼ等しくなるように断面設計を行う。2-Aについては、拘束材に用いるモルタルのヤング係数を1/10として、圧縮側だけ座屈拘束を負担するものとして、断面2次モーメントを算出する。

2.4 載荷計画

載荷は、1000kN水平アクチュエータを使用する。セットアップをFig.2.4に示す。アクチュエータからの加力がすべてブレースの軸方向力になるように、治具と試験体との接合は偏心のないようにする。柱（H-400×400×13×21）治具の下部はピン支持とし、試験体は芯材の弱軸方向が面内になるように設置する。

試験体は45度方向に設置しているので、試験体には、アクチュエータからの水平力の$\sqrt{2}$倍の軸力が生じる。また、試験体に生じる伸縮は水平変形の1/2倍であり、試験体の長さは階高の$\sqrt{2}$倍であるから、試験体に生じる軸歪は層間変形角の1/2になる。しかし、試験体の塑性化部長さは試験体の全体の1/2であるので、試験体の芯材に生じる軸歪は、ほぼ層間変形角と同じになる。このことから、中地震動（レベル

1) に対応して想定されている層間変形角1/200rad相当の軸歪は0.5%であり、大地震動（レベル2）に対応して想定されている層間変形角1/100rad相当軸歪は1.0%である。ここでは、大地震動（レベル2）相当の軸歪1.0%を5回程度耐えられることがBRBの必要性能と考える。これ以降、層間変形角1/33rad相当の軸歪3.0%までの限界性能を見るために実験を行う。

載荷は、引張力と圧縮力の交番繰返しとし、軸方向変位 δ によって制御する。軸方向変位は、試験体両端部内側の第1ボルト孔の手前と奥に治具を取り付け、レーザー変位計を用いて測定する。

載荷一覧をTable2.4に、載荷パターンをFig.2.5に示す。載荷は芯材の降伏歪ε_yの1/3と2/3で各1回行い、軸歪0.25%を1回、0.5%、0.75%歪を各2回、軸歪1.0%を5回、1.5%、2.0%、2.5%を各2回行う。更に、軸歪3.0%では耐力低下あるいは破断するまで載荷を行う。載荷を各2回行う理由はループの安定性を見るためである。

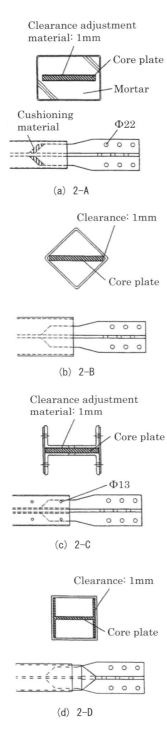

Fig.2.3　Specimen diagrams

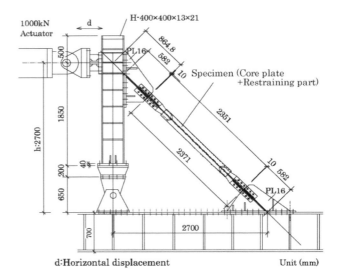

Fig.2.4　Loading equipment

Table 2.4 Loading list

No	ε (%)		Number of loads	P (kN)	δ (mm)
1	0.043 (2-A~C) 0.047 (2-D)	$\varepsilon_y/3$	1	249.2 265.8	0.69 0.75
2	0.085 (2-A~C) 0.093 (2-D)	$2\varepsilon_y/3$	1	492.6 526.0	1.36 1.48
3	0.25 (2-A~C) (2-D)		1		3.58 3.61
4	0.5 (2-A~C) (2-D)	Level 1	2		6.71 6.74
5	0.75 (2-A~C) (2-D)		2		9.73 9.86
6	1.0 (2-A~C) (2-D)	Level 2	5		12.96 12.99
7	1.5 (2-A~C) (2-D)		2		19.22 19.25
8	2.0 (2-A~C) (2-D)		2		25.47 25.50
9	2.5 (2-A~C) (2-D)		2		31.73 31.76
10	0.3 (2-A~C) (2-D)				37.98 38.01

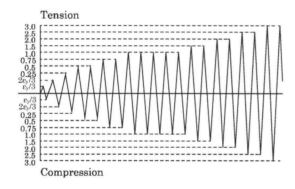

Fig.2.5 Loading pattern

2.5 実験結果

実験結果を軸歪0.5%以降、各軸歪における試験体の軸方向荷重と軸歪の関係を表す復元力特性をFig.2.6に示す。

1) 2-A試験体

軸歪3.0%の14回目まで載荷を行った(Fig.2.6 (a))。

軸歪3.0%の14回目の圧縮時に、芯材の強軸方向変形によって、芯材の上端部がモルタルに接触したため、モルタルが圧縮破壊している。芯材の強軸方向の変形が進行してモルタルが圧縮破壊するまでは引張、圧縮ともに安定した復元力特性を持っていることが分かる。最大耐力は、引張側で1155kN、圧縮側で1296kNである。角形鋼管とモルタルを取り除いて芯材を観察すると、芯材には高次の座屈モードが見られる(Fig.2.7、2.8 (a))。

2) 2-B試験体

軸歪2.5%の1回目まで載荷を行った(Fig.2.6 (b))。

軸歪0.5%の1回目の圧縮時に、荷重が少し落ち、ブレース下部の弱軸方向の変位が大きくなった。軸歪1.0%の2回目の圧縮時に、鋼管内を目視観察すると、芯材の中間よりやや上部が局部変形している。軸歪1.0%の5回目の圧縮時に芯材の中間よりやや上部で2点集中的な局部変形が進行し、角形鋼管のコーナー部がへこむような変形を起こしている。軸歪2.5%の1回目の引張時に上部のリブ先端で芯材が破断した。最大耐力は、引張側で850kN、圧縮側で806kNである。芯材を観察してみると、局部変形が進行した部分以外にも、わずかに座屈モードが見られる(Fig.2.7、2.8 (b))。

3) 2-C試験体

軸歪3.0%の1回目まで載荷を行った(Fig.2.6 (c))。

軸歪1.0%までは十分安定した復元力特性を持っていることが分かる。軸歪2.5%の1回目の圧縮時にリブ先端付近で、芯材が局部変形し、高力ボルトピッチ間で拘束材と芯材の間隙が開き始めたが、軸歪2.5%でも、概ね安定した復元力特性を持っている。高力ボルトの滑りは生じていない。軸歪3.0%の1回目の圧縮時に、芯材の局部変形の進行に伴いリブ先端付近の拘束材が変形して、高力ボルトにこじれが生じ、その後破壊した。最大耐力は、引張側で1084kN、圧縮側で1708kNである。

芯材を観察してみると、大きく局部変形した場所以外にも高次の座屈モードが見られる(Fig.2.7、2.8 (c))。

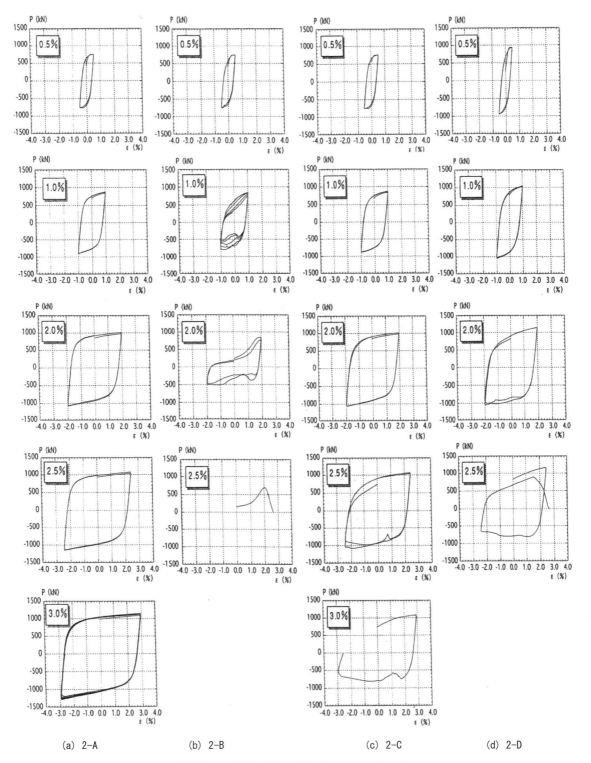

(a) 2-A (b) 2-B (c) 2-C (d) 2-D

Fig.2.6　Axial load P to axial strain ε relationships

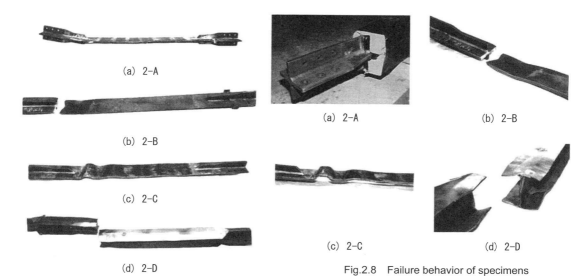

Fig.2.7 Failure behavior of core plates

Fig.2.8 Failure behavior of specimens

4) 2-D試験体

軸歪2.5%の2回目まで載荷を行った（Fig.2.6 (d)）。

軸歪1.0%までは十分安定した復元力特性を持っており、更に軸歪2.0%までも概ね安定している。軸歪2.0%の2回目の圧縮時に芯材の中間のやや下部で芯材が局部変形している。そのため、4面溶接角形鋼管の溶接部に亀裂が入った。この芯材のフランジの局部変形に伴い、角形鋼管が面外方向に膨らんでいる。

軸歪2.5%の1回目の圧縮時に芯材の中間よりやや下部の局部変形が進行し、角形鋼管の亀裂が広がり、角形鋼管の反対側にも亀裂が入った。それに伴い芯材のウェブが局部変形して弱軸方向の下側に大きく膨らんだ。軸歪2.5%の2回目の引張時に芯材の中間よりやや下部で破断した。最大耐力は引張側で1169kN、圧縮側で1076kNである。

芯材を観察してみると、フランジには高次の座屈モードが形成されていることが確認できるが、ウェブは破断した箇所以外では変形していない。また、芯材のフランジに亀裂が見られる（Fig.2.7、2.8（d））。

2.6 必要性能

ここでは、軸歪1.0%までを、BRBの必要性能と考え検討を行う。

降伏歪ε_y/3時における弾性勾配K_E、および軸歪0.25%時から軸歪1.0%時までの塑性勾配K_PをTable2.5に示す。ここでK_Pは軸歪0.25%時2回目と軸歪1.0%時5回目の最大耐力を示した点を直線で結んだときの勾配とする。

各試験体のK_Eを比較すると、2-D試験体以外は、圧縮時の勾配のほうが、やや大きくなっている。これは、平鋼においては圧縮時に芯材が拘束材に接触し、その摩擦によって、やや力が拘束材に流れるためであると考えるが、その誤差は小さく、すべてのタイプともに引張時と圧縮時は、ほぼ同じと見なしてもよい。

各試験体のK_Pを比較すると、2-B試験体以外は、圧縮時の勾配の方がやや大きくなっている。これは、芯材の平鋼とBH鋼にかかわらず、拘束材に接触することによる摩擦抵抗の影響である。2-A, B試験体に比べて2-D試験体がやや大きいのは、クリアランス調整材がないからである。2-B試験体は軸歪1.0%時の5回目では引張時、圧縮時ともに耐力低下しているので小さい値となっている。特に、圧縮時は軸歪1%時より軸歪0.25%時の方が、荷重が大きい値となっているため、K_Pの値が負になっている。

Table 2.5 Elastic and plastic gradient

Specimens	K_E (kN/mm)		K_p (kN/mm)	
	Tension	Compression	Tension	Compression
2-A	325.6	369.2	13.0	15.2
2-B	348.2	367.4	2.0	-18.4
2-C	330.7	392.7	13.8	16.1
2-D	356.1	353.2	15.5	17.7

Table 2.6 Cumulative plastic strain energy and cumulative plastic deformation ratio

Specimens	E_a (kN·m)	E_t (kN·m)	E_t/E_a	η
2-A	153	2632	17.2 (100)	691 (100)
2-B	109	292	2.7 (16)	178 (26)
2-C	152	752	4.9 (28)	240 (35)
2-D	168	617	3.7 (21)	191 (28)

次に、各試験体について軸歪1.0%時の5ループ分の累積塑性歪エネルギーE_aを算出してTable2.6に示す。2-B試験体では、軸歪0.5%時に耐力低下し始めているので他の試験体に比べてE_aは2/3程度小さい値となっている。2-A、C試験体では軸歪1.0%時の履歴ループが互いにほぼ同じ軌跡を通るので、E_aもおおよそ等しくなっている。2-D試験体では芯材が他の試験体と異なり、降伏応力度が少し高いので、他の試験体に比べてE_aは大きくなっている。

2.7 限界性能

実験終了までの累積塑性歪エネルギーE_t、E_t/E_aと累積塑性変形倍率ηをTable2.6に示す。ηは、引張載荷時の最大耐力を示したところまでを最大変形として算出して累積した。かっこ内は、2-A試験体の値を100としたときの割合である。

各試験体のE_tについては、2-A試験体が軸歪3.0%を14回と多く繰返したため、他の試験体と比べて最も大きい値となっている。2-Bと2-D試験体を比較すると、破断は軸歪2.5%の1回目の引張時か2回目の引張時に生じ、わずか1サイクル分の差であるが、2-D試験体のE_tは2-B試験体の2倍以上もある。これは高歪状態での2-B試験体の復元力特性に劣化が見られたためである。

各試験体のE_t/E_aとηをかっこ内の値で比較すると、大きい方から、2-A、C、D、B試験体の順になる。2-A試験体と比較した各試験体のE_t/E_aのかっこ内の値は、各々ηのかっこ内の値より小さい値を示した。これはηが引張載荷時の最大変形のみ考慮して算出しているのに対して、E_t/E_aは高歪状態での圧縮載荷時の復元力特性の劣化までを評価しているからである。

2.8 最終状態

2-D試験体以外はリブ先端付近で芯材が局部変形、または引張破断している（Fig.2.7、2.8（a）（b）（c））。2-D試験体の芯材も破断したが、破断位置は他のタイプの試験体の破断位置とは異なり、リブ先端と芯材中心との中間付近である（Fig.2.7、2.8（d））。破断しなかった試験体である2-A試験体については、上部モルタルが圧縮破壊し、リブ先端付近で芯材が強軸方向に変形したので終了としている。

今回の実験では、破断した試験体は2-Bと2-Dであり、試験体の芯材が引張破断まで至っているのは、クリアランス調整材がないためである。クリアランス調整材自体は柔らかく、座屈拘束することはできないが、芯材と座屈拘束材との間にクリアランスを適切に保つ効果があり、変形の集中による急激な芯材の変形の進行を防ぐからである。これらのタイプにおいては、芯材が接触する部分における拘束材の局部的な剛性が不足するために、芯材と拘束材が一体となった変形が生じ、芯材の局部変形発生箇所における累積塑性変形量が急激に増加する傾向がある。

拘束材の断面2次モーメントをほぼ同じとして試験体を設計したので、結果的に2-Bと2-D試験体では、局部的な剛性不足となった。2-C試験体については、拘束材である溝形鋼と平鋼をつなぎ合わせている高力ボルトが芯材の局部変形進行により拘束材が変形して、高力ボルトにこじれが作用して破壊した。

2.9 結

芯材の断面積と拘束材の断面2次モーメントがほぼ等しくなるように設計した4タイプの試験体について引張力と圧縮力の交番繰返し載荷実験を行った。

(1) 全ての試験体の復元力特性は、軸歪1.0%まで概ね安定しており、十分な累積塑性歪エネルギーを持っていることを実験で確認した。レベル2地震動に対応する層間変形角1/100rad相当では十分な性能を有する。

(2) 軸歪1.0%を越えた高歪状態では、座屈拘束方法の違う試験体ごとに顕著な差が現れている。復元力特性の差異は必要性能で述べたようである。限界性能までの累積塑性歪エネルギーで比較すると、大きい方から2-A、2-C、2-D、2-B試験体の順になる。

(3) クリアランス調整材を用いない2-Bと2-D試験体の最終状態は、全体に座屈モードが生じた後、繰返しによって疲労が蓄積されたことによる引張破断である。クリアランス調整材は芯材の軸力を拘束材に伝えないという役割ばかりでなく、芯材と拘束材のクリアランスを適切に保ち、且つ変形の集中を防止する役割もある。

引用・参考文献

1) 鋼モルタル板を用いた座屈拘束ブレース 履歴ダンパーとしての性能評価-その1- (BUCKLING-RESTRAINED BRACES USING STEEL MORTAR PLANKS PERFORMANCE EVALUATION AS HYSTERETIC DAMPERS - Part 1)、岩田衛、村井正敏、小林史興（鉄構技術、pp.54-61、2005.4）

2) 鋼モルタル板を用いた座屈拘束ブレース 履歴ダンパーとしての性能評価-その2- (BUCKLING-RESTRAINED BRACES USING STEEL MORTAR PLANKS PERFORMANCE EVALUATION AS HYSTERETIC DAMPERS - Part 2)、岩田衛、村井正敏、小林史興（鉄構技術、pp.38-44、2005.5）

3) 建築鋼構造のシステム化 (Systematization of building steel structure)、岩田衛、竹内徹、藤田正則（鋼構造出版、pp.46-63、2001.2）

4) 座屈拘束ブレースを用いた履歴型ダンパーの性能比較実験 (PERFORMANCE COMPARISON TESTS OF HYSTERETIC DAMPERS USING BUCKLING-RESTRAINED BRACES)、岩田衛（鉄構技術、pp.34-42、2001.6）

第3章
BRBSMの発案と実験

3.1 序

鋼モルタル板を用いた座屈拘束ブレース（以下、BRBSM；Buckling-Restrained Brace using Steel Mortar planks）は、Fig.3.1に示すように、芯材および2つのモルタルが充填された溝形鋼（以下、鋼モルタル板）を拘束材として用い、両面にクリアランス調整材を貼付けた芯材に被せ溶接をして一体化したものである。

芯材に鋼モルタル板を後から挟み込む乾式工法とすることで、両端部ディテールの自由度が高くなり、設計の自由度が大きい。芯材端部のディテールが拘束材より大きくなる場合（ボルト本数が多くなる、補強リブまたは増厚する等）でも、鋼モルタル板を後から挟み込む製作手順を取る。更に、モルタルの充填状況が目視で確認できるため、部材の標準化がしやすく、部材ごとに厳密な品質管理を行うことが可能である。芯材と鋼モルタル板を別々に運搬して現地で組み立てることもできるなど、実用面で多くの長所を有している。本章では、BRBSMの開発に至る経緯を述べる。

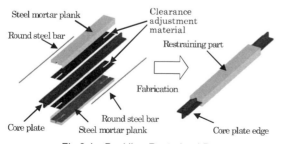

Fig.3.1 Buckling-Restrained Brace using Steel Mortar planks

2章にて行った、座屈拘束方法の異なる4つのタイプの座屈拘束ブレース（BRB）の性能比較実験結果から、拘束材として角型鋼管にモルタルを充填したBRBは、軸歪3.0%時にも安定した復元力特性を示し、累積塑性歪エネルギー率ωの結果から、十分な性能があることが分かった。しかし、芯材を鋼管に差し込み、後からモルタル充填を行う製作法は、モルタルの充填状況の確認ができず、鋼管を被せるという工程上、芯材端部の幅を鋼管径より大きくすることができないという短所がある。そこで、これらの長所・短所をふまえて、高歪状態においても安定した復元力特性を有し、品質管理を厳しく行え、両端部ディテールに自由度のある新製作法による改良型のBRBの開発を行う。

3.2 実験モデルの設定

構造性能を確認するモデルとしてBRBSMを組み込んだ建築物が水平力を受け、せん断変形した場合を想定する。Fig.3.2に実験モデルを示す。図中の芯材長さは、解析上のモデルとして長さを「芯材長さ」と定義する。試験体に生じる軸方向変形δに関して実験モデルから式(3.1)、(3.2)の関係が成り立つ。

$$l_B{}^2 = h^2 + l^2 \qquad (3.1)$$

$$(l_B + \delta)^2 = h^2 + (l + d)^2 \qquad (3.2)$$

δ^2、d^2は微少項であるので省略すると、式(3.3)となる。

$$l_B \delta = l d \qquad (3.3)$$

これより軸方向変位δと加力点の水平変位dの

間には式（3.4）のような関係が成り立つ

$$\delta = \frac{ld}{l_B} = d\cos\theta \quad (3.4)$$

試験体角度をθ、ブレース全体に生じる軸歪をε_B、層間変形角をγ、階高をh_sとおく。

$$\varepsilon_B = \frac{\delta}{l_B} = \frac{d}{l_B}d\cos\theta \quad (3.5)$$

$$\gamma = \frac{d}{h_s} \quad (3.6)$$

試験体設置角度を45度としたとき、$l_B=\sqrt{2}\ h$であり、ε_Bとγの関係は式（3.7）となる。

$$\varepsilon_B = \frac{\gamma}{h} \quad (3.7)$$

芯材長さに対する芯材塑性化部長さの比（$=l_C/l_B$）を塑性化部長さ比とする。塑性化部長さ比50%のBRBSMにおいて、芯材塑性化部以外の芯材弾性部の軸歪を微小として無視すると、芯材塑性化部に生じる軸歪ε（以下、芯材の軸歪）は式（3.8）になる。εをブレースに生じる軸歪とする。

$$\varepsilon = \frac{l_B}{l_C}\varepsilon_B \approx \gamma \quad (3.8)$$

すなわち、芯材の軸歪が層間変形角とほぼ等しくなる。このことから、中地震動（レベル1）に対応して想定される層間変形角1/200rad相当の芯材の軸歪は、0.5%となり、大地震動（レベル2）に対応して想定される層間変形角1/100rad相当の芯材の軸歪は1.0%である。

3.3 試験体

試験体一覧をTable3.1、試験体形状をFig.3.3に、芯材の降伏耐力P_y、拘束材のオイラー座屈荷重P_Eの計算結果をTable3.2に示す。BRBSMの軽量化にあたり、拘束材のモルタルには、通常モルタルのほかに軽量コンクリートを使用する。拘束材の断面二次モーメントを算出にあたっては、モルタルあるいは軽量コンクリートの寄与も考慮する。ヤング係数を比較すると、モルタルのヤング係数は、鋼の約1/10、軽量コンクリートは約1/15であり、ブレースが圧縮力を受ける場合、芯材の座屈が圧縮側のみで補剛されると考え、モルタルは1/20、軽量コンクリートは1/30とする。

座屈長さは鋼モルタル板長さ（1605mm）を用いて算出する。また、芯材全周に1mm厚のクリアランス調整材が貼られている。これにより、芯材弱軸方向は、芯材とモルタル、または軽量コンクリートとの間に1mmのクリアランスが存在している。芯材強軸方向は、芯材と接合プレートとの間に11mmのすき間が生じている。

試験体端部は、局部変形を防ぐために断面形状を十字にしている。芯材の材質はSN400B、拘束材の材質はSS400とする。

1）3-A試験体

溝形鋼は200×65×65×3.2を使用する。モルタルにはスチールファイバーを混入し、モルタルが圧壊しても外部に出ないように、鋼モルタル板両端部に鋼板を、溶接により取り付ける。この鋼板を端部当て金と呼ぶ。更に、製作過程などで、芯材に生じる初期不整（微小たわみ、そり）を起点とする局部変形を防ぐため、芯材と鋼モルタル板の間にグラウト材を使用する。強軸方向の隙間にもこのグラウト材を充填する。

2）3-B、3-C、3-D、3-F試験体

3-B、3-C、3-D、3-F試験体の溝形鋼は、3-A試験体のP_E/P_yが、約2/3、1/2、1/3となるように寸法を決定し、モルタルまたは軽量コンクリートを充填する。また、端部当て金、グラ

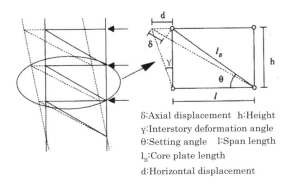

δ:Axial displacement　h:Height
γ:Interstory deformation angle
θ:Setting angle　l:Span length
l_B:Core plate length
d:Horizontal displacement

Fig.3.2　Experimental model

Table 3.1 List of specimens

Spacimens	Steel mortal planks						
	Dimension of channels (mm)	$A \times 10^2$ (mm^2)	$I \times 10^4$ (mm^4)	Filler	Compressive strength (N/mm^2)	Weight (kg)	Remarks
3-A	2[-200×65×65×3.2	32.7	1288	Mortar	43.7	200	Grout Steel fiber End patch
3-B	2[-200×50×50×3.2	27.2	705	Lightweight concrete	31.9	169	Grout End patch
3-C	2[-200×50×50×2.3	22.0	590	Mortar	69.6	174	Grout End patch
3-D			549	Lightweight concrete	31.1	162	
3-E	2[-200×35×35×2.3	19.4	311	Motrar	73.0	150	
3-F	2[-200×65×65×3.2	32.7	1157		51.5	192	End patch
3-G					47.0	194	Steel fiber

Table 3.2 Computational strength

Specimens	Core plate					Restraining part	R ($=P_E/P_y$)
	Dimension (mm)	$A \times 10^2$ (mm^2)	σ_y (N/mm^2)	P_y (N/mm^2)	Yield strain ε_y (%)	P_E (kN)	
3-A	PL-16×176	28.16	315.6	888.7	0.153	10325(4728)	11.6(5.3)
3-E						9275(4247)	10.4(4.8)
3-G							
3-B			262.6	739.5	0.128	5654(2588)	7.6(3.5)
3-C						4730(2166)	6.4(2.9)
3-D						4401(2015)	6.0(2.7)
3-F						2493(1142)	3.4(1.5)

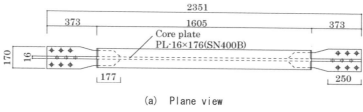

(a) Plane view

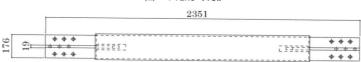

(b) Side view

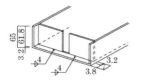

(c) End patch

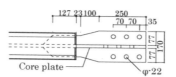

(d) End detail

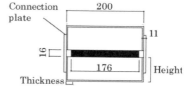

(e) Cross section

Fig.3.3 Specimen shape

ウト材を使用する。拘束材としての鋼管の座屈荷重が、芯材の降伏耐力を上回るように設計したブレースは、安定した履歴性状を示す。拘束材に高歪状態で安定したエネルギー吸収をさせるためには、余裕ある補剛力が必要となり、拘束力の大きさが、その余裕度に関係していると考え、この点に着目して、これを性能評価の基準とする。以下、P_E/P_yは拘束力を示す指標であり拘束指標Rとする。

溝形鋼の高さを低くすることにより、モルタルの充填量が減り、BRBSMの軽量化につながる。BRBSMが軽量化すると、施工性、経済性が向上する。溝形鋼の高さと板厚を変えることで、最大25%重量が軽減し、軽量コンクリートを使用することにより、約6%、溝形鋼板厚を変えることで、約4%重量が軽減する。

3) 3-E試験体

端部当て金の有効性を確認するため、溝形鋼は3-A試験体と同じものを使用する。異なる点は、モルタルにスチールファイバーを混入しないことと、グラウト材を使用しないことである。

4) 3-F試験体

モルタルにスチールファイバーを混入した場合の有効性を確認するため、溝型鋼は3-A試験体と同じものを使用する。異なる点は、グラウト材と端部当て金を使用していないことである。

3.4 載荷計画

載荷装置をFig.3.4に示す。載荷は1000kN水平アクチュエータを使用し、柱脚部をピン支持とする。試験体の設置角度は45度で設置し、芯材の弱軸が載荷軸面内になるように設置する。

載荷パターンは、軸方向変位制御による引張力と圧縮力の交番繰返し載荷とする。載荷パターンをTable3.3に示す。載荷は芯材の弾性歪の繰返しから始め、芯材の軸歪ε_yの1/3、2/3を各1回、軸歪0.25%を1回、中地震動(レベル1)を想定した0.5%、0.75%を各2回載荷し、大地震動(レベル2)を想定した軸歪1.0%を5回載荷する。レベル2相当の地震に対しても、安定した挙動を示すことがBRBSMの必要性能であると考え、これ以降、層間変形角1/33rad相当の軸歪3.0%までの限界性能を見るために実験を行う。以下、芯材の軸歪0.75%をレベル1.5、軸歪1.5%をレベル2.0、軸歪2.0%をレベル3.0、軸歪2.5%をレベル3.5、軸歪3.0%をレベル4とする。

実際のBRBSMは、45度方向に必ずしも設置されないし、塑性化部長さが芯材長さの1/2である訳でもない。しかし、実際のBRBSMの設置角度と塑性化部長さのバラツキを考慮した時、ここで算定したように1.0%歪を必要性能とし、3.0%を限界性能考えることは一つの目安となる。

軸方向変位の測定方法は、試験体両端部内側第1ボルト孔の手前と奥に治具を取り付け、レーザー変位計を用いて測定する(Fig.3.4)。A、B間までの左右2ヶ所で測定し、平均値を軸方向変位とする。

3.5 実験結果

1) 3-A試験体

載荷は軸歪3.0%の8回目まで行った(Fig.3.5a))。軸歪3.0%8回目引張側で芯材が破断した。破断に至るまで、鋼モルタル板表面には変化がなく、引張、圧縮ともに安定した復

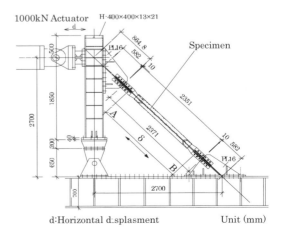

Fig.3.4　Loading equipment

Table 3.3 Loading pattern

No	ε (%)	Interstory deformation angle (rad)	Input level	Number of loads	δ (mm)
1	$\varepsilon_y/3$	1/1690		1	0.74
2	$2\varepsilon_y/3$	1/850		1	1.47
3	0.25	1/400		1	3.74
4	0.5	1/200	1.0	2	6.87
5	0.75	1/133	1.5	2	9.99
6	1.0	1/100	2.0	5	13.12
7	1.5	1/67	2.5	2	19.38
8	2.0	1/50	3.0	2	25.63
9	2.5	1/40	3.5	2	31.89
10	3.0	1/33	4.0	-	38.14

元力特性を有している。

2) 3-B試験体

載荷は軸歪3.0％の3回目まで行った（Fig.3.5b））。軸歪3.0％2回目圧縮時において、加力点側鋼モルタル板表面に変形（膨らみ）が見られる。これは、圧縮力を受けて、芯材が変形し、芯材の補強リブ（十字部）が鋼モルタル板に接触したのが原因である。その後、軸歪3.0％3回目圧縮側で局部変形が生じ、強軸方向への変形も生じている。

3) 3-C試験体

載荷は軸歪3.0％の2回目まで行った（Fig.3.5c））。軸歪3.0％1回目圧縮時に、上下端部の鋼モルタル板表面に変形（膨らみ）が見られる。これは3-Bと同様の現象が起きたためである。その後、軸歪3.0％2回目圧縮側で強軸方向への変形が生じている。

4) 3-D試験体

載荷は軸歪3.0％の1回目まで行った（Fig.3.5d））。3.0％歪1回目圧縮側において、加力点側端部で局部変形が生じている（Fig.3.6a））。

5) 3-F試験体

載荷は軸歪2.5％の2回目まで行った（Fig.3.5e））。軸歪2.5％1回目圧縮側ピーク値を記録した直後、試験体上部に局部変形が生じている。2回目圧縮時に更に、局部変形が進み、耐力が低下した（Fig.3.6b））。

6) 3-E試験体

載荷は軸歪2.5％の2回目まで行った（Fig.3.5f）。軸歪2.5％に入ると圧縮側載荷時に変形し始め、軸歪2.5％2回目圧縮側において、強軸方向の変形が増大している。

7) 3-F試験体

載荷は軸歪2.5％の1回目まで行った（Fig.3.5g））。軸歪2.0％に入ると強軸方向に変形し始め、軸歪2.5％1回目圧縮側で強軸方向への変形が増大している。

3.6 復元力特性

芯材の軸歪2.0％までは、安定した復元力特性を示しており、通常の設計範囲である軸歪1.0％に対しては十分な性能を有している。3-Aは、芯材が破断するまで安定した復元力を示している。3-B、3-C試験体は履歴特性において変化は見られない。3-B、3-C、3-F、3-E試験体は、明確な耐力低下が認められないまま実験を終了している。これは高歪状態において、最終的に強軸方向への変形が進行していたためである。これらの試験体に関しては、高歪状態における最終状況に近い局面で起こった結果であり、性能の最小値として考える。

グラウト材を用いた試験体に関しては、溝型鋼高さが高いほど良い性能を示している。溝型鋼高さが同一で、厚さが異なる3-B、3-D試験体については、板厚の厚い3-B試験体の方が高い性能を有している。3-C試験体の強軸方向への変形が進んだ原因は、強軸方向へのグラウト材充填が不十分であったためである。また、3-E試験体は軸歪2.5％2回目圧縮時に、3-F試験体は軸歪2.5％1回目圧縮時に、若干の耐力上昇が見られる。これは、芯材が強軸方向に大きく変形し始めたことが原因である。また、3-E、3-F試験体が強軸方向に変形した原因は、強軸方向の隙間に充填材がなく、拘束力が低かったためと考える。

3-A、3-E、3-F試験体を比較すると、スチールファイバーを混入し、モルタルの強度を上げるよりも端部当て金を用いた方が性能が高い。

第3章 BRBSM の発案と実験　　63

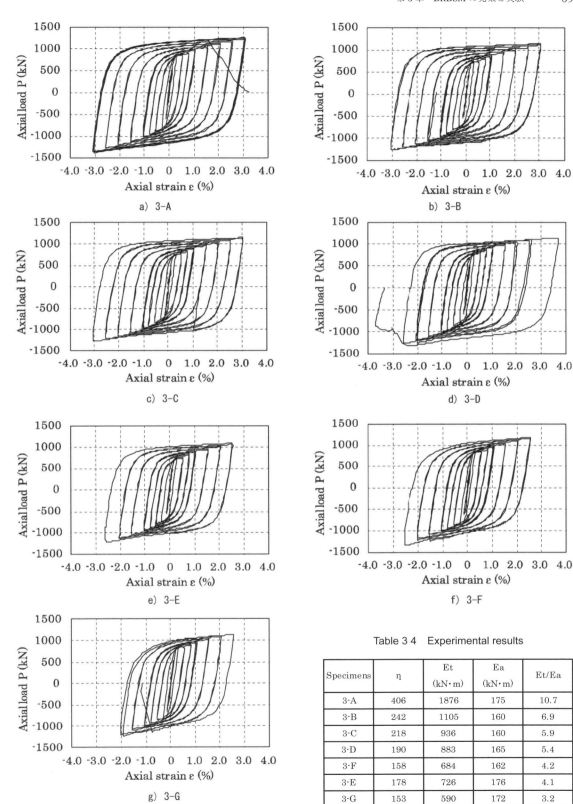

Fig.3.5　Hysteresis characteristics

Table 3.4　Experimental results

Specimens	η	Et (kN·m)	Ea (kN·m)	Et/Ea
3-A	406	1876	175	10.7
3-B	242	1105	160	6.9
3-C	218	936	160	5.9
3-D	190	883	165	5.4
3-F	158	684	162	4.2
3-E	178	726	176	4.1
3-G	153	590	172	3.2

グラウト材は製作段階において、芯材の初期不整を補正するために用いたが、弱軸方向における局部変形を拘束するだけでなく、強軸方向への変形も防止している。グラウト材を使用することは、芯材と拘束材および強軸方向の隙間を埋めることになり、結果的に拘束材の気密性が上がる。

総合的に判断すると、スチールファイバーを用いてモルタルの強度を上げるよりも、端部当て金、グラウト材を用いて拘束材の気密性を上げる方が高い性能を示す。また軽量化に関しては、拘束材に比重の小さいものを充填するよりも、溝型鋼寸法を小さくする方が有効である。

3.7 塑性変形能力

各試験体についての累積塑性変形倍率η、実験終了までに吸収した累積塑性歪エネルギーE_t、軸歪1.0%時の5ループ分の累積塑性歪エネルギーE_aおよびE_t/E_aを計算してTable3.4に示す。ここで、ηは歪硬化の影響を考慮にいれ、引張載荷時の最大耐力を示したところを最大変形として、引張側のみを累積して算出している。

ηは軸歪3.0%載荷をくりかえした3-Aが最も大きな値を示し、そのほかの試験体については、Rが大きいものほど大きな値を示している。各試験体とも軸歪1.0%時では、耐力低下が見られず、E_aは概ね一定の値を示している。また、E_tに関しては3-A試験体が最も大きな値を示しており、ηと同様にRが大きくなるにつれ、大きくなる。3-E試験体は端部当て金、3-F試験体はスチールファイバーを使用することにより、それぞれ十分な性能を発揮していると考えるが、比較すると、端部当て金のある3-E試験体のE_tの方がより大きい。

3.8 最終状態

実験終了後、鋼モルタル板を除去して、芯材の観察を行う。3-A試験体は、加力点側端部補強リブ先端付近の溶接熱影響部を基点として芯材が破断している（Fig.3.7a））。また、全体に渡って高次の座屈モード（芯材表面が緩やかに波打つ変形）が確認できる。3-B、3-D、3-F試験体は、加力点側補強リブ先端付近で弱軸方向への局部変形が確認できる（Fig.3.7b））。3-C、3-E、3-F試験体は強軸方向への変形が見られるが、弱軸方向の局部変形は確認できない。

鋼モルタル板に関しては、3-A、3-B、3-C試験体は目立った変形は確認できないが、3-D、3-F試験体は芯材が局部変形している箇所のモルタルは、圧縮破壊を起こしている。また、3-E試験体は端部当て金が変形しており、3-F試験体のモルタルには亀裂が生じている。

a) 3-D　　　　　　　b) 3-F

Fig. 3.6　Local deformation

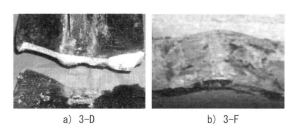

a) 3-D　　　　　　　b) 3-F

Fig.3.7　Failure mode status

Table 3.6 Performance evaluation

Specimens	η	η index		ω	ω index		R
		L2	L4		L2	L4	
3-A	406	3.72	1.39	860.0	8.7	2.77	11.6
3-B	242	2.22	0.83	719.6	7.28	2.32	7.6
3-C	218	2.00	0.75	609.6	6.16	1.96	6.4
3-D	190	1.74	0.65	575.0	5.81	1.85	6
3-F	158	1.45	0.54	445.4	4.5	1.43	3.4
3-E	178	1.63	0.61	332.8	3.37	1.07	10.4
3-G	153	1.40	0.53	270.5	2.74	0.87	10.4

3.9 性能評価

BRBSMの性能評価にあたっては、ηと累積塑性エネルギー率ω（BRBSMの累積塑性歪エネルギーE_tを、降伏耐力P_yと弾性限界変形量$δ_y$を乗じて算出したW_yで除して無次元化したパラメータ）を求め、レベル2とレベル4入力時のη、ωで除して求めたη指標とω指標を算定する。

Table3.5に解析結果より得られるレベル2とレベル4の地震動入力時におけるηとωの値を示す。ηの値は109.2と291.5、ωの値は98.9と310.8である。これらの値は、BRBSMの組み込まれた10層3スパンの鋼構造解析モデルが様々な地震動（ElcentroNS、神戸海洋気象台NS、TaftEW、八戸EW、日本建築センター作成による模擬地震動（センター波））を受ける場合、層方向で最大となるBRBSMのηとωの平均値である。

実験で得られた各試験体のηとωの値、及びRをTable3.6に示す。またレベル2、レベル4入力時、Table3.5のそれぞれの値で除した値をη指標、ω指標として示す。実験値とレベル2入力時の平均値について、ηとωを比較すると、最軽量の3-Fでも、実験値はレベル2入力時の平均値を上回っている。ηよりもωのほうが正確に累積塑性変形能力を評価できることを考慮し、実験値のωとレベル4入力時平均値（310.8）を比較すると、3-Fを除く全ての試験体の実験値が、レベル4入力時平均値を上回っている。

Fig.3.8、Fig.3.9にグラウト材を用いて芯材の初期不整を補正し、拘束材の気密性を上げた

Table 3.5 η, ω values of analysis result

	η	ω
Average value at level 2	109.2	98.9
Average value at level 4	291.5	310.8

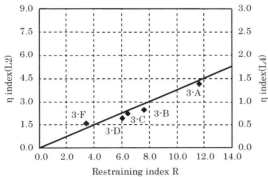

Fig.3.8 η index -R relationship

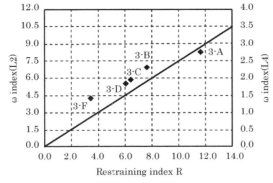

Fig.3.9 ω index -R relationship

3-A、3-B、3-C、3-D、3-F試験体について、レベル2入力時とレベル4入力時のη指標、ω指標と各試験体のR関係を示す。縦軸を左側にレベル2、右側にレベル4の指標の値を示す。レベル4については、以下に示す1次式で近似的に評

価できる関係を有している。レベル2については、この式を3倍したものになっている。

η指標評価式（LV4）：　$y = \dfrac{x}{8}$　　　(3.9)

ω指標評価式（LV4）：　$y = \dfrac{x}{4}$　　　(3.10)

R=0のBRBSMは、拘束材が存在しない一般的なブレースである。このブレースは、圧縮力を受けると弾性範囲内で座屈するため、塑性変形がほとんど生じない。そのためη、ωは極めて微小であり、各指標は限りなく0に近似する。ゆえに、ω指標の評価式は原点を通るものとする。

η指標、ω指標が線形的な関係を有した理由として、様々なことが推定できるが、ここでは、この実験結果を重視し、実験式として記述する。

3.10　結

2章で行った4タイプの比較実験の結果から、BRBSMを着想し、引張力と圧縮力の交番繰返し載荷実験を行い、以下の知見を得た。
(1) 各試験体とも芯材の軸歪1.0%まで十分安定した復元力特性を持っていることを実験で確認した。これにより、レベル2地震動に対応する層間変形角1/100radの変形に対して、十分な性能を有している。
(2) 試験体の累積塑性変形倍率η、累積塑性歪エネルギー率ωの2つの指標と拘束指標Rとの間には、線形的な関係がある。
(3) スチールファイバーを用いてモルタルの強度を上げるよりも、端部当て金、グラウト材を用いて拘束材の気密性を上げる方が良い性能を示す。

引用・参考文献
1) 鋼モルタル板を用いた座屈拘束ブレースの実験的研究　(EXPERIMENTAL STUDY ON BUCKLING-RESTRAINED BRACES USING STEEL MORTAR PLANKS)、村井正敏、小林史興、野田隆博、岩田衛（日本建築学会構造系論文集、第569号、pp.105-110、2003.7）

第4章
BRBSMと他方式の比較

4.1 序

　座屈拘束ブレース（BRB）に関して、様々な座屈拘束方式が提案され、多くの研究結果が報告されている。現在、実用化されているBRBの拘束材は、鋼モルタル板を用いるものと、鋼材のみを用いるものの2種類に大別することができる。

　芯材に低降伏点鋼（LY225）を使用し、3章にて発案し、製作簡易化のために改良したBRBSM（Fig.4.1a）と、拘束材に鋼材のみ（溝形鋼および平鋼）を用いたBRB（Sタイプ。Fig.4.1b）の比較実験を行うことによりそれぞれの復元力特性、エネルギー吸収性能等を比較し、BRBSMの制振部材としての性能を明らかにする。

4.2 BRBSMの拘束材の設計法

　これまでに行ってきたBRBSM試験体の実験結果を、累積塑性歪エネルギー率ω（BRBSMの累積塑性歪エネルギーE_tを、降伏耐力P_yと弾性限界変形量δ_yを乗じて算出したW_yで除して無次元化したパラメータ）と拘束力の指標P_E/P_y（以下、R（P_E:拘束材のオイラー座屈荷重、P_y:芯材の降伏耐力））の関係を整理し、Fig.4.2に示す。このωの下限値において次式に示す線形的な関係を見出し、これを性能評価下限式としている。

$$\omega = 150 \times R \qquad (4.1)$$

　この性能価式の適用にあたっては、Rが6.0程度以上では芯材に高次の座屈モードが発生し

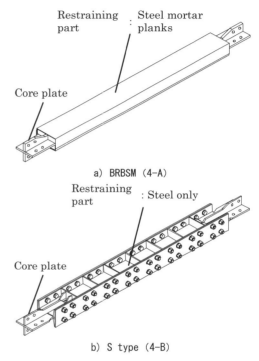

a) BRBSM (4-A)

b) S type (4-B)

Fig.4.1　Buckling-restrained braces

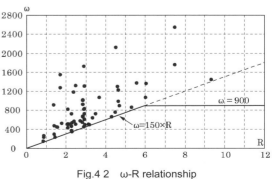

Fig.4.2　ω-R relationship

た後、引張破断を起こす。それゆえRが6.0以上では（4.1）式を下回ることもあり、ωの下限値を900で一定とする。

拘束材の断面寸法を決定する際には、構造物に必要とされるωの要求性能を設定する。このωより性能評価式を用いてRを決定し、オイラー座屈荷重式を用いて断面2次モーメントIを求める。

4.3 試験体

上述の設計法に基づき、比較実験の試験体を設計する。以下、BRBSMの試験体をBRBSM試験体（4-A）、Sタイプの試験体をS試験体（4-B）と呼ぶ。座屈長さは試験体長さとする。試験体と試験体冶具ガセットプレートの間にクリアランスを設けており、ここをピンと考えるからである。

4.3.1 芯材

両試験体の芯材形状をFig.4.3に示す。本実験では比較のため、BRBSM試験体とS試験体の鋼種、芯材長さl_B、塑性化部長さl_C、断面寸法は同一とする。鋼種はLY225とする。接合部を含めた試験体の芯材長さl_Bは2351mm、塑性化部長さl_Cは1483mmであり、塑性化部長さ比l_C/l_Bは63%である。塑性化部の断面寸法は、幅132mm、厚さ12mmであり、幅厚比は11.0である。

端部は塑性化部が降伏しても、弾性剛性を保つようにSS400のリブを取り付け、断面形状を十字に補強する。表面には、芯材に作用する軸力を拘束材に伝えないために、クリアランスを設ける必要がある。クリアランス比が7%となる厚さ1.0mmのクリアランス調整材を貼り付ける。芯材中央の側面には、拘束材の移動防止を目的とした突起（ずれ止め）を設ける。

芯材の機械的性質をTable4.1に示す。降伏応力度はσ_y=231N/mm^2、引張強さσ_u=327N/mm^{2}である。Fig.4.3のように平鋼を加工し、両端部に補強リブを隅肉溶接で取り付ける。溶接止端部は力の流れを円滑にするためになめらかに仕上げる。拘束材とのクリアランスを確保するため芯材にクリアランス調整材を貼り付ける。

4.3.2 BRBSM試験体

BRBSM試験体の全体図、断面図、端部詳細図をFig.4.4に示す。拘束材は、SS400の平鋼（t=4.5）を折板して高さに違いをつけた溝形鋼を製作し、モルタルを充填した鋼モルタル板とする。溝形鋼の断面形状を[-176.5×64（106.5）×4.5×4.5とし、座屈長さを試験体長の2351mmとすると、Rは11.1である。モルタルのヤング係数は鋼材の1/10であり、モルタルの補剛はブレースが圧縮力を受ける時のみ機能すると考え、1/20とする。

溝形鋼の両端部には、端部当て金を隅肉溶接により取り付ける。これによって、モルタル圧壊による飛散を防止し、打設時の型枠となる。また、圧縮載荷時に芯材端部補強リブがモルタルに直接接触しないようにクッション材（ウレ

Table 4.1 Mechanical proparties of core plate

Steel grade	LY225
σ_y (N/mm^2)	231
σ_u (N/mm^2)	327
Elongation (%)	61

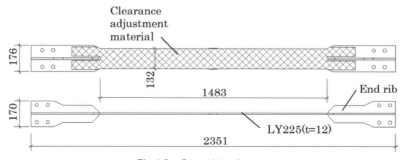

Fig.4.3 Core plate shape

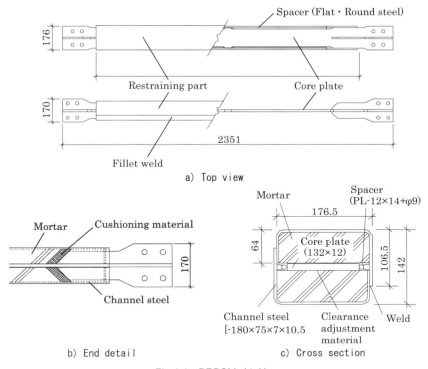

Fig.4.4　BRBSM（4-A）

タン製）を設け、溝形鋼にモルタルを打設する。

芯材の塑性化部の強軸方向に存在する芯材と溝形鋼の隙間に、平鋼（12mm×14mm）と丸鋼（φ9mm）をスペーサーとして拘束材に溶接で取り付ける。スペーサーは、高歪状態における強軸方向の変形を防止する役割も果たす。2つの鋼モルタル板で芯材を挟み込み、連続隅肉溶接により一体化する。

4.3.3　S試験体

S試験体の全体図、断面図、端部詳細図をFig.4.5に示す。拘束材は、施工性の良さから、SS400の溝形鋼と溝形鋼を接続する平鋼（以下、連結プレート）を組み合わせた形状とする。溝形鋼は断面寸法が規格により決められているため、性能評価下限式を逆算すると同時に、芯材の幅に合うものを選定する。

比較のため、BRBSM試験体と断面2次モーメントが同程度となるよう設計する。溝形鋼の断面形状を[-180×75×7×10.5とし、連結プレートを幅164mm、厚さ9mmとする。拘束力が最小となる高力ボルト孔位置でのRは、11.3である。

両試験体ともにRが6.0を大幅に超えているが、これはS試験体が高歪状態において芯材が局部変形するとき、溝形鋼のウェブ無補強部分に力が集中し、拘束材全体での座屈拘束が見込めないことを想定しているためである。

芯材の局部変形に伴う溝形鋼の変形を防ぐため、溝形鋼に等間隔でリブプレートを隅肉溶接により取り付け補強する。リブの間隔は、塑性化部の中央と端部に配置することを前提とし、施工性および製作管理上無理なく均等分割できる230mmとする。溝形鋼の端部には、芯材端部の補強リブを避けるため切れ込みを入れる。従ってこの部分の断面拘束力が弱くなるため、切れ込みの周りにもリブプレートを隅肉溶接で取り付け補強する。BRBSM試験体と同様に、溝形鋼にスペーサーを取り付け、拘束材で芯材を挟み込み、連結プレートと高力ボルトにより一体化する。

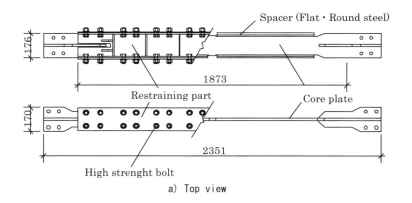

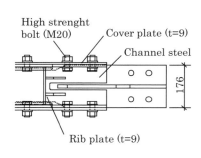

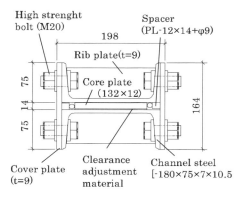

b) End detail　　　c) Cross section
Fig.4.5　S type（4-B）

4.4　試験体の製作比較

試験体に用いた材料の重量をFig.4.6に、製作に要する溶接長さと溶接時間をTable4.2に、試験体の寸法、重量の一覧をTable4.3に示す。BRBSMの溶接時間は13分、溶接長さは5827mm、総重量および拘束材の鋼重量は171kgと、54kgである。S試験体は、溶接時間が25分、溶接長さは11032mm、総重量は、225kgで拘束材の鋼重量は182kgである。

BRBSM試験体は拘束材が鋼モルタル板、S試験体は鋼材のみで構成されており、S試験体の総重量はBRBSM試験体の約1.3倍、拘束材の鋼重量は約3.4倍である。

溶接長さについて、BRBSM試験体は、2つの鋼モルタル板を一体化するときの隅肉溶接が長く、S試験体は拘束材の局部変形防止のための補強リブの隅肉溶接が長い。試験体1体に要する溶接長さは、S試験体の方が約2倍長い。

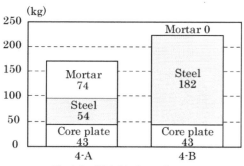

Fig.4.6　Weight of specimens

溶接時間は、溶接速度を450mm/minとして試験体1体にかかった時間である。S試験体の方が溶接長さが長く、溶接箇所も多いため、約2倍の時間がかかる。また、S試験体は64本の高力ボルト接合に最も時間がかかり、BRBSM試験体はモルタル打設や養生に最も時間がかかる。

Table 4.2 Weld length and welding time

a) 4-A

Parts	Size (mm)	Length (mm)	Place	Weld length (mm)
Spacer	4.0	40	20	800
Round steel bar	4.0	40	8	320
Integration	4.0	1873	2	3746
End plate	4.0	120	8	961
			Total	5827

Weld time (min)	13

b) 4-B

Parts	Size (mm)	Length (mm)	Place	Weld length (mm)
Restraining part rib (vertical)	5.0	612	14	8568
Restraining part rib (end part)	5.0	290	8	2320
Spacer	4.0	18	8	144
			Total	11032

Weld time (min)	25

Table 4.3 List of specimens

	Specimens	4-A	4-B
Core plate	Steel grade	LY225	
	Core plate length l_C (mm)	2351	
	Plastic zone length l_B (mm)	1483	
	Width (mm)	132	
	Thickness (mm)	12	
	Width thickness ratio	11.0	
Restrainig part	Restraing index $R(=P_E/P_y)$	11.1	11.3
	Steel weight (kg)	54	182
	Total weight (kg)	171	225

4.5 載荷計画

実験装置、載荷パターンは2章で述べた通り、芯材の降伏歪$1/3\varepsilon_y$から3.0%歪までの引張力と圧縮力の交番繰返し載荷とする。柱頭部はパンタグラフによる面外拘束を行い、45度の角度で試験体を設置する。3.0%歪を耐力低下あるいは引張破断するまで行う

4.6 復元力特性

各試験体の耐力低下までの履歴曲線P/P_y（P:軸方向荷重、P_y：降伏耐力）と軸歪ε（%）の関係をFig.4.7に、実験結果をTable4.4に、BRBSM試験体とS試験体の軸歪3.0%時の履歴曲線を1ループ毎に取り出し、Fig.4.8に示す。

4.6.1 BRBSM試験体

BRBSM試験体は、軸歪2.5%時までは紡錘形曲線の安定した復元力特性を示している。軸歪3.0%時から圧縮耐力が徐々に上昇し、やや紡錘形曲線が不安定な形となり、軸歪3.0%7回目の引張側載荷時に耐力が低下している。

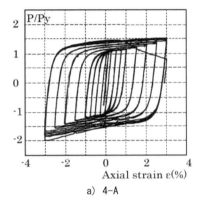

a) 4-A

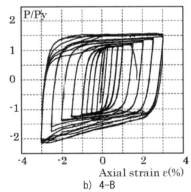

b) 4-B

Fig.4.7 P/P_y–ε relationships

4.6.2 S試験体

S試験体は軸歪2.0%時まで紡錘形曲線の安定した復元力特性を示している。軸歪2.5%圧縮載荷時に弱軸方向変形により、芯材と拘束材が接触し、摩擦による耐力上昇を生じ、軸歪3.0%時以降は紡錘形曲線が崩れ、3.0%歪7回目の引張側載荷時に引張破断している。

Table 4.4 Experimental results

Specimens	Final number of loading cycle	Failure mode	Maximum strength (kN)	
			Tension	Compression
4-A	7th tensible loading with 3.0% axial strain	Tension fracture	562	733
4-B			551	774

Table 4.5 Increase of compression-to-tension strength ratio by cross-sectional area expansion and contract

Axial strain (%)	0.50	0.75	1.00	1.50	2.00	2.50	3.00
Cross-sectional area expansion ratio at compression loading (%)	0.50	0.75	1.00	1.51	2.01	2.52	3.02
Cross sectional area expansion ratio at tensile loading (%)	0.50	0.75	1.00	1.49	1.99	2.48	2.98
Increase of proof ratio by cross-sectional area expansion (%)	1.00	1.50	2.00	3.00	4.00	5.00	6.00

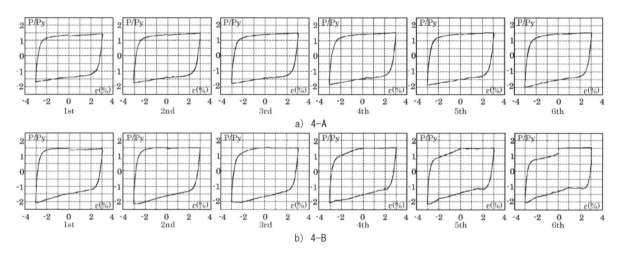

Fig.4.8 Hysteresis curves at axial strain 3.0%

4.6.3 両試験体の比較

両試験体とも軸歪2.0%までは安定した復元力特性を有している。高歪状態では、BRBSM試験体の方が、引張側と圧縮側で履歴曲線の差は少なく、安定した復元力特性を示している。

4.7 最終状態

載荷後、拘束材を除去し芯材の観察を行う。載荷終了時の試験体の状況をFig.4.9に、芯材破断箇所をFig.4.10に、芯材最終状態をFig.4.11に示す。

Fig.4.9 Loading completion status

a) 4-A

b) 4-B

Fig.4.10　Fracture point of core plate

a) 4-A (Number of buckling modes:16)

b) 4-B (Number of buckling modes:15)

Fig.4.11　Failure mode status

4.7.1　BRBSM試験体

芯材の中央に存在するずれ止めに応力が集中し、破断した。芯材に現れている座屈モード数は16である。座屈モードの波長は芯材の中央から両端部に向かい徐々に小さくなっている。拘束材のモルタルに圧壊は見られない。

4.7.2　S試験体

芯材上部に生じた局部変形箇所が3.0%歪の繰返し載荷により破断している。芯材に現れている座屈モード数は15である。芯材の局部変形により、拘束材も局部変形している。

4.8　圧縮引張耐力比

芯材の断面積は、引張載荷時に小さくなり、圧縮載荷時に大きくなる。軸方向の歪量に対して、幅、厚さ方向の歪量をともに0.5倍とする

と、断面積拡縮により圧縮引張耐力比α（圧縮耐力P_Cを引張耐力P_Tで除した値）はTable4.5のように軸歪に比例して増加する。Fig.4.12に両試験体の、軸歪0.5%から耐力低下する直前の軸歪3.0%6回目までの断面積変化によるαの増加分を含んだαと載荷履歴の関係を示す。

4.8.1　BRBSM試験体

Fig.4.12に示すように軸歪1.5%までは芯材の断面積変化によってαは緩やかに上昇し、軸歪2.0%以降はαの上昇する傾きが大きくなっている。これは、載荷歪量の増大に伴い、圧縮時の弱軸方向変形が大きくなることにより座屈モード数が増加し、徐々に芯材と拘束材の接触する摩擦箇所が多くなったためである。

芯材の塑性化部全体が均一に拘束されており、高歪下においても座屈モードを全体で拘束することが出来るため、αの上昇は比較的緩やかである。

α_{max}は、軸歪3.0%時の断面積拡縮によるαの増加分0.06を含めると、1.31である。

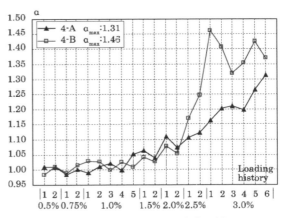

Fig.4.12　α-Load history relationship

4.8.2　S試験体

BRBSM試験体と同様に軸歪1.5%までは芯材の断面積拡縮によってαは緩やかに上昇し、軸歪2.0%以降はαの上昇する傾きが大きくなっている。

拘束材は、補強リブがある箇所とない箇所で

拘束力に差があり、軸歪2.5%の圧縮載荷時に補強リブのない拘束力の弱い箇所において局部変形を生じ、芯材の軸力が拘束材に伝わったため、圧縮耐力が急激に上昇している。

$α_{max}$は、軸歪3.0%時の断面積拡縮による$α$の増加分0.06を含めると、1.46である。

4.8.3 両試験体の比較

BRBは引張力と圧縮力に対して等しい軸力を負担することが求められるが、両試験体とも軸歪2.5%以上の高歪状態では、圧縮耐力が上昇し$α$は1.1を超える。

軸歪2.5%以降の高歪状態において、BRBSM試験体の$α$は徐々に上昇しているが、S試験体の$α$はばらつきながら上昇している。

$α_{max}$はS試験体のほうがBRBSM試験体より11%ほど大きい。

4.9 累積塑性歪エネルギー率

実験終了までに吸収した両試験体のE_t、$ω$の算出結果を性能評価としてTable4.6に、$ω$の比較をFig.4.13に、$ω$-R関係をFig.4.14に示す。$ω$を算出する際のP_yと$δ_y$は素材試験より求めた計算値である。

各歪時における両試験体の$ω$は概ね一致しており、実験終了時の$ω$を比較すると、BRBSM試験体は1289、S試験体は1347とS試験体の方が4.5%ほど大きい。これは高歪状態でのS試験体の圧縮耐力がBRBSM試験体より大きいためである。

両試験体ともに性能評価下限式$ω=150×R$を下回っているが、これはBRBSM試験体、S試験体のRがそれぞれ11.1、11.3と局部変形により耐力低下する適用範囲の上限値より大きいことによる。

両試験体の$ω$は1300前後で、十分なエネルギー吸収をした後、引張破断をしている。引張破断では$ω$が900以上となることとも一致する。

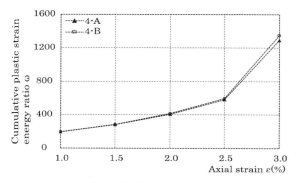

Fig.4.13　Comparison of ω

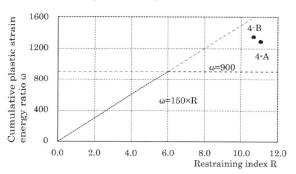

Fig.4.14　ω-R relationship

Table 4.6　Evaluation of energy absorption performance

Specimens	E_t (kN·m)	Cumulative plastic strain energy ratio ω				
		Axial srrain 1.0%	Axial srrain 1.5%	Axial srrain 2.0%	Axial srrain 2.5%	At the end of loading
4-A	948	192	279	407	580	1289
4-B	976	197	286	416	596	1347

4.10 結

拘束材に鋼モルタル板を用いたBRBSM試験体と鋼材のみを用いたS試験体を製作し、引張力と圧縮力の交番繰返し載荷実験を行い、以下の知見を得た。

(1) 両試験体の芯材と、拘束指標Rを同じ条件で設計した。ただし、S試験体の総重量、拘束材の鋼重量はそれぞれBRBSM試験体の1.3倍、3.4倍である。
(2) 両試験体は、軸歪2.0%まで安定した復元力特性を有する。ただし、BRBSM試験体は軸歪3.0%まで概ね安定した復元力特性を示すが、S試験体は芯材の局部変形の進行に伴い、軸歪2.5%時よりやや不安定な紡錘形曲線となる。
(3) 両試験体の最終状態を比較すると、BRBSM試験体は、芯材の中央に存在するずれ止めに応力が集中し、破断した。S試験体は、芯材上部の変形箇所が繰返しにより破断した。
(4) 両試験体とも圧縮側の耐力の方が引張側の耐力より大きい。ただし、S試験体は軸歪2.5%時に局部変形を生じたため、圧縮引張耐力比aはばらつきながら上昇し、圧縮引張耐力比はBRBSM試験体より11%ほど大きい。
(5) エネルギー吸収性能は両試験体に大きな差はない。

引用・参考文献
1) 鋼モルタル板あるいは鋼材を拘束材に用いた座屈拘束ブレースの比較実験 (COMPARISON TESTS OF BUCKLING-RESTRAINED BRACES USING STEEL MORTAL PLANKS OR STEELS ONLY)、小川健、村井正敏、前田親範、岩田衛（日本建築学会技術報告集、第33号、pp.517-521、2010.6）

第5章
BRBSMの断面ディテールによる影響

5.1 序

BRBSMにおいて、芯材の断面積および幅厚比と拘束材の断面2次モーメント等を変化させた様々な試験体について、静的な引張力と圧縮力の軸方向繰返し載荷実験を行い、Fig.5.1に示すような累積塑性歪エネルギー率ωと拘束指標R（$=P_E/P_y$）との間の下限値において（5.1）式に示す線形的な関係を見出し、これを性能評価の下限式とした設計法の提案を行っている。

$$\omega = 150 \times R \qquad (5.1)$$

ここでωはFig.5.2に示すように、累積塑性歪エネルギーE_tを、芯材の降伏耐力P_yと弾性限界変形量δ_yとの積で除して、無次元化したパラメータである。

（5.1）式を用いた設計法の概要は次のようである。BRBSMを適用する建築物の用途、骨組形式、スパンの決定に伴い、その構造物に要求される剛性と耐力が設定されると、芯材寸法（板厚、幅、断面積、長さ、および鋼種からP_yとδ_y）が決定される。次に、累積塑性変形倍率あるいはE_tそのものの要求性能からωを設定し、Rを決定する。更にP_Eは、（5.1）式の逆算により（5.2）式となる。

$$P_E = \frac{\omega P_y}{150} \qquad (5.2)$$

（5.2）式で導いたP_Eをオイラー座屈荷重式で展開すると、拘束材に必要な断面2次モーメントIは（5.3）式となる。

$$I = \frac{P_E l^2}{\pi^2 E} \qquad (5.3)$$

算出されたIの値から、鋼モルタル板寸法を芯材寸法に留意して決定する。以上の手順によりBRBSMを設計することができる。

しかしながら、（5.1）式は、芯材弱軸方向の局部変形により耐力が低下した試験体のみに着目し、得られたものである。一方、芯材が強軸方向変形および引張破断によって、実験を終了した試験体は（5.1）式で示すωを大きく上

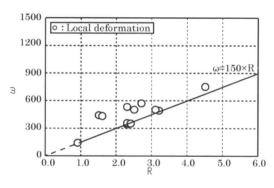

Fig.5.1 ω-R relationship

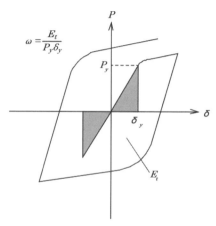

Fig.5.2 ω calculation concept diagram

回り、BRBSMの性能評価としては安全側である。しかし、主体構造に対して強軸方向変形は、BRBSMの接合部となる柱梁接合部や梁中央部に想定外の損傷を与える。また、芯材の引張破断は、急な耐力低下を起すことが考えられる。

また、BRBSMを構成する要素には、芯材と鋼モルタル板のほかに、クリアランス調整材と丸鋼がある。これらは、芯材の弱軸方向および強軸方向に関与しているにも拘わらず、設計法で触れられていない。この点について十分な検討を行う必要がある。

BRBSMが制振部材として用いられる場合を考え、想定外の損傷および急な耐力低下を起すことなく、安定した復元力特性を有する断面ディテールを考察する。このため、BRBSMのパラメータとして、芯材と拘束材および断面ディテールを変化させた試験体を製作し、引張力と圧縮力の軸方向繰返し載荷実験を行う。これらが復元力特性、終局状態、芯材最終状態、累積塑性歪エネルギーに与える影響を明らかにするとともに、得られた結果の比較検討から、BRBSMのディテールと性能評価下限式の検証を行い、その厳密な適用範囲を定める。

5.2 試験体

BRBSMの試験体形状をFig.5.3に示す。平面図と側面図はFig.5.3（a）、（b）に示す。芯材端部には補強リブを取り付け、断面形状を十字とする。また、Fig.5.3（c）に示すように、2つの鋼モルタル板は隅肉溶接され一体になり、拘束材となる。この時、芯材と鋼モルタル板の間にクリアランス調整材を挟むことより、芯材弱軸方向において、芯材と拘束材のモルタルとの間にクリアランスが設けられる。芯材の強軸方向には丸鋼を配置することで、芯材と拘束材との隙間を充填する。また、Fig.5.3（d）に示すように鋼モルタル板の端部には、モルタルの代わりにクッション材（ウレタン製）を充填し、圧縮載荷時に補強リブがモルタルに直接接触しないようにしている。

全ての試験体の芯材の材質はSN400B、鋼モルタル板の溝形鋼の材質はSS400、板厚は3.2mmとする。

試験体一覧をTable5.1に、芯材の機械的性質をTable5.2に示す。

Table 5.1中の拘束材高さHの実測値は拘束材の両端部と中央部の3箇所を実測した平均値である。芯材の降伏耐力P_yは、Table 5.2に示す降伏応力度に断面積を乗じて算出する。拘束材の断面2次モーメントIおよびオイラー座屈荷

Table 5.1　List of specimens

Type	Specimens	Core Plate					Steel mortar plank				Restraining index R	Sectional detail	
		Steel grade	Dimension (mm)	Cross section area (mm^2)	Width-thickness ratio	P_y (kN)	Height (mm)	Width (mm)	I×10^4 (mm^4)	P_E (kN)		Clearance adjustment material (%)	Round steel bar (mm)
B	5-A	3	16×176	2816	11.0	794	206.4	118.0	2787	2309	2.9	6.3	φ10
	5-B	2	16×176	2816	11.0	763	206.4	158.4	6718	4753	6.2	6.3	φ11
	5-C	1	16×156	1872	13.0	539	186.4	127.0	3446	2554	4.7	8.3	φ9
	5-D	5	16×132	2904	6.0	815	162.4	114.0	1674	1702	2.1	4.5	φ11
	5-E	4	16×64	1024	4.0	310	94.4	78.0	358	424	1.4	6.3	φ11
C	5-F	2	16×176	2816	11.0	763	206.4	118.0	2652	2223	2.9	0.0	φ9
	5-G	2	16×176	2816	11.0	763	206.4	122.0	3070	2487	3.3	18.8	φ9
	5-H	3	16×176	2816	11.0	794	206.4	118.2	2665	2232	2.8	0.6	φ10
	5-I	5	16×132	2904	6.0	815	162.4	116.0	1765	1770	2.2	9.1	φ11
S	5-J	3	16×176	2816	11.0	794	206.4	118.0	2787	2309	2.9	6.3	-
	5-K	3	16×176	2816	11.0	794	190.8	120.0	2708	2246	2.8	6.3	-
	5-L	3	16×64	1024	4.0	289	78.8	108.0	800	837	2.9	6.3	-

Table 5.2 Material tests

Steel grade	Yield stress σ_y (N/mm^2)	Tensile strength σ_u (N/mm^2)	Yield ratio (%)	Elon-gation (%)	Yield strain (%)
1	288	449	64.2	32.3	0.141
2	271	423	64.0	32.8	0.132
3	282	444	63.4	29.5	0.137
4	303	435	69.5	33.3	0.148
5	281	465	60.4	30.8	0.137

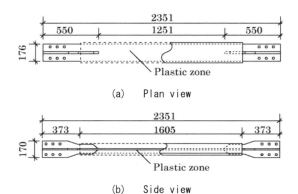
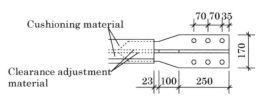
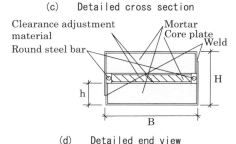

Fig.5.3 Specimen shape

重P_Eは2つの鋼モルタル板が一体となった拘束材から算出する。

P_Eの算出にあたってはモルタルの寄与を考慮し、(5.4)式に示すオイラー座屈荷重式を用いる。

$$P_E = \frac{\pi^2 \cdot E \cdot I}{l^2} = \frac{\pi^2}{l^2}(E_s \cdot I_s + E_m \cdot I_m) \quad (5.4)$$

ここに、E_sは2.05×10^5N/mm^2、I_sは鋼板の断面2次モーメント、E_mは$2.05\times10^5\div20$N/mm^2、I_mはモルタルの断面2次モーメント。

また、モルタルのヤング係数E_mは、鋼板のヤング係数E_sを20で除したものとし、座屈長さは試験体長さ（l=2351mm）を用いて算出する。

5.2.1 試験体パラメータ

試験体は計12体とする。芯材および拘束材を変化させたBタイプと、断面ディテールに関与するクリアランス調整材と丸鋼を、それぞれ変化させたCタイプとSタイプの3タイプとする。

1) Bタイプ

Bタイプは、性能評価下限式を検証するため、芯材および拘束材を変化させた計5体の試験体である。芯材は、厚さを12、16、22mmに設定し、Fig.5.3(a)、(b)に示した芯材塑性化領域の幅寸法を変化させ、芯材幅厚比を13.0 (PL156×12mm)、11.0 (PL176×16mm)、6.0 (PL132×22mm)、4.0 (PL-64×16mm) とする。拘束材は、拘束力の指標であるRを6.2 (13.4) から1.4 (2.9) の範囲で設定する。

2) Cタイプ

Cタイプは、断面ディテールにおける芯材弱軸方向のクリアランス調整材によるクリアランスの影響を確認するため、クリアランス調整材のない試験体、クリアランス調整材厚0.1mm（芯材厚に対して、0.6%）の試験体、クリアランス調整材厚2mm（9.1%）と3mm（18.8%）の計4体の試験体を設定する。更に、これらとBタイプ（クリアランス調整材厚1mmの試験体）と比較を行い、クリアランス調整材によるクリアランスの有用性を明確にし、芯材厚に対して有効なクリアランス調整材厚を検証する。

3) Sタイプ

Sタイプは、断面ディテールにおける芯材強軸方向の丸鋼の有用性を確認するため、試験体の断面を、Fig.5.4(a)に示す丸鋼を除いた12mmの隙間がある試験体と、Fig.5.4(b)、

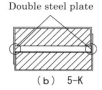

Fig.5.4 Detailed cross sections of S type

（c）に示す拘束材の鋼板を二重に被せ、芯材強軸方向の隙間を無くした計3体の試験体を設定する。更に、これらとBタイプ（丸鋼を配置した試験体）との比較を行い、芯材強軸方向の隙間および、二重に被せた鋼板と丸鋼の影響を明確にする。

5.3 載荷計画

実験モデルは、ブレースの組み込まれた中小建築物が水平力を受け、せん断変形した場合を想定する。詳細は2章で述べた通りである。層間変形角1/200rad相当の芯材の軸歪は0.5%となり、層間変形角1/100rad相当の芯材の軸歪は1.0%である。

1000kN水平アクチュエータを用いて載荷する。載荷は既往の載荷パターンに基づき歪量を与える。載荷パターンは2章で述べたように、既往の実験通り行い、軸歪3.0 %載荷は試験体の耐力が低下するまで繰返し行う。

5.4 実験結果

各試験体の載荷履歴および終局状態と最大耐力をTable5.3に、P/P_yとεの関係を引張側が正としてFig.5.5にまとめる。

なお、5-B、5-H、5-J試験体は、高歪状態において芯材の強軸方向に大きく変形が進み、実験装置への影響を考え、耐力低下が認められない状態で載荷を終了した。

載荷終了後、試験体から拘束材を除去し、芯材の観察を行った。Fig.5.6に各試験体の芯材最終状態を示す。

5.5 復元力特性

Table5.4に芯材の軸歪1.0%時における耐力を、降伏耐力で除して、無次元化した$P_{T1.0}/P_y$と$P_{C1.0}/P_y$および圧縮引張耐力比$\alpha_{1.0}$（＝$P_{C1.0}/P_{T1.0}$）を算出し、実験経過における最大圧縮引張耐力比αも示す。

Table 5.3 Loading process

Specimens	Axial strain ε (%)	Times	Failure mode status	Maximum strength (kN)	
				P_T	P_C
5-A	3.0	4	Local deformation	1151.2	1298.3
5-B	3.0	4	Strong axis deformation	1110.6	1255.4
5-C	3.0	2	Local deformation	756.6	853.3
5-D	3.0	2	Local deformation	1225.1	1311.1
5-E	3.0	9	Tension fractur	424.5	469.4
5-F	3.0	7	Local deformation	1197.1	1388.5
5-G	2.5		Local deformation	1077.1	1096.9
5-H	3.0	3	Strong axis deformation	1179.8	1327.0
5-I	3.0	2	Local deformation	1217.9	1286.3
5-J	2.5	1	Strong axis deformation	1050.1	1147.0
5-K	3.0	3	Local deformation	1133.1	1271.6
5-L	3.0	10	Tension fractur	426.0	531.5

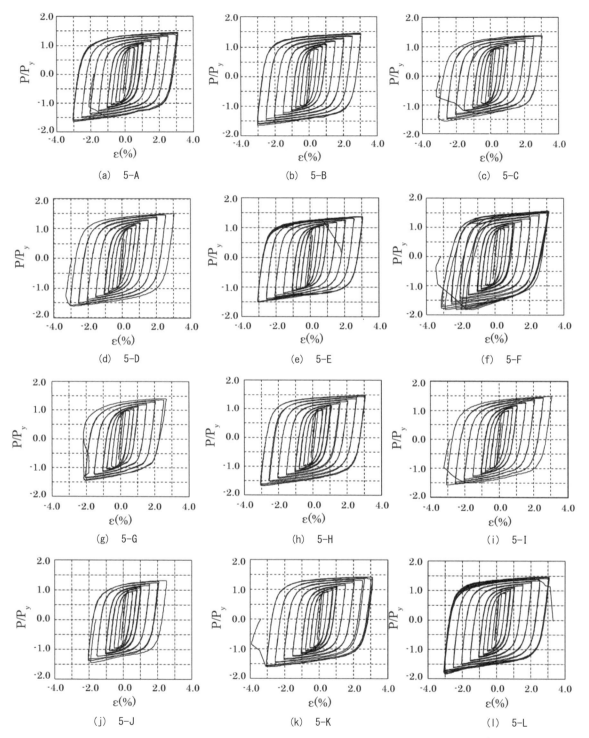

Fig.5.5 P/P_y-ε relationships

第5章　BRBSMの断面ディテールによる影響

Table 5.4　Strength increase rate

Specimens	Yield strength P_y (kN)	Strength at 1.0% axial strain					Maximum strength		
		$P_{T1.0}$ (kN)	$P_{C1.0}$ (kN)	$P_{T1.0}/P_y$	$P_{C1.0}/P_y$	$\alpha_{1.0}$	P_T (kN)	P_C (kN)	α
5-A	794	883	917	1.11	1.15	1.04	1151	1298	1.13
5-B	761	851	889	1.12	1.17	1.05	1111	1255	1.13
5-C	539	592	601	1.10	1.11	1.02	757	853	1.13
5-D	815	974	999	1.19	1.23	1.03	1225	1311	1.07
5-E	310	347	350	1.12	1.13	1.01	425	469	1.11
5-F	761	885	912	1.16	1.20	1.03	1197	1389	1.16
5-G	761	871	862	1.14	1.13	0.99	1077	1097	1.02
5-H	794	914	943	1.15	1.19	1.03	1180	1327	1.12
5-I	815	968	974	1.19	1.19	1.01	1218	1286	1.06
5-J	794	893	912	1.12	1.15	1.02	1050	1147	1.09
5-K	794	881	913	1.11	1.15	1.04	1133	1272	1.12
5-L	289	328	366	1.14	1.27	1.12	426	532	1.25

(a)　Local deformation mode　(5-A)

(b)　Strong axis direction deformation　(5-J)

(c)　Tension fracture　(5-E)

Fig.5.6　Failure mode status of core plate

B、C、Sタイプの各試験体ともに、芯材の軸歪2.0%時まで安定した紡錘形の復元力特性を示す（Fig.5.5）。各試験体の$P_{T1.0}/P_y$と$P_{C1.0}/P_y$は1.10から1.27となり、5-L試験体を除いて$\alpha_{1.0}$は0.99から1.05であり、芯材の軸歪1.0%時（層間変形角1/100rad相当）においては、極めて安定した復元力特性を示す。また、αにおいては圧縮耐力が1割ほど高くなっている。これは圧縮力を受ける場合、芯材は拘束材の内部において座屈モードを示すことから、モルタルと複数点で接しており、これに伴う摩擦力が影響している。

5-F、5-L試験体のαは1.16と1.25となり、他の試験体より高くなっている。5-F試験体はクリアランス調整材によるクリアランスがないため、芯材と拘束材のモルタルとの接触により摩擦が発生し、耐力が高くなる。また、その摩擦力によって不安定な復元力特性（Fig.5.5（f））を示している。5-L試験体は丸鋼を除き拘束材の鋼板を二重に被せ、芯材強軸方向に隙間のない試験体（Fig.5.4（c））である。この試験体の芯材最終状態（Fig.5.6（c））は、強軸方向変形を起したことから、芯材が強軸方向変形した際に、拘束材の鋼板と接触したため、耐力が高くなっている。

クリアランス調整材厚3mm（18.8%）の5-G試験体は、$\alpha_{1.0}$とαがそれぞれ0.99と1.02という最も安定した復元力特性（Fig.5.5（g））を示す。また、丸鋼を配置することで、芯材と拘束材の隙間を充填した5-E試験体は、5-L試験体と同様の終局状態（Fig.5.9（e）、（d））を示したにも拘らず、$\alpha_{1.0}$とαはそれぞれ、1.01と1.11という安定した復元力特性（Fig.5.6（e））を示している。以上から、クリアランス調整材によるクリアランスと、丸鋼の配置による隙間の充填が、安定した復元力特性を導くことが分かる。

5.6 最終状態

終局状態において、局部変形を起こし、耐力が低下した試験体の芯材最終状態は、芯材塑性化領域において高次の座屈モード（Fig.5.6 (a)）を示しており、その局部変形箇所は、いずれも芯材塑性化領域の端部である。この原因は、鋼モルタル板の端部にはモルタルの代りにクッション材を充填しており（Fig.5.3 (d)）、他の箇所よりも拘束力が小さいためである。この局部変形は芯材幅厚比が6.0以上且つ、Rが4.7以下の試験体に共通している。

終局状態において、芯材の強軸方向に大きく変形が進んだ5-B、5-F、5-J試験体の、芯材最終状態は強軸方向にS字変形（Fig.5.6 (b)）している。5-B試験体はRが6.2と大きく、芯材弱軸方向の拘束力が大き過ぎたため、芯材が強軸方向へ変形している。5-H試験体はクリアランス調整材厚0.1mm（0.6%）であるが、芯材と拘束材のモルタルとの摩擦による耐力の上昇は確認できない。しかし、そのクリアランスは芯材厚に対し、小さ過ぎたため、芯材は弱軸方向に変形できず、強軸方向へ変形している。5-J試験体は芯材強軸方向の丸鋼を除いた12mmの隙間（Fig.5.4 (a)）があるため、芯材は強軸方向に変形している。

終局状態において強軸方向変形が観察でき、芯材最終状態では中央部付近で引張破断し、強軸方向変形（Fig.5.6 (c)）が確認できた5-E、5-L試験体には、拘束力を示すRによる差異は見られず、芯材幅厚比が4.0であることが共通している。

5.7 性能評価

BRBSMの性能評価は、先に述べた累積塑性歪エネルギー率ωにより行う。また、これに伴う累積塑性歪エネルギーE_tの加算は、載荷開始から試験体の耐力低下時までとする。なお、耐力低下が認められない試験体については、参考値として載荷終了時までを加算する。算出したE_tとωおよび拘束指標R、芯材幅厚比、クリアランス調整材、丸鋼をTable5.5に示す。Fig.5.7にωとRの関係を示し、BRBSMの性能評価下限式として提案した（5.1）式も併記する。

Fig.5.7において、局部変形（Fig.5.6 (a)）を起した試験体で、（5.1）式より下に位置するのは、芯材幅厚比が13.0の5-C試験体とクリアランス調整材によるクリアランスが3mm（18.8%）の5-G試験体である。また、局部変形を起こし

Table 5.5 Performance evaluation

Specimens	E_t (kN·m)	ω	Restraining index R	Width-thickness ratio	Clearance adjustment material (%)	Round steel bar (mm)
5-A	1232.3	731.8	2.9	11	6.3	φ10
5-B	1159.4	721.9	6.2	11	6.3	φ11
5-C	630.2	511.1	4.7	13	8.3	φ9
5-D	947.2	503.6	2.1	6	4.5	φ11
5-E	716.3	974.1	1.4	4	6.3	φ11
5-F	1580.7	974.6	2.9	11	-	φ9
5-G	647.8	399.4	3.3	11	18.8	φ9
5-H	1145.8	652.6	2.8	11	0.6	φ10
5-I	931.1	495	2.2	6	9.1	φ11
5-J	575.7	327.9	2.9	11	6.3	-
5-K	1121	638.5	2.8	11	6.3	φ11
5-L	777.6	1271.7	2.9	4	6.3	-

第5章 BRBSMの断面ディテールによる影響　　83

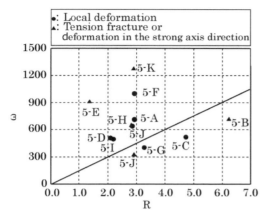

Fig.5.7　ω-R relationship

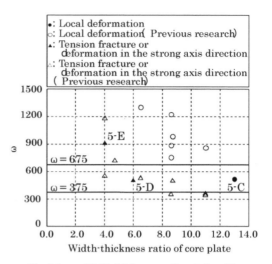

Fig.5.8　ω-Width-thickness ratio relationship

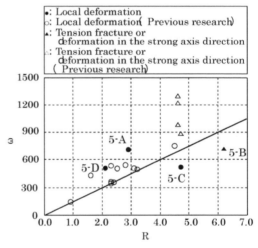

Fig.5.9　ω-R relationship

たにも拘わらず（5.1）式より2倍程高いωを示した5-F試験体は、クリアランス調整材によるクリアランスがないため、芯材と拘束材のモルタルが接触し、摩擦が発生した結果である。

強軸方向に大きく変形（Fig.5.6（b））が進んだ5-B、5-J試験体のωは、耐力低下が認められない状態での参考値であるため、（5.1）式より下に位置している。

芯材最終状態において引張破断（Fig.5.6（c））した5-E、5-L試験体のωは、（5.1）式を3倍程上回っている。既往の研究においても、芯材最終状態において引張破断した試験体のωは、性能評価下限式を上回っており、同様な結果を得ている。

5.8　断面ディテールの影響

B、C、Sタイプの実験結果を比較検討し、芯材および拘束材と、断面ディテールであるクリアランス調整材と丸鋼の有用性を明確にする。また、これらの有効な適応範囲について検証する。

5.8.1　芯材幅厚比と拘束指標の関係

Fig.5.8にRが2.5および4.5程度の試験体についてωと芯材幅厚比の関係をまとめ、BRBSMの性能評価下限式として提案した（5.1）式が示すω=375（R=2.5）、675（R=4.5）も併記する。Fig.5.9には、Bタイプにおける芯材幅厚比6.0以上の試験体についてのωとRの関係に（5.1）式を併記する。

Fig.5.8より、芯材幅厚比の減少に伴いωは増加し、図中の性能評価下限式（ω=375、675）を上回っている。Rが2.5程度の試験体については、芯材が強軸方向変形あるいは引張破断を起すとωは550以上になる。また、その試験体の芯材幅厚比は4.0および4.5であり、5-E試験体についてはRを1.4と低く設定したが、局部変形（Fig.5.6（a））を起すことなく引張破断を起し、（5.1）式を3倍程上回るωを示す。Rが4.5程度の試験体については、芯材が強軸方向変形あ

るいは引張破断を起こすとωは850以上になる。芯材幅厚比13.0の5-C試験体はω=675の性能評価下限式より下に位置しており、芯材幅厚比の増減によるωへの影響を考えると、芯材幅厚比13.0はBRBSMに適用し難い。

Fig5.9より、BRBSMの性能評価下限式として提案された（5.1）式は、Rが4.5より大きくなると成立しない。その原因は、芯材弱軸方向の拘束力が大き過ぎるため、芯材は局部変形を起さず、強軸方向変形あるいは引張破断を起すからである。Rが4.5より大きくて（5.1）式より下に位置する5-C試験体は、局部変形を起したが、芯材幅厚比が13.0であり、BRBSMの芯材として薄過ぎたため、局部変形への進行が早くなっている。加えて5-B試験体は、強軸方向に大きく変形（Fig.5.6（b））が進んだため、耐力低下が認められない状態での参考値であることから（5.1）式より下に位置している。

以上より、芯材幅厚比が11.0より大きくなると（5.1）式を満たすことは難しい。また、芯村幅厚比4.0の芯材最終状態は、既往の研究においても、強軸方向変形あるいは引張破断を起す結果となっており、BRBSMの適用範囲とし難い。Rが4.5より大きくなると、芯材弱軸方向に対して拘束力が大き過ぎることから、芯材の塑性変形は、強軸方向に進行する。

5.9 クリアランス調整材の有用性

CタイプとBタイプの5-Aおよび5-D試験体を比較し、クリアランス調整材の有用性をまとめる。

クリアランス調整材によるクリアランスのない5-F試験体は、芯材と拘束材のモルタルとの間に発生した摩擦力によって、軸力が拘束材にも伝わってしまい、復元力特性が安定しない（Fig.5.5（f））。これに比べて、クリアランス調整材厚3mm（18.8%）によるクリアランスの5-G試験体は、Table5.4においてαが1.02と、極めて安定した復元力特性（Fig.5.5（g））を示しているが、そのωは性能評価下限式を満足できない。クリアランスが大きい場合、芯材の塑性変形は進行が早く、座屈による変形が大きく現れることが知られており、この5-G試験体と、クリアランス調整材厚1mm（6.3%）の5-A試験体の芯材最終状態（Fig.5.12（a）、（b））を比較すると、これが起因したことが分かる。

Fig.5.5（f）、（h）の比較から、クリアランス調整材厚0.1mm（0.6%）によるクリアランスの5-H試験体は、クリアランス調整材のない5-F試験体のように、芯材と拘束材のモルタルとの間に摩擦の発生は確認できない。しかし、クリアランス調整材厚0.1mm（0.6%）ではクリアランスが小さいため、芯材の塑性変形は、弱軸方向ではなく強軸方向に進行する。

芯材幅厚比6.0の5-Dと5-I試験体の性能には差がなく、復元力特性も安定している。しかし、芯材最終状態を比較すると、クリアランス調整材厚1mm（4.5%）の5-D試験体には、芯材最終状態において、強軸方向変形が観察されたのに対し、クリアランス調整材厚2mm（9.1%）によるクリアランスの5-I試験体には、強軸方向変形は見られない。

以上より、クリアランス調整材によるクリアランスは、芯材と拘束材のモルタルとの摩擦の発生を抑え、BRBSMに伝えられた軸力を、拘束材に伝えない明確な効果がある。また、芯材の変形方向と、その大きさにも作用することから、芯材の厚さによって、クリアランス調整材厚を変化させ、クリアランスを調整する必要がある。

5.10 丸鋼の有用性

SタイプとBタイプの5-Aおよび5-E試験体を比較し、丸鋼の有用性をまとめ、芯材強軸方向のディテールを検討する。

丸鋼を除いた5-J試験体（Fig.5.4（a））は、芯材の強軸方向に12mmの隙間がある。このため、強軸方向に大きく変形（Fig.5.6（b））が進んだ。しかし、丸鋼を除き、拘束材の鋼板を二重に被せ、芯材の強軸方向に隙間がない5-K試験体（Fig.5.4（b））は、芯材弱軸方向の局部変形を起しており、丸鋼の配置により隙間を

充填した5-A試験体と、同様の終局状態を示し、ωも近似している。このことから、芯材の強軸方向変形の拘束に関して、丸鋼を用いることと、拘束材の鋼板を二重にすることは有用であり、強軸方向の隙間は充填する必要がある。

丸鋼の配置により隙間を充填した5-E試験体と、丸鋼を除き、拘束材の鋼板を二重に被せ、隙間のない5-L試験体（Fig.5.4（c））の終局状態および芯材最終状態は同様（Fig.5.6（c））であるが、復元力特性の安定性に差が見られた（Fig.5.5（e）、（l））。5-E試験体は、Table5.4において$α_{1.0}$とαが1.01と1.11であるのに対し、5-L試験体は1.12と1.25となり、引張耐力と圧縮耐力の差が大きく復元力特性が安定しない。このことから、丸鋼の配置により芯材強軸方向の隙間を充填することは、BRBSMが強軸方向変形を起こした場合、復元力特性を安定させる効果がある。

5.11 結

BRBSMが制振部材として安定した性能を示すよう、芯材と拘束材および断面ディテールを変化させた試験体を製作し、引張力と圧縮力の軸方向繰返し載荷実験を行った。性能を確認するとともに、復元力特性、終局状態、芯材最終状態、累積塑性歪エネルギーについて分析を行い、以下の知見を得た。

(1) 芯材幅厚比4.0の最終状態は拘束指標Rの値に関らず、強軸方向変形あるいは引張破断を起す。芯材幅厚比13.0は弱軸方向への局部変形の進行が早く、性能を満足しない。以上から、安定した復元力特性および終局状態となり、性能評価下限式を満足する芯材幅厚比の適用範囲は、6.0から11.0とする。

(2) 弱軸方向の拘束力が芯材の降伏耐力に対して大き過ぎる時（拘束指標Rが4.5より大きい）、芯材は弱軸方向に局部変形せず、強軸方向変形あるいは引張破断を起す。このため、性能評価下限式の線形関係は成立しない。よって、拘束指標Rの適用範囲は1.0から4.5とする。

(3) クリアランス調整材の有用性は、芯材と拘束材のモルタルとの摩擦力の発生を抑え、復元力特性を安定させる。クリアランス調整材厚は、芯材厚の6%から10%未満の範囲で設定する必要がある。クリアランス調整材が芯材厚に対して薄過ぎると、芯材は強軸方向変形を起し、厚いと、弱軸方向への塑性変形の進行が早まり性能が低下する。

(4) 芯材強軸方向の隙間に配置した丸鋼の有用性は、芯材の強軸方向変形を拘束する効果がある。また、それにも拘らず、芯材が強軸方向変形した場合には、復元力特性を安定させる。

引用・参考文献

1) 鋼モルタル板を用いた座屈拘束ブレースの実験的研究 -その2 製作簡易化と芯材幅厚比の変化-（EXPERIMENTAL STUDY ON BUCKLING-RESTRAINED BRACES USING STEEL MORTAR PLANKS : -Part 2 Simplified fabrication and core plate width-thickness ratio-)、小林史興、村井正敏、和泉田洋次、岩田衛（日本建築学会構造系論文集、第586号、pp.187-193、2004.12）

2) 鋼モルタル板を用いた座屈拘束ブレースの実験的研究 -その3 芯材の座屈挙動-（EXPERIMENTAL STUDY ON BUCKLING-RESTRAINED BRACES USING STEEL MORTAR PLANKS :-Part 3 Buckling behavior of the core plate-)、岩田衛、村瀬亮、和泉田洋次、村井正敏（日本建築学会構造系論文集、第611号、pp.133-139、2007.1）

3) 鋼モルタル板を用いた座屈拘束ブレースの実験的研究 -その4 芯材幅厚比と拘束力および断面ディテールの影響-（EXPERIMENTAL STUDY ON BUCKLING-RESTRAINED BRACES USING STEEL MORTAR PLANKS : -Part 4 Effects on core plate width-thickness ratio, restraining force and cross section details-)、村瀬亮、村井正敏、岩田衛（日本建築学会構造系論文集、第620号、pp.117-124、2007.10）

第6章
BRBSMの芯材による影響

6.1 序

芯材の両面にクリアランス調整材を設け、クリアランスを確保し、芯材を鋼モルタル板で挟み込み、隅肉溶接により一体化したBRBSMについて、芯材、拘束材のパラメータを変化させた多くの実験を行ってきた。

得られた実験結果をもとに、BRBSMの終局状態は、芯材が弱軸方向に局部的に変形した状態である弱軸局部変形、芯材が強軸方向に変形した状態である強軸変形、芯材が破断した状態である引張破断、芯材と拘束材が弱軸回りに座屈を起こした状態である部材座屈の4タイプに分類することができる。このうち、弱軸局部変形に着目し、性能の下限値として、累積塑性歪エネルギー率ωと、拘束力の指標R（$=P_E/P_y$）との間に（6.1）式に示す性能評価の下限式を定めている。

$$\omega = 150 \times R \quad (6.1)$$

既往の実験結果と（6.1）式による性能評価下限式との関係をFig.6.1に示す。この中で、a試験体はクリアランスが芯材厚に対して大きいため、性能を満たしていない。b試験体は幅厚比が13.0であるため、弱軸局部変形が早期に進行し性能が低下している。c試験体は芯材端部リブおよび接合部剛性が低かったため、接合部付近が局部変形している。

Rが1.0以下の試験体では、終局状態が部材座屈の場合と弱軸局部変形の場合がある。この

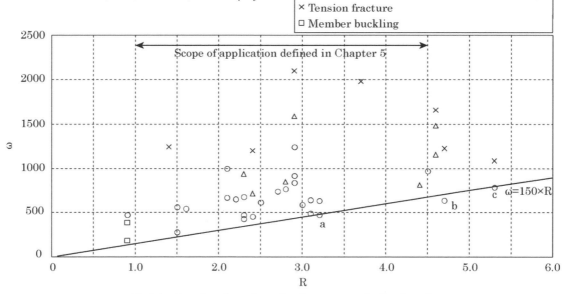

Fig.6.1　Experiment results and performance evaluation formula

ことから、R=1.0を弱軸局部変形と部材座屈の境界であるとした。また、引張破断を起こした試験体については全てωが1000を超えている。しかし、Fig.6.1の結果は、Fig.6.2に示す芯材長さl_Bに対する塑性化部長さl_Cの比率（以下、塑性化部長さ比l_C/l_B）を53%とし、拘束材長さl_Sを1605mmとした試験体について行った実験結果であり、BRBSMの長さに関するプロポーションを変化させたものではない。

倉庫などの一般的に階高の大きい建築物ではBRBSMが長くなり、l_C/l_Bは大きい場合80%近くになることが想定される。

一方で高層ビルなどの建築物に対して、l_C/l_Bは30%程度に小さくなることが想定され、実物件において、l_C/l_Bはかなりの幅をもって使用されることになる。BRBSMを汎用性のある制振部材として使用するため、様々なl_C/l_Bに対する性能評価下限式（6.1）の適用性を検証することが必要である。

6.2 実験計画

性能評価下限式をもとにBRBSMの性能に影響を及ぼす因子である拘束力、芯材幅厚比、クリアランスと、強軸方向の変形を防ぐ丸鋼をパラメータとした試験体について検証した（5章参照）。ここでは急激な耐力低下を及ぼす引張破断や、主体構造または外装材に損傷を与える恐れのある強軸変形を起こさず、弱軸局部変形を起こすような各パラメータの設計時の適用範囲を定めた。すなわち、BRBSMが弱軸方向に局部変形し、安定した履歴曲線を描く範囲は、幅厚比が6.0から11.0、芯材の厚さに対するクリアランスの比が6%から10%、Rが1.0から4.5の範囲であると定めた。丸鋼は強軸方向への変形を防ぐ効果があることも分かっている。

試験体の設定として、BRBSMのl_C/l_Bを変化させる。l_C/l_Bを変化させる一つの方法として、端部リブ長さを一定とし、芯材長さを変えることによりl_C/l_Bを変えるパターンを設定する。

また、l_C/l_Bを小さくした場合、芯材塑性化

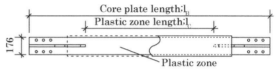

(a) Plan view

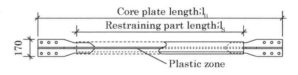

(b) Side view

Fig.6.2 Specimen shape

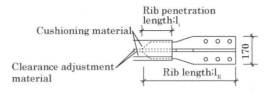

(a) Detailed cross section

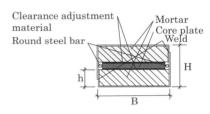

(b) Detailed end view

Fig.6.3 Specimen details

部領域に比べて端部リブ部の剛性が相対的に高くなり、端部リブ付近に応力集中が起き、早期に弱軸方向の局部変形を起こす可能性が高くなる。一方で、塑性化部長さが短くなることで強軸方向に座屈しにくくなる。たとえ、拘束指標Rを大きくしても、弱軸方向の局部変形を起こす可能性は高いと考える。そこで、拘束力を高くした試験体も製作し、その座屈形式を検証するパターンを設定する。更に、l_C/l_Bを変化させるもう一つの方法として、端部リブ長さを変えることにより相対的にl_C/l_Bを変化させるパターンを設定する。

以上の3つのパターンに基づいて試験体を設定し、引張力と圧縮力の軸方向繰返し載荷実験

を行い、各パラメータが塑性変形能力、累積塑性歪エネルギー率ω、復元力特性、破壊性状、芯材最終状態に与える影響について検証する。

6.3 試験体

6.3.1 試験体の設定

試験体の詳細をFig.6.3に示す。リブ長さをl_Rとし、端部リブの拘束材への貫入長さをl_iとする。試験体のパラメータは芯材長さl_Bと端部リブ長さl_Rから計算されるl_C/l_Bと拘束力の指標Rである。P_Eは（6.2）式より求められる。

$$P_E = \frac{\pi^2 \cdot E \cdot I}{l_B^2} = \frac{\pi^2}{l_B^2}(E_s \cdot I_s + E_m \cdot I_m) \quad (6.2)$$

ここに、E_sは$2.05×10^5 N/mm^2$、I_sは鋼版の断面2次モーメント、E_mは$2.05×10^5÷20 N/mm^2$、I_mはモルタルの断面2次モーメント。

ここで、断面2次モーメントの算出の際のモルタルのヤング係数E_mは鋼の1/20と仮定し、P_E算出時の座屈長さは芯材長さl_Bとする。試験体は、実験目的をもとに次の3つのパターンを設定する。パターン1とパターン3については弱軸局部変形を起こすようにする。

1) パターン1

リブ長さを一定とし、芯材長さを変化させることによりl_C/l_Bを変化させる。l_C/l_Bを39.0%、53.2%、64.3%、77.7%の4体とし、芯材厚さによる影響を調べるため、芯材の板厚を16mmと12mnの2種類とする。

2) パターン2

拘束力の適用範囲を超える試験体を製作し、その座屈形式を検証する。試験体のRの適用範囲は1.0から4.5までであるが、引張破断の下限値ω=1000から1割低い、ω=900程度の性能を想定して、Rを6.0程度とした試験体を設定し、l_C/l_Bが53.2%の試験体と30.0%の試験体との差異を確認する。

3) パターン3

芯材長さを一定として、リブの貫入長さを変化させることによりl_C/l_Bを変化させた試験体とする。パターン1との差異を検証するとともに、端部リブが与える影響を検討する。l_C/l_Bは30.0%、53.2%、64.3%の3種類とする。また、l_C/l_Bと拘束力の影響を把握するために、30.0%と64.3%の試験体については、それぞれRを1.4、2.1、4.3の3種類とする。

6.3.2 試験体の製作

Table6.1に試験体一覧を、Table6.2に試験体の機械的性質を示す。試験体は計12体である。パターン1の試験体が6-A、B、C、D、パターン

Table 6.1 List of specimens

Pattern	Specimens	Core Plate					Steel mortar plank				Clearance adjustment material (mm)	Restraining index R	l_C/l_B (%)
		Steel grade	Dimension (mm)	Cross section area (mm^2)	Width-thickness ratio	P_y (kN)	Height (mm)	Width (mm)	$I×10^4$ (mm^4)	P_E (kN)			
1	6-A	1	16×176	2816	11	792	203.2	118	631	2309	1.0	2.9	53
	6-B	2	16×176	2816	11	852	203.2	98	402	2499	1.0	2.9	39
1・3	6-C	3	12×132	1584	11	458	159.2	89	259	949	1.0	2.1	64
1	6-D	4	12×132	1584	11	466	159.2	130	659	940	1.0	2.0	78
2	6-E	1	16×176	2816	11	792	203.2	118	631	4724	1.0	6.0	33
	6-F	5	16×176	2816	11	763	203.2	140	1299	4753	1.0	6.2	53
3	6-G	2	12×132	1584	11	458	159.2	76	177	649	1.0	1.4	64
	6-H	2	12×132	1584	11	458	159.2	130	540	1975	1.0	4.3	64
	6-I	2	12×132	1584	11	458	159.2	89	259	949	1.0	2.1	53
	6-J	2	12×132	1584	11	458	159.2	89	259	949	1.0	2.1	30
	6-K	2	12×132	1584	11	458	159.2	76	177	649	1.0	1.4	30
	6-L	2	12×132	1584	11	458	159.2	130	540	1975	1.0	4.3	30

Table 6.2 Material test

Steel grade	Core plate thickness (mm)	Yield stress σ_y (N/mm²)	Tensile strength σ_u (N/mm²)	Elongation (%)	Yield strain (%)
1	16	281	445	63.2	0.137
2	16	303	435	69.5	0.148
3	12	289	427	67.7	0.141
4	12	294	433	68.0	0.144
5	16	271	423	64.0	0.132

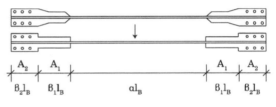

Fig.6.4 Split model

Table 6.3 Rib displacement error

Specimens	6-A	6-B	6-C	6-D	6-E	6-F	6-G	6-H	6-I	6-J	6-K	6-L
Exact calculation (mm)	0.262	0.315	0.136	0.139	2.62	0.253	0.141	0.136	0.136	0.349	0.369	0.349
Approximate calculation (mm)	0.267	0.28	0.14	0.143	0.267	0.259	0.15	0.141	0.141	0.353	0.378	0.353
Error (%)	1.91	4.13	2.94	2.88	1.91	2.37	6.38	3.68	3.68	1.15	2.44	1.15

2の試験体が6-E、F、パターン3の試験体が6-C、G、H、I、J、K、Lである。全ての試験体の鋼種はSN400B、鋼モルタル板の溝形鋼の材質はSS400、板厚は3.2mmとする。また、全ての試験体には、芯材の両面に1mm厚のクリアランス調整材を設け、クリアランスを確保する。

6.4 載荷計画

設置角は既往の実験と同じ45°とする。芯材の分割モデルをFig.6.4に示す。芯材の軸方向変形量δは、略算値として芯材を5分割したモデルより算出する。試験体の分割モデルの妥当性を検討するために、精算値として、リブの変断面部を細分割した33分割モデルと、5分割モデルのリブ変位の誤差を求める。Table6.3にリブ変位の精算値と略算値との誤差を示す。誤差は全ての試験体で7%以内に収まっており微少である。よって5分割モデルにより軸方向変位を算出する。Fig.6.4に示すように芯材長さに対する分割したリブ長さの比をそれぞれβ_1、β_2、断面積をA_1、A_2、とすると、試験体の軸方向変形量δは次式のように表せる。

$$\delta = \varepsilon \alpha l_B + \frac{2P_y}{A_l E}(1-\alpha) l_B \quad (6.3)$$

ここで

$$A_t = \frac{2A_1 A_2 (\beta_1+\beta_2)}{A_2 \beta_1 + A_1 \beta_2} \quad (6.4)$$

よって層間変形角との関係から軸歪は次式のように表せる。

$$\varepsilon = \frac{\gamma \cos\theta \sin\theta - 2P_y/\{A_l E(1-\alpha)\}}{\alpha} \quad (6.5)$$

本実験では、試験体のl_C/l_Bが異なり、2章で設定した層間変形角γ=軸歪εの関係が適用できないため、(6.5)式を用いてγを算出する。各試験体の載荷歪に相当する層間変形角をTable6.4に示す。軸歪3.0%時の各試験体の層間変形角は最大で1/21rad、最小で1/56radになる。

1000kN水平アクチュエータを用いて載荷する。載荷は既往の載荷パターンに基づき歪量を与える。6-D試験体に関してはアクチュエータ

の高さに制限があるため、アクチュエータの載荷軸と試験体の軸心をずらして載荷を行う。載荷に際して、柱が曲げ変形を生じないように有限要素解析を行い、検証を行った上で、高剛性の柱を製作する。詳細は2章に示した通りである。

6.5 実験結果

各試験体の最大耐力の75%まで低下した時のP/P_yとεの関係をFig.6.5に示す。グラフは引張側を正とする。また、載荷経過および終局状態をTable6.5に示す。各試験体とも耐力低下直前まで安定した紡錘形の復元力特性を示す。6-F試験体を除く全ての試験体が弱軸局部変形で耐力低下を起こしており、6-K試験体のみ、芯材の中央部で、弱軸局部変形を起こし耐力低下した。

Table 6.4　Interlayer displacement

Loading strain ε (%)	Interstory deformation angle (rad)					
	6-A,F,I	6-B	6-C,G,H	6-D	6-E	6-J,K,L
ε_y/3	1/2054	1/2603	1/1654	1/1344	1/3302	1/3545
2ε_y/3	1/1027	1/1302	1/827	1/672	1/1651	1/1772
0.25	1/376	1/513	1/311	1/257	1/604	1/667
0.50	1/188	1/256	1/156	1/129	1/302	1/333
0.75	1/125	1/171	1/104	1/86	1/201	1/222
1.00	1/94	1/128	1/78	1/64	1/151	1/167
1.50	1/63	1/85	1/52	1/43	1/101	1/111
2.00	1/47	1/64	1/39	1/32	1/76	1/83
2.50	1/38	1/51	1/31	1/26	1/60	1/67
3.00	1/31	1/43	1/26	1/21	1/50	1/56

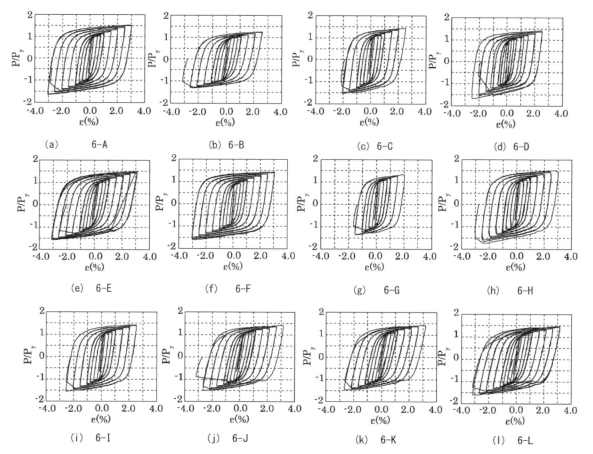

Fig.6.5　P/P_y-ε relationships

Table 6.5 Loading process and final condition

Specimens	Axial strain (%)	Times	Failure mode status	Failure position
6-A	3.0	2	Local deformation	Bottom center
6-B	3.0	2	Local deformation	Bottom center
6-C	2.5	1	Local deformation	Top center
6-D	2.5	2	Local deformation	Upper end
6-E	3.0	6	Local deformation	Lower end
6-F	3.0	4	Strong axis deformation	—
6-G	2.0	1	Local deformation	Lower end
6-H	3.0	1	Local deformation	Top center
6-I	2.5	2	Local deformation	Upper end
6-J	3.0	1	Local deformation	Upper end
6-K	3.0	1	Local deformation	Center
6-L	3.0	2	Local deformation	Lower end

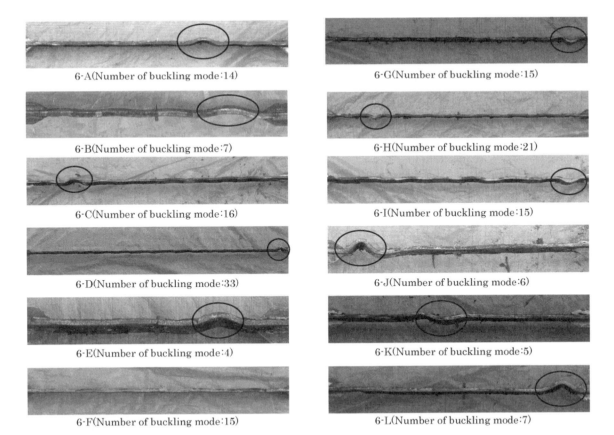

6-A(Number of buckling mode:14)   6-G(Number of buckling mode:15)
6-B(Number of buckling mode:7)   6-H(Number of buckling mode:21)
6-C(Number of buckling mode:16)   6-I(Number of buckling mode:15)
6-D(Number of buckling mode:33)   6-J(Number of buckling mode:6)
6-E(Number of buckling mode:4)   6-K(Number of buckling mode:5)
6-F(Number of buckling mode:15)   6-L(Number of buckling mode:7)

Fig.6.6 Final mode status of core plates

Table 6.6 Strength ratio and reciprocal of yield ratio

Pattern	Specimens	l_C/l_B (%)	Proof stress near 1/100					Maximum strength				ξ	$P_T/P_y/\xi$
			P_{C100} (kN)	P_{T100} (kN)	P_{C100}/P_y	P_{T100}/P_y	α_{100}	P_C (kN)	P_T (kN)	P_T/P_y	α		
1	6-A	53.2	956	931	1.21	1.18	1.03	1306	1209	1.53	1.080	0.0158	96.46
	6-B	39.0	979	949	1.15	1.11	1.03	1115	1067	1.25	1.045	0.0144	86.99
1・3	6-C	64.3	582	556	1.27	1.21	1.05	699	654	1.43	1.069	0.0148	96.67
1	6-D	77.7	514	505	1.10	1.08	1.02	782	669	1.44	1.169	0.0147	97.62
2	6-E	33.1	1020	981	1.29	1.24	1.04	1241	1177	1.48	1.054	0.0158	93.84
	6-F	53.2	889	851	1.17	1.12	1.04	1255	1112	1.46	1.129	0.0156	93.24
3	6-G	64.3	532	519	1.16	1.13	1.03	622	604	1.32	1.030	0.0144	91.62
	6-H	64.3	516	515	1.13	1.12	1.00	800	695	1.52	1.151	0.0144	105.38
	6-I	53.2	567	551	1.24	1.20	1.03	709	655	1.43	1.082	0.0144	99.27
	6-J	30.0	654	602	1.43	1.31	1.09	686	648	1.41	1.059	0.0144	98.28
	6-K	30.0	645	607	1.41	1.33	1.06	677	653	1.43	1.037	0.0144	99.05
	6-L	30.0	650	610	1.42	1.33	1.07	736	670	1.46	1.099	0.0144	101.57

載荷後、拘束材を除去している。各試験体とも局部変形を起こした箇所は、モルタルが圧壊しており、拘束材にも変形が見られたが、局部変形箇所以外では、拘束材、モルタルともに損傷は見られない。

芯材の最終状態をFig.6.6に示す。全ての芯材に、顕著な高次の座屈モードが現れている。また、耐力低下につながる弱軸局部変形を起こしている様子も分かる。6-F試験体は、強軸変形で実験を終了したため、明確な局部変形箇所はない。芯材の局部変形箇所を、Fig.6.6に円で囲って記す。芯材の座屈モード数は、塑性化部長さが長いほど、多い傾向がある。

6.5.1 塑性化部長さ変形量の算出

試験体の計測変位δ_mは、試験体の第1ボルト間A-B（実験装置参照）で計測している。端部リブ長さが試験体により異なるため、計測変位から端部リブ長さを除いた塑性化部長さ変形量を算出して、ωの評価を行う。試験体の端部リブおよび接合部は、弾性設計であることから、実験値の荷重を用いて、リブ部の変形量を算出し、計測変位より減じることにより算出する。

6.6 圧縮引張耐力比

Table6.6に層間変形角1/100rad近傍の引張耐力P_{T100}と圧縮耐力P_{C100}、降伏耐力P_yで無次元化した値P_{T100}/P_y、P_{C100}/P_yおよびα_{100}を算出し、最大圧縮耐力P_Cに対する最大引張耐力P_Tの比αを示す。またTable6.2に示す降伏比の逆数ξと、P_T/P_yをξで除した値を示す。

パターン1、パターン3ともに試験体のl_C/l_Bが大きくなるとαの値も大きくなる。特にl_C/l_Bが77.7%の6-D試験体では、αの値は1.17になり、他の試験体と比べ、大きな値である。この原因として、座屈モード数が33と他の試験体と比較して多く発生したことで、芯材とモルタルとの接触点が多くなり、摩擦による影響がより大きくなったためである。また、拘束材の剛性が高くなるとαも高くなる。拘束力が高い試験体ほど、局部変形に至るまでに多くの履歴ループを有するため、塑性変形が進展していき、芯材がモルタルに強く接触することで、芯材とモルタルとの摩擦抵抗力が高くなる。

l_C/l_Bが64.3%の6-C、6-G、6-H試験体と30.0%の6-J、6-K、6-L試験体について、Rの変化による耐力上昇はl_C/l_Bが小さい試験体のほうが少ない。Fig.6.6に示すように、l_C/l_Bの

小さい試験体では、座屈モード数が少なく、モルタルとの接触面積が小さいことから、塑性変形の進展による影響が少ないため、αが安定している。

α_{100}は全ての試験体で1.09以内であり、層間変形角1/100rad程度では十分に対称性のある復元力特性を示す。6-J、6-K、6-L試験体は、他の試験体に比べて$P_{C_{100}}/P_y$、$P_{T_{100}}/P_y$が高く、α_{100}においても、他の試験体と比べ高い値を示している。しかし、αはα_{100}と比較して値が低くなる傾向がある。パターン3の試験体では、リブの貫入長さが長いため、圧縮、引張共に拘束材とリブが接触したことが原因である。そのため、パターン3の試験体においては他の試験体と異なり、層間変形角が大きくなるとP_C/P_yが低くなる結果となる。

また、降伏比とP_T/P_yはほぼ反比例する。本章の試験体においてもTable6.6に示すように、$P_T/P_y/\xi$は概ね100程度となり、P_T/P_yはξとほぼ等しい結果が得られる。この結果から、l_C/l_Bは引張側の耐力上昇率には影響を与えないことが分かる。

6.7 累積塑性歪エネルギー率-拘束指標関係

Table6.7に試験体の最大耐力の75%まで低下した時の、累積塑性歪エネルギーE_tと累積塑性歪エネルギー率ωを、Fig.6.7に実験結果のωとRの関係を示す。なお、E_tおよびωの算出には計測変位δ_mより算出した塑性化部長さ変形量を用いる。6-E、6-H試験体を除く全ての試験体が、(6.1)式の性能評価下限式を満たしている。6-E試験体については、強軸方向に変形が進み、実験装置への影響を考え実験を中止したため、十分な性能を満していない。しかし、耐力低下時まで載荷した場合には、性能は更に上がり、性能評価下限式を満たす。6-H試験体については、Rがl_C/l_B53%の場合の適用範囲の限界近くであったため性能が低下している。

既往の実験的研究では、Rが4.5を超える試験体では、強軸変形か引張破断が終局状態である。しかし、6-E試験体は、Rが6.0と既往の適用範囲を超えているにも関わらず、弱軸局部変形が発生し、性能評価下限式を満たしている。

一方で、6-F試験体は強軸変形を起こし実験を終了している。6-E試験体では、l_C/l_Bが小さくなることにより、強軸方向の曲げ剛性が高くなったことや、l_C/l_Bが短くなることで端部リブ部分に応力が集中しやすくなり、弱軸変形を起こしやすくなっている。6-E試験体のωは、既往の実験から引張破断との境界が$\omega=900$を目安と考えると、弱軸局部変形の限界付近であるといえる。

Table 6.7 Performance evaluation

Specimens	E_t (kN·m)	ω	Restraining index R	$\omega/150R$
6-A	1114	819	2.92	1.87
6-B	402	454	2.93	1.03
6-C	423	433	2.07	1.39
6-D	1016	519	2.02	1.72
6-E	628	1061	5.96	1.19
6-F	1141	906	6.23	0.97
6-G	289	296	1.42	1.39
6-H	610	624	4.31	0.96
6-I	404	500	2.07	1.61
6-J	230	506	2.07	1.63
6-K	215	471	1.42	2.22
6-L	300	658	4.31	1.02

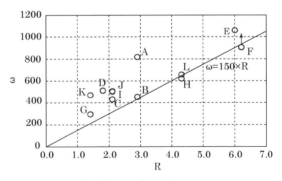

Fig.6.7 ω-R relationship

Table 6.8 l_C/B_{mode}

Specimens	B_{mode}	l_c (mm)	l_c/B_{mode}
6-A	14	1251	89.4
6-B	7	704	100.6
6-C	16	1511	94.4
6-D	33	2925	88.6
6-E	4	544	136.0
6-F	5	1251	250.2
6-G	15	1511	100.7
6-H	21	1511	72.0
6-I	15	1251	83.4
6-J	6	705	117.5
6-K	5	705	141.0
6-L	7	705	100.7

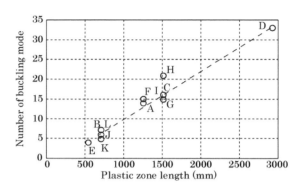

Fig.6.8 Plastic zone length -buckiling mode relationship

パターン3では、6-C、6-G、6-H試験体はl_C/l_Bが64.3%、6-J、6-K、6-L試験体はl_C/l_Bが30.0%であり、それぞれRが2.1、1.4、4.3である。l_C/l_Bが異なる試験体においてもωとRは概ね比例関係が成立している。ただし、ωの上昇率はl_C/l_Bにより異なっており、l_C/l_Bの大きい試験体の方がωの上昇率は高い。これはl_C/l_Bの大きい試験体ではRに対する耐力比αの上昇率が大きいため、見かけ上ωが高くなったからである。

6.8 塑性化部長さ-座屈モード関係

塑性化部長さと座屈モードとの関係をFig.6.8に示す。また、塑性化部長さを座屈モード数で割った値（l_C/B_{mode}）をTable6.8に示す。弱軸局部変形を起こす試験体について、塑性化部長さが長くなるにつれて、座屈モード数は線形的に増える傾向がある。特に芯材の板厚、Rがほぼ等しい6-C、6-D、6-J試験体では、塑性化部長さと座屈モードは、ほぼ完全な線形関係が成立している。6-H試験体はl_C/l_Bが大きく、且つ、Rが大きいため座屈モード数が多くなる。

塑性化部長さを座屈モードで割った値l_C/B_{mode}は72～141mmの値を示す。座屈モード数は拘束力またはクリアランスの影響を受けるものの、塑性化部長さが700mm程度の小さい範囲を除いて概ねl_C/B_{mode}は90mm前後の値を示している。このことから塑性化部長さが長い場合では、座屈モードの波長は一定長さで現れる。板厚の影響に関しても、Table6.8に示す通りl_C/B_{mode}に差は無いことから、塑性化部長さに対して板厚が薄い場合差は少ない。

6.9 塑性化部長さ比-累積塑性歪エネルギー率関係

Fig.6.9にパターン1とパターン3の試験体について、l_C/l_Bとωの関係を示す。またTable6.9に芯材長さl_Bに対するリブ長さl_Rの比、塑性化部長さl_Cに対するリブの貫入長さl_iの比を示す。ωを比較する上で性能に関わる因子であるクリアランス、R、幅厚比を揃えた6-A、B試験体、6-C、6-D試験体のそれぞれを比較し考察を行う。

パターン1の6-A、6-B試験体、6-C、6-D試験体ともに、l_C/l_Bが小さくなるとωは低下する。この理由として、l_C/l_Bの小さい試験体では、芯材長さに相対してリブ長さが長く、また、端部リブ部分は曲げ剛性が高いため、芯材塑性化領域の端部に応力が集中し、性能が低下する。その影響は芯材長さに対するリブ長さの比が0.61と高い値を示した6-B試験体において特に顕著に現れている。もう一つの原因は、αが大きくなることによる、見かけのエネルギー吸収量が増加したことが原因である。

一方、リブの貫入長さを変化させたパターン3では、l_C/l_Bが小さくなるとωは若干高くなり、l_C/l_Bとωの関係がパターン1の試験体と逆になっている。これは、l_C/l_Bに相対して端部リブの貫入長さが長くなる場合、リブが拘束材と接触することにより曲げモーメントを負担し、芯材塑性化領域端部が安定したためである。この理由によりリブの貫入長さが長く拘束力の低い6-K試験体のみ塑性化部の中央で局部変形を起こしている。

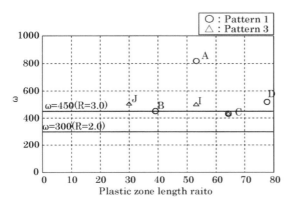

Fig.6.9　Plastic zone length raito -ω relationship

6.10　結

　BRBSMの塑性化部長さ比l_C/l_Bをパラメータとした実験を行い以下の知見を得た。
(1) 塑性化部長さ比l_C/l_Bが大きい試験体は最大耐力比αが大きくなり、塑性化部長さ比l_C/l_Bが80%程度ではαが1.17ほどにもなる。しかし、層間変形角1/100rad相当の歪量では圧縮側引張側ともほぼ等しい耐力を示す。
(2) 塑性化部長さ比l_C/l_Bが異なる試験体においてもR＝1.0から4.5の範囲では性能評価下限式を満たす。加えて、塑性化部長さ比l_C/l_Bが30%程度の試験体では、Rが6.0まで性能評価下限式を満たす。
(3) 異なる塑性化部長さ比l_C/l_Bにおいても、Rとωの比例関係は成立する。
(4) 座屈モード数と芯材の塑性化部長さの間には線形的な比例関係があり、塑性化部長さが長くなると座屈モード数も多くなる。
(5) 塑性化部長さ比l_C/l_Bが小さい試験体はRを大きくしても、リブの貫入長さが短い場合端部リブ付近に応力が集中し性能が低下するが、リブの貫入長さを長くすることで性能の低下を防ぐことが可能である。

引用・参考文献

1) 鋼モルタル板を用いた座屈拘束ブレースの実験的研究 -芯材長さ・塑性化部長さ比・端部リブ長さの影響-（EXPERIMENTAL STUDY ON BUCKLING-RESTRAINED BRACES USING STEEL MORTAR PLANKS:-Effects of core plate length, plastic length ratio and rib plate length-)、田所敦志、緑川光正、村井正敏、岩田衛（日本建築学会構造系論文集、第641号、pp.1363-1369、2009.7）

Table 6.9　l_R/l_B・l_I/l_C relationship

Specimens	Restraining index R	ω	l_C/l_B (%)	$2l_R/l_B$	$2l_I/l_C$
6-A	2.9	819	53.2	0.47	0.28
6-B	2.9	454	39.0	0.61	0.45
6-C	2.1	433	64.3	0.36	0.19
6-D	2.0	519	77.7	0.22	0.09
6-E	6.0	1061	33.1	0.67	0.65
6-F	6.2	906	53.2	0.47	0.28
6-G	1.4	296	64.3	0.36	0.19
6-H	4.3	624	64.3	0.36	0.19
6-I	2.1	500	53.2	0.47	0.39
6-J	2.1	506	30.0	0.70	1.55
6-K	1.4	471	30.0	0.70	1.55
6-L	4.3	658	30.0	0.70	1.55

第7章
BRBSMの有限要素解析

7.1 序

BRBSMを設計する上での座屈拘束効果の目安とされる指標に拘束指標Rがある。Rが1.0以上であれば、層間変形角1/100相当の軸歪1.0%（この関係については3章を参照）まで安定した性能を示しており、Rが1.0より小さいと軸歪1.0%に達する前に部材座屈あるいは芯材の局部変形を起こして、耐力が低下することを確認している。

実験後のBRBSMの芯材はFig.7.1のような高次の波形からなる塑性変形が見られる（以下、高次の座屈モードと呼ぶ）。BRBSMの座屈挙動を把握するために芯材に歪ゲージを貼付し、計測、分析を行った。その結果、歪ゲージの歪分布から、芯材は中央部から低次の座屈モードが発生し始め、それが高次の座屈モードとして徐々に端部方向へと発展していくことを観測している。

以上の実験結果を踏まえて、有限要素法による解析を行い、解析値と実験値との比較を行う。これにより、BRBSMの耐力、変形性能を再現できる数値解析モデルを確立し、拘束指標Rと力学的特性との関係をより一般的に把握する。更に芯材の塑性変形の進展過程をより詳細に解明する。

7.2 解析方法

芯材寸法PL-16×176mm（全長l_Bが2351mm、拘束材長さが1605mm）のBRBSMを対象として解析を行う。なお、解析には、汎用の非線形構造解析プログラムADINA（Ver.7.4）を使用する。

7.2.1 有限要素モデル

Fig.7.2およびTable7.1に解析モデルとそのパラメータを示す。パラメータとしてRを3.1、1.6、1.1、0.9、0.7、0.5の6種類を考え、解析モデルを作成する。また、拘束効果の有無の影響も比較するため、拘束材を設けないRが0.0のモデルも解析する。以下にモデル化のポイントを記す。

1) 解析モデルは、実験装置からBRBSM部分を取り出し、Fig.7.2のようにBRBSM全体をモデル化する。

2) 境界条件は、Fig.7.2に示すように、加力点側を軸方向ローラー、試験体下側を固定とし、ローラーの軸方向の拘束条件のみを自由とし、それ以外の自由度は回転自由度を含め拘束、固定は全ての自由度において拘束とする。Table7.2に示す境界条件をシェル要素の該当する節点に設定する。

3) 高次の座屈モード変形を得るには、最初の接触位置（座屈支点）の発生が必要となる。そこで、ブレースの初期不整として、芯材中央部が曲げ方向（Z方向）に約$l_B/1000$（l_B=2351mm）変形するよう、Table7.3に示す0.02~20.0kNの微小な面外荷重を与える。

Fig.7.1 Higher-order buckling mode

Table 7.1　Parameter of analysis models

Analysis models	Core plate			Restraining part			Clearance (mm)	R ($=P_E/P_y$)
	Dimension (mm)	Width thickness ratio	P_y (kN)	Width (mm)	Height (mm)	P_E (kN)		
7-A	PL-16×176	11.0	779.8	203.2	50	2378	1	3.1
7-B					35	1208		1.6
7-C					27	819		1.1
7-D					25	663		0.9
7-E					23	536		0.7
7-F					20	426		0.5
7-G					－	－		－

P_y : Yield load　P_E : Euler's buckling load　－ : No restraining part

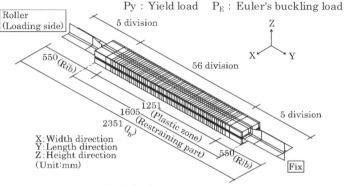

Fig.7.2　Analysis model

Table 7.2　Boundary condition

Condition	Degree of freedom					
	X	Y	Z	θX	θY	θZ
Roller	-	○	-	-	-	○
Fixed	-	-	-	-	-	-

Table 7.3　Out-of-plane load

Analysis models	Out-of-plane load (kN)
7-A	20.0
7-B	20.0
7-C	15.2
7-D	14.0
7-E	12.0
7-F	10.0
7-G	0.02

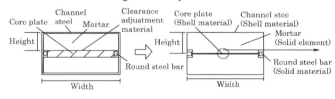

Fig.7.3　Cross-section

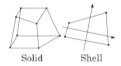

Fig.7.4　Type of finite elements

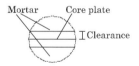

Fig.7.5　Clearamce part

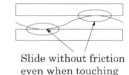

Fig.7.6　Influence of contact

4) 長さ方向（Y方向）の要素分割は、長さl_Bの芯材のシェル要素モデルの曲げ変形値が梁曲げ理論値と95％の近似度で一致することを保障し、且つ高次の曲げ変形を表現きる分割数とする（Fig.7.2）。他の部材の要素分割は芯材に合わせた分割とする。

5) 各部材の有限要素はFig.7.3およびTable7.4に示すように、芯材および溝形鋼をシェル要素、モルタルおよび丸鋼をソリッド要素でモデル化する。各要素はFig.7.4に示すように4節点アイソパラメトリックシェル要素（積分点数は面方向2×2、板厚方向2点）および8節点アイソパラメトリクソソリッド要素（積分点数は2×2×2）を適用する。なお、シェル要素の板厚方向の積分点数については2点の場合でも2点以上の場合とほぼ同等な精度を持つことを確認している。

6) クリアランス調整材の効果として、解析では芯材のシェル要素と拘束材のソリッド要素との相互表面間に1mmのクリアランスを設け（Fig.7.5）、且つ接触計算モデルを考慮する（Fig.7.6）。この接触計算モデルを適用する

Table 7.4 Material properties

	Core plate		Restraining part		
	Plastic zone	Rib	Mortar	Channel steel	Round steel bar
Material	Steel		Mortar	Steel	
Stress-strain curve	Bilinear		Bilinear		
Young's modulus (kN/mm^2)	205		14.7	205	
Secondary stiffness (kN/mm^2)	1.95		6.92	1.95	
Yield stress (N/mm^2)	276.9	235	16.17	235	
Poisson's ratio	0.3		0.15	0.3	
Mass density ($\times 10^{-6}$ kg/mm^3)	7.86		2.30	7.86	
Element	Shell		Solid	Shell	

Table 7.5 Loading pattern

No	ε (%)	Interstory deformation angle (rad)	Input level	Number of loads	δ (mm)
1	$\varepsilon_y/3$	1/1690		1	0.69
2	$2\varepsilon_y/3$	1/850		1	1.37
3	0.25	1/400		1	3.59
4	0.5	1/200	1.0	2	6.71
5	0.75	1/133	1.5	2	9.87
6	1.0	1/100	2.0	5	12.97
7	1.5	1/67	2.5	2	19.22
8	2.0	1/50	3.0	2	25.48
9	2.5	1/40	3.5	2	31.73
10	3.0	1/33	4.0	—	37.99

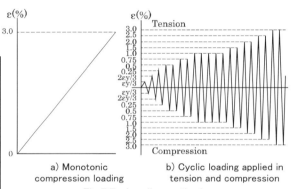

Fig.7.7 Loading methods
a) Monotonic compression loading
b) Cyclic loading applied in tension and compression

と、接触表面の法線方向の圧縮側は力を伝えるが引張側は力を伝えず、接線方向には摩擦なしで滑る。ただし、平衡計算の収束性を安定化するため、軸方向の11箇所において芯材とモルタル表面の法線方向に同一変位条件を設定する。
7) 載荷条件は、実験と同様に変位制御の静的載荷とする。載荷方法として、Fig.7.7a)に単調圧縮載荷（以下、圧縮載荷）とFig.7.7b)に引張力と圧縮力の交番繰返し載荷（以下、繰返し載荷）を示す。圧縮載荷は、軸歪3.0%まで徐々に載荷し、繰返し載荷は、Table7.5に示すように実験時と同様の載荷を行う。

8) 変形後の位置における釣合いを解く大変形理論（有限変形理論）を適用した変位増分法（増分ステップ内でニュートンラプソン法）により計算する。
9) モルタル材の軸方向の構造不安定性を拘束するために加力点側と試験体化部の芯材と拘束材とを非常に軟らかい弾性材料で4箇所を連結する。

7.2.2 材料モデル

芯材の塑性化部、リブ、拘束材のモルタル、溝形鋼、丸鋼の材質、ヤング係数、降伏応力度等の材料特性をTable7.4に示す。芯材と拘束材には、バイリニア型の応力歪関係による弾塑性モデル（Mises降伏条件、移動硬化則）を適用し、Fig.7.8の連結材には、弾性モデルを適用

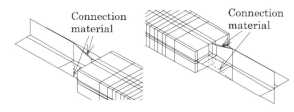

Fig.7.8 Connection point

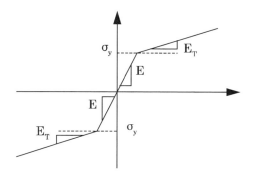

Fig.7.9 Stress-strain relationship of mortar

する。以下にモデル化のポイントを記す。
1) 芯材の材料特性は鋼材の引張試験より得られた数値を使用し、降伏応力度σ_y=276.9N/mm²、第2剛性＝ヤング係数/105とする。
2) モルタルには、Fig.7.9に示すヤング係数をE=14.7kN/mm²、第2剛性を6.92kN/mm²とする簡略的な弾塑性モデルを適用する。その際の降伏応力度は、モルタルの圧縮試験から得られた圧縮強度の3/10とする。
3) 溝形鋼と丸鋼には各製品の基準値を適用する。

7.3 単調圧縮載荷

7.3.1 最大耐力および復元力特性

解析結果として、Table7.6に最大耐力と耐力低下の有無、Fig.7.10に解析結果の復元力特性を示す。7-Aおよび7-Bは層間変形角1/33相当の軸歪3.0%まで耐力低下を示さない。しかし、7-Cは層間変形角1/67相当の軸歪1.5%で耐力低下を示し、7-Dは層間変形角1/100相当の軸歪1.0%で耐力低下を示した。更に、Rが小さく、拘束効果が低い7-Eは層間変形角1/200相当の軸歪0.6%、7-Fは軸力降伏に達した付近の低い歪で耐力低下を示す。また、拘束材の無い7-Gは、弾性域内で耐力低下を起こしている。

Table 7.6 Maximum strength of monotonic compression loading (analysis results)

Analysis models	Maximum strength (kN)	Decline in load-bearing capacity
7-A	996	—
7-B	987	—
7-C	895	Axial strain 1.6%
7-D	852	Axial strain 1.0%
7-E	828	Axial strain 0.6%
7-F	770	Axial strain 0.2%
7-G	291	2/3 ε_y

— : No decline in load-bearing capacity

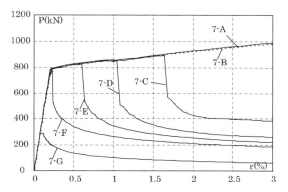

Fig.7.10 Hysteresis characteristics (analysis result)

7.3.2 芯材の座屈モード

Fig.7.11a）に示す分割した57点の塑性化部の各NODE位置において、Fig.7.11b）に示すたわみとなる高さ方向変位を測定した。拘束効果が比較的小さく耐力低下を示した7-Gから7-Cでは、中央部が他の部位よりも撓む1次の座屈モードを描いている（Fig.7.12a））。

一方、拘束効果が大きく耐力低下を示さなかった7-Aと7-Bでは、変形当初は1次の座屈モードを示すが、その後、高歪において、高次の座屈モードが顕著に現れている（Fig.7.12b））。7-Aにおける変形の過程をFig.7.13に示す。弾性域（Fig.7.13a））では、1次の座屈モードを描き、0.75％歪（Fig.7.13b））に高次の座屈モードが発生し、1.0％歪（Fig.7.13c））になると、試験体下部寄りに座屈モードが顕著に現れ、軸歪1.5％

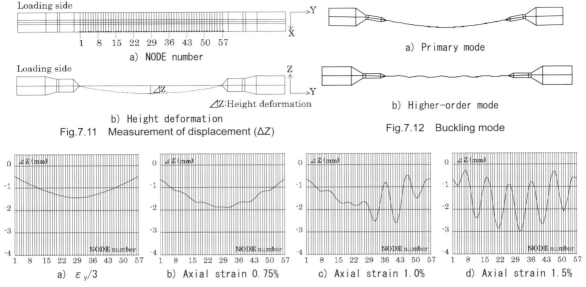

Fig.7.11　Measurement of displacement (ΔZ)

Fig.7.12　Buckling mode

Fig.7.13　Displacemnt (ΔZ) at monotonic compression loading (12-A)

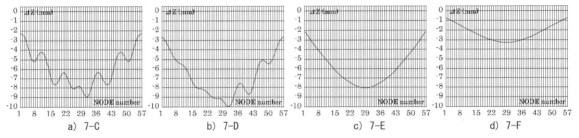

Fig.7.14　Displacement (ΔZ) in reduction of proof stress at monotonic compression loading

（Fig.7.13d））では、全体にわたって高次の座屈モードが現れる。また、7-C、7-D、7-E、7-Fの急激な耐力低下を示すFig.7.14a）、b）、c）、d）より、本解析では、耐力低下は中心部が撓む1次の座屈モードにより生じていることが分かる。

7.3.3　芯材と拘束材の座屈変形と接触反力

芯材の変形と接触反力をFig.7.15に、拘束材の軸歪3.0％時の変形をFig.7.16に示す。Fig.7.15の芯材に垂直の矢印は芯材と拘束材との接触反力を示している。また、Fig.7.15、Fig.7.16とも変形がはっきりと確認できるように拡大変形10倍で表示している。更に、本節のFig.7.15およびFig.7.16は7.1.3節の結果とは異なり、同一変位条件を1箇所で行っている計算モデルである。接触反力の発生過程は以下のようである。

1) 1次の座屈モード（Fig.7.15a））を描き、次に初期不整側（以下、下側と呼ぶ）で拘束材との接触箇所が2点に確認され、3次の座屈モード（Fig.7.15b））を描く。

2) 次に、下側での接触箇所が4点確認され、高次の座屈モード（Fig.7.15c））を描く。

3) 軸方向の変位が大きくなると、初期不整側とは反対側（以下、上側と呼ぶ）で接触箇所が4点確認され、高次の座屈モード（Fig.7.15d））がはっきりと確認できる。

4) 更に、上側、下側とも接触力が大きくなる（Fig.7.15e））。

5) 最終的に上側、下側ともほぼ同じ接触力となり、高次の座屈モードがはっきりと確認できる。

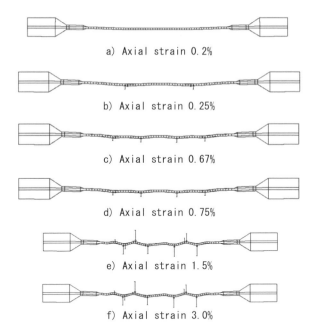

Fig.7.15 Displacement of core plate and contac reaction

Fig.7.16 Displacement of restraining part

また、Fig.7.15f）と同じ軸方向変位において、芯材は高次の座屈モードを描いているが、拘束材はFig.7.16に示すように、1次の座屈モードを描いている。

7.3.4 考察

単調圧縮載荷の結果（Table7.6、Fig.7.10）より、7-Bよりも拘束効果が高いモデルの場合、層間変形角1/33rad相当の軸歪3.0%まで耐力低下を示さなかった。拘束効果が低い7-Cは軸歪1.5%で、7-Dは軸歪1.0%で耐力低下を示している。このことより、層間変形角1/100radまで耐力を保持させるにはRが0.9、層間変形角1/33radまで耐力を保持するためには、Rが1.6を最低限満たせば良い。

芯材の座屈モードは、弾性域および軸歪0.5%までは、中央部がたわむ1次の座屈モードが現れる。そして、低歪から高歪に増大するに従って、全体にわたって高次の座屈モードに進展することが確認できる。

また、Fig.7.15、Fig.7.16に示すように、芯材と拘束材とは、下側で接触し、接触箇所が増えると上側でも接触が始まり、高次の座屈モードを形成していくことが確認できた。また、芯材が高次の座屈モードを描いても、拘束材は1次の座屈モードのみの変形で留まることも確認できた。

7.4 引張力と圧縮力の交番繰返し載荷

7.4.1 最大耐力および復元力特性

単調圧縮載荷の結果より、大地震動（レベル2）に対応して想定されている層間変形角1/100rad相当の軸歪1.0%まで耐力を保持した7-Aから7-Dのケースを繰返し載荷の対象とする。解析結果としてTable7.7に最大耐力と耐力低下の有無、Fig.7.17に復元力特性を示す。7-AはFig.7.17a）に示すように、軸歪3.0%まで安定

Table 7.7 Maximum strength of cyclic loading (analysis and experimental results)

Analysis models	Maximum strength (kN)		Decline in load-bearing capacity
	Tension	compression	
7-A	1063	995	-
7-B	1057	987	-
7-C	875	853	4th compressive loading with 1.0% axial strain
7-D	861	815	1st compressive loading with 0.75% axial strain
Experiment	1079	1167	1st compressive loading with 3.0% axial strain

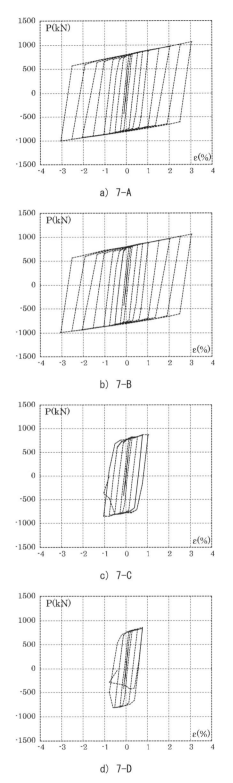

Fig.7.17 Hysteresis characteristics (analysis result)

した履歴ループを描き、7-B（Fig.7.17b））も同様に軸歪3.0%まで安定した履歴ループを描いている。しかし、7-C（Fig.7.17c））は軸歪1.0%の圧縮側4回目、7-D（Fig.7.17d））は軸歪0.75%の圧縮側1回目において耐力低下を示している。

7.4.2 芯材の座屈モード

単調圧縮載荷と同様に、7-Aから7-Dまでのすべてのケースで、弾性時に中央部が撓む1次の座屈モードを描いた．そして、軸歪0.5%の圧縮の2回目に試験体下部で高次の座屈モードが顕著に現れている。安定した履歴ループを描いている7-Aでは、弾性域（Fig.7.18a））から軸歪0.5%（Fig.7.18b））までは1次モードの変形を示す。軸歪0.75%（Fig.7.18c））で、高次の座屈モードが顕著に現れた。軸歪1.0%（Fig.7.18d））、軸歪1.5%（Fig.7.18e））では、同じ高次の座屈モードを保ち、全体的に微小ながら、高さ方向変位ΔZ値は増大している。

7.4.3 考察

繰返し載荷の結果（Fig.7.17）より、拘束効果の高い7-B以上で、軸歪3.0%まで安定した履歴ループを描いている。しかし、拘束効果の低い7-Cでは、軸歪1.0%の圧縮4回目で、7-Dで軸歪0.75%の圧縮1回目で耐力低下を示している。このことより、繰返し載荷の場合、一方向載荷の場合よりも、低い歪レベルで耐力低下を示す。

層間変形角1/100rad相当まで耐力を保持するには、Rが1.0を満たすことが望ましく、層間変形1/33rad相当の変形まで安定的に耐力を保持するには、Rが1.6を満たせば良い。

芯材の座屈モードは、単調圧縮載荷と同様に、弾性域および軸歪0.5%までは、中央部が撓む1次の座屈モードが現れる。そして、低歪から高歪に増大するに従って、全体にわたって高次の座屈モードに進展する。また、高次の座屈モードの発生は、単調圧縮載荷よりも繰返し載荷の方が低歪で発生する。

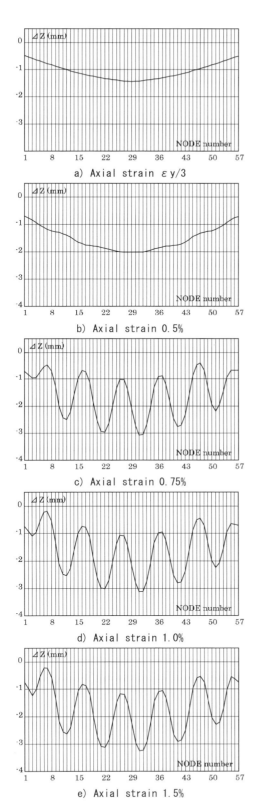

Fig.7.18 Displacemnt (ΔZ) at Cyclic loading applied in tension and compression (7-A)

7.5 解析と実験の比較

BRBSMの性能実験では、繰返し載荷を行っており、比較する計算対象には繰返し載荷モデルを使用する。

7.5.1 復元力特性

R=3.1の復元力特性の解析結果をFig.7.17a)、実験結果をFig.7.19a)に示す。同図において第一象限は引張側、第三象限は圧縮側である。これらを比較すると、弾性域時の傾きはFig.7.20に示すようにほぼ一致している。引張側軸歪3.0%時における最大引張耐力が解析では1063kN、実験では1079kNとほぼ同じ耐力を示す。一方、圧縮側では、実験では最大圧縮耐力が最大引張耐力より平均で1割ほど耐力が大きくなるが、解析では、最大圧縮耐力が実験の約85%である。最大圧縮耐力の計算値が実験値よりも低くなる要因として、本解析モデルには芯材とモルタルとの界面において、摩擦力を考慮していないこと、また、高次座屈変形に伴う高歪レベルにおいては、計算でのバイリニア応力歪関係は材料試験のそれよりも小さい応力値を示す等が考えられる。

R=1.6とR=0.9の実験結果を示したFig.7.19b)およびc)と、解析結果であるFig.7.17b)およびd)と比較すると、R=1.6では、実験の方が早い段階で耐力低下を起こし、R=0.9では、解析の方が早い段階で耐力低下を起こしている。これは、局部変形による耐力低下を再現できなかったことによるが、耐力低下を起こすまでの座屈モードの発生過程は実験と解析とで同様な傾向であることより、復元力特性は再現できているからである。

7.5.2 芯材の座屈モード

芯材に歪ゲージを貼付した実験結果で得られた軸方向の歪分布をFig.7.21に示す。実験では、塑性化部に等間隔で11箇所に1軸歪ゲージを貼付し、測定した。Fig.7.21の歪分布は変形分布を現しているものと推察する。Fig.7.21に示す実験時の歪の測定結果をFig.7.18に示す計

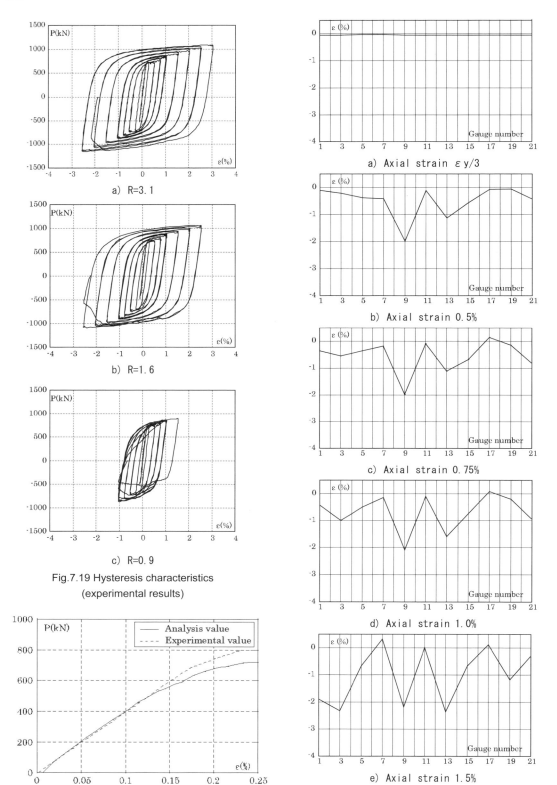

a) R=3.1

b) R=1.6

c) R=0.9

Fig.7.19 Hysteresis characteristics (experimental results)

Fig.7.20 Axial load-axial strain relationship during elasticity

a) Axial strain $\varepsilon y/3$

b) Axial strain 0.5%

c) Axial strain 0.75%

d) Axial strain 1.0%

e) Axial strain 1.5%

Fig.7.21 Measurement results of strain during experiment

算結果の高さ方向変位と比較すると計算の方が座屈モード数が多いものの、軸歪0.5%レベルまでは、中央部が他の部位よりも大きく撓む1次の座屈モードを示す傾向があり、更に、軸歪0.75%レベル以上は高次の座屈モードがブレース全体にわたって進展する。

　解析結果が座屈モードが発生する箇所の測定値であるのに対し、実験結果は過去の実験より座屈モードが発生すると予測される箇所に1軸歪ゲージを貼付した測定値であることにより、多少の座屈モードの進展過程は異なる。しかし、座屈モードの進展過程は実験と解析とでほとんど同様な傾向を示している。なお、芯材を包み込むモルタルと溝形鋼の変形は、実験も解析もすべてのケースにおいて、常に1次モード変形である。

7.5.3 解析のモデル化の妥当性

　実験結果より、弾塑性モデルとしては等方＋移動硬化則のほうが適当であると考えるが、適用した解析プログラムのVersionには、等方＋移動硬化則の計算機能が備わっておらず、ここでは、移動硬化則を使用している。Fig.7.17の解析結果とFig.7.20の実験結果とを比べると履歴のふくらみは異なるが各歪時の最大耐力がほぼ一致し、この仮定でも満足できる解析結果を得ている。

　クリアランス調整材は高分子粘性材料による薄い層で芯材表面に貼付されている。この力学的特性は、面法線方向の圧縮力を伝達するが、面法線方向の引張力は剥離によりほぼ伝達されず、面接線方向のせん断力の伝達は弱い。今回は、摩擦無し接触計算モデルを適用した結果、このモデルより計算した荷重変形関係や座屈モードが実験と比較してほぼ同様な結果であったことから、このクリアランス調整材のモデル化は妥当である。

7.6 結

　芯材寸法がPL-16×176mmであるBRBSMの有限要素法解析を行い、以下の知見を得た。

(1) 実験で測定された復元力特性や座屈モードを説明、再現できる解析結果が得られた。
(2) 軸歪1.0%（層間変形角1/100rad相当）まで耐力を保持するためには、拘束指標R=1.0を満たせば良い。
(3) 軸歪3.0%（層間変形角1/33rad相当）まで耐力を保持するためには、拘束指標R=1.6を満たせば良い。
(4) 軸歪3.0%（層間変形角1/33rad相当）まで耐力を保持する拘束指標R＝1.6以上では、芯材は1次の座屈モードが発生した後、高次の座屈モードに進展するが、拘束指標Rが1.0より小さい場合は1次の座屈モードのまま耐力低下する。
(5) 高次の座屈モードが発生する場合、1次の座屈モードで撓んでいる芯材と拘束材との面で、数箇所の接触が起こり低次の座屈モードが形成され、その後、反対側の面でも接触が起こり、最終的に高次の座屈モードを描く。

引用・参考文献

1) 鋼モルタル板を用いた座屈拘束ブレースの有限要素法による弾塑性大変形の解析（FINITE ELEMENT ANALYSIS OF BUCKLING-RESTRAINED BRACES USING STEEL MORTAR PLANKS CONSIDERING ELASTO-PLASTICITY AND LARGE DEFORMATION）、和泉田洋次、川上誠、岩田衛（2007.8 日本建築学会構造系論文集、第618号、pp.207-213）
2) 鋼モルタル板を用いた座屈拘束ブレースの実験的研究：その3 芯材の座屈挙動（EXPERIMENTAL STUDY ON BUCKLING-RESTRAINED BRACES USING STEEL MORTAR PLANKS : Part 3 Buckling behavior of the core plate）、岩田衛、村瀬亮、村井正敏、和泉田洋次（日本建築学会構造系論文集、第611号、pp-133-139、2007.1）

第8章
BRBSMの高性能化

8.1 序

前章までは、BRBSMの実験結果から算出した累積塑性歪エネルギー率ωが、性能の下限値を示す評価式の値ω_r（評価式や他の研究から算出された必要値）を上回っていれば、構造性能を満たしているとしてきた。ここでωはFig.8.1に示すように、復元力特性から算出した累積塑性歪エネルギーE_tを、芯材の降伏耐力P_yと弾性限界変形量δ_yを乗じた値W_yで除した無次元化量である。

しかしながら、今後、単一ではなく3つの地震が連動した海溝型の3連動型地震のような、長周期・長継続時間の地震動が予測されている。このため、ωの大きなBRBSMを実現する必要がある。

ωの大きなBRBSMを考えるにあたって、日本建築センターの模擬波であるBCJ-L2（継続時間30秒）を用いた中規模ビルの振動解析を行った。その結果はω_r=150であった。この結果を踏まえ、BCJ-L2を単純に3倍して考えると3連動型地震は、ω_r=150×3=450となる。また、鋼材ダンパーの累積塑性変形倍率の評価では、最大が700という値が示されている。この累積塑性変形倍率とω_rはほぼ同等と考えてよい。これらの値を最小の基準値として、ωの大きなBRBSMを考える。

既往の研究結果から、実験値ωの値を決定する要因を詳細に分析し、その要因をパラメータとした試験体の実大載荷実験を行い、従来のものよりもωの大きなBRBSMの性能を確認する。これらから、ωの大きなBRBSMの要件を明示する。

8.2 過去の研究

8.2.1 実験モデル

実験モデルとして、BRBSMを組み込んだ建築物が水平力を受け、せん断変形した場合を想定する（3章参照）。中地震動（レベル1）に対応して想定される層間変形角1/200rad相当の芯材の軸歪は、0.5%となり、大地震（レベル2）に対応して想定される層間変形角1/100rad相当の芯材の軸歪は1.0%である。

8.2.2 載荷計画

実験装置、載荷パターンは2章に示したように行う。軸歪3.0%では、次の①～③の何れかに達するまで載荷する；①弱軸または強軸回りに変形が大きく表れる。②耐力が最大耐力の

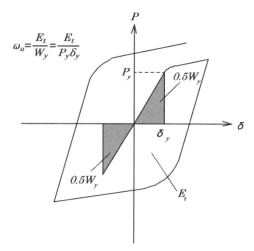

Fig 8.1　ω calculation concept diagram

80%まで低下する。③引張破断する。

試験体の軸変形量は、芯材の第一ボルト間の試験体手前と奥側に1つずつ（計2つ）変位計を設置して測定を行い、その平均値を軸方向変形量δとする。芯材の軸歪εは、変位計から求めた軸方向変形量δから芯材弾性部の弾性変形計算値を引いて、芯材塑性化部長さで除した値とする。

8.2.3 実験結果

Fig.8.2に過去のBRBSMの実験結果を示す。芯材の終局状態を局部変形、強軸変形、引張破断に分けている。Fig.8.3に芯材の終局変形状態（局部変形、強軸変形）を示す。弱軸方向への変形を局部変形、強軸方向への変形を強軸変形、芯材が引張側で破断したものを引張破断とする。Fig.8.2の実験結果では、性能を下げる目的で意図的に試験体を製作し、実験を行ったもの（芯材に材質の異なる材料を用いる、強軸方向に強制的に変形させる等）は表示していない。縦軸はωであり、横軸は拘束指標Rである。Rは拘束材のオイラー座屈P_Eを降伏耐力P_yで除した値P_E/P_yである。また、P_Eの算出は（8.1）式を用いる。

$$P_E = \frac{\pi^2}{l_B{}^2}(E_s \cdot I_s + E_m \cdot I_m) \quad (8.1)$$

ここに、E_sは$2.05×10^5 N/mm^2$、I_sは鋼板の断面2次モーメント、E_mは$2.05×10^5÷20 N/mm^2$、I_mはモルタルの断面2次モーメント。

このときの溝形鋼のヤング係数E_sは公称値の$2.05×10^5$（N/mm^2）を、モルタルのヤング係数E_mは、溝形鋼のヤング係数E_sを20で除したものとし、座屈長さl_Bは芯材長さを用いる。Fig.8.4にBRBSM断面図を示す。芯材塑性化部に同図（a）は絞りを加えていないもの、同図（b）は絞りを加えている断面図である。溝形鋼の断面2次モーメントI_sおよびモルタルの断面2次モーメントI_mはFig.8.4中の芯材の中心を中立軸として算出する。

Fig.8.5に示すように、既往の研究における芯材の形状は接合部に（a）絞りを加えていないもの、（b）絞りを加えているもの（丸印）

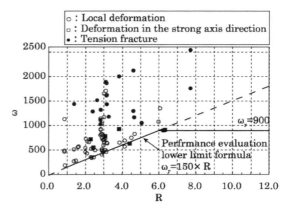

Fig 8.2　ω-R relationship

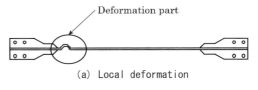

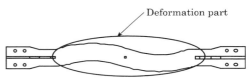

Fig 8.3　Failure mode status

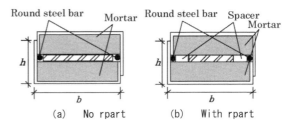

Fig 8.4　Cross sectional view of BRBSM

があるが、（a）と（b）の違いによる性能への影響はほとんどみられない。BRBSMの芯材長さおよび芯材塑性化部長さをFig.8.5（a）に示す。芯材の終局状態が引張破断、強軸変形の場合のωは、局部変形に比べて大きくなる傾向がある。このため、芯材の終局状態が局部変形におけるωの下限値として、次式の関係を見出し、BRBSMの性能評価式としている。

$$\omega_r = 150R \quad (R \leq 6.0) \quad (8.2)$$
$$\omega_r = 900R \quad (R > 6.0) \quad (8.3)$$

8.3 過去の研究の分析

過去のBRBSMの実験結果を分析し、ωの値を決定する要因を検討し、よりωを大きくするための条件を示す。

8.3.1 芯材の終局状態

芯材の終局状態は大きく局部変形（弱軸への変形）、強軸変形、引張破断の3つに分けられる。

Fig.8.2において、ωが極めて大きいものや性能評価下限式を若干下回っているものもある。性能評価下限式を下回る要因として、芯材の早期の局部変形、大きな強軸変形による載荷終了等があげられる。同図からは詳細に読み取れないがR、芯材の幅厚比、クリアランスの影響で早期に芯材が局部変形、強軸変形を起こす。

終局状態が引張破断で終了している試験体は、全てがω＞900となっている。このことから、BRBSMは、局部変形や強軸変形を起こすことなく、鋼材の破断強度近くまで性能を発揮することがωを大きくするために必要である。

8.3.2 拘束指標

Fig.8.2から、次のようなことが分かる。
1) Rが小さいR≦3の範囲では、局部変形が起こり易く、これで性能が決まる。
2) 3＜R≦6の範囲では、引張破断している試験体も現れるが、局部変形をしている試験体が多くみられ、強軸変形しているものもある。この範囲では、ωの大きさにばらつきがある。
3) 6＜Rの範囲では、Rが6の付近で局部変形あるいは強軸変形しているものもあるが、大きなRでは全て引張破断となっている。それに伴い、ωの値も大きくなっている。

8.3.3 圧縮引張耐力比

圧縮引張耐力比αは圧縮耐力P_Cを引張耐力P_Tで除した値である。αが大きくなると、圧縮側での耐力が上昇し、早期に局部変形や強軸変形性化部に高次の座屈モードが形成され、芯材塑性化部の細長比λが大きいほど、拘束材との接

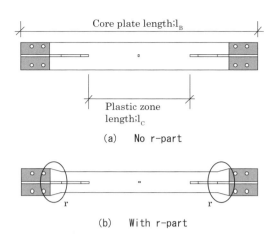

Fig 8.5 Core plate shape

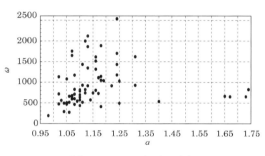

(a) ω-α relationship

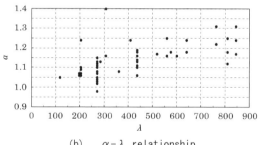

(b) α-λ relationship

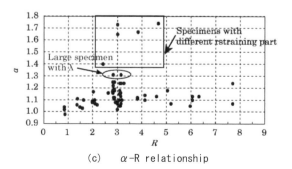

(c) α-R relationship

Fig 8.6 Relationships of ω,α,λ and R

触点数が増えて摩擦力が上昇するためαが上昇すると報告されている。そこで、ω、α、λ、Rの関係について分析する。Fig.8.6にω、α、λ、Rの関係を示す。

1) ω-α関係（Fig.8.6（a））

αが1.05～1.25の範囲で、ωの大きな試験体が多くみられる。α≧1.35ではωが小さい値となっている。

2) α-λ関係（Fig.8.6（b））

λが大きくなるに従い、αが大きくなる傾向がある。λが大きくなると芯材と拘束材の摩擦が大きくなることにより、αが大きくなる。

3) α-R関係（Fig.8.6（c））

Rによるαへの影響はみられない。Rが3～5程度の試験体でαが大きくなっているものがあるが、これは拘束材の材質の違い（モルタルではなく硬質ウレタンフォーム）、λが関係している。なお、モルタルのヤング係数は鋼に1/20を乗じて算出する。拘束材の材質が異なる場合、ウレタンはモルタルに約1/12を乗じて算出する。

8.3.4 形状・寸法ディテール

1) 絞り型

Table8.1に局部変形位置数および強軸変形数を示す。既往の研究において、芯材に絞りを加えていないとき、芯材端部での局部変形で終局を迎えている試験体が多数みられる。これは、軸力が弾性部から芯材塑性化部へと伝達されるときに、芯材塑性化部端部で応力集中が起きるため、局部変形を起こす原因となる。芯材塑性化部端部での局部変形を避けるため、芯材塑性化部に絞りを加える必要がある。

2) 強軸方向の補強

芯材の強軸方向の補強として、芯材の両側に丸鋼を用いることが有効だと示されている。しかし、ωを大きくするには更に強軸方向を補強する必要がある。そのため、芯材塑性化部に絞りを加え、ここにスペーサーを入れることにより、強軸方向の拘束を大きくすることができる。Fig.8.7に強軸方向の補強の一例を示す。

3) 強軸変形の測定結果

Fig.8.8に既往の研究結果の試験体手前と奥側の軸変形量測定値の差の最大変位差（以下、変位差とする）とλの関係を示す。「強軸変形なし」は強軸変形がみられなかった試験体を、「強軸変形あり」は強軸変形がみられた試験体（終局状態が局部変形だが、載荷中に強軸変形がみられた試験体も含む）を示す。

λが大きくなると変位差が大きくなる試験体もみられる。また、「強軸変形あり」は、λが大きくなるほど変位差が大きくなっており、各λでも上部に分布している。「強軸変形なし」は、変位差が大きくなっているものもみられるが、これは芯材塑性化部端部が局部変形したことが原因である。ここから、変位差の値は強軸変形と関連しているといえる。

4) 塑性化部長さ比

芯材長さが同じ時、塑性化部長さ比l_C/l_Bを大きくするとλが大きくなる。8.3.3.2)で前述

Table 8.1 Local deformed position and strong axis deformation number

Number of specimens	Local deformation position			Deformation in the strong axis direction
	Edge	Center	Other	
59	39	7	6	7

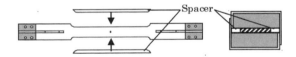

(a) Plan of core plate　(b) section view

Fig 8.7　Examples of reinforcement in the strong axial direction

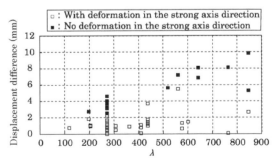

Fig 8.8　Displacement difference -λ relationship

したように、λが大きくなると高次の座屈モードが形成され拘束材との摩擦力が上昇し、αが上昇する（Fig.8.6 (b)）。αが大きくなることで、早期に局部変形を起こし、ブレース接合部の損傷に繋がるため、l_C/l_Bを大きくすることは避ける必要がある。αの上昇を抑え終局状態を引張破断にするためには、l_C/l_Bを30〜50%程度とするのが適当である。

5) 幅厚比

芯材幅に対する芯材厚さの比を幅厚比と呼ぶ。幅厚比を大きくすると、局部変形が早期に発生し、性能が低下する。一方、幅厚比を小さくすると、強軸変形が大きくなる。幅厚比の小さな芯材（幅厚比：4、4.7）の実験を行い、強軸変形で終了している結果が報告されている。局部変形、強軸変形を抑え引張破断させるには、幅厚比を6〜8程度（芯材塑性化部に絞りを加え、強軸方向へスペーサーを入れた場合）とする。

また、芯材塑性化部と弾性部での接合部係数を考慮する。弾性部の降伏耐力が芯材塑性化部の降伏耐力の1.5倍以上になるような弾性部の断面積として、弾性部の幅厚比を決める。

6) 降伏応力度

ωを大きくするには終局状態だけでなく、芯材の強度も影響する。そのため、芯材に用いる鋼材の降伏応力度$σ_y$についても考慮する必要がある。Fig.8.9にω-$σ_y$関係を示す。ばらつきがあるものの、$σ_y$が小さくなるに従って、ωの値は大きくなる傾向があるが、できるだけ$σ_y$の小さい鋼材（$σ_y<300N/mm^2$）を用いる必要がある。$σ_y<300N/mm^2$のときω>1500まで大きくなっている試験体があるので、ωを大きくするために$σ_y=300N/mm^2$を最大の値とする。また、建築構造用圧延鋼材（SN400B）の設計基準強度である$235N/mm^2$を最小値として、$235<σ_y<300N/mm^2$を$σ_y$の範囲とする。

7) クリアランス

弱軸方向のクリアランスが小さいほどωは大きくなる。一方、あまりにクリアランスが小さすぎると、拘束材も圧縮力を負担するためαが大きくなる。また、クリアランスが大きくなると芯材の一部で弱軸方向の変形が大きくなり、早期に局部変形を起こす。このため、クリアランスを適切に設ける必要がある。

芯材は圧縮時にポアソン比の影響で断面積が大きくなる。クリアランスを決定するには、ポアソン比を考慮する必要がある。次式にポアソン比と芯材塑性化部幅または厚さの変形量の関係式を示す。

$$\Delta d = \nu d \frac{\Delta l_c}{l_c} \quad (8.4)$$

ここに、Δdは芯材塑性化部幅（または厚さ）変形量、dは芯材塑性化部幅（または厚さ）、Δl_cは芯材塑性化部変形量、l_cは芯材塑性化部長さ、νはポアソン比（=0.5）。

(8.4)式を用いて圧縮時の芯材塑性化部の幅または厚さの変形量を求める。求めた変形量が芯材幅、厚さの増加分になるので、クリアランスはΔd以上をとるものとする。また、クリアランス比（クリアランス/芯材厚）は、10〜15%（弱軸両面側のクリアランスの合計）が適切である。

8) リブ貫入長さ

リブ貫入長さが長くなると、l_C/l_Bが小さくなる。l_C/l_Bが小さくなると、層間変形角に対する軸歪量が大きくなってしまうので、早期に局部変形を起こしやすくなる。また、リブ貫入長さが短くなるとリブ端部での首折れを起こしやすくなる。

Table8.2に既往の研究で行ったリブ貫入長さ比の小さい（9%）BRBSMの実験結果を示す。いずれも端部での首折れはしていないが、軸歪3.0%初期または軸歪3.0%に足らない段階で局

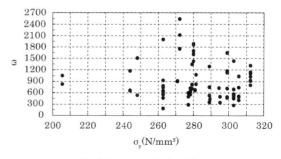

Fig 8.9 ω-$σ_y$ relationship

部変形している。端部の首折れを抑えるため、リブ貫入長さ比を10〜20%程度とすることが適当である。

9) 芯材塑性化部断面形状

芯材の断面を十字として平鋼にリブを溶接した場合、溶接溶け込み不良や熱影響により芯材断面に欠陥が生じてしまい、この部分を起点として早期に亀裂が生じてしまう。芯材塑性化部を平鋼とすることで芯材の早期破壊を避ける。

8.3.5 分析まとめ

既往の研究の分析結果をTable8.3にまとめる。この結果を踏まえ、ωが大きくなる条件を満たすBRBSMの性能確認実験を行う。

8.4 試験体

8.4.1 試験体の設定

Rは局部変形を抑えるために6以上とする。

Table 8.2 Rib penetration length ratio, experimental process and ω relationship

Specimens	Rib penetration length ratio (%)	Experimental process			ω
		Axial strain ε	Times	State	
No.3	9	2.5%	1	compression	438
No.7		2.0%	1	compression	275
No.8		3.0%	1	compression	575

Table 8.3 Summary of analysis results

Restraining index : R	6 < R
r part	Yes
Strong axial reinforcement	Round steel or spacer
Plastic zone length ratio	30〜50%
Width-thickness ratio	6〜8
Yield stress : σ_y	$235 < \sigma_y < 300 N/mm^2$
Clearance ratio	10〜15%
Rib penetration length ratio	10〜20%
Core plate section	Flat steel

芯材塑性化部には端部への変形を抑えるため絞りを設け、空いたスペースにはスペーサーを入れる。l_C/l_Bはαの上昇を抑えるために50%以下として、30〜50%の範囲で変化させる。幅厚比は6〜8の範囲とする。芯材に用いる鋼材のσ_yはできるだけ$300N/mm^2$未満とする。クリアランス比は芯材のポアソン比、座屈モードを考慮し10〜15%とする。リブ貫入長さは端部の首折れを抑えるため、10〜20%とする。芯材断面は芯材の早期破壊を防ぐため平鋼とする。

8.4.2 試験体のパラメータ

試験体一覧をTable8.4、試験体断面図をFig.8.4（b）、試験体平面図をFig.8.10に示す。芯材は平鋼を用い、端部には補強リブを設け、十字断面の形状とする。Fig.8.11に芯材端部の詳細図を示す。拘束材となる二つの鋼モルタル板は芯材を挟み込む形で隅肉溶接して一体化させる。芯材長さは1785mm、芯材塑性化部の形状は全て厚さ12mm、幅84mmとし、幅厚比は7.0とする。

芯材塑性化部には絞りを設け、塑性化部中央両面には拘束材のずれを抑える10mm×10mm×高さ20mmのずれ止めを設ける。芯材弱軸方向

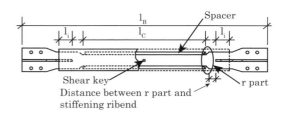

Fig 8.10 Top view of specimen

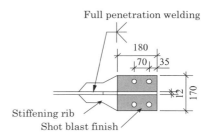

Fig 8.11 Detailed view of core plate end

Table 8.4　List of specimens

Specimens	Core Plate						Steel mortar plank				R
	Dimension (mm)	Cross section area (mm^2)	P_y (kN)	Core plate length (mm)	Plastic zone length (mm)	Plastic zone length ratio (%)	Height (mm)	Width (mm)	$I \times 10^4$ (mm^4)	P_E (kN)	
8-A	12×84	1008	308	1785	892	50	82	159.2	312	1980	6.4
8-B					536	30	106		540	3427	11.1
8-C			298		714	40	82		312	1980	6.6
8-D					536	30	95		426	2701	9.1
8-E			298		892	50	95		426	2701	9.1
8-F					714	40	95		426	2701	9.1

Table 8.5　Material test results

Specimens	Core Plate					Mortar
	Plate thickness (mm)	Yield stress σ_y (N/mm^2)	Tensile strength (N/mm^2)	Elongation (%)	Yield strain (%)	Compressive strength (N/mm^2)
8-A,B	12	308	420	73	0.162	72.5
8-C,D	12	298	415	72	0.165	64.1
8-E,F	12	298	417	71	0.158	71

Table 8.6　Parameter of specimens

Specimens	R	Plastic zone length ratio (%)	Rib penetration length ratio (%)
8-A	6.5	50	17
8-B	11	30	28
8-C	6.5	40	21
8-D	9	30	28
8-E	9	50	10
8-F	9	40	21

には1mmのクリアランスを確保するためクリアランス調整材を貼付け、強軸方向にはφ11の丸鋼、絞り部分へはスペーサーを入れ、芯材とスペーサーの間にクリアランスを1mm確保する（クリアランス調整材は貼付けない）。スペーサーは芯材の厚さと同じ厚さの鋼板から切り出して製作する。

　全ての試験体の芯材の材質はSN400B、スペーサーおよび鋼モルタル板の溝形鋼（板厚：3.2mm）の材質はSS400とする。

　芯材とモルタルの機械的性質をTable8.5に示す。芯材の降伏耐力P_yは、Table8.5の降伏応力度に断面積を乗じて算出する。

　Rおよびl_C/l_B、リブ貫入長さ比を変化させた試験体とし、試験体パラメータをTable8.6に示す。

8.5 載荷計画

実験装置および載荷パターンは2章と同様とし、8-F試験体についてのみ、l_C/l_B 50%の試験体と同等の層間変形角として載荷をする。

各試験体の芯材の軸歪と層間変形角の関係をTable8.7に示す。層間変形角をl_C/l_B 50%の試験体に合わせ大きくした試験体として8-F試験体の載荷を行う。

載荷最大軸歪（軸歪3.0%、8-F試験体のみ軸歪3.73%）では、試験体の耐力が最大耐力の80%に低下または引張破断するまで行う。

8.6 実験結果

各試験体の実験経過、最終状態をTable8.8に、降伏耐力比P/P_yとεの関係をFig.8.12に示す。

芯材最終状態をFig.8.13に示す。8-A試験体は補強リブ端部で局部変形を起こしている。その他の試験体は、芯材中央部において局部変形および引張破断をしている。局部変形および引張破断を起こしている部分を丸印で示す。

Table 8.7 Axial strain of core plate and interstory deformation angle

Loading strain ε (%)	Interstory deformation angle					Loading strain (%)	Interstory deformation angle
	8-a	8-b	8-c	8-d	8-e		8-f
$\varepsilon_y/3$	1/1667	1/2724	1/2153	1/2724	1/1667	$0.38\varepsilon_y$	1/1667
$2\varepsilon_y/3$	1/833	1/1362	1/1064	1/1362	1/833	$0.76\varepsilon_y$	1/833
0.25	1/400	1/586	1/454	1/586	1/400	0.30	1/400
0.50	1/200	1/317	1/242	1/317	1/200	0.61	1/200
0.75	1/133	1/217	1/165	1/217	1/133	0.92	1/133
1.00	1/100	1/165	1/125	1/165	1/100	1.23	1/100
1.50	1/67	1/112	1/84	1/112	1/67	1.86	1/67
2.00	1/50	1/84	1/64	1/84	1/50	2.48	1/50
2.50	1/40	1/68	1/51	1/68	1/40	3.11	1/40
3.00	1/33	1/57	1/43	1/57	1/33	3.73	1/33

Table 8.8 Experimental process and final state

Specimens	Experimental process			Final state	position
	Axial strain	Times	State		
8-A	3.00%	5	compression	Local deformation	Lower end
8-B	3.00%	16	Tension	Tension fracture	Center
8-C	3.00%	9	compression	Local deformation	Center
8-D	3.00%	18	Tension	Tension fracture	Center
8-E	3.00%	8	Tension	Tension fracture	Center
8-F	3.73%	4	compression	Local deformation	Center

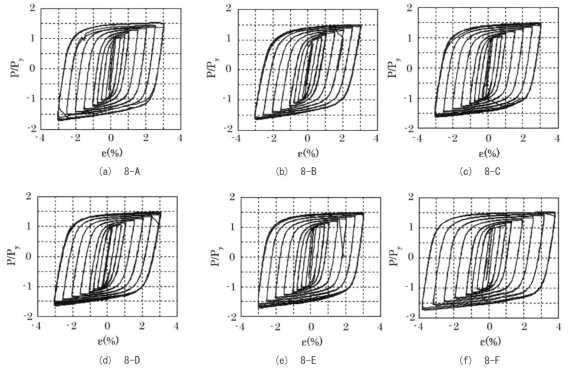

Fig 8.12　P/P$_y$-ε relationships

8.7　復元力特性

　全ての試験体において安定した紡錘形の復元力特性を示す。降伏耐力比は引張側では1.5程度、圧縮側では1.6〜1.7程度となっており、各試験体で圧縮側が大きくなっている。

　8-C試験体は軸歪3.0%8回目圧縮時に耐力が低下したが、80%まで低下がみられなかったので載荷を続けた。引張側では最大耐力まで耐力が上がらず、軸歪3.0%9回目圧縮時に芯材中央部で局部変形を起こし、耐力が最大耐力の80%まで低下したため載荷を終了した。この試験体は、引張破断した試験体にくらべRが小さいため局部変形が先行している。

　8-E試験体は軸歪3.0%6回目引張時の軸歪2.5%付近で耐力低下がみられたが、芯材が破断に至らなかったので載荷を続けた。圧縮時には耐力の低下はみられない。その後、軸歪3.0%8回目引張時に芯材が引張破断を起こして載荷を終了した。

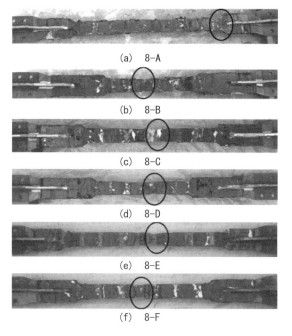

Fig 8.13　Failure mode status of core plates

8-F試験体は軸歪3.73%4回目引張時で耐力の低下がみられたが、芯材が引張破断に至らなかったので載荷を続けた。その後、軸歪3.73%4回目圧縮時に芯材中央部で局部変形を起こし、耐力が最大耐力の80%まで低下したため載荷を終了した。

8.8 性能評価

実験結果と既往の研究のωとRの関係をFig.8.14に、累積塑性歪エネルギーE_tとωの値をTable 8.9に示す。8-A、F試験体以外の試験体で、$\omega > 1200$となっている。

8-A試験体はωが一番低い値となり、リブ端部が局部変形している（Fig.8.13）。この試験体は、芯材塑性化部の絞り部分のr部と補強リブ端部の位置が一致していることが原因で、軸応力が端部に集中し局部変形したためである。芯材r部と補強リブ端部の距離だけが異なる8-E試験体では、芯材塑性化部端部での局部変形はみられない。芯材r部と補強リブ端部の距離は性能に影響を与えることが分かる。

8-C試験体は8-A試験体と同様に局部変形をしていたが、変形位置が芯材塑性化部中央部となっている。このことから、軸応力が端部には集中していなかったことが分かる。Table 8.9から$\omega = 1341$となっており性能を十分に満たしている。

8-F試験体は8-A試験体と同様に$\omega < 1200$となっている。この試験体は、他の試験体よりも芯材の軸歪が大きく、圧縮側での耐力の上昇も顕著にみられる。これにより、ωが若干小さくなる。

8.9 拘束指標

8-B試験体と8-D試験体を比較すると、Rが11の8-B試験体よりもRが9の8-D試験体の方がωの値が大きい。この要因としては、$R > 6$の範囲ではωは十分に大きいため、ωはRに比例して大きくならず、一方ばらつきは大きくなる。また、既往の研究の分析では、σ_yが小さいほどωは大きくなる傾向があり、わずかではあるがσ_yが小さいことも関係している可能性がある。

8-C試験体の終局状態は芯材塑性化部中央部で局部変形している。この試験体はRが足りず、局部変形を起こしている。しかし、ωは大きくなっており、$6 < R$ならば十分に性能を満たすことができる。

Rが9の8-F試験体では、拘束が十分であったにもかかわらず局部変形をしている。これは、圧縮時において芯材塑性化部の座屈モードを形成した一部に、軸応力が集中し局部変形したからである。

Table 8.9 Performance evaluation

Specimens	E_t (kN·m)	ω
8-A	400	986
8-B	447	1860
8-C	419	1341
8-D	507	2162
8-E	491	1264
8-F	360	1159

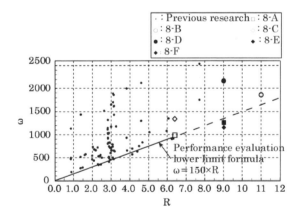

Fig 8.14 ω-R relationship

8.10 圧縮引張耐力比

各試験体の最大軸歪時のαをFig.8.15、圧縮引張最大時のαをTable8.10に示す。Fig.8.15は最大軸歪時（軸歪3%、8-F試験体のみ軸歪3.73%）の繰返しごとにαを算出したもので、Table8.10は最大圧縮耐力を最大引張耐力で除したものである。

8-C試験体は8回目載荷時にαが大きく下がっている。8回目圧縮時の最大軸歪直前で耐力が若干低下したが、最大耐力の80%までの低下はみられなかったので載荷を続けた結果、圧縮時での耐力が上がらずαが小さい値となっている。

8-E試験体では軸歪3%7回目のαが1.15を超えている。7回目引張時の最大軸歪直前に耐力が低下したが、最大耐力の80%まで低下していなかったので載荷を続けた。その結果、引張時での耐力が上がらずαが大きい値となる。

8-C試験体以外の全ての試験体で、αが1.1を超えてから終局を迎えている。8-A試験体と8-E試験体はl_C/l_Bが大きいため、3%1回目で既にαが1.1を超えている。8-F試験体では最大軸歪が3.73%と他の試験体よりも大きいので、圧縮時に耐力が上昇しαが大きくなる。αを上昇させないためには、芯材の一部への軸歪集中を抑える、また強軸変形を抑える必要がある。

Table8.10から8-A〜E試験体の中で8-A試験体、8-E試験体が圧縮引張最大時のαが大きくなっている。この原因として、l_C/l_Bが他の試験体にくらべて大きいため拘束材との摩擦が大きくなり、圧縮側での耐力が上昇し、αが大きくなったことがあげられる。

8.11 芯材端部の影響

芯材の軸歪が大きな8-F試験体以外の試験体の中で、芯材塑性化部端部で局部変形した8-A試験体のみがωが1200以下となっている。このことから、早期の耐力低下を防ぐためには芯材塑性化部端部への応力の集中を避けることが重要である。

8-A試験体を8-C試験体、8-E試験体と比較すると、8-C試験体と8-E試験体は補強リブ端部とr部を離しているため、芯材塑性化部端部への応力の集中は少ない。8-C試験体はr部から90mm補強リブ端部を離している。8-E試験体はr部から60mm補強リブ端部を離している。8-A試験体の補強リブ端部とr部の位置を基準として考えると、8-C試験体は絞り部を補強リブ端部から芯材中央部側へ移動させ、8-E試験体は補強リブを短くしr部から離したことにより、補強リブ端部とr部の距離を確保できている。どちらの試験体も芯材塑性化部端部での局部変形はみられない。

Table 8.10 Maximum compression to tension strength ratio

Specimens	Maximum Compression-to-tension strength ratio
8-A	1.13
8-B	1.09
8-C	1.09
8-D	1.11
8-E	1.14
8-F	1.13

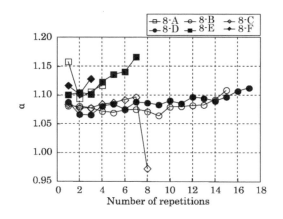

Fig 8.15　α at maximum axial strain

8.12 芯材塑性化部における絞りの有効性

過去の研究では、強軸方向へ丸鋼のみを入れているBRBSMがほとんどである。しかし、丸鋼のみでは強軸変形し、安定してエネルギー吸収を出来ない可能性がある。

Table8.11に本実験の変位差（8.3.4.3 参照）を示す。8-B試験体から8-F試験体は、ほとんど変位差がなく軸方向変形をしている。8-A試験体は変位差の値が大きくなっている。強軸方向の拘束の少ない芯材塑性化部端部が局部変形していたため、変位差が大きくなる。解体後の芯材を見ると8-A試験体以外の試験体において、芯材の強軸方向への変形を確認できない。

Fig.8.8と本実験結果を比較すると、λ＜400の範囲では「強軸変形なし」の変位差2mm程度が一番大きな値となっており、変位差の小さな試験体がほとんどである。試験体8-B～Fは、この範囲の中でも比較的変位差が小さく、強軸方向への変形はほとんどない。

以上から、芯材に絞りを設けることによって、スペーサーを取付け、強軸変形を補強することができる。また、Fig.8.13から変形を中央部に集中させることができ、芯材塑性化部端部での局部変形や引張破断を防ぐことができる。

8.13 芯材の軸歪

層間変形角をl_C/l_B 50%のBRBSMと同等とした8-F試験体とその他の試験体を比較し、芯材の軸歪を大きくしたときの影響を確認する。

8-F試験体は最大軸歪3.73%まで載荷をしているため、他の試験体よりも圧縮時に耐力が高くなっている。Fig.8.14から、最大軸歪2回目では、αが8-A試験体や8-E試験体と同じ1.1程度だが、3回目の載荷では1.13となり、αが最も大きくなっている。芯材の軸歪を大きくすることで、芯材の弱軸方向の変形が増幅し、芯材と拘束材との間の摩擦力が大きくなる。このことから、圧縮時の耐力が上昇しαが大きくなり、早期に終局に至っている。

Table 8.11 Maximum displacement difference of the displacement meter

Specimens	Maximum displacement differenceo (mm)
8-A	6.03
8-B	1
8-C	0.74
8-D	1.04
8-E	0.6
8-F	0.47

8.14 累積塑性歪エネルギー率の大きなBRBSMの要件

8.14.1 芯材の設計

芯材断面形状は平板とし、塑性化部には絞りを加える。絞り部分にはスペーサーを入れ強軸方向を補強する。芯材に用いる鋼材のσ_yは300N/mm²未満、BRBSMが負担するせん断力の値が確定しているため、断面積Aを決定する。芯材塑性化部長さはl_C/l_B 50%を基準として決定する。芯材塑性化部の幅厚比は6～8とする。芯材塑性化部に絞りを設ける場合、芯材r部と補強リブ端部の距離を確保する必要がある。

8.14.2 拘束材の設計

拘束材は6＜Rとする。ただし、必要以上にRを大きくすると、拘束材の断面が過度に大きくなるので、注意すべきである。また、弱軸方向、強軸方向のクリアランスを決定する。弱軸方向は、クリアランス比を10～15%とする。強軸方向は、ポアソン比を考慮しクリアランスを決める。更に、リブ貫入長さ比を10～20%とする。鋼モルタル板は決定したRにより、P_yは既に決まっているので、逆算をしP_Eを求める。断面二次モーメントIはオイラー座屈荷重式を展開した（8.5）式より求める。

$$I = \frac{P_E l_B{}^2}{\pi^2 E} \tag{8.5}$$

求めたIになるように鋼モルタル板の断面寸法を決める。このとき、モルタルのヤング係数は溝形鋼のヤング係数の1/20とする。

以上の方法により、ωが大きなBRBSMを実現することができる。

8.15 結

累積塑性歪エネルギー率ωの大きなBRBSMを目指して既往の研究を分析し、試験体を製作して確認実験を行った。また、分析結果と実験結果を踏まえ、ωの大きなBRBSMの要件として、以下の知見を得た。

(1) 既往の研究の分析結果から、ωを大きくするためには拘束指標Rを6.0より大きくすること、圧縮引張耐力比αの上昇を抑えること、芯材塑性化部に絞りをつけること、強軸方向にスペーサーを入れることが必要である。また、塑性化部長さ比l_C/l_B、幅厚比、鋼材の降伏応力度、芯材と拘束材のクリアランス、リブ貫入長さ、芯材断面形状も重要である。

(2) 分析結果をもとにBRBSMを製作し実験を行った結果、ω＞1200の性能を有し、α＜1.15となるBRBSMが実現できることを確認した。

(3) 分析結果および実験結果から、ωの大きなBRBSMの要件を示した。この要件を満足するBRBSMを設計することで、ωの大きなBRBSMを作ることができる。

引用・参考文献

1) 累積塑性歪エネルギー率の大きな座屈拘束ブレースの研究（STUDY ON BUCKLING-RESTRAINED BRACES HAVING LARGE CUMULATIVE PLASTIC STRAIN ENERGY RATIO）、飯塚亮太、小谷野一尚、緑川光正、岩田衛（日本建築学会構造系論文集、第701号、pp.1015-1023、2014.7)

2) The buckling-restrained brace having high structural performance、岩田衛、緑川光正、小谷野一尚（The International Colloquium on Stability and Dactility of Steel Structures, pp.767-774、2016.5)

3) Buckling-restraied brace with high structural performance、岩田衛、緑川光正、小谷野一尚（Berlin Steel Construction-Design and Research, 2018.2)

第9章
BRBSMの疲労性能

9.1 序

　座屈拘束ブレース（BRB）は、中低層建築物では主に耐震部材として、超高層および高層建築物では主に制振部材として適用されることが多い。特に、制振部材の適用に際しては、疲労性能を把握しておくことが重要である。

　BRBの疲労性能については、大中地震を想定した低サイクル疲労の研究は多く進められてきてはいるが、小地震や長周期長継続時間の地震動、風外力を想定した回数の多い疲労性能の研究はほとんど行われてきていない。多種多様な外的要因に対して、塑性域全体での疲労性能を確認しておく必要がある。

　小塑性歪振幅領域における大中地震を想定し、歪振幅0.5%～2.5%、更に、巨大地震を想定した3%を超える歪振幅、および小地震や長周期継続地震動、風外力を想定した降伏歪よりやや大きい歪振幅（降伏歪ε_yの1.1倍、1.5倍）における疲労性能を確認する。また、エネルギー吸収性能を左右する拘束指標Rを小さくした場合の一定歪振幅繰返し載荷による疲労実験を行い、BRBSMにおける基本タイプと高性能タイプの塑性域全体での疲労線図を完成させる。これを踏まえて、耐用回数N_fや破断および局部変形位置、累積塑性歪エネルギー率ω、圧縮引張耐力比α、拘束指標Rについて、基本タイプと高性能タイプの詳細考察を行う。

9.2 基本タイプと高性能タイプ

　BRBSMは、芯材を拘束材で両側から挟みこんでおり、基本タイプと高性能タイプは、Fig.9.1に示すように芯材に相違がある。

　基本タイプの芯材は、塑性化部および接合部まで全長の幅を一定とすることができるため製作が容易であり、高性能タイプに比べ幅を小さくすることができる。強軸回りには丸鋼を入れる。両端部のリブの断面により剛性を調整することができ、リブの長さによって塑性化部の長さを調整することができる。塑性化部にリブを溶接するため、熱影響部が発生する。

　高性能タイプはエネルギー吸収性能を高くするために塑性化部の両端部に絞りを設け（R部）、塑性化部からリブ溶接による熱影響部を無くし、空いたスペースに強軸回りの変形を抑制するためのスペーサーを設けている。基本タイプと同様にリブの断面によって剛性を調整できる。塑性化部の長さはR部の位置によって調整することが可能である。

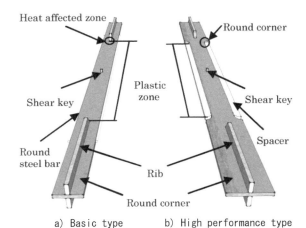

Fig.9.1　Core plates of BRBSM

9.3 試験体

試験体の機械的性質をTable9.1に、基本タイプおよび高性能タイプ試験体の平面図、断面図をFig.9.2に示す。

試験体は、基本タイプ（Bシリーズ）のB40、B30、B30r、B20、B15、B05、B15E、B15Er、B11Eの計9体および高性能タイプ（Hシリーズ）のH55、H45、H40、H30、H30r、H25、H20、H05、H15E、H15Er、H11Eの計11体。合計20体とする。

試験体名の数字は歪振幅（％）を表し、Eが

Table 9.1　Specimen specifications

	Specimens	Core plate (SN400B)							Resraining part						Mortar
		Dimension (mm)	Cross section area (mm^2)	Width thickness ratio	σ_y (N/mm^2)	P_y (kN)	Core plate length (mm)	Plastic zone length (mm)	Height (mm)	Width (mm)	Thickness (mm)	$I \times 10^3$ (mm^4)	P_E (kN)	Restraining index $R(=P_E/P_y)$	compressive strength (N/mm^2)
Basic type	9-B40	16×112	1792	7.0	289	518	2351	1251	116.0	139.2	3.2	440	1610	3.1	75.0
	9-B30														
	9-B30r				315	564			80.0			177	646	1.1	66.2
	9-B20				295	529			116.0			440	1610		88.9
	9-B15	16×176	2816	11.0	299	842			118.0	203.2		684	2505	3.0	40.7
	9-B05														
	9-B15E				300	538			116.0			440	1610		71.3
	9-B15Er	16×112	1792	7.0	315	564			80.0	139.2		177	646	1.1	66.2
	9-B11E				289	518			116.0			440	1610	1.1	75.4
High performance type	9-H55				289	518	2351	1176	164.0	181.2	3.2	1299	4755	9.2	75.0
	9-H45														
	9-H40				291	521								9.1	71.0
	9-H30														
	9-H30r	16×112	1792	7.0	315	564			144.0			937	3428	6.1	62.6
	9-H25				295	529								9.0	68.5
	9-H20				291	521			164.0			1299	4755	9.1	71.0
	9-H05				289	518								9.2	75.4
	9-H15E														
	9-15Er				315	564			144.0			937	3428	6.1	62.6
	9-11E				289	518			164.0			1299	4755	9.2	75.4

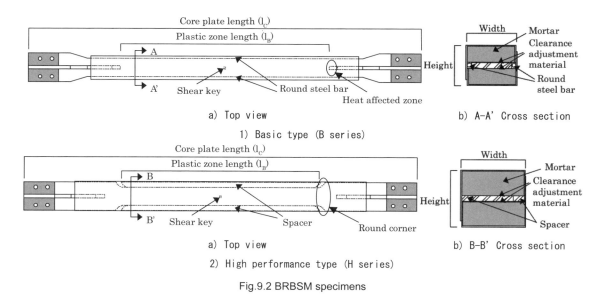

Fig.9.2 BRBSM specimens

付いた試験体の数字は降伏歪ε_yの係数倍を表す。rが付いた試験体は拘束指標Rが他試験体よりも小さいことを表す。両シリーズ試験体ともに、芯材長さl_Bは2351mm、クリアランスを確保するためのクリアランス調整材は1mmとし、芯材両面に貼付する。

疲労実験のε-N曲線を求める場合には同じ材質の鋼材を用いるが、実際に製品として使用する際には全て同じ材質に揃えるのは困難であると考え、バラつきによる影響を加味できるように、試験体を製作する都度に違う材質の鋼材を用いる。また、できるだけ局部変形ではなく引張破断になるように、B15、B05以外のモルタルの強度を大きくしている。

9.3.1 基本タイプ（Bシリーズ）

塑性化部長さl_Cを1251mmとし、塑性化部断面は幅112mm、厚さ16mm、幅厚比7.0、および幅176mm、厚さ16mm、幅厚比11.0とする。拘束指標Rは3.0前後とする。Rを小さくしたB30r、B15ErはRを1.2前後とする。実験治具との関係から高力ボルト孔を確保するために端部の接合部分は拡幅している。

9.3.2 高性能タイプ（Hシリーズ）

塑性化部長さを1176mmとし、塑性化部断面は幅112mm、厚さ16mm、幅厚比7.0とする。高いエネルギー吸収性能を得るために、拘束指標Rは9.0前後とし、Rを小さくしたH30r、H15Erは6.0前後とする。

9.4 載荷計画

Fig.9.3に実験装置を示す。1000kN水平アクチュエータを用い、載荷装置は柱脚部をピン支持とし、試験体の設置角は45度とする。

所定の歪振幅による疲労性能を確認するために、軸方向変位制御により一定歪振幅繰返し載荷とする。エネルギーを吸収する塑性域のみとし、Bシリーズは歪振幅4.0%、3.0%、2.0%、1.5%、0.5%、0.22%および0.23%（=1.5ε_y）、0.15%（=1.1ε_y）、Hシリーズは歪振幅5.5%、

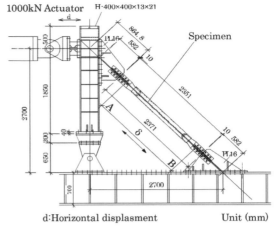

Fig.9.3 Loading equipment

4.5%、4.0%、3.0%、2.5%、2.0%、0.5%、0.21%および0.23%（=1.5ε_y）、0.15%（=1.1ε_y）で載荷する。ここで、1.5ε_yで歪振幅が若干異なるのは降伏応力度σ_yが異なるためである。

歪振幅3.0%を超える試験体はそれまでの実験結果からどの程度まで耐えられるのかを想定して歪振幅を決めている。降伏歪ε_y付近については、鋼材によって降伏応力度σ_yのバラつきがあるため、若干の余裕を持ってε_yの1.1倍と1.5倍で行うこととしている。

芯材の軸歪は、スプライスプレートを取り付ける接合部、およびリブが取り付く部分は十分な剛性を有しているため弾性範囲とし、塑性化部のみが塑性変形をするものとして、変形量の和から算出する。

試験体や治具のならしのために軸歪1/3ε_yの載荷を1回行った後、軸歪0.5%および1.0%を1回ずつ行い（B05およびB15、H05は所定の歪振幅の半分を1回、B15E、B15Er、B11E、H15E、H15Er、H11Eは、1/3ε_yから直接）、所定の歪振幅において、耐力が最大耐力の80%まで低下、または引張破断するまで繰返し載荷をする。この直前までの繰返し数を耐用回数N_tとする。

疲労実験では所定の歪振幅のみを繰り返すが、本実験では座屈挙動をならすために所定の歪振幅までに小さい軸歪を数回繰り返している。このような載荷をしても、所定の歪振幅よ

り小さい軸歪のため、実験結果に影響しないと考える。回数は所定の歪振幅のみを数える。

試験体の軸方向変形量δは、芯材の第一ボルト間（Fig.9.3、AB間）の試験体手前と奥側に変位計を設置し測定を行い、その平均値とする。

9.5 復元力特性

各試験体の降伏耐力比P/P_yと芯材の軸歪εの関係をFig.9.4に示す。各試験体とも引張破断もしくは局部変形するまで、安定した復元力特性を示している。

H15Er以外の試験体でポアソン比の影響により引張よりも圧縮で降伏耐力比が大きくなっている。軸歪4.0%以上のB40、H55、H45、H40の圧縮で荷重が上昇しているのは、歪振幅3.0%を基準にして強軸回りのクリアランスを一定の1mmとして設計しているために、ポアソン比の影響で芯材が丸鋼およびスペーサーを介して拘束材と接触し摩擦力が大きくなったことに起因する。

H30rはピーク付近で特に圧縮荷重が上昇しているが、これは拘束材がずれ止めからずり下がり、Fig.9.5に示す外部ギャップがなくなり拘束材とリブが当たったことによる。H55のピーク付近で剛性が変化して高くなっているが、これは圧縮時に拘束材内部のモルタルとリブが接触しないように軸歪変形量分の空隙を設けている内部ギャップが接触したためである。また、降伏歪ε_y付近のB15E、B15Er、B11E、H15E、H15Er、H11Eは若干であるが降伏しているのが分かる。

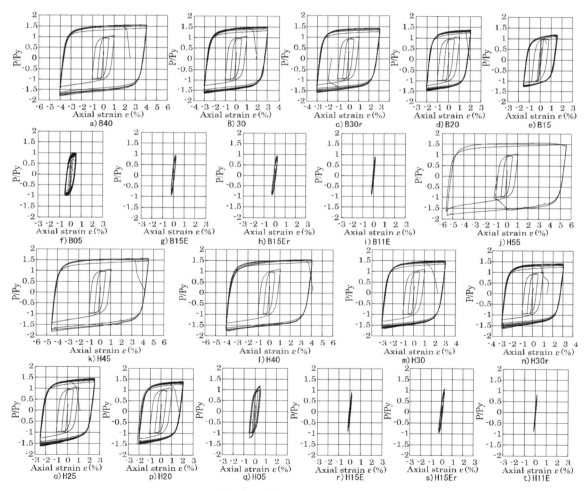

Fig.9.4　P/P_y-ε　relationships

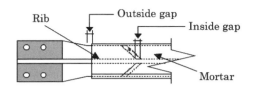

Fig.9.5　Gap (Inside, Outside)

9.6　最終状態

各試験体の最終状況をTable9.2に、芯材最終状態をFig.9.6に示す。Fig.9.6に示すように、多くの試験体の芯材最終状態は引張破断である。B30r、H55は、Fig.9.7a)のような局部変形となった。これは、芯材の局部的な座屈を拘束材が抑えることができなくなったため生じたものである。また、B30rは、B30に比べてRを小さくしたため、同じ歪振幅3.0%でも局部変形をしている。H55はRを9.2と大きくしたが、歪振幅5.5%という特に大きな変形量であったからと考える。

Table 9.2　Failure mode status

Specimens	Axial strain (%)	Loading cycles	Failure mode status	Failure position	
9-B40	4.0	6	Tension fracture	Base metal	Center
9-B30	3.0	11	Tension fracture	Base metal	Center
9-B30r	3.0	9	Local deformation	Base metal	Center
9-B20	2.0	18	Tension fracture	Heat affected zone	Lower
9-B15	1.5	45	Tension fracture	Heat affected zone	
9-B05	0.5	523	Tension fracture	Heat affected zone	
9-B15E	0.22 ($1.5\varepsilon_y$)	1799	Tension fracture	Heat affected zone	Upper
9-B15Er	0.23 ($1.5\varepsilon_y$)	2862	Tension fracture	Heat affected zone	Upper
9-B11E	0.15 ($1.1\varepsilon_y$)	3671	Tension fracture	Heat affected zone	Upper
9-H55	5.5	3	Local deformation	Base metal	Center
9-H45	4.5	4	Tension fracture	Base metal	Center
9-H40	4.0	6	Tension fracture	Base metal	Center
9-H30	3.0	15	Tension fracture	Round corner	Upper
9-H30r	3.0	9	Tension fracture	Base metal	Center
9-H25	2.5	18	Tension fracture		Lower
9-H20	2.0	31	Tension fracture		Lower
9-H05	0.5	926	Tension fracture		Lower
9-H15E	0.22 ($1.5\varepsilon_y$)	12158	Tension fracture	Round corner	Upper
9-15Er	0.23 ($1.5\varepsilon_y$)	4737	Tension fracture	Round corner	Lower
9-11E	0.15 ($1.1\varepsilon_y$)	17265	Tension fracture	Round corner	Lower

Specimens	Upper　　Failure mode status　　Lower
B40	
B30	
B30r	
B20	
B15	
B05	
B15E	
B15Er	
B11E	
B55	
B45	
B40	
B30	
B30r	
B25	
B20	
B05	
B15E	
B15Er	
B11E	

(Solid line Tension fracture, Dashed line Local deformation)

Fig.9.6　Failure position

a) Local deformation
ex. B30r

b) Tension fracture
(Heat affected zone)
ex. B15Er

c) Tension fracture
(Round corner)
ex. H15Er

Fig.9.7　Local deformation and tension fracture

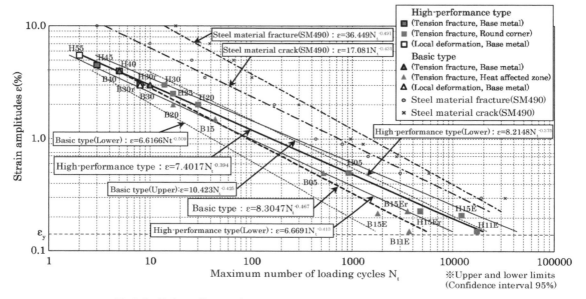

Fig.9.8　Fatigue diagram (strain amplitudes ε -Tolerable loading cycles N_t)

9.7　疲労性能

Table9.3に各試験体の耐用回数N_t、Fig.9.8に疲労線図（歪振幅ε（%）と耐用回数N_tの関係）を両対数軸上に近似曲線で示す。近似曲線の歪振幅εと耐用回数N_tは両タイプともに両対数軸上で線形関係になっている。これにより、BRBSMの基本タイプと高性能タイプの塑性域での疲労性能を推定することができる。降伏応力度σ_y等が違う材質の鋼材を用いる場合や、引張破断、局部変形といった最終状態が違う場合でも、疲労線図にのることが分かる。

基本タイプと高性能タイプの傾きは同じではない。以下に基本タイプと高性能タイプの疲労曲線の式を示す。

基本タイプ　　　$\varepsilon = 8.3047 N_t^{-0.467}$　　(9.1)

高性能タイプ　　$\varepsilon = 7.4017 N_t^{-0.394}$　　(9.2)

ここで、εは歪振幅、N_tは耐用回数。

耐用回数において、歪振幅3.0%以上では耐用回数N_tに違いがあまり見られない。歪振幅3.0%未満では歪振幅が小さくなるほど耐用回数N_tの差が大きくなる。これは後述する引張破断の位置によることが大きい。風外力の影響が大きい超高層および高層建築物では、基本タイプより高性能タイプの方が適している。

SM490鋼材の素材疲労試験から得られた塑性域における亀裂発生寿命と破断寿命のε-N曲線をFig.9.8に示す。鋼素材の亀裂発生寿命と基本タイプおよび高性能タイプの疲労式から得

Table 9.3 Maximum number of loading cycles N_t and energy absorbing performance

Specimens	Maximum number of loading cycles N_t	Cumulative plastic strain energy E_t (kN·m)	Cumulative plastic strain energy ratio ω	Compression-to-tension strength ratio α
9-B40	5	804	880	1.14
9-B30	10	1083	1185	1.10
9-B30r	8	846	780	1.12
9-B20	17	1051	1104	1.07
9-B15	44	2542	1654	1.07
9-B05	522	5916	3850	1.02
9-B15E	1798	1987	2019	1.00
9-B15Er	2861	3832	3532	1.01
9-B11E	3670	3552	4137	1.00
9-H55	2	397	462	1.17
9-H45	3	569	663	1.15
9-H40	5	744	855	1.14
9-H30	14	1340	1541	1.10
9-H30r	8	830	814	1.15
9-H25	17	1288	1440	1.12
9-H20	30	1652	1899	1.08
9-H05	925	5532	6444	1.03
9-H15E	12157	12062	14050	1.02
9-15Er	4736	5644	5534	0.89
9-11E	17264	5959	6941	1.08

られた耐用回数N_tを比較すると、大きな歪振幅である3.0%では鋼素材が57回、基本タイプが9回で約1/6、高性能タイプが10回で約1/6となる。小さな歪振幅である0.3%では鋼素材が11922回、基本タイプが1231回で約1/10、高性能タイプが3,406回で約1/4となり、歪振幅やタイプによって相違はあるが小さな値となっている。高次の座屈モードが存在するBRBSMは、中央から塑性化部端部に向かうに従い平均軸歪の負担が大きくなり、局部的な歪みが大きくなっていること、および断面変化のある塑性化部端部に応力集中するのが原因であると考える。

基本タイプと高性能タイプの各疲労曲線の信頼区間95%の上限式および下限式をFig.9.8に示す。上下限式から外れている試験体はないため、十分信頼性のある疲労線図となっている。

9.8 引張破断および局部変形位置

Fig.9.6中に引張破断の位置を丸印実線、局部変形の位置を丸印破線で示す。B40、B30、B30r、H55、H45、H40、H30rは中央部付近、B20、B15、B05、B15E、B15Er、B11Eはリブ溶接影響部の上端側もしくは下端側、H30、H25、H20、H05、H15E、H15Er、H11Eは塑性化部端部（r部）の上端側もしくは下端側で、引張破断もしくは局部変形をしている。

基本タイプと高性能タイプともに、歪振幅3.0%を境に引張破断および局部変形の位置が異なる。

最終状態において、両タイプともに歪振幅3.0%以上では芯材中央部付近で引張破断および局部変形しており、母材の疲労性能によって決まる。芯材形状の違いのみである基本タイプと高性能タイプでは耐用回数N_tに差がみられない。

歪振幅3.0%未満では、軸方向の断面変化によって応力が集中する位置で引張破断をしている。応力が集中している位置は、基本タイプと高性能タイプで異なる。基本タイプは、Fig.9.7b)のようにリブ溶接による熱影響部に応力が集中している。高性能タイプは、Fig.9.7c)のように芯材塑性化部を絞った軸方向の断面が変化する端部（r部）に応力が集中している。これにより、芯材形状によって引張破断位置が異なることが分かる。塑性化部を絞った端部（r部）よりも、リブ溶接による熱影響部の疲労性能が低く、基本タイプと高性能タイプとで耐用回数N_tに差が生じている。

9.9 累積塑性歪エネルギー率

Table9.3に、実験結果より求めた各試験体の累積塑性歪エネルギーE_tと累積塑性歪エネルギー率ωを示す。Fig.9.9にωと拘束指標Rの関係と、これまでに提案したωの下限値を表す性能評価下限式を合わせて示す。この性能評価下限式は軸歪3.0%までの引張力と圧縮力の交番繰返し載荷によって得られたものであり、本章

の載荷方法とは異なるため単純には比較できないが性能評価の目安とするため参考に記載している。歪振幅3.0%までの試験体のωは性能評価下限式を上回り、高いエネルギー吸収性能を示している。歪振幅3.0%以上のH55、H45、H40、H30r試験体のωは性能評価下限式より小さい値である。

Fig.9.10にωと耐用回数N_t、および歪振幅εの関係を示す。歪振幅1.5%を超える試験体では、耐用回数N_tが多いほど、歪振幅が小さいほどωは大きくなっており、相関性があるのが分かる。しかし、歪振幅0.5%以下の試験体においては相関性が見られず、基本タイプよりも高性能タイプのωが高くなっている。これは引張破断位置であるリブ溶接による熱影響部および塑性化部を絞った端部（r部）の違いによる疲労性能の差によることが大きい。

9.10 圧縮引張耐力比

Table9.3に圧縮引張耐力比αを示す。圧縮引張耐力比αは、圧縮耐力P_Cを引張耐力P_Tで除した値である。

基本タイプと高性能タイプに関係なく、歪振幅が大きい試験体ほど圧縮引張耐力比αも大きくなっている。ポアソン比の影響で芯材の断面が変形していることにより、引張時よりも圧縮時の方が大きくなっている。柱や梁に取付けるガセットプレート等の接合部を設計する際に気をつける必要がある。

9.11 拘束指標

同じ歪振幅で拘束指標Rを小さくした試験体について載荷を行っている。歪振幅3.0%では、B30よりもB30rが、H30よりもH30rが耐用回数N_tおよび累積塑性歪エネルギー率ωともに小さくなっている。歪振幅0.21～0.23%（=1.5ε_y）では、H15EよりもH15Erが耐用回数N_tおよびωともに小さくなっているが、B15EよりもB15Er の方が耐用回数N_tおよびωともに大きくなっている。小さい歪振幅では芯材に座屈モードが発生しないため、Rの影響はないと考える。

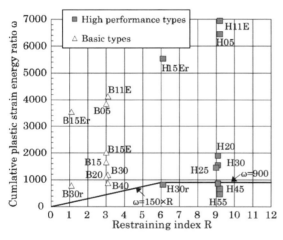

Fig.9.9 ω-R relationship

9.12 結

BRBSMを対象に、基本タイプと高性能タイプにおいて、一定歪振幅繰返し載荷実験を行った結果、以下の知見を得た。

(1) 基本タイプと高性能タイプともに、塑性域での歪振幅εと耐用回数N_tの関係は両対数軸で線形関係になる。これにより、BRBSMの疲労性能を推定することができる。

(2) 基本タイプと高性能タイプともに、歪振幅3.0%以上では母材の疲労性能で決まるた

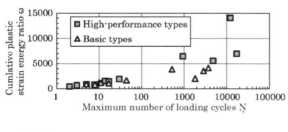
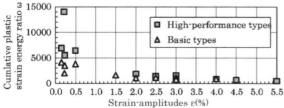

Fig.9.10 ω−Nt and ε relationships

め、両タイプの耐用回数N_tおよび累積塑性歪エネルギー率ωにほとんど差がみられない。
(3) 基本タイプと高性能タイプともに、歪振幅3.0%未満では応力が集中する箇所の形状によって疲労性能は決まる。基本タイプはリブ溶接の熱影響部、高性能タイプは塑性化部を絞った端部（r部）である。耐用回数N_tおよび累積塑性歪エネルギー率ωともに高性能タイプの方が優れている。
(4) 基本タイプより疲労性能が高い高性能タイプでも、鋼素材の疲労性能と比較して、耐用回数N_tは歪振幅3.0%で約1/6回、歪振幅0.3%で1/4回となり、少ない回数となる。
(5) 基本タイプは歪振幅4.0%で5回、高性能タイプは歪振幅5.5%で2回、4.5%で3回、4.0%で5回と両タイプともに高軸歪にも耐える性能を示した。
(6) 基本タイプと高性能タイプともに、歪振幅3.0%以下の累積塑性歪エネルギー率ωは性能評価下限式を上回り、十分なエネルギー吸収性能を示す。
(7) 基本タイプと高性能タイプともに、歪振幅εが大きくなるほど圧縮引張耐力比αも大きくなることを確認した。

引用・参考文献
1) 鋼モルタル板を用いた座屈拘束ブレースの疲労性能の研究（FATIGUE PERFORMANCE OF THE BUCKLING-RESTRAINED BRACE USING STEEL MORTAR PLANKS）、小谷野一尚、中込忠男、緑川光正、岩田衛（日本建築学会構造系論文集、第736号、pp.921-928、2017.6）
2) 疲労性能の高い座屈拘束ブレースの研究（STUDY ON THE BUCKLING-RESTRAINED BRACE HAVING HIGH FATIGUE PERFORMANCE）、小谷野一尚、宮川和明、小出秀一、喜多村亘、岩田衛（日本建築学会技術報告集、第47号、pp.137-140、2015.2）
3) 座屈拘束ブレースの小塑性歪振幅における疲労性能の研究（FATIGUE PERFORMANCE OF THE BUCKLING-RESTRAINED BRACE IN THE SMALL PLASTIC STRAIN AMPLITUDE）、小谷野一尚、小出秀一、中込忠男、緑川光正、岩田衛（日本建築学会技術報告集、第50号、pp.115-119、2016.2）

第10章
BRBSMの降伏耐力と軸剛性の調整

10.1 序

BRBの利用は、主として鋼構造に用いられる損傷制御構造に留まらず鉄筋コンクリート構造の耐震補強にまで及んでいる。この場合、BRBには、高い軸剛性と低い降伏耐力、言い換えると小さい降伏変位が要求される。しかしながら、BRBの軸剛性と降伏耐力は、共に芯材の断面積に比例するため、独立させて制御することが難しい。低降伏点鋼を用いることで、軸剛性を維持したまま降伏耐力を低下させることが可能であるが、低降伏点鋼の種類は限られているため、細かな調節はできない。

軸剛性を向上させて、且つ、降伏耐力を低下させるためには、芯材の塑性化部長さを短くし、芯材塑性化部長さ比を極端に小さくする(絞りと呼ぶ)方法があるが、この方法による調節範囲は限られる。また、芯材塑性化部長さを短くしすぎると、その歪が過大になり、性能が低下することも考えられる。(6章参照)

両端部ディテールの設計に自由度があるBRBSMの利点を活かし、軸剛性を向上させる方法としてFig.10.1に示すような端部に鋼板(増厚板と呼ぶ)を溶接したBRBSMを発案した。この方法を用いれば、BRBSMの降伏耐力および軸剛性の調節の自由度を向上させることが可能である。

増厚板を用いたBRBSMの実用性について検討を行う。まず、降伏耐力および軸剛性に関する計算式を整理する。次いで、計算式を用いて、増厚板溶接による軸剛性向上方法の有効性について検討を行う。その結果を踏まえて、既往の研究で用いられてきた、芯材塑性化部が無加工、および絞りを加えて降伏耐力を落としたタイプ(タイプA)、芯材塑性化部を短くして軸剛性を向上させたタイプ(タイプB)に加え、増厚板を溶接したタイプ(タイプC)の試験体を製作する。これら3つのタイプの比較実験を行い、性能を明らかにする。

10.2 軸剛性の計算式

10.2.1 計算式の設定

BRBSMの降伏耐力P_yは、芯材塑性化部の断面積Aが決定すれば、素材試験などで求められる降伏応力度σ_yによって次式で表すことができる。

$$P_y = \sigma_y A \qquad (10.1)$$

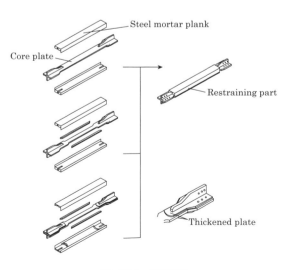

Fig.10.1　BRBSM

次に、軸方向で断面積の変化するBRBSMの軸剛性計算式を提示する。通常の設計では、BRBSMの軸剛性はFig.10.2に示すように柱梁芯間の距離で評価される。しかしながら、柱梁芯間の距離は本体の設計に密接に関連し、一概に例を定めるのは難しい。また、通常ガセットプレートを含む躯体部分は、BRBSMと比較すると非常に剛に造られる。加えて、増厚板によりBRBSMの軸剛性がどの程度向上するか明らかにすることを主な目的としている。よって、軸剛性の計算式は、Fig.10.3のような数個の直列弾性バネの軸剛性と見なして部材レベルで考え、次式とする。

$$K_c = 1 \Big/ \sum_{i=1}^{n} \left(1/K_i \right) \quad (10.2)$$

$$K_i = E_s \cdot (\beta_{i-1} \cdot A) / (\alpha_i \cdot l) \quad (10.3)$$

ここで、Nは軸方向の断面の異なる部位の数、K_iは第i番要素の軸方向弾性剛性、E_sはヤング係数（$2.05×10^5 N/mm^2$）、$\alpha_i l$は第i番要素の軸方向長さ、$\beta_{i-1} A$は第i番要素の軸方向断面積（$\beta_0 = 1$）。

10.2.2 軸剛性計算式の検討

断面積の変化するBRBSMの軸剛性について、芯材を何分割して計算すれば精度よい値を得られるか検討した例はない。また、軸剛性計算値と軸剛性実験値を比較した研究も、一様形状の芯材について検討した研究がある程度でほとんど行われていない。そこで、この2点について検討を行い、軸剛性計算式の実用性について考察する。

精密な計算と比較しても、誤差が少ない最小の分割数nを考える。BRBSMの芯材の断面積は、軸方向に対してFig.10.2のように変化する。ここでは、最小の分割数の検討として、（弾性部＋接合部）と塑性化部、（弾性部＋接合部）とした3分割、および接合部、弾性部、塑性化部、弾性部、接合部とした5分割を検討する。

精密な軸剛性の計算にあたっては、芯材端部片側をFig.10.4のように16分割し、芯材塑性化部と合わせて33分割とする。ここで、勾配部分については、Fig.10.5のように長方形断面に置き換えて計算を行う。

軸剛性計算に用いる芯材には、過去の研究で最も多く使用されている芯材長さ2351mm、芯材塑性化部断面積2816mm²の試験体を用いる。それぞれの分割数に応じて、計算に必要となる芯材長さに対する塑性化部長さの比をTable10.1に、芯材端部断面積比をTable10.2に示す。またヤング係数は$2.05×10^5 N/mm^2$とする。

Table10.3に各分割数における軸剛性計算値を示す。各分割数の軸剛性計算値の比較から、芯材分割数が3だと端部断面積の過大評価により、軸剛性計算値の誤差が精密計算に比べて約

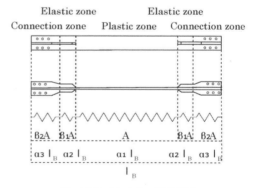

Fig.10.3 Modeling BRBSM

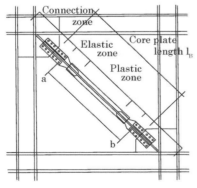

Fig.10.2 Overall view

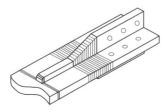

Fig.10.4 Core plate end

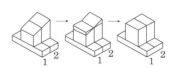

Fig.10.5 Replacement of cross section of gradient part

Table 10.1 Core plate material length ratio at each division number

n	a_1	a_2	a_3	a_4	a_5	a_6	a_7	a_8	a_9	a_{10}	a_{11}	a_{12}	a_{13}	a_{14}	a_{15}	a_{16}	a_{17}
3	0.532	0.234	-	-	-	-	-	-	-	-	-	-	-	-	-	-	-
5	0.532	0.085	0.150	-	-	-	-	-	-	-	-	-	-	-	-	-	-
33	0.532	0.005	0.005	0.005	0.005	0.064	0.004	0.004	0.004	0.004	0.004	0.004	0.004	0.004	0.004	0.004	0.106

n: Core plate division number　　a_i: Core plate length ratio

Table 10.2 Core plate material end cross-sectional area ratio at each division number

n	β_0	β_1	β_2	β_3	β_4	β_5	β_6	β_7	β_8	β_9	β_{10}	β_{11}	β_{12}	β_{13}	β_{14}	β_{15}	β_{16}
3	1.000	4.250	-	-	-	-	-	-	-	-	-	-	-	-	-	-	-
5	1.000	1.690	4.250	-	-	-	-	-	-	-	-	-	-	-	-	-	-
33	1.000	1.172	1.172	1.516	1..516	1.688	1.739	1.739	1.842	1.842	1.945	1.945	2.048	2.048	2.152	2.152	4.249

n: Core plate division number　　β_i: Core plate end sectional area ratio

Table 10.3 Comparison of axial stiffness calculation values at each division number

n	$_nK$(N/mm)	$_nK/_{33}K$	Error(%)
3	382354	1.143	14.3
5	349274	1.044	4.4
33	334555	1.000	

n: Core plate division number

$_nK$: Axial stiffness when core plate is divided into n

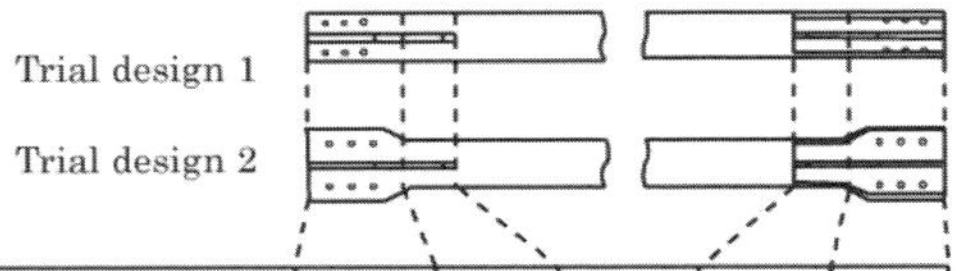

Fig.10.6 Shape of shaft stiffness and yield strength study model

14%となるが、芯材分割数が5の場合、その誤差は約4%まで少なくなる。よって、当タイプのBRBSMの軸剛性を計算する際に、芯材の分割数を5に設定すれば、数%の誤差で精密な計算に近い値を得ることができる。

10.2.3　軸剛性計算値と実験値の比較

タイプ、形状等が異なる既往の研究の芯材について軸剛性計算値を算出し、実験値と比較を行う。軸剛性の計算は、芯材を5分割し(10.2)式を用いて行う。ここで、分割した芯材の軸方向に連続した勾配がある場合はFig.10.5のように長方形断面に置き換えて計算し、一部に勾配がある場合は、各分割断面内の断面積の最大値を用いて計算を行う。芯材を5分割した際の軸剛性計算式は次式で表すことができる。

$$K_C = \frac{EA}{l_B}\left(\frac{\beta_1\beta_2}{\alpha_1\beta_1\beta_2+2\alpha_2\beta_2+2\alpha_3\beta_1}\right) \quad (10.4)$$

E_sはヤング係数（2.05×10^5N/mm^2）、Aは、芯材塑性化部断面積、l_Bは芯材長さ、α_1は芯材塑性化部長さ比（芯材塑性化部長さ/芯材長さ）、α_2は芯材弾性部長さ比（芯材弾性部長さ/芯材長さ）、α_3は芯材接合部長さ比（芯材接合部長さ/芯材長さ）、β_1は芯材弾性部断面積比（芯材弾性部断面積/A）、β_2は芯材接合部断面積比（芯材接合部断面積/A）。

軸剛性実験値は、実験で得られた履歴ループの弾性部（降伏耐力の2/3までの範囲）を線形近似して、その傾きから求める。ここで、軸剛性実験値は、軸剛性計算値が芯材全長で計算されているものの、実験治具およびスプライスプレートの接合される試験体接合部の変形が極めて微小であると考えられるため、Fig.10.2に示すa点とb点間の距離（1931mm）の変位を試験体両側で測定し、その平均値から求めている。軸剛性の比較に用いる試験体、計算に必要な値、および対象とする試験体の概要、軸剛性計算値、軸剛性実験値をTable10.4に示す。

10-A、B、C試験体は同形の芯材で製作され

Table 10.4 Results of examination of axial stiffness in test bodies of past studies

Specimens	l_B (mm)	A (mm^2)	$α_1$	$2α_2$	$2α_3$	$β_1$	$β_2$	Clearance adjustment material	K_C (kN/mm)	K_E (kN/mm)	K_E/K_C	Error (%)
10-A	2351	2816	0.53	0.17	0.30	1.69	4.25	Clearance adjustment material thickness : 0mm	349	350	1.00	0.39
10-B	2351	2816	0.53	0.17	0.30	1.67	4.25	Clearance adjustment material thickness : 1mm	349	344	0.99	1.50
10-C	2351	2816	0.53	0.17	0.30	1.69	4.25	Clearance adjustment material thickness : 3mm	349	340	0.97	2.65
10-D	2351	1024	0.53	0.17	0.30	1.69	11	Clearance adjustment material thickness : 1mm	135	129	0.96	4.46
10-E	2351	2904	0.53	0.17	0.30	1.39	4.13	Clearance adjustment material thickness : 2mm	348	336	0.97	3.50
10-F	2351	2816	0.30	0.17	0.30	1.47	4.25	Clearance adjustment material thickness : 1mm	506	484	0.96	4.17
10-G	2351	891	0.53	0.22	0.36	1.54	10.4	Clearance adjustment material thickness : 1mm	184	184	1.00	0.33
10-H	2351	2816	0.53	0.17	0.30	1.52	4.25	Clearance adjustment material thickness : 1mm	344	347	1.01	0.99
10-I	2351	1680	0.49	0.21	0.30	3.06	7.12	Clearance adjustment material thickness : 1mm	244	228	0.93	6.49

K_C: Axial stiffness calculation value (×10^{3}N/mm)　　K_E: Axial stiffness experiment value (×10^{3}N/mm)

ているが、クリアランス調整材の厚さがそれぞれ0、1、3mmと異なっている。計算値と実験値の誤差は、3体とも10%以内に収まっているものの、クリアランス調整材厚さ0mmの10-A試験体の軸剛性は、他の2体に比べて若干高くなっている。これは、クリアランス調整材によるクリアランスが存在しないため、芯材とモルタルが接触して軸剛性が高くなっている。

10-D、10-E試験体は、芯材塑性化部を絞ったタイプAの試験体であり、10-F試験体は10-A試験体の塑性化部長さl_Cを短くしたタイプBの試験体、10-G試験体は10-B試験体を縮小したタイプBの試験体である。これらの芯材長さl_Bや形状が異なる試験体についても、計算値と実験値は誤差10%以内に収まっている。

また、芯材に低降伏点鋼(LYP225)を使用している10-H、10-I試験体についても誤差は10%以内に収まっている。このことから、鋼種が異なっても(10.4)式が使用できる。

以上の結果より、BRBSMの芯材の軸剛性は、(10.4)式を用いることで、クリアランス、長さ、形状、鋼種といったパラメータの異なる場合でも、実験値と比較して誤差10%以内で計算できる。よって、試験体の製作、検討にあたっても(10.4)式を用いて行う。

10.3　増厚板による効果

10.3.1　芯材塑性化部長さ

発案したタイプCの芯材は、タイプBの芯材よりも、芯材塑性化部を長く保ちながら軸剛性を向上できる利点を持つ。そこで、タイプBとタイプCの芯材について2通りの試設計を行い、タイプCを用いることでタイプBより芯材塑性化部長さをどの程度長く保てるかを検討する。試設計の概要を以下に、試設計で用いる芯材をFig.10.6に示す。

1) 試設計1

タイプB、タイプCともに芯材端部の幅厚比が11の場合について増厚板の効果を検討する。

2) 試設計2

タイプB、タイプCともに芯材端部の幅厚比が15.6の場合について増厚板の効果を検討する。

試設計を行うにあたって以下の条件を設定する。

a) 芯材塑性化部長さ比$α_1$は、0.4、0.3、02、0.1の4通りを検討する。$α_1$を減少させた際、その差分は芯材接合部長さ比$α_3$に加える。

b) 芯材塑性化部の幅厚比は4〜11の8通りとする。

c) 芯材長さl_Bは2351mmとする。

d) 使用する鋼材はSN400Bを想定し、その降伏応力度は290N/mm^2、ヤング係数は

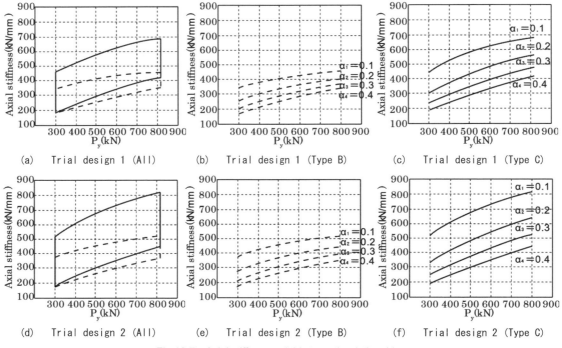

Fig.10.7 Axial stiffness - yield strength relationships

Table 10.5 Increase of ratio of core plate material plasticized part when thickened plate studies

(a) Trial design 1 (b) Trial design 2

		Axial stiffness (kN/mm)								Axial stiffness (kN/mm)					
		200	250	300	350	400	450	500		200	250	300	350	400	450	500
Width-thickness Ratio	4	0.06	0.06	0.06	0.07	-	-	-	4	0.06	0.06	0.07	-	-	-	-
	5	-	0.07	0.08	0.08	0.08	-	-	5	-	0.07	0.08	0.08	-	-	-
	6	-	-	0.09	0.1	0.1	-	-	6	-	-	0.09	0.1	0.11	-	-
	7	-	-	-	0.11	0.12	0.12	-	7	-	-	-	0.12	0.13	-	-
	8	-	-	-	0.11	0.13	0.13	-	8	-	-	-	-	0.14	0.15	-
	9	-	-	-	-	0.14	0.16	0.17	9	-	-	-	-	-	0.17	-
	10	-	-	-	-	-	0.17	0.19	10	-	-	-	-	-	0.21	-
	11	-	-	-	-	-	0.18	0.21	11	-	-	-	-	-	0.24	-

$2.05 \times 10^5 \mathrm{N/mm^2}$ とする。

　試設計から得られた軸剛性-降伏耐力関係を、横軸に降伏耐力、a_1をパラメータにしてFig.10.7に示す。Fig.10.7の(a)、(d)は調節範囲全体を、(b)、(c)はタイプBの調節範囲詳細を、(c)、(f)はタイプCの調節範囲詳細を示したものである。なお、点線はタイプBを表し、実線はタイプCを表す。Fig.10.7が示すように、タイプCを用いた場線はタイプBを表し、実線はタイプCを表す。Fig.10.7が示すように、タイプCを用いた場合、軸剛性と降伏耐力の調節範囲はタイプBのおよそ2倍になる。

　また、タイプCを用いることで、大きくできる芯材塑性化部比をTable10.5に示す。試設計1において、幅厚比11で軸剛性500kN/mmの芯材を製作する場合、タイプCの芯材を用いると、タイプBの芯材と比較してa_1を0.21大きくできる。また、同様に試設計2においても、幅

厚比11で軸剛性450kN/mmの芯材を製作する場合、タイプCを用いると、タイプBの芯材と比較して$α_1$を0.24大きくすることが可能である。

ただし、試設計1、2ともに幅厚比が6前後になると、タイプCを用いても、タイプBと比較して大きくできる$α_1$が0.1を下回る傾向がある。これは、幅厚比の減少が大きくなると、増厚板による剛性向上効果よりも、芯材塑性化部の断面積の減少による剛性低下の影響が大きくなるためである。

以上のことから、同じ軸剛性の芯材を製作する際、タイプCを用いると、タイプBよりも最大で0.2以上$α_1$を大きくできる。ただし、大きくできる$α_1$は、芯材塑性化部幅厚比の減少と共に低下し、芯材塑性化部幅厚比が6前後で0.1を下回る程度に低下することに留意する必要がある。

10.3.2 疲労性能

芯材塑性化部長さの減少による疲労性能の低下について検討し、増厚板を用いて芯材塑性化部長さを保つことでBRBSMの疲労性能がどれだけ維持されるかを検討する。疲労性能の検討は、次式とする。

$$N_f = \left(\frac{\Delta\varepsilon_a}{(20.48/\alpha)}\right)^{\frac{1}{0.49}} \quad (10.5)$$

N_fは破断繰返し回数、$\Delta\varepsilon_a$は歪振幅、$α$は集中率（塑性化部長さ／（芯材全長-接合部長さ））。ここで、歪振幅算出のために芯材塑性化部歪の計算式を提示する。既往の研究の実験モデルと同じく、ブレースが組み込まれた中小建築物が水平力を受け、せん断変形した場合を想定する。この時、軸方向変位δと水平変位dの間には次の関係が成り立つ。

$$\delta = d\cos\theta \quad (10.6)$$

よって、層間変形角γは次のように表せる。

$$\gamma = \frac{\delta}{H\cos\theta} \quad (10.7)$$

また、このとき芯材のδは、塑性下部と弾性部の和となるので次式のように表せる。

$$\delta = \varepsilon \cdot \alpha_1 L + \frac{\sigma_y}{\beta \cdot E}(1-\alpha_1)L \quad (10.8)$$

よって、(10.7)、(10.8)式より芯材塑性化部歪は次式のように表すことができる。

$$\varepsilon = \frac{\gamma\cos\theta\sin\theta - \sigma_y/\beta \cdot E(1-\alpha_1)}{\alpha_1} \quad (10.9)$$

(10.9)式のθについて、BRBSMの水平変位はHに対して極めて微小であると考えられる。よってその傾きによって変化するθも極めて微小であるので、θはBRBSMの設置角度（45°）とする。また、芯材塑性化部歪を求めるために必要な(10.9)式の$α_1$、γといった値は次のように設定する。

1) 集中率αは、接合部長さ（=弾性部長さ+接合部長さ）とし、塑性化部の長さに関わらず1を用いる。

2) $α_1$（芯材塑性化部長さl_C／芯材長さl_B）は0.5～0.1の場合について0.05刻みで用い、βは既往の研究で最も多く使用されている芯材の芯材端部断面積比である4.25を用いる。

3) γは0.005（層間変形角1/200rad）、0.01（層間変形角1/100rad）を用いる。

4) 鋼材の性質はSN400Bを想定し、その降伏応力度は290N/mm^2、ヤング係数は2.05×10^5N/mm^{2}とする。

このときの芯材塑性化部歪、破断繰返し回数をTable10.6に示す。層間変形角1/100rad相当、1/200rad相当のどちらの場合でも、$α_1$が

Table 10.6 Core plate material plasticizing part · Fracture repetition number

γ	$α_1$	ε	N_f	γ	$α_1$	ε	N_f
0.005	0.50	0.47	1124	0.01	0.50	0.97	254.2
0.005	0.45	0.51	919.7	0.01	0.45	1.07	206.5
0.005	0.40	0.58	733.6	0.01	0.40	1.20	163.5
0.005	0.35	0.65	567	0.01	0.35	1.37	125.4
0.005	0.30	0.76	420.2	0.01	0.30	1.59	92.2
0.005	0.25	0.90	294.1	0.01	0.25	1.90	64
0.005	0.20	1.12	189.4	0.01	0.20	2.37	40.9
0.005	0.15	1.48	106.9	0.01	0.15	3.14	22.9
0.005	0.10	2.20	47.4	0.01	0.10	4.70	10.1

γ：Interstory deformation angle

N_f：Fracture repetition number

減少するごとに、芯材の破断繰返し回数の減少が大きくなることが分かる。特に、a_1が0.35以下の範囲では、a_1が0.1減少すると、その疲労性能は約1/2になる。

10.3.1で検討した結果から、芯材塑性化部の幅厚比が6以上あるタイプCの芯材は、タイプBの芯材と比較してa_1を約0.1大きくすることが可能である。よって、芯材塑性化部の幅厚比が6以上あるタイプCの芯材は、a_1が0.35以下の範囲において、同じ軸剛性を持つタイプBの芯材と比較して、約2倍の疲労性能を持たせることが可能である。

10.4 実験計画

実際にタイプA、タイプB、タイプC試験体を製作し、芯材形状の変化による軸剛性、降伏変位、性能の変化を確認する。試験体一覧をTable10.7に示す。表中の軸剛性K_cの欄のかっこ内の数値はタイプA試験体の軸剛性を100とした時の、各試験体の軸剛性の比率である。試験体の軸剛性算出には（10.4）式を用いる。

芯材の降伏耐力P_yは（10.1）式より算出し、P_Eはオイラー座屈荷重式から算出する。ただし、拘束材の断面2次モーメント算出にあたっては、モルタルの寄与を考慮する。すなわち、モルタルのヤング係数は鋼の約1/10であり、BRBSMが圧縮力を受ける場合、芯材の座屈は圧縮側のモルタルのみで補剛されると考え、モルタル分として鋼の1/20を考慮する。座屈長さは拘束材長さ（l_S=1605mm）を用いる。

10.5 試験体

1) タイプA

芯材塑性化部は、Fig.10.1にも示した通り、絞りのない幅厚比11を用いる。

2) タイプB

タイプA試験体と同形の芯材の芯材塑性化部に絞りを加えて製作する。その幅厚比については、前節での検討を加味し、増厚板の効果を低下させすぎないように6.6とする。芯材に絞りを加えたことで、その軸剛性はタイプA試験体の約69%になるが、降伏耐力も低くなるため、降伏変位は0.36mmほど小さくなっている。

3) タイプC

タイプB試験体と同形の芯材の端部両面に増厚板（PL-16mm）を隅肉溶接した試験体である。降伏耐力はタイプB試験体と同じであるが、軸剛性はタイプB試験体と比較すると20%弱高くなっており、降伏変位も3体の中で最も小さい1.47mmとなっている。試験体の芯材と増厚板の材質はSN400B、鋼モルタル板の材質はSS400とする。

全ての試験体の芯材全周にはクリアランス調整材を設ける。これにより芯材弱軸方向には1mmのクリアランスが存在する。また、補強リブ、増厚板とモルタルの接触部分にはウレタン（厚さ40mm）を配置して芯材とモルタルが接触することを防止する。芯材強軸方向には丸鋼を配置することで変形を防止する。ただし、芯材に絞りがある試験体では、絞りがある区間に丸鋼の変わりにスペーサーを配置して変形を防止する。

Table 10.7　List of specimens

Specimens	Core Plate							Steel mortar plank				Clearance (mm)	R (P_E/P_y)	K_c (kN/mm)	δ_y (mm)
	$a_1 l_B$ (mm)	Thickness (mm)	width (mm)	A (mm²)	σ_y (N/mm²)	P_y (kN)	Width-thickness Ratio	Width (mm)	Height (mm)	I×10⁴ (mm⁴)	P_E (kN)				
Type A	1313	16	176	2816	272	765	11	203.2	61	947	3468	1.0	9.5	354(100)	2.13
Type B	940	16	105	1680	272	457	6.6	203.2	61	947	3468	1.0	15.8	243(69)	1.77
Type C	940	16	105	1680	272	457	6.6	203.2	61	947	3468	1.0	15.8	301(85)	1.47

10.6 載荷計画

芯材に生じる軸歪1.0%を層間変形角1/100rad相当、3.0%を層間変形角1/33rad相当として扱っている。しかし、タイプBとタイプCの芯材塑性化部長さが既往の研究と異なる。そのため、試験体に生じる軸歪は層間変形角の1/2であり、試験体の塑性化部長さを1/2とすると、芯材の塑性化部に生じる歪は、ほぼ層間変形角と同じになるといった仮定が成立しない。よって、（10.7）式のδに載荷時の軸変位を代入し、θ=45°を用いて相当する層間変形角を求める。各歪時の相当層間変形角をTable10.8に示す。

実験装置、載荷パターンは2、3章で述べたように、既往の研究通り行い、軸歪3.0%載荷は試験体の耐力が低下するまで行う。なお、芯材の歪は、測定区間の軸方向変位から算出した歪を指し、軸方向変位を芯材塑性化部長さで除して相当する歪を算出している。載荷時の軸方向変位の測定は、既往の研究同様、第一ボルト間（1871 mm）の変位を試験体両側で測定し、その平均値とする。

10.7 実験結果

各試験体の最大耐力および最終状況をTable10.9に示す。またP/P$_y$とε関係をFig.10.8に示す。

実験後、拘束材を解体し芯材の状況を確認する。芯材写真をFig.10.9に示す。タイプA試験体は芯材中央部で、タイプB試験体とタイプC試験体は芯材下部で、それぞれ破断していた。解体した鋼モルタル板の状態から、芯材が破断する前は高次の座屈モードが描かれていたことが推測できる。しかし、今回の実験は全ての試験体が軸歪3.0%を多く繰返し最終的に引張破断で実験を終了した。そのため芯材自体には座屈モードが顕著に残っておらず、座屈モードの次数は確認できない。

10.8 復元力特性

タイプA試験体とタイプB試験体が軸歪3.0%を18回、タイプC試験体が軸歪3.0%を22回繰返した。タイプC試験体の圧縮における軸歪3.0%時の耐力上昇は、解体後の拘束材の様子から、増厚板とモルタルとの間のウレタンがすり切れたことにより、両者が接触して起こっている。しかし、その点を除くと、いずれの試験体においても、芯材が引張破断する直前まで安定した紡錘形の復元力特性を示す。既往の研究と比較すると、全ての試験体において軸歪3.0%の載荷回数が多くなるが、これは最終状況が引張破断であったためである。

Table 10.8 Interstory deformation angle

Loading strain ε (%)	Type A	Type B	Type C
ε$_y$/3	1/2691	1/3450	1/3885
2ε$_y$/3	1/1345	1/1725	1/1942
0.25	1/519	1/690	1/739
0.50	1/274	1/373	1/387
0.75	0/186	1/256	1/262
1.00	1/141	1/194	1/198
1.50	1/95	1/132	1/133
2.00	1/71	1/99	1/100
2.50	1/57	1/80	1/80
3.00	1/47	1/67	1/67

Table 10.9 Loading process

Specimens	Experimental process			Maximum strength (kN)	
	Axial strain ε	Times	State	Tension	compression
Type A	3.00%	18	Tension	1148.5	1298.2
Type B	3.00%	18	Tension	690.2	737.5
Type C	3.00%	22	Tension	698.9	863.8

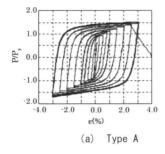
(a) Type A

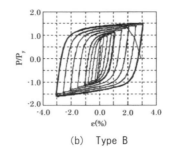
(b) Type B

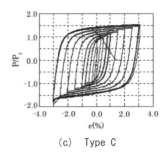
(c) Type C

Fig.10.8 P/P_y-ε relationships

Specimens	Tension fracture position	Core plate after loading	Restraining part
TypeA			
TypeB			
TypeC			

Fig.10.9 Final mode status of core plates

10.9 軸剛性

実験で得られた履歴ループの弾性部を線形近似して求めた実験値の軸剛性をFig.10.10に、軸剛性実験値、軸剛性計算値、ならびに軸剛性計算に使用した芯材塑性化部長さ比$α_i$、芯材断面積比$β_i$をTable10.10に示す。

タイプC試験体の軸剛性計算値と軸剛性実験値の誤差が、他の2体の試験体と比べて大きくなっている。これは、端部の大きいタイプC試験体では、芯材接合部断面積比$β_2$部分の誤差が他の2体の試験体と比べて大きくなるためである。しかし、全ての試験体において軸剛性計算値と実験値は誤差10%以内に収まっており、増厚板を溶接した芯材の軸剛性についても(10.4)式で設計することが可能である。

軸剛性の向上効果については、増厚板を用いたタイプC試験体の軸剛性がタイプB試験体と比較して約13%高くなる。これは、タイプB試験体が芯材塑性化部長さを芯材長さに対して更に、8.74%短くするのと同等の軸剛性向上効果となり、増厚板を用いる方法での軸剛性向上が確認できる。

10.10 降伏変位

実験で得られた履歴ループから降伏変位を求める。ただし、実験で得られた履歴ループのみでは、降伏点付近が曲線になり、その判別が難しくなるため、降伏耐力の判定には降伏耐力の評価方法(荷重-変形関係において、最大耐力の点を通り変形軸に平行に引いた直線と初期剛性を示す直線との交点の変形に対応する荷重が直線性を失うときの荷重)を用いる。

Fig.10.11に軸歪0.25%載荷1回目の履歴ループ、ならびに線形近似した軸剛性を示す。Fig.10.11から各試験体の降伏変位は、タイプA試験体で2.13mm、タイプB試験体で1.80mm、タイプC試験体で1.54mmとなる。この軸方向変位を(10.7)式に代入して、相当する層間変形角を求めると、タイプA試験体で1/793rad、タイプB試験体で1/939rad、タイ

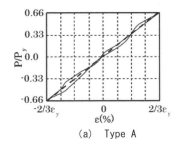
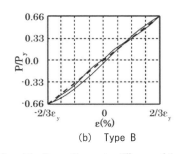
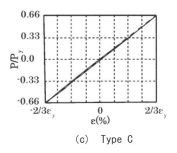

(a) Type A　　　　(b) Type B　　　　(c) Type C

Fig.10.10　Elastic portion axis stiffness of the specimen

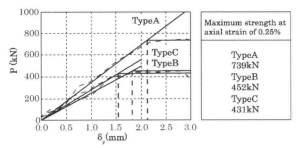

Fig.10.11　Yield displacement

Table 10.10　Axial stiffness comparison

Specimens	$α_1$	$2α_2$	$2α_3$	$β_1$	$β_2$	K_C (kN/mm)	K_E (kN/mm)	Error (%)
Type A	0.56	0.12	0.32	1.6	5.5	354	348	1.77
Type B	0.40	0.28	0.32	1.7	9.3	243	246	1.28
Type C	0.40	0.28	0.32	4.5	13.5	301	273	7.64

Table 10.11　Performance evaluation index

Specimens	R	$η^+$	E_t (kN·m)	$ω$	ω index L2	ω index L4
Type A	4.5	849.1	3461.5	2124.3	21.47	6.83
Type B	7.5	708.2	1423.4	1759.7	17.79	5.66
Type C	7.5	1000.7	1706.8	2540.7	25.69	8.17

L2：Required performance of damper for level 2 input level (ω=98.9)
L4：Required performance of damper for level 4 input level (ω=310.8)

プC試験体で1/1097radとなる。よって、タイプCのBRBSMは、鉄筋コンクリート構造の耐震補強で要求されると考える層間変形角1/1000rad以上の小さい変形から降伏させることが可能である。

10.11　累積塑性歪エネルギー率

各試験体のR、引張側の累積塑性変形倍率$η^+$と累積塑性歪エネルギーE_tおよび累積塑性歪エネルギー率ωを算出してTable10.11に示す。性能評価は、ωを15章で求めたレベル2とレベル4入力時に必要な制振部材の要求性能で除して無次元化したω指標を算出する方法に従って行う。求められたω指標をTable10.11に示す。

既往の研究でも述べたように、芯材が強軸方向変形を起こす、あるいは破断した場合は、そのω指標が大きく安全側に外れる。このため、全ての試験体が芯材の破断で実験を終了した今回の実験でも、ω指標は大きくなる傾向が見られ、全ての試験体でレベル2とレベル4入力時に必要な制振部材の要求性能を満たしている。

加えて、今回の実験では、タイプC試験体の性能が、タイプA、タイプB試験体の性能を上回っており、増厚板の溶接による性能の低下がない。

10.12　結

BRBSMの軸剛性計算方法を示し、更に、発案した増厚板を用いたBRBSMについて、既往のタイプとの比較実験を行い、以下の知見を得た。

(1) 芯材の軸剛性は、5個の直列弾性バネとみなして計算することで、芯材長さ、形状、鋼種が異なっても誤差10％以内で算出が可

能である。
(2) 増厚板を溶接したタイプCのBRBSMで、軸剛性を向上させたタイプBのBRBSMと同じ軸剛性を設定する場合、最大で0.2以上芯材塑性化部長さ比を大きくすることができる。
(3) 増厚板を用いることで、同形の芯材の降伏層間変形角を1/1000rad以下に小さくすることができる。

引用・参考文献

1) 鋼モルタル板を用いた座屈拘束ブレースの実験的研究 -芯材の降伏耐力および軸剛性の調節- (EXPERIMENTAL STUDY ON BUCKLING-RESTRAINED BRACES USING STEEL MORTAR PLANKS : -Adjusting the yield strength and axial stiffness of buckling-restrained braces by decreasing the core plate cross-sectional area and increasing end thickness-)、中村慎、山下哲郎、村井正敏、岩田衛（日本建築学会構造系論文集、第629号、pp.1143-1150、2008.7）

第11章
BRBSMの芯材の脆性破壊

11.1 序

座屈拘束ブレース(BRB)の芯材は、断面形状が平鋼だけでなく、鋼管、十字断面、あるいはH形鋼など様々なものが存在し、溶接で組み立てられたものが使用されることがある(Fig.11.1)。断面形状が鋼管、十字断面、あるいはH形鋼などの場合、これらの形状を形成するために、芯材軸方向に連続的に溶接が施される。平鋼断面 (Fig.11.1 (d)) のBRBSMについても、芯材と拘束材のずれ止めや、補強リブを設けるための溶接が、芯材の塑性化部に局所的に施されている (Fig.11.2)。これら溶接部を起因とする脆性破壊に関する知見を得る必要がある。

局所的に溶接された芯材は、塑性化部に存在する溶接止端部が応力集中の原因となり、溶け込み不良や割れ、ブローホールなどの溶接欠陥が生じる可能性がある。連続的に溶接された芯材は、上記に加え、アンダーカットやオーバーラップ、ビード不整による応力集中などが生じる可能性がある。また、溶接金属や溶接熱影響部の機械的性質は母材の性質と異なり、靭性が低いことが懸念される。

兵庫県南部地震において、厚肉断面部材の溶接熱影響部が脆性破断する事例が見られた(Fig.11.3)。破断箇所は、施工段階でエレクションピースが溶接で取り付けられていたところで、溶接熱影響部の靭性が低下していたため、脆性破断に至ったと考えられる。

BRBの芯材には、機械的性質の上限値および下限値が規格されているSN材や、この規格

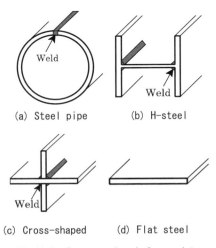

Fig.11.1 Cross-sectional of core plates

に加えて変形性能の優れたLY材が多く用いられている。しかし、芯材に性能の優れた素材を使用しても、溶接部は上記のような種々の欠陥を有する可能性があり、BRBの性能に悪影響を及ぼす恐れがある。

厚肉な芯材の塑性化部に溶接が存在し、直下型大地震のような衝撃的な引張力を受けると、BRBは設計時に期待したエネルギー吸収をする前に、溶接部あるいは熱影響部を起点とする脆性破壊を起こす危険性がある。BRBは、圧縮力を受けた際に座屈しないという本来の性能のみでなく、衝撃的な引張力に対しても脆性破壊しないで十分な塑性変形性能を発揮することが重要である。

BRBSMから拘束材を除去し、芯材をモデル化した試験体について、試験体形状、温度およ

び鋼種をパラメータとした静的単調引張載荷実験を行う。また、素材の性質をより明確に把握するための引張試験およびシャルピー衝撃試験を行い、芯材の実験と合わせて、脆性破面率、降伏応力度、降伏比、破断伸び、累積塑性歪エネルギー率ωについて考察し、BRBSMの芯材の溶接の有無による基本的な力学特性を把握する。

11.2 試験体

BRBSMの芯材について、溶接の有無による脆性破壊の危険性に着目し、基本的な引張特性の知見を得るため、拘束材を除去し、芯材の長さを短くモデル化すること、より多くの試験体について実験を行う。本実験では、引張側のみの載荷とし、圧縮による座屈を考慮しないため、芯材の長さを短くすることで諸性能は変化しないものとする。

試験体の鋼種は、ダンパー用鋼材として用いられるSN400BおよびLY225の2種類とし、板厚保は全ての試験体で12mmとする。以降、SN400Bを用いた試験体をSN試験体、LY225を用いた試験体をLY試験体と記述する。

試験体形状をFig.11.4に示す。試験体は、塑性化部に溶接が施されていないものを基本タイプ（11-A）とする（Fig.11.4（a））。また、塑性化部の中央に芯材と拘束材との移動防止突起を想定し、各辺12mmの立方体金属を全周隅肉溶接で取り付けたものを中央溶接タイプ（11-B）とする（Fig.11.4（b））。更に、塑性化部の軸方向に連続的に長片金属を隅肉溶接で取り付けたものを十字断面タイプ（11-C）とする（Fig.11.4（c））。実用化されているBRBの芯材の断面形状は様々であるが、いずれも芯材の軸方向に部分溶け込み溶接あるいは隅肉溶接などが施されているため、連続的な溶接は十字断面タイプで代表する。

各タイプの母材の塑性化部断面は等しく、864mm^{2}である。ただし、十字断面タイプの塑性化部断面は隅肉溶接のサイズを6mmとすると936mm^{2}である。また、塑性化部に対して拡幅部の強度と剛性を十分確保するため、板厚6mmの増厚板（SS400）を両面に隅肉溶接により取り付ける。試験体の塑性化部の溶接にはJIS Z 3211 E4916相当の溶着金属を用いる。Table11.1に溶着金属の機械的性質を示す。溶着金属は、耐力が400N/mm^{2}以上、伸びが20%以上、-30℃のシャルピー吸収エネルギーが平均27（J）以上の物を使用する。また、鉄骨工事技術指針に従って算定した入熱等の溶接条件をTable11.2に示す。溶接に用いる棒径は4.0φ、電流と電圧は170（A）と25（V）、速度を12（cm/min）とし、入熱は21500（J/cm）である。

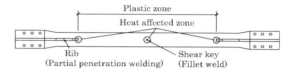

Fig.11.2　Welding in the plastic zone

Fig.11.3　An example of brittle fracture

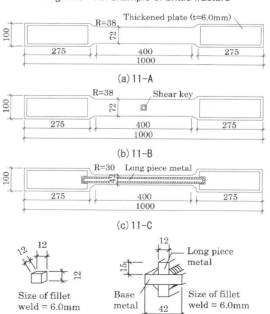

Fig.11.4　Specimens

Table 11.1 Mechanical property of weld metal

Material	Strength (N/mm²)	Tensile strength (N/mm²)	Elongation (%)	Charpy absorbed energy -30℃(J)
Equivalent to E4916	Over 400	Over 490	Over 20	Avarage 27 or more

Table 11.2 Welding condition

Rod diameter (mm)	Current (A)	Voltage (V)	Speed (cm/min)	Heat input (J/cm)
4.0φ	170	25	12	21250

11.3 載荷計画

11.3.1 実験温度

温度と歪速度には相関関係があることが示されている。低温で載荷することによって、静的載荷においても脆性破壊を起こしやすくなり、大きな歪速度に相当する状況をつくることができると考え、ここでは実験温度をパラメータとして設定する。実験温度は、延性破壊時と脆性破壊時のエネルギー吸収性能等を把握するため、常温およびシャルピー衝撃試験から得られる遷移温度付近で行う。

11.3.2 実験装置

実験装置をFig.11.5に示す。実験装置には1000kN万能試験機を用い、試験体には、熱電対と冷却用の箱を取り付け、メタノールとドライアイスを混合した冷媒を用いて試験体を冷却し、熱電対により載荷中の温度管理を行う。また、Fig.11.5に示す試験機の上下クロスヘッド間に電気式変位計を設置し、試験体の変形量を測定する。

11.3.3 載荷方法

実挙動である地震動は、方向、強さともにランダムである。これまで行ってきたBRBSMの実大実験では、中地震時に構造物に生じる層間変形角1/100rad相当の芯材軸歪1.0%を5回、大地震時の層間変形角1/33rad相当の3.0%歪を耐力が低下するまで、引張力と圧縮力の交番

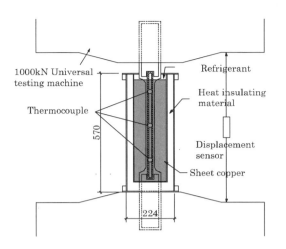

Fig.11.5 Universal testing machine

Table 11.3 Tensile test results

Steel grades	No.	Thickness (mm)	Yield stress (N/mm²)	Tensile strength (N/mm²)	Yield ratio (%)	Elongation (%)
SN400B	1A	12	296	428	69	32
	5		295	434	68	47
LY225	1A		233	323	72	40
	5		230	324	71	62

繰返し載荷を採用している。しかし、本実験では、試験体形状並びに温度をパラメータとしたBRBSM芯材の基本的な力学特性を把握することを目的としているため、静的単調引張載荷を採用する。

11.4 材料試験結果

11.4.1 引張試験

JIS Z 2241に準じてSN400BおよびLY225の引張試験を行う。板厚は両鋼種ともに12mmとし、試験片は1A号および5号試験片とする。試験結果をTable11.3に示す。LY225の降伏応力度σ_yおよび引張強さσ_uは、SN400Bの約8割であり、破断伸びは約1.3倍である。

11.4.2 シャルピー衝撃試験

実験に使用するSN400BおよびLY225について、JIS Z 2242に従い、シャルピー衝撃試験を行う。試験片は、圧延方向から採取し、各温度

で3体ずつ行う。脆性破面率と吸収エネルギーをプロットし、Fig.11.6に示す。図中に示す遷移曲線には、最小二乗法を用いた近似式を使用している。遷移温度は、脆性破面率50%となる破面遷移温度とする。試験後の破面をFig.11.7に示す。

1) SN400B

0℃での吸収エネルギーは136Jである。吸収エネルギーおよび脆性破面率は温度による変化が少なく、遷移温度領域が広い。遷移温度は約-11℃である。

2) LY225

0℃での吸収エネルギーは353Jである。遷移温度以上ではSN400Bの約2倍のエネルギーを吸収することができるが、遷移温度以下になると急激に吸収エネルギーは小さくなり、脆性破面率は大きくなる。遷移温度は約-59℃である。

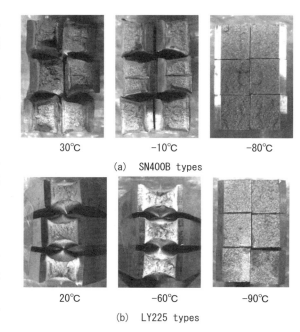

(a) SN400B types

(b) LY225 types

Fig.11.7　Fractured surfaces

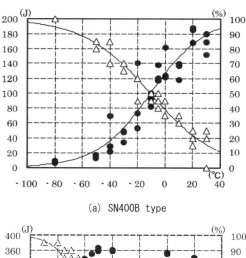

(a) SN400B type

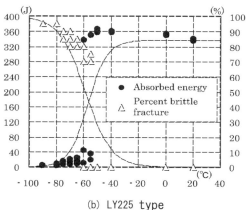

(b) LY225 type

Fig.11.6　Transition curve

11.5　実験結果

SN試験体およびLY試験体の実験結果一覧をTable11.4に、応力度-歪関係をFig.11.8に、試験体の最終状況をFig.11.9に示す。Table11.4に示すε_fは、破断後に試験体に突き合わせて測定した塑性化部長さの破断伸びである。また、Fig.11.8に示す応力度σは、載荷荷重を塑性化部の断面積864mm^{2}で除した値であり、歪εは、Fig.11.5に示す電気式変位計を用いて測定した変形量を塑性化部長さの450mmで除した値である。ここで、中央溶接タイプについては脚長6mmの溶着金属を含めた突起部分の断面積が1224mm^{2}であり、母材の断面積に比べると約1.4倍ある。これは母材が最大耐力に達した時にようやく降伏するか否かという値であり、実際にFig.11.9（b）に示すように突起部付近の変形が微少であったため、中央溶接タイプの塑性化部長さは、450mmから突起部の長さ12mmを引いた438mmとしてεを算出している。

破断時のεをε_f'とし、Table11.4に示す。ε_fとε_f'の値が大きく異なるSN試験体の基本タイプの-40℃および60℃、十字断面タイプの20℃、

LY試験体の中央溶接タイプの-60℃、十字断面タイプの20℃の5体については、ε_fの方が正確な値であるため、Fig.11.8のグラフではε_fの結果を反映させている。

試験体の最終状況については、基本タイプは試験体の中央付近で破断している。中央溶接タイプ断面積の大きい溶接部を避けて変形が進み、破断している。十字断面タイプは溶着金属の断面積が小さい箇所に応力が集中し破断している。十字断面タイプは、破断個所以外にも複数箇所にくびれが見られる。

Table 11.4 List of experiment results

Steel grades	Specimens	T (℃)	σ_y (N/mm²)	σ_u (N/mm²)	Y.R. (%)	S (%)	ε_f (%)	ε_f' (%)
SN400B	11-A	20	307	440	70	0	28	29
		-20	324	457	71	20	23	24
		-40	332	483	69	50	24	31
		-60	352	501	70	70	24	34
	11-B	20	305	436	70	5	31	32
		-10	322	455	71	5	22	24
		-40	337	488	69	45	32	30
		-60	361	508	71	70	31	30
	11-C	20	345	471	73	0	23	27
		-20	366	510	72	45	25	23
		-40	395	547	72	85	25	24
		-60	396	550	72	95	26	25
LY225	11-A	20	245	349	70	5	35	34
		-10	301	398	76	0	37	36
		-60	357	411	87	50	33	36
	11-B	20	236	337	70	0	35	35
		-20	301	400	75	0	30	35
		-60	355	430	83	40	29	35
	11-C	20	286	386	74	5	31	36
		-40	338	449	75	20	30	27
		-60	389	481	81	95	30	30

T: Temperature σ_y: Yield stress σ_u: Tensile strength
Y.R.: Yield ratio S: Percent brittle fracture ε_f: Elongation at break
ε_f': Elongation at break by displacement sensor

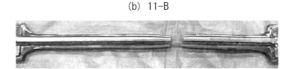

(a) 11-A

(b) 11-B

(c) 11-C

Fig.11.9 Failure mode status (SN400B)

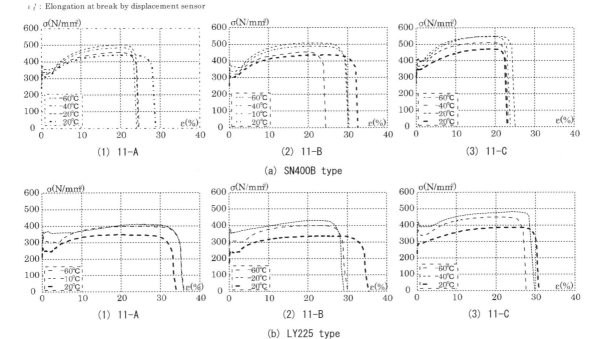

(1) 11-A (2) 11-B (3) 11-C
(a) SN400B type

(1) 11-A (2) 11-B (3) 11-C
(b) LY225 type

Fig.11.8 Stress-strain relationships

11.6 脆性破面率

脆性破面率-温度関係をFig.11.10に、脆性破面率の増大が明瞭な十字断面タイプについて破断後の破面をFig.11.11に示す。なお、Fig.11.10には各鋼種のシャルピー衝撃試験から得られた破面遷移温度も示す。

両鋼種とも十字断面タイプが脆性破壊を起こしやすく、基本タイプと中央溶接タイプは概ね等しい値を示している。十字断面タイプの脆性破面率が大きい要因は、溶着金属あるいは熱影響部の靭性が素材より劣っているためである。中央溶接タイプも溶接の悪影響により脆性破壊が生じやすいと予測したが、局所的な溶接の悪影響に比べ、断面積の増加により増す強度の影響が大きく、Fig.11.7（b）のように溶接とは関係ない母材部分で破断したため、脆性破面率は基本タイプとでほぼ等しい値となる。SN試験体の脆性破面率は温度が下がるに連れて徐々に大きくなり、特に十字断面タイプについては、-60℃で約100%である。

LY試験体の脆性破面率は、基本タイプおよび中央溶接タイプについては、20℃から-20℃では約0%であり、-60℃では50%と40%である。十字断面タイプはシャルピー衝撃試験と同様に、脆性破面率はSN試験体に比べて遷移温度付近で急激に変化し、-60℃では約100%となる。基本タイプおよび中央溶接タイプの脆性破面率は、十字断面タイプと同じ-40℃で載荷を行った場合、-60℃の結果と同様に、十字断面タイプより小さくなると考えられ、Fig.11.10（b）の破線のように十字断面タイプと同様にSN試験体に比べ遷移温度付近で急激に変化すると推測できる。

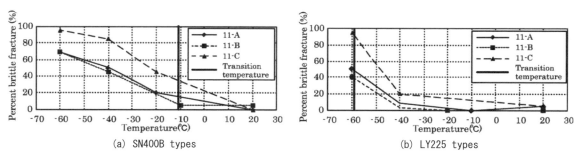

Fig.11.10 Percentage brittle fracture-temperature relationships

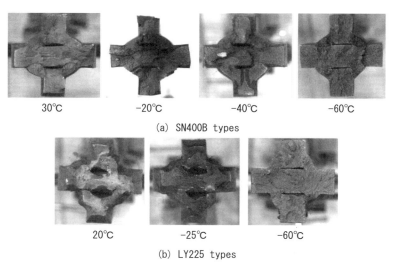

Fig.11.11 Fractured surfaces (11-c)

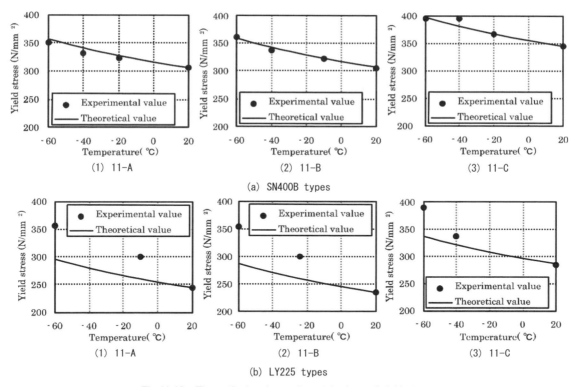

Fig.11.12 Theoretical and experimental values of yield stress

11.7 降伏応力度

鋼構造建築物へのエネルギー活用マニュアルに記載されている（11.1）式を用いて、各温度における降伏応力度の理論値を算出し、実験値と比較してFig.11.12に示す。

$$\sigma = \sigma_0 + B\left\{\frac{1}{T \cdot \ln(A/\dot{\varepsilon})} - \frac{1}{T_0 \cdot \ln(A/\dot{\varepsilon}_0)}\right\} \quad (11.1)$$

ここで、σ（kgf/mm^2）：温度T（K）、歪速度$\dot{\varepsilon}$（1/sec）での降伏応力度
σ_0（kgf/mm^2）：温度T_0（K）、歪速度$\dot{\varepsilon}_0$（1/sec）での降伏応力度

理論値の算出には両鋼種ともに表に示す定数A、Bおよび温度T_0を用いる。AおよびBは、Table11.5の値とする。また、σ_0は本実験で得られた各タイプの20℃での応力度とし、$\dot{\varepsilon}$および$\dot{\varepsilon}_0$の値は10^{-4}とする。算出したσはSI単位に直すため10倍している。

両鋼種とも、全てのタイプにおいて、温度が下がるにつれて降伏応力度は上昇している。鋼種による比較をすると、20℃ではSN試験体の

Table 11.5 The values of constants A, B and T_0

A	B	T_0 (K)
1.0×10^8	1.1×10^5	293

方がLY試験体より約1.2倍大きいが、-60℃ではほぼ等しい値を示している。また、理論値と実験値を比較するとSN試験体は良く一致しているがLY試験体は大きな差異が生じており、軟鋼ほど応力度は温度依存が大きいことが分かる。

両鋼種とも基本タイプおよび中央溶接タイプの降伏応力度の実験値は各温度でほぼ等しい値を示しているが、十字断面タイプでは他の2つのタイプに比べ、SN試験体は20℃で約13%、-60℃で約12%大きく、LY試験体は溶着金属と母材の機械的性質は近い値を示しており、温度変化による機械的性質の変化も近似している。一方、LY試験体は溶着金属と母材の機械的性質が異なり、軟らかいLY225は温度の変化により硬化する余地が大きいため温度変化による機械的性質の変化が小さい、そのため、LY試験体は基本タイプおよび中央溶接タイプと、十字

断面タイプを比較すると、降伏応力度の差が20℃では大きく、-60℃では小さい。

11.8 降伏比

降伏応力度の上昇率をFig.11.13に、引張強さの上昇率をFig.11.14に示す。ここで上昇率とは、各温度での降伏応力度および引張強さを20℃での値で除したものである。

降伏比（%）-温度関係をFig.11.15に示す。降伏比は、SN400B、LY225ともに80%以下と規格されている。SN試験体の降伏比は全てのタイプにおいて70%程度の値を示しているが、LY試験体の降伏比は、-60℃において全てのタイプで規格上限値の80%を上回っている。これは、SN試験体が降伏応力度の上昇率と引張強さの上昇率がほぼ等しいのに対して、LY試験体は降伏応力度の上昇率が極めて大きいためである。LY試験体では、-60℃では降伏比が大きいため十分な塑性変形が望めない。

11.9 破断伸び

破断伸びε_f-温度関係をFig.11.16に示す。SN試験体のε_fは温度によらずほとんど変化していない。SN試験体の中央溶接タイプは-10℃でのε_fが極端に小さいが、これは他の中央溶接タイプが中央部の両側で塑性変形が進行したのに対して、Fig.11.17のように中央部の右側に変形が集中し、左側の変形がほとんど進行しなかったためである。LY試験体のε_fは、微少であるが温度が下がるにつれて小さくなる傾向がある。

素材試験結果と比較すると、両鋼種とも破断伸びε_fはやや小さくなっている。これは塑性化部の長さが引張試験片に比べて長くなったことにより、一様伸びに対する局所くびれの割合が小さくなったためである。

Table11.4に示す破断伸びε_fと、破断時の変位計測定伸びε_f'の値が大きく異なっている5つの試験体は、載荷中、度々大きな金属音とともに荷重が瞬間的に低下し、変位計により測定した変位量のみが微少ずつ進行した。このことか

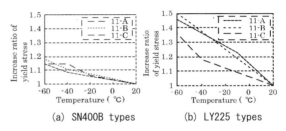

(a) SN400B types (b) LY225 types

Fig.11.13　Increase rate of yield stress

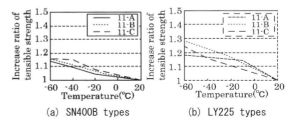

(a) SN400B types (b) LY225 types

Fig.11.14　Increase rate of tensile strength

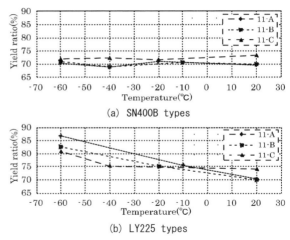

(a) SN400B types

(b) LY225 types

Fig.11.15　Yield ratio-temperature relationships

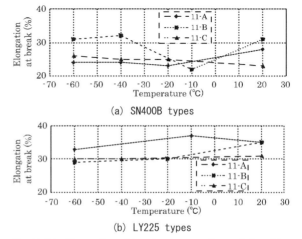

(a) SN400B types

(b) LY225 types

Fig.11.16　Elongation at break ε_f-temperature relationships

Fig.11.17　11-B,SN400B type (-10℃)

ら、試験機の掴み治具と試験体とが滑り、最終的な破断時の変位計測定伸びε_f'が、実際の破断伸びε_fより大きくなっている。

11.10　累積塑性歪エネルギー率

累積塑性歪エネルギーE_tを弾性歪エネルギーで除して無次元化した、累積塑性歪エネルギー率ωを用いて、各試験体のエネルギー吸収性能を評価する。ωの算出に用いるδ_yおよびP_yは各試験体タイプにおける20℃のときのσ_yより求める。しかし、実際にはFig.11.18に示すように、温度によりδ_yおよびP_yは変化するため、各温度におけるδ_yおよびP_yを用いて算出した累積塑性歪エネルギー率ω_Tとする。E_t、ωおよびω_T一覧をTable11.6に示す。ただし、ε_f'がε_fと明らかに異なっている5つの試験体については、Table11.6中に網掛けで示し、ε_f'をε_fで除した補正係数αでωを除して補正している。ω-温度関係をFig.11.19に、ω_T-温度関係をFig.11.20に示す。E_tは、荷重変形関係によって描かれた曲線の面積であり、荷重と変形量に依存する絶対的なエネルギー吸収量であるため、E_tは温度の低下による降伏耐力の上昇に伴い、全ての試験体タイプにおいて上昇する傾向がある。ωは、両鋼種とも全ての試験体タイプにおいて温度の変化によらず、ほぼ一定である。

破断伸びε_fが温度によりほとんど変化しないSN試験体のω_Tは、全てのタイプにおいて減少傾向がある。LY試験体についてはω_Tを算出する際に分母となるP_yが温度の低下に伴い大きくなり、ω_Tは減少している。SN試験体とLY試験体を比較すると、20℃ではLY試験体の方がω_Tの値は大きいが、温度が下がるにつれてその差は小さくなり、-60℃ではほぼ同等の値となっている。従って、SN試験体よりLY試験体の方が温度によるエネルギー吸収性能の変化が大きい。

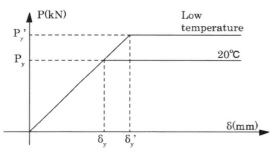

Fig.11.18　Temperature-dependent transition of P and δ

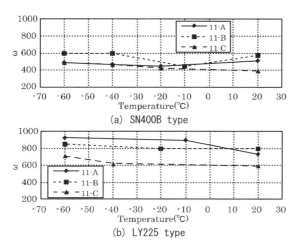

(a) SN400B type

(b) LY225 type

Fig.11.19　ω-temperature relationships

Table 11.6　List of E_t, ω and ω_T

Steel grades	Specimens	T (℃)	ε_f (%)	ε_f' (%)	α	Et (kN·m)	ω	ω_T
SN400B	11-A	20	28	29	1	45	505	505
		-20	23	24	1	39	441	396
		-40	24	31	1.3	53	463	395
		-60	24	34	1.4	61	482	367
	11-B	20	31	32	1	49	477	577
		-10	22	24	1.1	38	440	395
		-40	32	30	0.9	51	593	485
		-60	31	30	1	53	596	438
	11-C	20	23	27	1.2	52	389	389
		-20	25	23	0.9	48	423	376
		-40	25	26	1	52	463	352
		-60	26	26	1	55	485	369
LY225	11-A	20	35	34	1	42	736	736
		-10	37	36	1	51	897	596
		-60	33	36	1.1	53	924	436
	11-B	20	35	35	1	41	796	796
		-20	30	30	1	41	794	489
		-60	29	35	1.2	53	847	374
	11-C	20	31	36	1.2	54	596	596
		-40	30	27	0.9	48	620	442
		-60	30	30	1	55	714	384

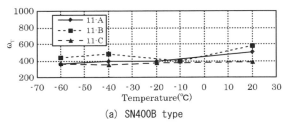
(a) SN400B type

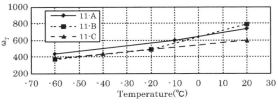
(b) LY225 types

Fig.11.20 ω_T-temperature relationships

また、試験体タイプごとに比較すると、両鋼種とも全てのタイプで概ね近似したω_Tの値を示しており、引張側のみの載荷の場合には溶接の有無によってエネルギー吸収性能は変化しない。

11.11 結

試験体形状、温度および鋼種をパラメータとしたBRBSMの芯材について、静的単調引張載荷実験を行った。その結果、BRBSMのSN400BおよびLY225の芯材は、20℃から-60℃の温度領域において、以下のような引張特性を有することを確認した。

(1) 十字断面タイプは基本タイプに比べ、脆性破面率および降伏応力度の値が大きく、各温度におけるδ_yおよびP_yを用いて算出した累積塑性歪エネルギー率ω_Tの値は変わらない。従って、芯材の塑性化部に連続的な溶接がある場合は、溶接がない場合に比べて、エネルギー吸収性能に差がなくても、脆性破壊を起こす可能性は高い。
(2) 脆性破面率、降伏応力度およびω_Tは基本タイプと中央溶接タイプでほぼ同じ値を示す。従って、芯材の塑性化部に局所的な溶接が存在しても溶接がない場合に比べ引張性能は変わらない。
(3) SN試験体の脆性破面率および降伏応力度の値は、温度の低下によってなだらかに大きくなる。また、降伏比は全ての温度で規格値の80%以下を満たし、破断伸びε_fおよびω_Tの値は温度によってほとんど変化しない。
(4) LY試験体の脆性破面率の値は遷移温度付近で急激に変化する。降伏応力度の値はSN試験体に比べ温度による変化が大きい。-60℃では降伏比は80%以上となり十分な塑性変形が望めない。ε_fおよびω_Tの値は温度の低下に伴い減少する。

引用・参考文献

1) 座屈拘束ブレースの脆性破壊に関する実験的研究 -溶接を有する芯材の実験- (EXPERIMENTAL STUDY ON BRITTLE FRACTURE OF BUCKLING-RESTRAINED BRACES - Tests of core plates with welding -)、小川健、中込忠男、若井亮太、村井正敏、岩田衛（日本建築学会構造系論文集、第661号、pp.667-674、2011.3）

第12章
BRBSMの脆性破壊性能

12.1 序

11章にて、BRBSM芯材の脆性破壊について、溶接形状、実験温度、鋼種をパラメータとした静的単調引張載荷実験を行った。実験結果から、BRBSM芯材に局部的な溶接が存在しても、溶接がない場合に比べて引張性能は変わらず、連続的な溶接が存在する場合は、溶接がない場合に比べ脆性破壊を起こす可能性が高くなるが単調引張載荷時のエネルギー吸収性能は変わらないという知見を得た。

ここでは、BRBSMの芯材に存在する溶接形状および実験温度をパラメータとし、引張力と圧縮力の交番繰返し載荷実験を行う。実験結果から、エネルギー吸収性能の差異や、破壊性状などについて考察を行う。更に、11章で得られた引張性能とも併せて考察し、BRBSM芯材の塑性化部における溶接仕様の提案を行う。

12.2 試験体

12.2.1 試験体の設定

芯材の溶接形状をパラメータとした4種類の試験体を製作する。芯材および溶着金属の機械的性質をTable12.1に、溶接条件をTable12.2に、試験体の断面図をFig.12.1に、試験体一覧をTable12.3に示す。

芯材の鋼種は全てのタイプともSN400Bとする。また、溶接を行っていない状態での芯材（母材）の塑性化部の断面積は、A、B、Cタイ

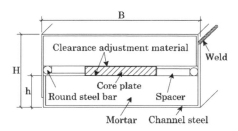

Fig.12.1 Cross section of specimen

Table 12.1 Mechanical properties of steel materials

Steel grade	Yield stress (N/mm²)	Tensile strength (N/mm²)	Elongation (%)
SN400B①	277	427	28
SN400B②	280	443	28
YGW11	490	570	30

Table 12.2 Welding condition

Material	Diameter	Current (A)	Voltage (V)	Speed (cm/min)	Heat input (J/cm)
YGW11	1.2φ	260	27	18~22	19145~23400

Table 12.3 List of specimens

| Specimens | Core plate | | | | Restrainig part | | | | | | | Mortar | Temperature (℃) |
	Steel grade	Dimension (mm)	Cross section area (Base metal) (mm)	P_y (kN)	B (mm)	H (mm)	h (mm)	t (mm)	$I \times 10^4$ (mm⁴)	P_E (kN)	R (=P_E/P_y)	σ_C (N/mm²)	
12-A	SN400B①	112×14	1568 (1568)	434	252	120	52	3.2	788.2	5005	11.5	75	+20,-35,-50
12-B	SN400B①	112×14	1568 (1568)	434	252	120	52	3.2	788.2	5005	11.5	75	+20,-50
12-C	SN400B①	112×14	1568 (1568)	523	252	120	52	3.2	787.7	5002	9.6	75	+20,-35,-50
12-D	SN400B②	132×12	1785 (1584)	499	162	122	54	3.2	562.2	3570	7.2	56	+20,-20

t : Thickness of channel steel

プが1568mm²、Dタイプが1584mm²である。塑性化部の溶接に用いるワイヤーは、芯材より強度が大きく、芯材と同程度の変形性能を有するYGW11とする。また、芯材と拘束材の間には、1.0mmのクリアランス調整材を貼り付け、クリアランスを確保する。芯材の強軸方向には、強軸変形を防止するため、丸鋼およびスペーサーを設ける。

5章において、BRBSMは、拘束指標Rの適用範囲を1.0~4.5とすると、芯材の塑性化部が塑性変形してエネルギー吸収をした後の圧縮力負荷時に、芯材断面の弱軸方向に局部変形を生じ、耐力が低下することが示されている。また、6章ではRを6.0以上とすると、BRBSMの芯材は塑性変形により高次の座屈モードを形成しながら十分なエネルギー吸収をした後に、引張力負荷時の引張破断または圧縮力負荷時の芯材断面の強軸方向への変形により耐力が低下する可能性が高いことが示されている。本実験では、BRBSMの芯材を様々な溶接形状としたときに、BRBSMに衝撃的な引張力が作用する場合のエネルギー吸収性能や破壊性状を比較するため、終局状態が引張破断となり易いように、試験体のRを7.2以上と大きく設定する。

12.2.2 試験体の芯材形状

1) Aタイプ（Fig.12.2（a））

Aタイプ（12-A）は、塑性化部に溶接が全く存在しない形状である。BRBSMには、芯材と拘束材との移動防止の役割を果たすずれ止めが、芯材の中央に溶接で取り付けられている。この溶接をなくすために、図のように拘束材の両端の芯材側面に鋼板突起を隅肉溶接で取り付け、拘束材の移動を防止する。また、芯材の塑性化部の幅を図のように接合部より絞った形状とすることで、接合部補強リブの溶接止端部を塑性化部から除外している。

2) Bタイプ（Fig.12.2（b））

Bタイプ（12-B）は、BRBSMに習い、芯材と拘束材の移動防止用のずれ止めを全周隅肉まわし溶接で、芯材中央の表裏に取り付けた形状である。溶接サイズは7mmとし、溶接の前に

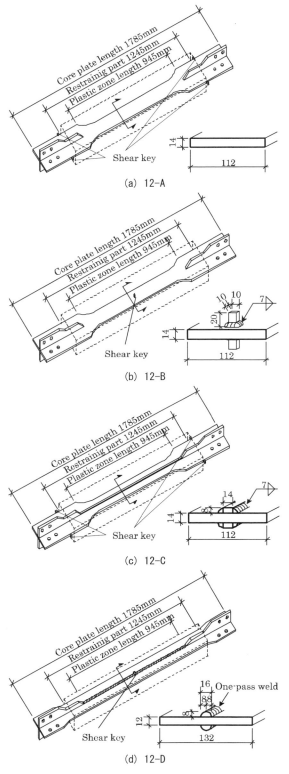

Fig.12.2　Core plates

は予熱を行う。溶接止端部は応力集中が生じないよう、グラインダーで滑らかに仕上げる。接合部補強リブの溶接止端部は、Aタイプと同様に、塑性化部から除外している。

3) Cタイプ（Fig.12.2（c））

Cタイプ（12-C）は、芯材の軸方向に、断面が8mm×14mm、長さが塑性化部全域におよぶ965mmの鋼板を、芯材の表裏に連続隅肉溶接で取り付けた形状である。溶接のサイズは7mmで設計し、実寸は8mm±1mm程度である。高さ方向の溶接サイズが、鋼板の厚さ8mmを超える箇所については、グラインダーにより8mmに仕上げる。連続隅肉溶接のみに着目するため、Aタイプと同様に、ずれ止めの溶接および接合部補強リブの溶接止端部は、塑性化部から除外している。芯材塑性化部の断面積は、芯材（母材）の断面積1568mm^{2}に、鋼板の断面積224mm^2（8mm×14mm×2）と隅肉溶接の溶着金属の断面積98mm^2（7mm×7mm×1/2×4）を足した1890mm^{2}である。

4) Dタイプ（Fig.12.2（d））

Dタイプ（12-D）は、溶接ビードの過度な不整を想定し、芯材表裏の軸方向に、ビード断面を幅16mm、高さ8mmとするワンパス溶接を施した形状である。ただし、ビード断面の実寸は幅20mm±5mm、高さ9mm±2mm程度であり、仕上げは行わない。芯材軸方向の中央にはBタイプと同様にずれ止めを全周隅肉まわし溶接で取り付けている。また、他の3タイプと異なり、塑性化領域を絞った形状とせず、接合部補強リブの溶接止端部を塑性化部から除外していない。ワンパス溶接の溶接止端部と、中央のまわし溶接の止端部あるいは接合部補強リブの溶接止端部とが一致する、最も悪条件のタイプである。芯材塑性化部の断面積は、芯材（母材）の断面積1584mm^{2}にワンビード溶接の溶着金属の断面積201mm^2（8mm×8mm×π×1/2×2）を足した1785mm^{2}である。

12.3 載荷計画

12.3.1 実験温度

BRBSMが大きな歪速度の引張力を受けた時に脆性破壊を起こし易くするため、室温（約20℃）での実験に加えて低温（-20℃から-50℃）での実験を行う。ただし、ここで扱う低温での実験が、どの程度の歪速度に相当するかについては、更に歪速度を変えた実験等を行う必要があり、この点については言及していない。低温での実験温度は、シャルピー衝撃試験から得られた芯材（母材）の破面遷移温度を目安に実験温度を設定する。芯材（母材）の破面遷移温度は、A、B、Cタイプが-36℃、Dタイプが-42℃であり、各タイプの実験温度はすべてのタイプで室温を想定した+20℃に加え、A、Cタイプは-35℃、-50℃の3種類、Bタイプは-50℃の2種類、Dタイプは-20℃の2種類とする（Table12.3）。Dタイプは、溶接により靱性が悪くなることを想定して、破面遷移温度より約20℃高い-20℃で実験を行い、合計10体の実験を行う。以降、Aタイプの室温を「A+20」、Bタイプの-50℃を「B-50」のように表記する。

12.3.2 実験装置

実験装置をFig.12.3に示す。低温の実験では、試験体に冷却装置および熱電対を取付け、ドライアイスとメチルアルコールを混合した冷

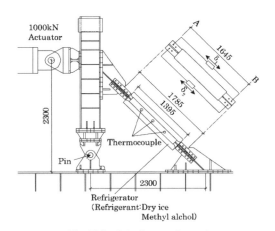

Fig.12.3　Loading equipment

媒により試験体を冷却する。載荷中の試験体温度を熱電対により測定し、随時ドライアイスを投入することで、設定温度を管理する。また、Fig.12.3に示すAB間の2箇所で軸方向変位δ_1とδ_2を測定し、これらの平均値から試験体の軸方向変位δを算出する。

12.3.3 載荷方法

載荷パターンは通常の引張力と圧縮の交番繰返し載荷と同様に行う。芯材軸歪εは、軸方向変位δから塑性化部以外の弾性変形量を引いた変形量を、塑性化部の載荷前の長さで除した、芯材塑性化部の軸歪である。

A、B、CタイプのRをつけた絞り部は、芯材塑性化部が降伏すると、歪硬化によって応力度が上昇するため、断面積が小さい方から段階的に塑性化が進行する。従って、これら3タイプの載荷変位の算出には、引張試験から得られた芯材の歪−応力度関係に基づいて、それぞれの芯材軸歪で異なる塑性化部の長さを用いる。

12.4 復元力特性

復元力特性をFig.12.4に、実験結果一覧をTable12.4に示す。

全ての試験体において、Fig.12.4に示すように安定した履歴曲線を描いている。ただし、全タイプとも、低温（-20℃以下）においては、室温に比べて引張側（正）および圧縮側（負）の耐力Pが上昇しており、特に圧縮側で耐力の上昇が大きくなっている。

A+20、B+20、C+20は、載荷時の圧縮側において、弱軸局部変形を伴いながら耐力が低下したため、圧縮耐力が最大圧縮耐力より20%低下した時点で載荷を終了した。D+20は、3.0%歪の1回目引張側において急激に耐力が低下したため、載荷を終了した。A-35、A-50、B-50、C-35、C-50、D-20は、載荷時の引張側において、大きな衝撃音とともに急激に耐力が低下したため、載荷を終了した。

Table 12.4　Experimental results

Specimens	Axial strain (%)	Loading cycles	Local deformation, tension fracture position	M
12-A+20	3.0	3(−)	230mm upper from center	9
12-A+35		12(+)	30mm lower from center	12
12-A-50		9(+)	50mm upper from center	12
12-B+20		4(−)	185mm upper from center	12
12-B-50		11(+)	40mm lower from center	12
12-C+20		2(−)	275mm lower from center	11
12-C-35		6(+)	35mm lower from center	10
12-C-50		6(+)	10mm upper from center	8
12-D+20		1(+)	Heat affected zone upper	12
12-D-20	2.0	2(+)	300mm lower from center	8

(−): Local deformation　(+): Tension fracture
M: Number of buckling modes

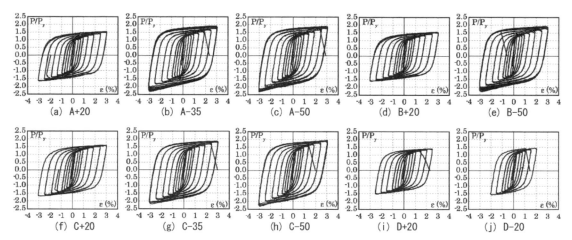

Fig.12.4　P/P_y-ε relationships
(a) A+20　(b) A-35　(c) A-50　(d) B+20　(e) B-50
(f) C+20　(g) C-35　(h) C-50　(i) D+20　(j) D-20

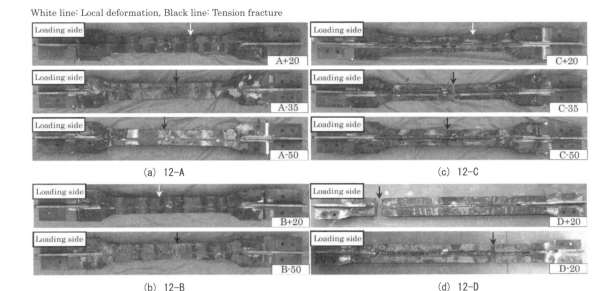

Fig.12.5 Failure behavior of specimens

12.5 芯材の最終状態

載荷後、試験体を解体し、芯材の観察を行った。芯材の最終状態をFig.12.5に示す。耐力低下の原因となった弱軸局部変形あるいは引張破断を起こした位置を、Table12.5およびFig.12.5の矢印で示す。

A-35、A-50、B-50、C-35、C-50は、塑性化部のほぼ中央で破断している。ただし、B-50については、ずれ止め溶接止端部から30mmほど離れた位置で破断している。D+20は、接合部補強リブの溶接止端部と、ワンビード溶接の溶接止端部とが重なった位置で破断している。D-20は、中央の突起および接合部補強リブの溶接止端部から十分離れた位置で破断している。

最終状態が引張破断であった試験体のうち、D+20は延性破断であり、A-35、A-50、B-50、C-35、C-50、D-20は脆性破断である。

解体後に目視によって確認できた芯材の座屈モード数（半波）は、8~12であり、座屈モードは塑性化部の全域にほぼ均等に現れている。芯材形状の違いによる座屈モード数の差異はほとんどない。

Table 12.5 Performance evaluation

Specimens	E_t (kN·m)	ω
12-A+20	372	671
12-A+35	1004	1811
12-A-50	873	1576
12-B+20	421	760
12-B-50	918	1657
12-C+20	408	612
12-C-35	752	1126
12-C-50	760	1138
12-D+20	374	564
12-D-20	123	348

12.6 累積塑性歪エネルギー率

（12.1）式によって算出した、累積塑性歪エネルギー率ωを用いて性能評価を行う。ωは、引張側および圧縮側の累積塑性変形倍率ηを足し合わせたものに近似する。

$$\omega = E_t / (P_y \cdot \delta_y) \qquad (12.1)$$

ここで、E_tは累積塑性歪エネルギー、P_yは降伏耐力、δ_yは弾性限界変形量である。

ωの算出値をTable12.5に、ω－温度関係をFig.12.6に、ω－R関係をFig.12.7に示す。

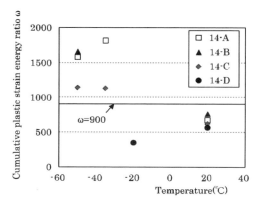

Fig.12.6 ω-temperature relatioship

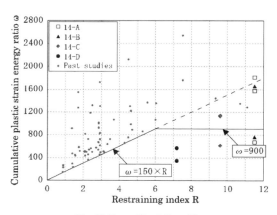

Fig.12.7 ω-R relationship

Aタイプ、Bタイプ、Cタイプは、Rを9.6以上と十分大きくしているにも関わらず、室温時には3タイプとも弱軸局部変形で耐力が低下し、ωは900を下回っている。これは、芯材の塑性化部の幅を接合部より絞った形状にしたことで、芯材と拘束材の接触面が小さくなり、拘束材の局部的な補剛力が不十分であったためである。しかし、低温時のωは1100以上であり、十分なエネルギー吸収性能を有している。これは、低温時にモルタルの圧縮強度が上昇し、拘束材の補剛力が十分に発揮できたためである。ただし、低温時のCタイプのωは、AタイプおよびBタイプに比べ、小さい値を示している。

Dタイプは、D+20、D-20ともに終局状態が引張破断であったが、ωはそれぞれ564、348と、性能の下限値である900を大きく下回っており、十分なエネルギー吸収性能を有していない。特に、D-20のωはD+20に比べて6割程度である。

Aタイプ、Bタイプ、Cタイプは、大きな歪速度を仮想した低温時にも十分なエネルギー吸収性能を有しており、直下型大地震時の衝撃的な引張力に対しても十分なエネルギー吸収性能を発揮することが期待できる。しかし、Dタイプは、低温時のエネルギー吸収性能が不十分なため、歪速度が大きい引張力を受けると十分な塑性変形をする前に早期に破断する可能性が高い。

12.7 破壊の起点および進行

最終状態が引張破断であった、A-35、A-50、B-50、C-35、C-50、D+20、D-20について、破壊の起点および進行状況をTable12.6にまとめる。表中の破面状況に示す矢印は、破壊の進行方向を表している。

1) Aタイプ

A-35、A-50は、Fig.12.8（a）のように、芯材製作時に生じた切削傷を原因とする亀裂が芯材の側面に生じ、この亀裂を起点として破面全体に脆性破壊が進行している。

2) Bタイプ

B-50は、Fig.12.8（b）のように、中央突起の溶接箇所に亀裂が生じていたが、最終的な破断は、Aタイプと同様の亀裂を起点とする脆性破壊である。

3) Cタイプ

C-35は、Fig.12.8（c）のように、溶接の溶け込み不良によって生じた隙間の先端の熱影響部に脆性亀裂が生じ、この亀裂を中心に放射状に破面全体に脆性破壊が進行している。C-50は、C-35と同じ箇所に延性亀裂が生じ、脆性破壊が進行している。

4) Dタイプ

D+20は、接合部補強リブとワンビード溶接の溶接止端部が一致する、溶接溶け込み不良部の熱影響部に延性亀裂が生じ、破面全体に延性破壊が進行している。D-20は、D+20と同様の

第12章 BRBSMの脆性破壊性能

Table 12.6 Starting point of fracture and progress

Specimens	Fracture surface		Percent brittle fracture
A-35			90%
A-50			90%
B-50			90%
C-35			90%
C-50			95%
D+20			0%
D-20			90%

(a) Side view

(b) Shear key

(c) Lack of penetration

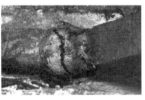
(d) Toe of weld

Fig.12.8 Crack location

箇所にFig.12.8d）に示す亀裂が確認できたが、最終的な破断は、溶接ビード断面積の不整による断面欠損箇所の熱影響部に生じた延性亀裂を起点とする脆性破壊である。

12.8 硬さ分布

芯材塑性化部の軸方向に連続溶接が存在するCタイプおよびDタイプについて、マイクロビッカース硬さ試験を行う。試験片は、実験後の試験体の破断面近傍から10mm離れた位置から採取している。C-35の試験結果をFig.12.9に、D-20の試験結果をFig.12.10に示す。

双方の試験結果を見ると、溶接部熱影響部において、硬さの違いが顕著に表れている。熱影響部のように硬さが突出して大きい箇所は靭性が小さいため、破断の起点となり易く、芯材の

早期破断の原因になり得る。実際にCタイプおよびDタイプの破断した試験体は、全て溶接熱影響部付近が破壊の起点となっており、その破断は、Aタイプ、Bタイプに比べ早い段階で生じている。

12.9 圧縮引張耐力比

$\alpha-\varepsilon$関係をFig.12.11に、各試験体の最大耐力値をTable12.7に示す。P_Cは各歪時の圧縮耐力、P_Tは各歪時の引張耐力である。P_{Cmax}、P_{Tmax}はそれぞれP_C、P_Tの最大値である。全ての試験体において、載荷歪が大きくなるに連れてαは大きくなっている。これは、ポアソン比により、引張時および圧縮時の断面積が変化する影響と、圧縮載荷時の芯材の高次の座屈モードによる、芯材と拘束材の接触による摩擦力の

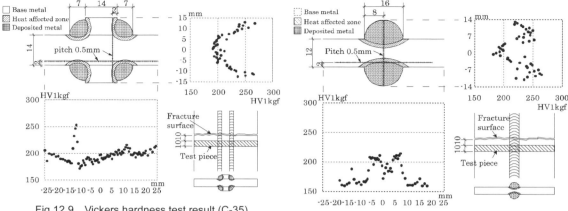

Fig.12.9　Vickers hardness test result (C-35)

Fig.12.10　Vickers hardness test result (D-20)

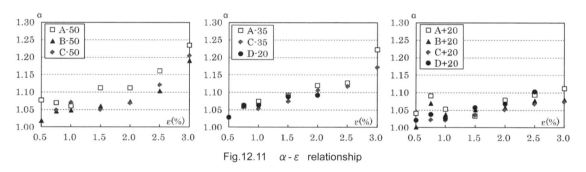

Fig.12.11　α-ε　relationship

影響によるものである。溶接形状による比較をすると、同等の温度では概ね近似した耐力比の上昇傾向を示している。また、全てのタイプとも低温になるほど耐力比が大きくなる傾向も見られる。

12.10　溶接仕様の提案

芯材の塑性化部に溶接が含まれていても、BタイプおよびCタイプのように十分なエネルギー吸収を期待できるものもある。従って、以下に示す事項が順守されれば、塑性化部に溶接が存在することを許容できる。

12.10.1　局部的な溶接

局部的な溶接が存在するBタイプのエネルギー吸収性能および破壊性状は、11章の結果と同様に、溶接がないAタイプとの差異が見られなかった。従って、塑性化部に局部的な溶接を施すことは許容できる。ただし、急熱あるいは急

Table 12.7　Maximum strength

Specimens	P_{Tmax} (kN)	P_{Cmax} (kN)
12-A+20	664	722
12-A+35	827	1018
12-A-50	832	1006
12-B+20	670	707
12-B-50	829	1002
12-C+20	833	895
12-C-35	997	1161
12-C-50	1027	1222
12-D+20	738	802
12-D-20	754	824

冷による、割れや靭性の低下を防ぐため、適切な予熱処理を施した後に、まわし溶接を行い、更に、応力集中が生じないように滑らかに仕上げを行うべきである。

12.10.2　連続的な溶接

11章では、芯材の塑性化部に連続的な溶接が

存在する場合、溶接ビードの断面積が小さい箇所に応力が集中し、破断の原因となっていた。本実験で行った連続的な溶接のうち、C-35、C-50は、溶接ビードの断面積が比較的均一であったため、ビードの不整に関係なく、試験体のほぼ中央で破断し、十分な塑性変形性能を有していた。しかし、D-20は、溶接ビードの断面積が不均一であったため、ビードの断面積が小さい箇所で早期に破断が生じ、性能が低下した。応力集中を生む溶接ビードの不整は、早い段階での破断の原因となりBRBSMの性能を低下させる。従って、溶接ビードに不整が生じないように滑らかな溶接を行い、不整が生じたときは仕上げを行うことで、断面積の不連続を防止する必要がある。

また、破壊の起点となり得る溶け込み不良を防ぐため、隅肉溶接は避け、完全溶け込み溶接あるいは部分溶け込み溶接とすべきである。完全溶け込み溶接あるいは部分溶け込み溶接を用いる場合、靭性の低下を防ぐため、パス間温度を適切に管理する必要がある。

更に、溶接に用いるワイヤーには、母材に近い機械的性質（特に靭性の観点から伸び性能が母材以上）を持つ材料を用いることが望ましい。

12.10.3 溶接止端部の重複

D+20は、ワンパス溶接の止端部と、接合部補強リブの溶接止端部が重なる箇所で早期に破断した。D-20も、最終的な破断には繋がらなかったものの、D+20と同じ箇所に亀裂が生じた。塑性化部で2つ以上の溶接止端部を重ねると、応力集中や溶接熱影響による靭性の低下が生じやすくなり、早期に破壊を生じる危険性が高くなる。従って、塑性化部では2つ以上の溶接止端部を重ねてはならない。

12.11 結

BRBSMの芯材に存在する溶接形状および実験温度をパラメータとした、引張力と圧縮力の交番繰返し載荷実験を行い、以下に示す知見を得た。

(1) BRBSM芯材の塑性化部に存在する、溶接止端部やビード不整による応力集中は、性能を低下させる大きな要因となる。
(2) 局部的な溶接は、適切な予熱処理を行い、且つ、応力集中が生じないように滑らかな仕上げを行えば、溶接がない場合と比べてもエネルギー吸収性能は低下せず、溶接の熱影響により早期に脆性破壊を起こす可能性も低い。
(3) 連続的な隅肉溶接は、溶接がない場合に比べてエネルギー吸収性能はやや劣り、軸歪3.0%の比較的早い段階で脆性破壊を起こす。破壊の起点は、溶接ビードの不整による断面積が小さい箇所の溶け込み不良部である。
(4) 2つ以上の溶接止端部が重なると、応力集中や靭性の低下を生じやすく、性能は大きく低下する。
(5) BRBSM芯材の塑性化部における溶接仕様を提案した。

引用・参考文献

1) 座屈拘束ブレースの脆性破壊に関する実験的研究 - 芯材の溶接形状および実験温度による影響 - （EXPERIMENTAL STUDY ON BRITTLE FRACTURE OF BUCKLING-RESTRAINED BRACES:Influences of different welding specifications on the core plates and experimental temperature）、小川健、中込忠男、若井亮太、村井正敏、岩田衛（日本建築学会構造系論文集、第666号、pp.1507-1514、2011.8）

第13章
BRBSMの品質管理

13.1 序

BRBSMが真に信頼性を得るためには、設計時に期待した構造性能を実際に発揮できることが前提であり、言い換えるならば、製作時の初期品質が保証されていること、運用時の損傷履歴をヘルスモニタリングし残存性能が把握していることが条件となる。これらを管理するためには、BRBSMのライフサイクルにおける設計計画、材料調達、製作、施工、運用履歴、廃棄の各段階での品質情報を記録し、不具合があった場合には情報を遡れるようにしておくことが必要である。

品質管理の容易なBRBSMを対象に、ライフサイクルの製作段階に着目し、製作時の初期品質を確保するための方策として、品質管理項目および品質管理数値を設定する。特に構造性能に影響する重要な品質管理項目であるクリアランス比および縮み(以下、ギャップと呼ぶ)については、これらをパラメータとした検証実験を行う。更に、実大のBRBSMモックアップの製作を実施し、品質管理数値に基づき実際に寸法の計測を行い、その妥当性を検証する。

13.2 BRBSMの特徴

13.2.1 力学的特徴

BRBSMは、芯材を拘束材で補剛することにより、圧縮力下においても座屈をしないで、引張力下と同等の性能を発揮する部材であり、安定した復元力特性を有している。

以下に、構造性能を左右する累積塑性歪エネルギー率ωと圧縮引張耐力比αを示す。

1) 累積塑性歪エネルギー率ω

ωが大きいとエネルギー吸収能力が高いことを表す。

$$\omega = \frac{E_t}{W_y(=P_y \times \delta_y)} \quad (13.1)$$

終局状態が弱軸回りの局部変形で決定する場合には、ωは拘束指標Rによって、下記により下限式を設定している。

$$\omega = 150 \times R (R \leq 6) \quad (13.2)$$
$$\omega = 900 (R > 6) \quad (13.3)$$

ここで、R:拘束指標、

また、Rを大きくすると芯材の引張破断となり、局部変形の場合よりもωが大きくなり、エネルギー吸収能力が高くなる。

2) 圧縮引張耐力比α

圧縮引張耐力比αは、圧縮耐力P_Cを引張耐力P_Tで除した値である。8章で、次式を設定している。

$$\alpha = \frac{P_C}{P_T} \leq 1.15 \quad (13.4)$$

ここで、P_C、P_T:各軸歪における圧縮時および引張時の最大荷重。

歪振幅が大きいほどポアソン比の影響で芯材の断面が変形するため、引張時よりも圧縮時でαが大きくなる。また、芯材の高次座屈モードによる拘束材との接触により発生する摩擦力が原因でαが大きくなる。αが大きくなると早期に局部変形を生じることや、柱梁等の主体構造や接合部に損傷を与える可能性がある。

13.2.2 製作時の特徴

BRBSMは、芯材が微小な座屈をするためのクリアランスを確保した上で、拘束材となる2つの鋼モルタル板により挟み込み、溶接によって一体化したものである。拘束材のモルタルを打設した後に組み立てる手順をとっているため、モルタル打設時の充填状況を目視で確認することができる。更には、芯材と拘束材の合体前と合体後の寸法を比較することで、実際のクリアランスを計測することができる。また、芯材とモルタルが接触する可能性がある内部ギャップについても合体前に計測し、確認することができる。これらのことから、品質管理が容易にできるBRBSMといえる。

剛性調整や耐力調整が必要になり、芯材塑性化部よりも芯材端部や補強リブが大きくなる場合や、接合部耐力を確保するためにボルト本数が多く必要になり、芯材端部が拘束材より大きくなる場合でも、鋼モルタル板を後から挟み込む製作手順を取ることから、芯材端部ディテールの設計自由度が大きい。

13.2.3 基本タイプと高性能タイプ

BRBSMは芯材形状の違う、基本タイプと高性能タイプに分類できる（Fig.13.1（a）、(b)）。

基本タイプの芯材は塑性化部および接合部まで全長の幅を一定とすることができるため製作が容易であり、高性能タイプに比べ幅を小さくすることができる。強軸回りには丸鋼を入れる。芯材にリブを溶接するため熱影響部が発生する。

高性能タイプはエネルギー吸収能力を高くするために芯材の塑性化部両端に絞りを設け（r部）、塑性化部からリブの溶接による熱影響部を排除し、空いたスペースに強軸回りの変形を抑制するためのスペーサーを設けている。塑性化部の長さはr部の位置によって調整することが可能である。

13.3 製作時の品質管理数値の設定

製作時の品質を管理する項目について、寸法の精度に関する品質管理数値を設定する。また、管理許容差と限界許容差を設定する。Fig.13.2（a）～（f）に試験体形状に対応した品質管理項目と品質管理数値の抜粋をTable13.1に示す。

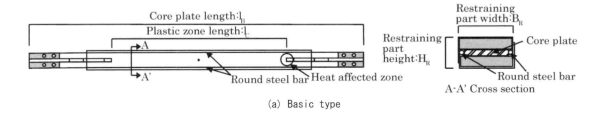

(a) Basic type

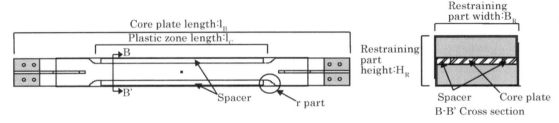

(b) High-performance type

Fig.13.1　BRBSM specimens

管理許容差は、製品の95%以上が満足するように製作・施工上の目安として定める目標値である。限界許容差は、これを超える誤差は原則として許されないものとした個々の製品の合否判定のための基準値である。これは、十分な管理体制下で製作された製品の寸法精度が正規分布しているとの前提にたっている。

クリアランス比およびギャップは既往の研究から得られた数値、その他の項目については、鉄骨精度検査基準により設定する。

13.3.1 クリアランス比の品質管理数値

BRBSMには様々な力学的要素があるが、Fig.13.2（e）に示す芯材とモルタル面とのクリアランスは特に構造性能を左右する重要なパラメータである。クリアランスが小さいほど累積塑性歪エネルギー率ωは大きくなる。しかし、あまりに小さすぎるとポアソン比の影響により芯材と拘束材が接触し、拘束材も圧縮力を負担するため圧縮引張耐力比αが大きくなる。一方、クリアランスが大きいと弱軸方向の変形が大きくなり、芯材の一部に局部座屈による変形が集中するため、早期の局部変形が生じる。

必要なクリアランスは芯材厚によって変化するため、クリアランス比により品質管理数値を設定する。クリアランス比の最小値についてはポアソン比（=0.5）を考慮し、軸歪ε%にポアソン比を掛けた値とする。制振ブレースとして適用する場合は、軸歪3.0%分を見込み、芯材厚の変形量1.5%とする。

$$\frac{\Delta t}{t} = \nu \left(\frac{\Delta l_C}{l_C}\right) = 0.5 \times \varepsilon(\%) \qquad (13.5)$$

ここでtは芯材厚、Δtは芯材厚変形量、νはポアソン比（=0.5）、l_Cは芯材塑性化部長さ、Δl_Cは芯材塑性化部変形量、εは軸歪（%）。

Table 13.1 Quality control items and quality control values

Target part	Measurement item	Quality control value	
		Control tolerance	Limit tolerance
Core plate	Length 'Δl_B'	$-3mm \leq \Delta l_B \leq +3mm$	$-5mm \leq \Delta l_B \leq +5mm$
	Width 'ΔB'	$-2mm \leq \Delta B \leq +2mm$	$-3mm \leq \Delta B \leq +3mm$
	Thickness 'Δt'	$-1mm \leq \Delta t \leq +1mm$	$-2mm \leq \Delta t \leq +2mm$
Plastic zone	Length 'Δl_C'	$-3mm \leq \Delta l_C \leq +3mm$	$-5mm \leq \Delta l_C \leq +5mm$
	Width 'ΔB_C'	$-2mm \leq \Delta B_C \leq +2mm$	$-3mm \leq \Delta B_C \leq +3mm$
Core plate rib	Length 'Δl_r'	$-3mm \leq \Delta l_r \leq +3mm$	$-5mm \leq \Delta l_r \leq +5mm$
	Width 'ΔB_r'	$-2mm \leq \Delta B_r \leq +2mm$	$-3mm \leq \Delta B_r \leq +3mm$
	Thickness 'Δt_r'	$-1mm \leq \Delta t_r \leq +1mm$	$-2mm \leq \Delta t_r \leq +2mm$
Steel mortar Plank	Length 'Δl_s'	$-3mm \leq \Delta l_s \leq +3mm$	$-5mm \leq \Delta l_s \leq +5mm$
	Height '$\Delta H_{S1,2}$'	$-2mm \leq \Delta H_{S1,2} \leq +2mm$	$-3mm \leq \Delta H_{S1,2} \leq +3mm$
	Width 'ΔB_s'	$-2mm \leq \Delta B_s \leq +2mm$	$-3mm \leq \Delta B_s \leq +3mm$
BRBSM	Clearance ratio 'C/t'	$0.5 \times \varepsilon(\%) \leq C/t \leq 15\%$	
	Gap '$g/2$'	$l_c \times \varepsilon(\%)/2 \leq g/2$	

(a) Core plate and plastic zone, Top view

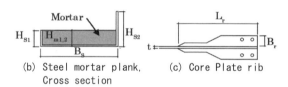

(b) Steel mortar plank, Cross section   (c) Core Plate rib

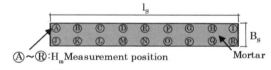

(d) Steel mortar plank, Top view

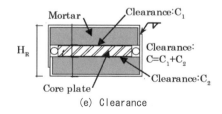

(e) Clearance

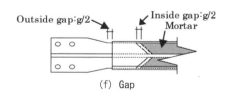

(f) Gap

Fig.13.2 Quality control factors

クリアランス比の最大値15%を品質管理の上限値とする。

$$0.5 \times \varepsilon(\%) \leq \frac{C}{t} \leq 15(\%) \qquad (13.6)$$

ここでC/tはクリアランス比。(13.6) 式は製作許容差を含む。

Cはクリアランスであり、Fig.13.2（e）に示す芯材の表裏のクリアランスC_1とクリアランスC_2を足したものである。クリアランスは拘束材のモルタル表面平坦さの精度やクリアランス調整材の変化により変動するため、組立後でないと計測できない。このため、組立後の高さH_Rから拘束材のモルタル面までの高さH_{m_1}、H_{m_2}、芯材厚tを減じることにより設定する（Fig.13.2（e））。

$$C = C_1 + C_2 = H_R - H_{m_1} - H_{m_2} - t \qquad (13.7)$$

クリアランスの管理は、Fig.13.2に示す均等間隔にしたA〜Rの位置について計測する。

13.3.2 ギャップの品質管理数値

芯材の圧縮時に、Fig.13.2（f）に示す拘束材と芯材の間隔である外部ギャップ並びに、芯材のリブと拘束材内部モルタルの間隔である内部ギャップが小さいと、芯材と拘束材の接触により剛性が高くなり耐力が上昇する。圧縮時の耐力が大きくなることは、圧縮引張耐力比αが大きくなり、早期の局部変形につながり構造性能が低くなる。柱梁等の主体構造や接合部に損傷を与える可能性がある。よって、内部と外部のギャップを適切な数値で品質管理する必要がある。

ギャップの品質管理数値は芯材の伸縮量を考慮し、想定する変形量分以上を見込めば良い。ギャップは芯材が変形する部分である芯材塑性化部長さl_cの軸歪ε（%）分を見込む。ただし、片側の場合、半分（g/2）とする。制振ブレースとして適用する場合は、軸歪3.0%時の変形量を最小値とする。

$$l_c \times \varepsilon(\%) \leq g \qquad (13.8)$$

$$l_c \times \frac{\varepsilon(\%)}{2} \leq \frac{g}{2} \qquad (13.9)$$

ここで、gは両側分のギャップ、g/2は片側分のギャップ。(13.8)、(13.9) 式は製作許容差を含む。

13.3.3 その他の品質管理数値

その他の品質管理数値に関しては、鉄骨精度検査基準を参考に管理許容差および限界許容差の設定を行う。設定した項目は芯材、芯材塑性化部、芯材リブ、拘束材の長さ、幅、厚さや曲がり等である。ボルト孔の芯ずれ、相互間隔、はしあき・へりあき、ずれ止めの位置ずれ、溶接に関する項目についても設定する。

13.4 クリアランス比の検証実験

クリアランス比がBRBSMの構造性能に及ぼす影響を検証する。品質管理数値を満たしている試験体と満たしていない試験体の載荷実験を行い、比較する。

13.4.1 試験体

試験体はFig.13.2（a）の基本タイプとする。試験体の機械的性質をTable13.2に示す。クリアランス比の比較を行うため、芯材および拘束材の材質・寸法は同じとし、クリアランスのみをパラメータとする。芯材長さは2351mm、塑性化部長さを1251mm、塑性化部断面は幅112mm、厚さ16mm、幅厚比7.0とする。拘束指標Rは、モルタル強度による影響よりもクリアランスによる影響をうけるように、1.2程度と小さくする。クリアランスを確保するためのクリアランス調整材は13-A試験体で2mm（片面1mmずつ）、13-B試験体で4mm（片面2mmずつ）、13-C試験体で6mm（片面3mmずつ）を貼付する。

各試験体の芯材と拘束材の合体後に測定したクリアランス比をTable13.3に示す。Fig.13.2（d）に示す10か所の平均クリアランス比は、13-A試験体で12%、13-B試験体で28%、13-C試験体で35%である。13-A試験体は品質管理数値を満たしているが、13-B試験体と13-C試験体はともに品質管理数値を満たしていない。

13.4.2 載荷方法

載荷方法は2、3章に示した通り行う。試験体の軸方向変形量δは、既往の研究同様、芯材の第一ボルト間の試験体手前と奥側に変位計により測定し、その平均値とする。

13.4.3 実験結果

各試験体の降伏耐力比P/P_yと芯材の軸歪εの関係をFig.13.3に示す。最終状態をFig.13.4に、最終状況および降伏耐力比の最大をTable13.4に示す。

13-A試験体は安定した復元力特性を示している。13-B試験体は軸歪2.5%の圧縮時に軸歪0付近で荷重が少し下がる箇所がある。同様に軸歪3.0%の圧縮時にも軸歪0%付近で荷重が少し下がる箇所がある。13-C試験体は軸歪1.5%から圧縮時の軸歪0%付近で荷重が下がる。以降、軸歪2.0%、2.5%、3.0%でも同様の傾向があり、不安定である。この現象は、クリアランスが大きいため、芯材が座屈した際すぐにモルタルによる拘束ができず、座屈が進行してからモルタルに接触し、拘束し始め耐力が上昇するからである。弱軸方向の変形が大きくなり、一部に局部座屈による変形が集中し、早期の局部変形となる。また、クリアランスが大きいほど、剛性変化をする箇所の傾きが小さくなり面積が小さくなっている。

降伏耐力比は芯材がすぐにモルタル面に接触する分、13-A試験体が大きくなり、クリアランス比が大きくなる程小さくなっている。

Table 13.2　Specimen specifications

Specimens	Clearance ratio (%)　　　0.5%×ε≦C/t≦15%										
	A	C	E	G	I	J	L	N	P	R	Average
13-A	6.2	13.2	13.6	14.2	13.6	5.2	16.9	14.8	11.1	11.4	12
13-B	22.2	28.4	24.1	26.9	34.8	25.9	29.0	29.0	27.2	30.9	28
13-C	38.1	30.2	34.6	32.7	30.9	38.3	41.2	34.6	31.7	32.5	35

Table 13.3　Measured values of Clearance ratio

Specimens	Core plate (SN400B)							Steel mortar plank (SS400)						Mortar	Clearance adjustment material (mm)
	Dimension (mm)	Cross-sectional area (mm^2)	Width-thickness ratio	σ_y (N/mm^2)	P_y (kN)	Core plate length (mm)	Plastic zone length (mm)	Height (mm)	Width (mm)	Thickness (mm)	I×10^4 (mm^4)	P_E (kN)	Restraining index R	Compressive strength (N/mm^2)	
13-A	16×112	1792	7.0	303	542	2351	1251	80.0	142.4	3.2	1780	652	1.20	71.2	2.0
13-B								82.0			1880	688	1.27		4.0
13-C								84.0			1983	726	1.34		6.0

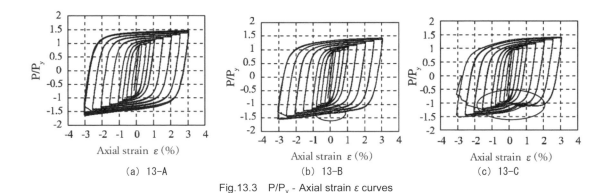

Fig.13.3　P/P_y - Axial strain ε curves

各試験体とも最終状態は局部変形である。拘束指標Rを1.2程度と小さく設定したため局部変形となっている。局部変形位置をFig.13.4に丸印で表す。13-C試験体は他試験体に比べて弱軸方向の変形が大きい。

13.4.4 性能評価

Table13.5に各試験体の累積塑性歪エネルギー率ω、圧縮引張耐力比αの最大、座屈モード数を示す。

累積塑性歪エネルギー率ωは、13-A試験体が最も大きく、13-B試験体と13-C試験体は13-A試験体と比較して半分以下となっている。クリアランス比が大きくなるとωが小さくなり、エネルギー吸収能力が低くなる。圧縮引張耐力比αは、降伏耐力比と同様の理由により、13-A試験体が最も大きくなっている。しかし、αは1.15を超えておらず、適切な数値となっている。

座屈モードは、13-A試験体と13-B試験体が同数の16で、13-C試験体は11である。13-C試験体はその他の試験体と比較して、クリアランスが大きいため、弱軸方向の変形が大きくなっていることから、一部に局部座屈による変形が集中し、座屈モード数が少なくなっている。クリアランス比が大きい程、ωは小さくな

るため、エネルギー吸収能力は低く、圧縮側で復元力特性が不安定となる。

13.5 ギャップの検証実験

ギャップがBRBSMの構造性能に及ぼす影響を検証するため、ここでは、品質管理数値よりも小さい内部のギャップを設定する。

13.5.1 試験体

試験体はFig.13.1（b）の高性能タイプとする。試験体の機械的性質をTable13.6に示す。ギャップを比較するため、芯材および拘束材の条件は全て同じとし、内部のギャップのみをパラメータとする。芯材長さは2351mmとし、塑性化部長さを1175mm、塑性化部断面は幅128mm、厚さ16mm、幅厚比8.0とする。拘束指標Rは、圧縮側の荷重上昇による局部変形で性能低下が起きないように6.0前後とする。クリアランスを確保するためのクリアランス調整材は2mm（片面1mmずつ）とする。

Table13.7に内部ギャップの数値を示す。13-D試験体は軸歪1.0%を載荷するために必要な内部ギャップが5.9mm、13-E試験体は軸歪3.0%を載荷するために必要な内部ギャップが

Table 13.4 Failure mode and maximum strength-to-yield strength ratio

Specimens	Failure mode status			Maximum strength-to-yield strength ratio	
	Axial strain (%)	Times	Failure mode	Tension side	Compression side
13-A	3.0	11	Local deformation	1.47	1.66
13-B	3.0	3		1.43	1.56
13-C	3.0	2		1.42	1.52

Table 13.5 Performance evaluation

Specimens	Et (kN·m)	ω	α	Buckling mode
13-A	1532	1530	1.13	16
13-B	704	703	2.09	16
13-C	586	585	1.07	11

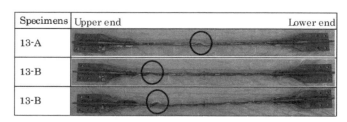

Fig.13.4 Failure behavior of specimens

Table 13.6 Specimen specifications

Specimens	Core plate (SN400B)							Steel mortar plank (SS400)					Mortar	Clearance adjustment material (mm)
	Dimension (mm)	Sectional area (mm²)	Width-thickness ratio	σ_y (N/mm²)	P_y (kN)	Core plate length (mm)	Plastic zone length (mm)	Height (mm)	Width (mm)	Thickness (mm)	$I\times10^4$ (mm⁴)	P_E (kN)	Restraining index R	Compressive strength (N/mm²)	
13-D	16×128	2048	8.0	241	493	2351	1175	128.4	208.4	3.2	7810	2859	5.80	87.5	2.0
13-E															

Table 13.7 Inside gap values

Specimens	Inside gap (g/2)	
	Quality control value ($lc\times\varepsilon/2$) (mm)	Design value (mm)
13-D	5.9 (ε=1.0%)	5.0
13-E	17.6 (ε=3.0%)	5.0

Table 13.8 Failure mode and maximum strength-to-yield strength ratio

Specimens	Failure mode status			Maximum strength-to-yield strength ratio	
	Axial strain (%)	Times	Failure mode	Tension side	Compression side
13-D	1.0	337	Tensile break	1.24	1.32
13-E	3.0	9		1.35	1.71

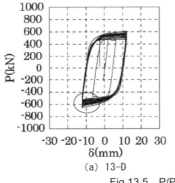
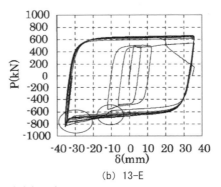

(a) 13-D   (b) 13-E

Fig.13.5 P/P_y - Axial strain ε curves

17.6mmであるが、試験体共通で5.0mmとして品質管理数値を満たさない条件とする。

13.5.2 載荷方法

載荷装置と計測方法は、クリアランス比の検証実験と同じとする。載荷パターンは軸方向変位制御で、軸歪（%）による必要値に対しての影響を確認するために一定歪振幅繰返し載荷とする。試験体や治具のならしのために歪振幅 $1/3\varepsilon_y$、0.5%を各1回載荷した後、13-D試験体は軸歪1.0%を繰返し載荷、13-E試験体は軸歪1.0%を1回載荷した後、軸歪3.0%を繰返し載荷する。耐力が最大耐力の80%まで低下、または引張破断するまで繰返し載荷する。

13.5.3 実験結果

各試験体の軸方向荷重Pと芯材の軸変形量δの関係をFig.13.5に示す。最終状態をFig.13.6に、最終状況および降伏耐力比の最大をTable13.8に示す。

両試験体ともに全体的な復元力特性は安定しているように見えるが、設計値5mmの両側である圧縮時の-10mm付近で剛性が高くなり、荷重が上昇している。これは内部のギャップが足りなくなり、芯材リブと拘束材内部モルタルが接触したことにより生じている。繰返し回数2回目以降はモルタルが圧壊することにより馴染み、-10mm付近では剛性は上昇せず、拘束材への変形が進み繰返し回数を追うごとにピー

Table 13.9 Performance evaluation

Specimens	Et (kN·m)	ω	α	Buckling mode
13-D	4148	6090	1.06	19
13-E	695	1021	1.26	17

ク付近で荷重が上昇している。

降伏耐力比の最大は上記のことから、圧縮時に剛性が高くなり荷重が上がるため大きくなっている。両試験体ともに最終状態は引張破断である。引張破断位置をFig.13.6中に丸印で表す。両試験体とも中央部付近で破断している。

13.5.4 性能評価

Table13.9に各試験体の累積塑性歪エネルギー率ω、圧縮引張耐力比αの最大、座屈モード数を示す。

累積塑性歪エネルギー率ωは、両試験体ともに引張破断となったため大きな値を示している。圧縮引張耐力比αは、13-E試験体で1.26となり、1.15を大きく超える値となっている。αが大きいため、柱梁等の主体構造や接合部に損傷を与える可能性が高い。拘束指標Rを6.0前後としたため局部変形は生じなかったが、Rが小さい場合にはαの上昇により早期の局部変形となる可能性がある。

座屈モード数は13-D試験体が19、13-E試験体が17である。内部ギャップが必要値に満たなくてもRが大きい場合、累積塑性歪エネルギー率ωが大きいため、エネルギー吸収能力は十分であることが分かる。しかし、圧縮引張耐力比αが柱梁等の主体構造や接合部に損傷を与えてしまう可能性が高くなる。

13.6 実大モックアップによる品質管理数値の検証

品質管理にあたって、製作上で最大寸法の実大モックアップを製作し、品質管理項目毎に実測し、設定した品質管理数値の妥当性を検証する。

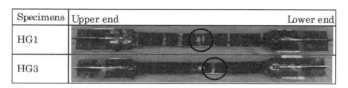

Fig.13.6 Failure behavior of specimens

13.6.1 モックアップ試験体

モックアップ試験体はFig.13.1（a）に示す基本タイプとし、Table13.10に設計値および実測値を示す。芯材の長さl_Bを12000mm、塑性化部長さl_Cを10020mm、厚さtを40.0mm、幅Bを440mm。拘束材の長さl_Sは10912mm、幅B_Sは533mm、高さH_{S_1}が192.5mm、H_{S_2}が378mm。クリアランスは4.0mm、片側分の内部ギャップは80mmとする。Fig.13.7にモックアップ試験体を示す。

モックアップ試験体の長さは、道路法に基づく車両制限の12mとする。また、芯材の断面は、JIS規格により降伏点の低減の制約が無い範囲の最大寸法である板厚40mmとし、幅厚比の適用範囲の最大値11.0を考慮して、幅は440mmとする。クリアランス比は10.0%として、板厚40mmに対してクリアランスを4.0mmとしている。片側分の内部ギャップは、軸歪1.5%を想定して、変形量の最小値としている。塑性化部長さの片側0.75%である品質管理数値の最小値75.2mmに対して、製作寸法精度を考慮して80.0mmとしている。

13.6.2 クリアランス比および内部ギャップの検証

Table13.10に示すようにモックアップ試験体のクリアランス比と内部ギャップは、共に品質管理数値内に収めることができている。

1) クリアランス比

クリアランス比（C/t）は、Fig.13.8（a）に示す組立後のBRBSMの高さから、Fig.13.8（b）に示す組立前に計測した拘束材2枚分の高さを減じ、芯材厚を引いて算出している。Fig.13.2（d）に示すA～Rの18か所について計測を行っている。最小値が4.8%、最大値が14.6%、平均値が11%とバラつきはあるもの

Table 13.10 Measurement results of mock-up specimen

Target part	Measurement item			Design value (mm)	Measured value (mm)	Control tolerance (mm)
Core plate	Length		l	12000	12000	±3
	Width	Left	B	440	441	±2
		Right	B		440	
	Thickness		t	40.0	40	±1
Plastic zone	Length	Upper	l_C	10020	10022	±3
	Wibth		B_C	440	441	±2
Core plate rib	Length	Left upper	l_r	990	989	±3
		Right upper	l_r		989	
	Width	Left upper	B_r	200	201	±2
		Right upper	B_r		201	
	Thickness		t_r	40.0	40	±1
Steel mortar plank	Length	Upper	l_S	10912	10912	±3
	Height	Upper left	H_{S1}	192.5	193.4	±2
			H_{S2}	378	378.6	
		Upper right	H_{S1}	192.5	192.6	
			H_{S2}	378	378.4	
	Width	Upper left	B_S	532.2	532.2	±2
		Upper right	B_S	531.2	531.2	

Target part	Measurement item	Design value (mm)	Measured value at each position (%)				Quality control value (%)	
BRBSM	Clearance ratio	10	A	4.8	J	8.8	$\varepsilon/2 \leq C/t \leq 15\%$ ($\varepsilon=1.5\%$)	
			B	12.2	K	10.5		
			C	12.8	L	10.8		
			D	8.2	M	11.5		
			E	10.1	N	14.6		
			F	10.8	O	12.5		
			G	13.5	P	11.5		
			H	11	Q	11.5	Avrage (A~R)	11
			I	8.9	R	7.4		

Target part	Measurement item			Measured value (mm)	Measured value (mm)	Quality control value (mm)
BRBSM	Inside gap	Right	$g/2$	80	79.5	75.2
		Left	$g/2$		79.5	

の品質管理数値内の15%に収まっている。拘束材端部のA、J、I、R位置の実測値が比較的小さい値となっているのは、芯材長さ方向に潰れたクリアランス調整材がはみ出すスペースがあるからである。

2) 内部のギャップ

拘束材のクッション材を除いたモルタル箱抜き部分を実測し、芯材リブ長さを差し引いて算出している。左右のギャップg/2の実測値はともに79.5mmとなり、75.2mmより大きいため品質管数値を満足している。

13.6.3 その他の品質管理

Table13.10に示すようにモックアップ試験体のその他の品質管理項目について、品質管理数値の管理許容差内に収めることができている。

1) 長さ

芯材長さl_Bは設計値12000mmに対して実測値12000mm、上部のリブ長さl_rは設計値990mmに対して実測値は左右リブ共に989mmであり、精度良く製作できている。塑性化部の長さl_Cは、左右のリブ長さl_rが共に1mm小さいことから、設計値より2mm大きくなっている。

2) 幅

芯材幅Bは設計値440mmに対して実測値は左側が441mm、右側が440mm、芯材リブB_rも設計値200mmに対して実測値は左右共に201mmと各々独立しているため、精度良く製作できている。上部の拘束材幅BSは設計値533mmに対して実測値は左側で532.2mm、右側で531.2mmとなっている。

3) 高さ

拘束材高さHS1は設計値192.5mmに対して実測値が左側で193.4mm、右側で192.6mm、HS2は設計値378mmに対して実測値は左側で378.6mm、右側で378.4mmとなっている。拘束材は1枚の鋼板の2か所を折り曲げることにより製作するため、拘束材の幅および高さは鋼板の切断精度や折り曲げ精度が関係し、品質管理数値内に収まっているものの、バラつきが多くなっている。

4) 板厚

芯材厚さtおよび芯材リブ厚さt_rは設計値40mmに対して実測値40mmとなっている。規格品のため、全ての対象部材において精度が良い。

Fig.13.7　Mock-up specimen

(a) Height of BRBSM　　(b) Height of steel mortar　　(c) Inside gap

Fig.13.8　Dimensional measurement

以上のことから、実大モックアップの実測値は品質管理数値内に収まっている。

13.7　結

　BRBSMに関して、構造性能を満たすための製作時の品質管理数値について検討した結果、以下の知見を得た。

(1) 既往の研究から構造性能に影響があるクリアランス比とギャップについて、製作時の品質管理数値を設定した。
(2) クリアランス比が品質管理数値内に収まっている試験体は安定した復元力特性を示し、累積塑性歪エネルギー率ωは大きい値を示した。品質管理数値を満たさない試験体はクリアランス比が大きくなる程、繰返し回数が少なくなり、累積塑性歪エネルギー率ωは小さくなる。その復元力特性は圧縮側で不安定となる。
(3) 内部ギャップが品質管理数値を満足していない場合、リブとモルタルが接触することにより圧縮側の荷重が増大し、圧縮引張耐力比αは大きくなる。
(4) 実大モックアップを製作し、設定した品質管理数値内に収めることができた。

引用・参考文献

1) 鋼モルタル板を用いた座屈拘束ブレースの製作時の品質管理数値の検証（VERIFICATION OF QUALITY CONTROL VALUES FOR FABRICATING THE BUCKLIAG-RESTRAINED BRACE USING STEEL MORTAR PLANKS）、小谷野一尚、岩田衛、荏本孝久、緑川光正、坂田弘安、藤田正則（神奈川大学工学研究（共同研究）、第1号、2018.2）
2) Verification of Clearance and Gap for Fabricating the Buckling-restrained Brace Using Steel Mortar Planks、小谷野一尚、藤田正則、岩田衛（STESSA 2018、Christcharch、New Zealand、2018.2）

第14章
BRBSMの最終性能

14.1 序

BRBSMは、拘束指標Rを大きくすることで、エネルギー吸収性能を表す累積塑性歪エネルギー率ωが大きくなる。また、ωの下限値を表す性能評価下限式を見出している。しかし、同じRにおいても、最終状態は局部変形や引張破断が混在し、ωは大小ばらついている。R以外にも力学性能に影響を及ぼす要因があることが推測され、最終状態やωを決定づける要因は何なのかを明らかにする必要がある。

最終状態は、芯材の弱軸回りへの局部変形よりも、鋼材である芯材の性能を最大限に発揮することになる引張破断とすることで、一般的に、より大きなエネルギー吸収性能や疲労性能を有することができる。

Rに反映されていない要因である載荷パターン、クリアランス、モルタル強度に着目し、各々をパラメータとした比較実験を行い、BRBSMの力学性能に及ぼす影響を明らかにする。

14.2 性能因子

14.2.1 既往の性能因子

これまでの実験で解明された性能因子を整理する。

1) 累積塑性歪エネルギー率ωと拘束指標R

実験結果から得られた累積塑性歪エネルギー率ωと拘束指標Rの関係、および下限値ωを表す性能評価下限式を合わせてFig.14.1に示す。Rを大きくすることで、ωの下限値は大きくなっている。また、Rの値が同じでも最終状態は局部変形および引張破断が混在し、ωは大小ばらつきがある。

2) 最終状態

最終状態は局部変形、引張破断、強軸変形の3種類である。Fig.14.1から局部変形の下限値ωはRで変化する性能評価下限式によって決まる。また、実験結果が満足するように新たに引張破断の下限値ωについて、性能評価下限式を設けると、Rとは関係なくω=900になる。強軸変形に関しては、面外への変形が進んだことで、載荷装置に悪影響を及ぼすと判断したため載荷を止めたもので、最終状態とは言えない。

14.2.2 本研究の性能因子

本研究で確認する性能因子について整理する。

1) 載荷パターン

ωとRの実験結果であるFig.14.1には、載荷パ

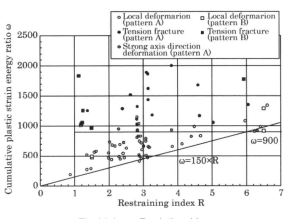

Fig.14.1 ω-R relationship

ターンがTable14.1に示すように2種類ある。

共通で軸歪毎の復元力特性への影響を確認するために引張力と圧縮力の交番繰返し載荷とし、パターンAは試験体や治具のならしのために軸歪$1/3\varepsilon_y$、$2/3\varepsilon_y$、0.25%を1回ずつ載荷した後、0.5%、0.75%を2回ずつ、1.0%を5回、1.5%、2.0%、2.5%を2回ずつ載荷する。軸歪3.0%では、耐力が最大耐力の80%まで低下、または引張破断するまで繰返し載荷している。載荷パターンBは載荷パターンAとほぼ同じだが、軸歪1.0%は2回である。

2) クリアランス

様々な力学的特性のうち、Fig.14.2（a）に示す芯材とモルタル面とのクリアランスは力学性能を左右する重要な因子である。クリアランスが小さい程ωは大きくなる。しかし、あまりに小さすぎるとポアソン比の影響により芯材と拘束材が接触し、拘束材も圧縮力を負担するため圧縮引張耐力比αが大きくなる。一方、クリアランスが大きいと座屈モードの振幅が大きくなり、芯材の一部に変形が集中するため、早期の局部変形が生じる。

Table 14.1 Number of loads

Loading pattern	Strain amplitudes (%)									
	$\varepsilon_y/3$	$2\varepsilon_y/3$	0.25	0.5	0.75	1.0	1.5	2.0	2.5	3.0
A	1	1	1	2	2	5	2	2	2	-
B	1	1	1	2	2	2	2	2	2	

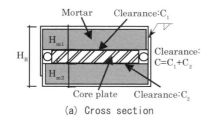

(a) Cross section

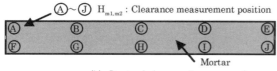

(b) Restraining part

Fig.14.2 Clearance (no scale)

クリアランスは拘束材のモルタル表面平坦さの精度やクリアランス調整材の変化により変動するため、組立後に計測する。組立後の高さH_Rから拘束材のモルタル面までの高さH_{m1}、H_{m2}、芯材厚tを減じることにより以下に設定する。

$$C = C_1 + C_2 = H_R - H_{m1} - H_{m2} - t \quad (14.1)$$

クリアランスの管理にあたっては、Fig.14.2（b）に示す均等間隔にしたA～Jの位置について計測する。また、クリアランスは芯材厚によって変化するため、クリアランス比（$=C/t$）によって評価する。

3) モルタル強度

R（$=P_E/P_y$）の分子であるP_Eは以下によって設定されている。

$$P_E = \frac{\pi^2 (E_s I_s + E_m I_m)}{l_B^2} \quad (14.2)$$

ここで、E_sは拘束材の鋼のヤング係数（2.05×10^5（N/mm²））、I_sは、拘束材の鋼の断面2次モーメント、E_mは拘束材のモルタルのヤング係数($E_s/20$(N/mm²))、I_mは拘束材のモルタルの断面2次モーメント、l_Bは芯材長さである。(14.2)式では、モルタル強度は直接反映されていない。また、局部変形に対する設計式の中で用いている圧縮荷重を受けて座屈変形した芯材を拘束するための補剛力においても、モルタル強度は考慮されていない。しかし、モルタル強度のみの違いによる比較実験では力学性能に差が生じている。

14.3 載荷パターンの違いによる比較実験

載荷パターンの違いが、BRBSMの力学性能に及ぼす影響を検証する。

14.3.1 試験体

試験体の形状は基本タイプとし、平面図および断面図をFig.14.3（a）、（b）に示す。試験体の機械的性質をTable14.2に示す。試験体は2体とし、載荷パターンのみをパラメータとするため、芯材や拘束材等は全て共通とする。芯材長さは2351mm、塑性化部長さを1251mm、塑

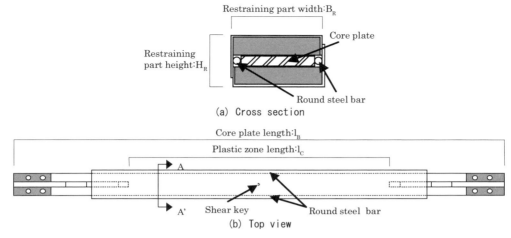

Fig.14.3　Top view and cross section of specimen

Table 14.2　Specimen specifications

Specimens	Core plate (SN400B)					Restraing part (SS400)					Mortar	Loading pattern
	Dimension (mm^2)	σ_y (N/mm^2)	P_y (kN)	Core plate length (mm)	Plastic zone length (mm)	Height (mm)	Width (mm)	Thickness (mm)	P_E (kN)	Restraining index R=(P_E/P_y)	Compressive strength (N/mm^2)	
14-A	16×112	299	536	2351	1251	80.0	142.4	3.2	652	1.22	69.1	A
14-B												B

Table 14.3　Clearance ratio

Specimens	Clearance ratio (%)										
	A	B	C	D	E	F	G	H	I	J	Average
14-A	11.7	12.3	13.0	9.9	9.3	8.6	12.3	12.3	10.5	10.5	11.0
14-B	9.3	13.6	12.7	12.3	8.6	11.1	15.4	11.7	9.3	11.1	12.0

性化部断面は幅112mm、厚さ16mm、幅厚比7.0とする。拘束材は拘束指標Rが1.2程度となるようにする。クリアランスを確保するためのクリアランス調整材は2mm（片面1mmずつ）とする。

拘束材に充填するモルタルの圧縮強度は両試験体共に69.1N/mm^{2}である。Fig.14.2（b）に示す、芯材と拘束材の合体後に測定した10か所の平均クリアランス比をTable14.3に示す。平均クリアランス比は14-Aで11%、14-Bで12%である。

14.3.2　載荷計画

載荷装置は1000kN水平アクチュエータを用いる。載荷パターンは軸方向変位制御で、14-A試験体がTable14.1に示す載荷パターンA、14-B試験体が載荷パターンBとし、引張力と圧縮力の交番繰返し載荷とする。試験体の軸変形量δは、芯材の第一ボルト間の試験体手前と奥側に変位計により測定し、その平均値とする。

14.3.3　実験結果

各試験体の復元力特性である降伏耐力比P/P_yと芯材の軸歪εの関係をFig.14.4に示す。最終状況および降伏耐力比の最大値をTable14.4に示す。

復元力特性は両試験体ともに安定している。14-A試験体は軸歪3.0%9回目の圧縮で局部変形、14-B試験体は軸歪3.0%11回目の引張で引張破断となり、最終状態は異なっている。降伏耐力比の最大値は、引張側で両試験体ともに1.48と同じであるが、圧縮側で14-A試験体が1.64、14-B試験体が1.67となり、14-A試験体が若干小さい値となっている。

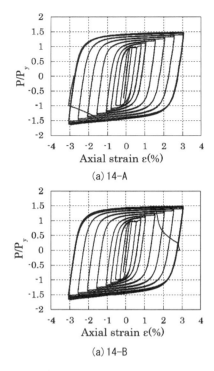

Fig.14.4　P/P$_y$ - Axial strain ε relationships

Table 14.4　Failure mode status and maximum strength-to-yield strength ratio

Specimens	Axial strain (%)	Cycles	Failure mode status	Maximum strength-to-yield strength ratio	
				Tension	Compression
14-A	3.0	9	Local deformation	1.48	1.67
14-B	3.0	11		1.48	1.67

Table 14.5　Performance evaluation

Specimens	ω	E$_t$	α$_{max}$	Number of buckling modes	
				Weak	Strong
14-A	1095	1118	1.11	17	4
14-B	1478	1510	1.12	22	6

14.3.4　性能評価

累積塑性歪エネルギー率ω、圧縮引張耐力比αの最大値、座屈モード数（半波の数）をTable14.5に示す。

1) 累積塑性歪エネルギー率ω

ωは、14-A試験体が1118、14-B試験体が1510である。14-A試験体は軸歪1.0%を3回多く載荷しているものの、14-B試験体は軸歪3.0%の繰返し回数が3回多いために、14-A試験体より14-B試験体が400程度大きくなっている。

2) 圧縮引張耐力比α

αの最大値は、14-A試験体が1.11であり、14-B試験体の1.12より若干小さい値となっている。

3) 座屈モード数

弱軸回りの座屈モード数は、14-B試験体が22であるが、14-A試験体は17と少ない。強軸回りの座屈モード数も同様に14-B試験体は6であるが、14-A試験体は4と若干少ない。

14.4　クリアランスとモルタル強度の実験

クリアランスおよびモルタル強度がBRBSMの力学性能に及ぼす影響を検証する。

14.4.1　試験体

試験体は載荷パターンの違いによる比較実験と同様とする（Fig.14.3）。試験体の機械的性質をTable14.6に示す。クリアランスとモルタル強度の比較を行うため、芯材および拘束材の材質・寸法は共通とし、クリアランスとモルタル強度のみをパラメータとする。

拘束指標Rは、クリアランスとモルタル強度の影響を受けて局部変形しやすい1.2程度と小さくする。クリアランスを確保するためのクリアランス調整材は2mm（片面1mmずつ）、4mm（片面2mmずつ）、6mm（片面3mmずつ）の3種類とする。クリアランス比をTable14.7に示す。クリアランス2mmは平均クリアランス比が11〜13%、4mmは22〜28%、6mmは34〜42%である。

モルタルは無収縮モルタルを使用し、低強度、中強度、高強度の3種類とする。モルタルの圧縮試験結果を併せてTable14.6に示す。低強度が21.3N/mm^2、中強度が71.2N/mm^2、高強度が108.3N/mm^{2}である。試験体名はLが低強度、Mが中強度、Hが高強度のモルタルを用い、数字は両面のクリアランス（mm）を表している。

Table 14.6 Specimen specifications

Specimens	Core plate (SN400B)					Restraing part (SS400)					Mortar	Clearance adjustment material (Both side) (mm)
	Dimension (mm^2)	σ_y (N/mm^2)	P_y (kN)	Core plate length (mm)	Plastic region length (mm)	Height (mm)	Width (mm)	Thickness (mm)	P_E (kN)	Restraining index R=(P_E/P_y)	Compressive strength (N/mm^2)	
14-L2	16×112	298	534	2351	1251	80.0	142.4	3.2	652	1.22	21.3	2.0
14-L4						82.0			688	1.29		4.0
14-L6						84.0			726	1.36		6.0
14-M2		303	542			80.0			652	1.20	71.2	2.0
14-M4						82.0			688	1.27		4.0
14-M6						84.0			726	1.34		6.0
14-H2		298	534			80.0			652	1.22	108.3	2.0
14-H4						82.0			688	1.29		4.0
14-H6						84.0			726	1.36		6.0

Table 14.7 Clearance ratio

Specimens	Clearance ratio (%)										
	A	B	C	D	E	F	G	H	I	J	Average
14-L2	13.7	16.1	18.0	18.6	14.9	10.6	13.0	7.5	12.4	9.9	13
14-L4	33.5	28.6	26.1	21.1	18.0	21.1	22.4	24.2	27.3	13.7	24
14-L6	42.2	37.3	33.5	41.0	34.2	48.4	51.6	46.6	42.9	44.1	42
14-M2	6.2	13.2	13.6	14.2	13.6	5.2	16.9	14.8	11.1	11.4	12
14-M4	22.2	28.4	24.1	26.9	34.8	25.9	29.0	29.0	27.2	30.9	28
14-M6	38.1	30.2	34.6	32.7	30.9	38.3	41.2	34.6	31.7	32.5	34
14-H2	9.3	9.9	8.1	19.3	8.7	10.6	14.3	2.5	14.9	8.1	11
14-H4	24.8	23.6	20.5	25.5	20.5	18.0	22.4	16.1	28.0	23.6	22
14-H6	32.9	41.6	40.4	46.0	41.6	45.3	39.8	28.0	40.4	27.3	38

14.4.2 載荷計画

載荷装置と計測方法は、載荷パターンの違いによる比較実験と同じとする。載荷パターンはTable14.1に示す、軸歪1.0%を2回載荷するパターンBとする。

14.4.3 実験結果

各試験体の降伏耐力比P/P_yと芯材の軸歪εの関係をFig.14.5に示す。最終状況および降伏耐力比の最大をTable14.8に示す。

1) 復元力特性

14-L2、M2、H2、H4試験体は、安定した復元力特性を示している。その他については、図中に破線の楕円で示すように不安定な箇所がある。

a) クリアランスによる影響

クリアランス比が大きい14-L6、M6、H6試験体で圧縮時に荷重が下がる箇所があり、復元力特性が不安定である。14-L6試験体は、軸歪2.0%圧縮載荷時の1.0%付近、14-M6試験体は軸歪1.5%から3.0%圧縮載荷時の1.5%付近、14-H6試験体は軸歪2.5%および3.0%圧縮載荷時の1.5%付近で荷重が下がっている。これらは、クリアランスが大きいため、芯材が座屈した際、すぐにモルタルによる拘束ができず荷重が下がり、座屈が進行してからモルタルに接触し、拘束し始めることで耐力が上昇するためである。

b) モルタル強度による影響

14-M4試験体で軸歪3.0%圧縮載荷時の0.5%および-0.5%付近で少し荷重が下がっている箇所がある。同様に、14-H6試験体の軸歪2.5%と3.0%圧縮載荷時の1.0%付近および-0.5%付近で少し荷重が下がっている。これらは、モルタルが芯材の局部座屈による補剛力に耐えられなくなり、圧壊するためである。14-L4試験体は、軸歪2.5%圧縮載荷時の1.5%付近でモルタ

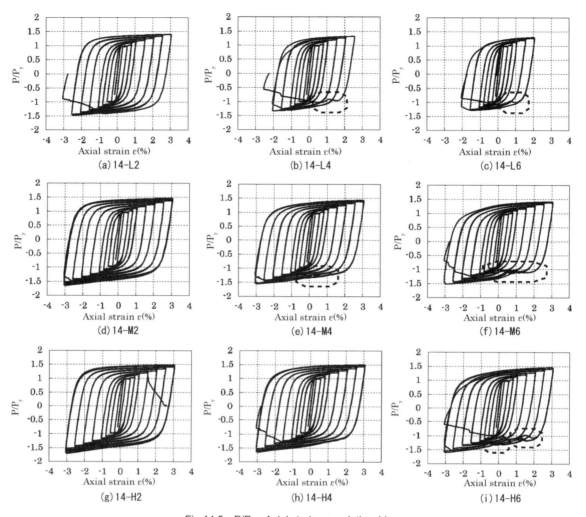

Fig.14.5 P/P$_y$ - Axial strain ε relationships

Table 14.8 Failure mode status and maximum strength-to-yield strength ratio

Specimens	Axial strain (%)	Cycles	Failure mode status	Maximum strength-to-yield strength ratio	
				Tension	Compression
14-L2	3.0	1	Local deformation	1.40	1.48
14-L4	2.5	1		1.32	1.33
14-L6	2.0	2		1.30	1.28
14-M2	3.0	11		1.47	1.66
14-M4	3.0	3		1.43	1.56
14-M6	3.0	2		1.42	1.52
14-H2	3.0	8	Tension fracture	1.49	1.71
14-H4	3.0	6	Local deformation	1.50	1.65
14-H6	3.0	4		1.46	1.60

ルが圧壊して荷重が下がり、荷重は上がらずそのまま局部変形している。

2) 最終状態および繰返し回数

平均クリアランス比が11%と小さく、モルタル強度を108.3N/mm^{2}と高くした14-H2試験体のみ軸歪3.0%8回目で引張破断となっている。その他の試験体は全て局部変形となっている。同じ局部変形でも繰返し回数は異なる。以下に各々の因子による影響を示す。

a) クリアランスによる影響

14-L6試験体は軸歪2.0%2回目、14-L4試験体は軸歪2.5%1回目、14-L2試験体は軸歪3.0%1回目で局部変形している。14-M6試験体は軸歪3.0%2回目、14-M4試験体は軸歪3.0%3回目、14-M2試験体は軸歪軸歪3.0%4回目、14-H4試験体は軸歪3.0%6回目で局部変形している。クリアランス比が小さい程、繰返し回数は多くなる。

b) モルタル強度による影響

14-L6試験体は軸歪2.0%2回目、14-M6試験体は軸歪3.0%2回目、14-H6試験体は軸歪3.0%4回目で局部変形している。14-L4試験体は軸歪2.5%1回目、14-M4試験体は軸歪3.0%4回目、14-H4試験体は軸歪3.0%6回目で局部変形している。14-L2試験体は軸歪3.0%1回目で、14-M2試験体は軸歪3.0%11回目で局部変形している。モルタル強度が高い程、繰返し回数は多くなる。

3) 降伏耐力比

a) クリアランスによる影響

圧縮側の降伏耐力比の最大値について、14-L6試験体は1.28、14-L4試験体は1.33、14-L2試験体は1.48。14-M6試験体は1.52、14-M4試験体は1.56、14-M2試験体は1.66。14-H6試験体は1.60、14-H4試験体は1.65、14-H2試験体は1.71となっている。クリアランス比が小さい程、圧縮側の降伏耐力比の最大値は大きくなる。

b) モルタル強度による影響

圧縮側の降伏耐力比の最大値について、14-L6試験体は1.28、14-M6試験体は1.52、14-H6試験体は1.60。14-L4試験体は1.33、14-M4試験体は1.56、14-H4試験体は1.65。14-L2試験体は1.48、14-M2試験体は1.66、14-H2試験体は1.71

となっている。モルタル強度が高い程、圧縮側の降伏耐力比の最大値は大きくなる。

14.4.4 性能評価

Table14.9に累積塑性歪エネルギー率ω、圧縮引張耐力比αの最大値、座屈モード数を示す。

1) 累積塑性歪エネルギー率ω

Fig.14.6にωと各性能因子との関係を示す。Fig.14.6（a）に拘束指標R、Fig.14.6（b）にクリアランス比、Fig.14.6（c）にモルタル強度との関係を示す。Rを1.2程度で揃えたが、ωが一番小さい値となった14-L6試験体で274、一番大きい値となった14-M2試験体で1530となり、Fig.14.6（a）に示すように各試験体で広範囲にばらついている。

a) クリアランスによる影響

ωの値は14-L6試験体が274、14-L4試験体は340、14-L2試験体は530。14-M6試験体は585、14-M4試験体は703、14-M2試験体は1530。14-H6試験体は602、14-H4試験体は892、14-H2試験体は1202となっている。モルタル強度が21.3N/mm^{2}の14-L試験体では、クリアランス比が42%から13%となることでωは約1.9倍、モルタル強度が71.2N/mm^{2}の14-M試験体では、クリアランス比が34%から12%となることでωは約2.6倍、モルタル強度が108.3N/mm^{2}の14-H試験体では、クリアランス比が38%から11%となることでωは約2.0倍となる。すなわち、クリアランス比が小さい程ωは大きくなる。

Table 14.9 Performance evaluation

Specimens	E_t (kN·m)	ω	α_{max}	Number of buckling modes	
				Weak	Strong
14-L2	516	530	1.08	14	0
14-L4	331	340	1.06	7	0
14-L6	267	274	1.04	9	0
14-M2	1532	1530	1.13	16	0
14-M4	704	703	1.10	16	0
14-M6	586	585	1.09	11	0
14-H2	1170	1202	1.16	33	7
14-H4	868	892	1.10	20	0
14-H6	586	602	1.10	29	0

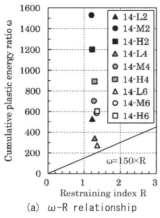

(a) ω-R relationship

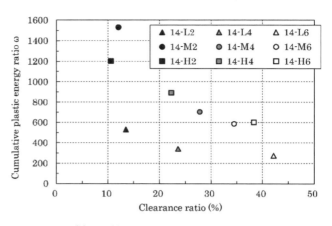

(b) ω-Clearance ratio relationship

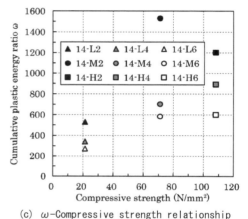

(c) ω-Compressive strength relationship

Fig.14.6　Relationships with cumulative plastic strain energy ratio

b）モルタル強度による影響

ωの値は14-L6試験体が274、14-M6試験体は585、14-H6試験体は602。14-L4試験体は340、14-M4試験体は703、14-H4試験体は892。14-L2試験体は530、14-M2試験体は1530、14-H2試験体は1202となっている。クリアランス比が34%～42%の範囲ではモルタル強度が21.3N/mm^{2}から108.3N/mm^{2}になるとωは約2.2倍、クリアランス比が22%～28%の範囲においてはモルタル強度が21.3N/mm^{2}から108.3N/mm^{2}になるとωは約2.6倍、クリアランス比が11%～13%の範囲ではモルタル強度が21.3N/mm^{2}から108.3N/mm^{2}になるとωは約2.3倍となる。14-M2が突出して大きくなっているが、モルタル強度が大きい程ωは大きくなる。

2）圧縮引張耐力比α

Fig.14.8に軸歪ごとのαの推移を示す。軸歪が大きくなる毎にαは大きくなり、局部変形となることで小さくなる。唯一、引張破断となった14-H2試験体は破断する直前でαが上昇している。

a）クリアランスによる影響

αの最大値は、14-L6試験体は1.04、14-L4試験体は1.06、14-L2試験体は1.08。14-M6試験体は1.09、14-M4試験体は1.10、14-M2試験体は1.13。14-H6試験体は1.10、14-H4試験体は1.10、14-H2試験体は1.16となっている。モルタル強度が21.3N/mm^{2}の14-L試験体では、クリアランス比が42%から13%となることでαの最大値は0.04上がり、モルタル強度が71.2N/mm^{2}の14-M試験体では、クリアランス比が34%から12%となることでαの最大値は0.04上がり、モルタル強度が108.3N/mm^{2}の14-H試験体ではクリアランス比が38%から11%となることでαの最大値は0.06上がる。クリアランス比が小さくなると、αの最大値が多少大きくなる。

b）モルタル強度による影響

αの最大値は、14-L6試験体は1.04、14-M6試験体は1.09、14-H6試験体は1.10。14-L4試験体は1.06、14-M4試験体は1.10、14-H4試験体は1.10。14-L2試験体は1.08、14-M2試験体は1.13、14-H2試験体は1.16となっている。クリアランス比が34%～42%の範囲ではモルタル強度が

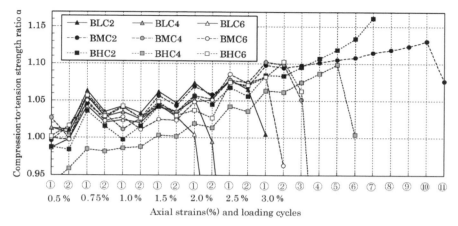

Fig.14.7 Compression-to-tension strength ratio α

21.3N/mm²からに108.3N/mm²なるとαの最大値は0.06上がり、クリアランス比が22%～28%の範囲ではモルタル強度が21.3N/mm²から108.3N/mm²になるとαの最大値は0.04上がり、クリアランス比が11%～13%の範囲ではモルタル強度が21.3N/mm²から108.3N/mm²になるとαの最大値は0.08上がる。モルタル強度が大きくなるとαの最大値が多少大きくなる。

3）座屈モード数

弱軸回りの座屈モード数は、ωが同程度の600弱である14-L2、M6、H6試験体を比較すると14、11、29と様々であり、相関性はみられない。ただし、モルタル強度が低い14-L6、L4、L2試験体が9、7、14で、モルタル強度が高い14-H6、H4、H2試験体が29、20、33となっており、モルタル強度が高い方が座屈モード数は多くなる。また、引張破断となった14-H2のみ、強軸回りに座屈モード数が発生している。

14.5 結

載荷パターン、クリアランス、モルタル強度をパラメータとした引張力と圧縮力の交番繰返し載荷実験を行った結果、今回の試験体において、以下の知見を得た。

(1) クリアランス比が34%～42%の範囲から11%～13%の範囲に小さくなると、累積塑性歪エネルギー率ωは約1.9～2.6倍となる。また、圧縮引張耐力比αの最大値は0.04～0.06大きくなる。

(2) モルタル強度が21.3N/mm²から108.3N/mm²に大きくなると、累積塑性歪エネルギー率ωは約2.2～2.6倍となる。また、圧縮引張耐力比αの最大値は0.04～0.08大きくなる。

(3) 載荷パターンの軸歪1.0%が2回の試験体では、最終状態は局部変形となり、累積塑性歪エネルギー率ωは1118であった。軸歪1.0%が5回の試験体では引張破断となり、累積塑性歪エネルギー率ωは1510であった。

引用・参考文献

1) 鋼モルタル板を用いた座屈拘束ブレースのクリアランスとモルタル強度が力学性能に及ぼす影響（EFFECT OF CLEARANCE AND MORTAR STRENGTH OF THE BUCKLING-RESTRAINED BRACE USING STEEL MORTAR PLANKS ON STRUCTURAL PERFORMANCE）、小谷野一尚、岩田衛、荏本孝久、緑川光正、中込忠男、大熊武司（神奈川大学工学研究所（プロジェクト研究）、第1号、2018.2）

第15章
BRBSMを用いた鋼構造
―性能評価―

15.1 序

鋼構造骨組みの耐震設計において、柱梁からなる骨組みのねばり強さに期待した方法が長年使われていた。しかし、1995年1月の兵庫県南部地震における建物の被害を経験して、主体構造である柱、梁、特に梁端部に塑性ヒンジを生じさせて、地震エネルギーを吸収する設計法の限界が明らかとなった。このような背景から、建物の応答をエネルギー吸収機構を用いて制御する、応答制御構造が注目を集めている。

応答制御構造のなかでも、主体構造と並列にエネルギー吸収機構を組み込み、その部材を犠牲にすることによって地震によるエネルギーを吸収させ、主体構造はできるだけ弾性範囲に抑える構造を損傷制御構造と呼ぶ。

損傷制御構造では、大地震動レベルの入力に対しても主体構造の応力は弾性範囲内であり、従来の構造と比較して建物の応答を20～50 %以上低減することも可能である。また、損傷箇所を特定することにより補修、取り替えによるコストを最小限に留めることができる等の経済的メリットもある。

損傷制御構造において、エネルギー吸収機構として用いる制振部材の一つに、座屈拘束ブレース（BRB）がある。BRBは、従来のブレースが圧縮力を受けた場合に座屈を生じるという欠点を軸力を受ける鋼材の周囲を鋼管等で補剛することにより座屈させないようにしたものである。従来のブレース構造の場合、座屈を防止するために細長比の小さなブレースが用いられ、構造物の剛性が大きくなり相対的に堅い建物になるため加速度応答が大きくなる傾向があったが、BRBの場合、鋼管等で補剛されている部分はブレースの断面を小さくできるため、ブレース構造でも柔らかい建物にすることができる．このような特長から、日本では各開発者によって数種類のBRBが開発され実用化されている。

2章にて、日本で開発された4つのタイプのBRBについて断面性能を揃えた設計を行ったうえで性能比較実験を行っている。しかし、これらのBRBが実際の建物に組み込まれたときにどの程度その性能を発揮するかについては不明確な点も多い。また、極めて稀に起こる地震動レベルまで考慮して損傷制御構造におけるBRBの性能に着目して評価している例は少ない。極めて稀に起こる地震動レベルに対しては、損傷制御構造においても主体構造に多少の降伏を許容することも考慮した検討が必要である。

ここでは、標準的と考える損傷制御構造モデルにおいて、精度の高い骨組み解析理論に基づいた数値解析を行い、各レベルの地震動を入力し、主体構造の損傷およびBRBSMに要求される性能を明らかにする。また、2章における性能比較実験および3章の開発実験結果を用いて各試験体の性能評価も併せて行う。

15.2 損傷制御構造の設計クライテリア

損傷制御構造における設計クライテリアの例をTable15.1に示す。構造ランクは、性能の良い方からS、A、B、Cの4ランクとして設定する。ランクAの設計クライテリアは、レベル3

Table 15.1 Design criteria for damage-controlled structure

Input Level		Level 1	Level 2	Level 3	Level 4
S	γ	1/300	1/200	1/150	1/100
	Stress state	Elastic	Elastic	Elastic	Elastic
A	γ	1/200	1/150	1/100	1/75
	Stress state	Elastic	Elastic	Elastic	Partial yield
B	γ	1/150	1/100	1/75	1/50
	Stress state	Elastic	Elastic	Partial yield	Layer yield
C	γ	1/100	1/75	1/50	1/33
	Stress state	Elastic	Partial yield	Layer yield	Fracture

γ : Interstory deformation angle

地震動に対して層間変形角を1/100radまでに抑え、主体構造は弾性範囲であること。ランクBはレベル2地震動まで主体構造が弾性範囲であることを目的とする。損傷制御構造における特長、すなわち主体構造の断面を低減しても制振部材によるエネルギー吸収能力を最大限に発揮することによって、大地震動レベルの外力に対しても層間変形角を1/100rad以内に抑えるという観点から、ランクAとBの中間程度の構造ランクを目標として骨組みを設計し、数値解析の対象とする。

15.3 解析モデルの設定

損傷制御構造として設計する骨組みの設定にあたって、建物の層数は、BRBSMの制振部材効果が有効に発揮できるせん断変形が卓越し、柱の伸縮による全体曲げ変形を無視できる程度に抑えるという観点から10層とする。スパン数は、BRBSMの配置がK型であることから、対称性およびフレームとの剛性バランスを考慮して、ブレース構面を中央に配置した3スパンが必要最小限度であると考える。これらの設定条件およびBRBSM本体の構造性能に基づいて、10層3スパンの平面骨組みとする。部材断面は、各層とも第1層の降伏層せん断力係数(D_s)を0.3として決定する。BRBSMの剛性K_Bと主体構造の剛性K_Fの比$2K_B/K_F$は、1.0〜4.0程度まで設定が可能だが、2.0以上になると応答加速度が増加する傾向があり、2.0以下になると応答変位が増加する傾向があることから

全層2.0を目標とする。各層の制振部材の降伏せん断力Q_{dy}は、各層の保有水平耐力Q_{un}に対しておよそ1/10を目標にする。

このような10層3スパンの解析モデルは、世の中に現存するオフィスビルがこの程度であることを考えれば一般的なものである。数値の一般性という意味では、骨組み形式が異なったとしても本解析モデルと同等の剛性分布、固有周期、クライテリアを設定していれば、制振部材の性能評価をするうえで一般性のある結果が得られるものと考える。

15.4 解析モデル

15.4.1 解析モデルの概要

Fig.15.1にモデル形状、Table15.2に解析モデル部材表を示す。解析モデルの設計にあたって、柱脚は固定とし階高は1層のみ3.8mで他の各層は3.0m、梁スパンは6.0mとする。

柱は角形鋼管、梁をH形鋼（降伏応力度σ_y=323.4N/mm^2）とする。BRBSMの数値解析モデルは、塑性化部と弾性部から成り、解析モデルの中央スパンに全層K型に配置する。塑性化部（σ_y=235.2N/mm^2）は、平鋼を用いてブレース全体長さに対して塑性化部長さを1/2とする。弾性部（σ_y=235.2N/mm^2）は塑性化部の断面積の10倍としてモデル化する。なお、座屈拘束の条件のため、塑性化部は曲げ変形を生じないものとする。解析モデル重量は、柱と梁の節点に層の重量の1/4を各々配分し、梁の中央にその1/10を配分する。層の重量は梁1mあたり39.2kNとして概算し、10層のみ他の1/2とする。静的増分解析にあたって、外力分布は告示に示されているA_i分布に従うものとする。Fig.15.2に静的増分解析結果を示す。

15.4.2 固有値解析

初期剛性を用いた固有値解析の結果、1次固有周期は1.1秒、2次固有周期は0.4秒、ブレースを取り除いた主体構造のみの1次固有周期は1.7秒、2次固有周期0.6秒である。Fig.15.3に1次と2次の振動モードを示す。

Table 15.2 Model sections

Story	Column	Beam	BRBSM	$2K_B/K_F$	Q_{dy}/Q_{un}
10	□-250×250×6	H-240×170×7×11	PL-9×25	2.1	0.12
9	□-350×350×8	H-300×200×9×14	PL-12×32	1.9	0.10
8	□-350×350×9	H-340×250×9×14	PL-12×45	2.0	0.10
7	□-350×350×11	H-360×300×9×14	PL-12×60	2.1	0.11
6	□-400×400×11	H-390×300×9×14	PL-12×70	2.0	0.10
5	□-400×400×12	H-390×300×10×16	PL-12×80	2.1	0.11
4	□-400×400×12	H-390×300×10×16	PL-12×85	2.0	0.10
3	□-400×400×14	H-440×300×11×18	PL-12×90	1.9	0.10
2	□-400×400×14	H-430×300×10×15	PL-12×95	1.9	0.10
1	□-400×400×15	H-440×300×13×21	PL-16×110	1.9	0.13

15.5 解析方法

15.5.1 解析理論

有限要素法に基づく非線形平面骨組動的応答解析プログラムを用いて解析を行う。

基本的な仮定条件、理論を次に示す。

1) 部材は全て線材として扱う。
2) 一つの部材を部材方向に3つの小要素に分割し（柱、ブレースは等分割し、梁は、梁端から梁せいの1/4までを塑性化領域として分割し、その他は等分割する）、部材断面方向について層状に20の小要素に等分割する。
3) 断面内の応力度、歪度分布は単位分割中では一定とする。
4) 小要素各々について部材方向に1次の増分変位関数、部材方向に対する法線方向について3次の増分変位関数を多項式として設定する。
5) 非線形解析法は、ポテンシャルエネルギー増分の停留原理に基づいた増分法である。
6) 時刻歴応答解析手法は、Newmarkβ法（β=1/4）による直接積分法を用いる。

15.5.2 解析条件

解析にあたって、以下の条件を設ける。

1) 鋼材のヤング係数は205kN/mm^{2}とし、ヤング係数に対する塑性勾配E_pを1/50とし、歪硬化を考慮する係数αは、ヤング係数の1/200に設定する。応力度-歪度関係をFig.15.4に示す。
2) 減衰は瞬間剛性比例型とし、1次固有周期に対する減衰定数を2%とする。

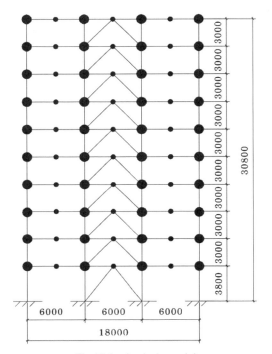

Fig.15.1 Analysis model

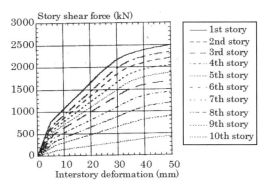

Fig.15.2 Static incremental analysis result

第15章 BRBSMを用いた鋼構造 －性能評価－　181

Table 15.3 Peak ground motion acceleration (m/s²)

Earthquake wave	LV1	LV2	LV3	LV4
El centro NS: ELCENTRO	2.42	4.84	7.26	9.68
Kobe Marine Observatory NS: KOBE	2.23	4.47	6.71	8.93
Taft EW: TAFT	2.43	4.87	7.3	9.74
Hachinohe EW: HACHINOHE	1.21	2.41	3.62	4.82
BCJ (observed earthquake ground motion)	2.07	3.56	3.56	7.11

3) 採用する地震動は観測地震動として、El Centro NS、Kobe NS、Taft EW、Hachinohe EW、および日本建築センター作成による模擬地震動（BCJ）を用いる。

4) 地震動のレベル設定は、レベル1、レベル2は通常の設計で検討されるレベルであり、レベル3、レベル4は制振部材の限界性能を把握するための余裕度検討用とする。

5) 観測地震動について、地動最大速度で4つのレベル（25、50、75、100kine）に基準化し、模擬地震動についてはレベル3とレベル4をレベル2の加速度の各々1.5倍、2倍として作成する。Table15.3に採用地震動の地動最大加速度を示す（以下、各地震動名称は、表中の略称にLV1、LV2、LV3、LV4を付記して記す）。

6) 地震動の継続時間は、観測地震動のピークが全ての地震動において30秒以内に現れることから30秒とする。

7) 時間積分間隔は、0.002秒とする。

8) 上記の時間積分間隔を用いた場合、内部節点力ベクトルと外力ベクトルの釣合い誤差が十分に小さいと判断できるため収束計算は行わず、次の時間ステップで誤差を解消する方法を用いる。

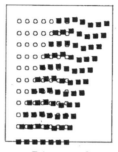 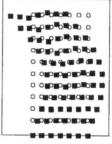

Fig.15.3　Vibration modes

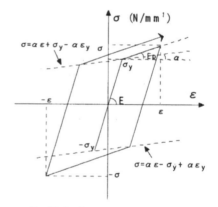

Fig.15.4　Stress-strain relationship

15.6　解析結果

15.6.1　入力レベルに対する最大応答

レベル1〜レベル4の入力に対して、各レベルで応答が比較的大きかったKOBEの例としてFig.15.5に最大層せん断力分布、Fig.15.6に最大層間変形角分布を示す。Fig.15.2とFig.15.5の層せん断力分布を比較すると、各層が降伏するのはレベル4の入力であることが分かる。最大層間変形角分布において、KOBEの場合、本解析モデルではおおよそレベル1で層間変形角1/200rad、レベル2で1/100rad、レベル3で1/75rad、レベル4で1/50radである。なお、最大応答時における柱の伸縮による全体曲げ変形は、最上階の水平軸に対する梁の部材角がおよそ1/3000rad（ブレース構面のみではおよそ1/1500rad）程度であり、極めて小さい値である。

15.6.2　入力レベルに対する梁端部の歪

KOBEの例として、Fig.15.7にレベル3とレ

ベル4時に最大回転角を示した梁端部断面の歪分布を、Table15.4に各地震動において梁端部回転角より算出した最大塑性率μ、累積塑性変形倍率ηの一覧を示す。入力レベルに対する梁端部の歪は、レベル1とレベル2では全ての地震動において弾性範囲内である。レベル3とレベル4では全ての地震動で塑性化が認められるが、レベル3までは最大塑性率が1.5以内に収まっている。

15.6.3 最大塑性変形能力

Fig.15.9に各地震動による制振部材の最大塑性率分布、Fig.15.10に累積塑性変形倍率分布、Table15.5に各地震動において層方向で最大となる制振部材の最大塑性率μ、累積塑性変形倍率ηの一覧を示す。これらの図より、レベル2の入力レベルまでは各層でμ、ηはおおよそ一定である。レベル3以降で層方向にばらつきが現れるのは高次振動モードの影響と考える。Table15.5に示した各レベルのμ、ηの平均値をみると、ηは、μに対して15倍程度の値になることが分かる。

また、BCJのηが他の地震動と比較して大きくなるのは、速度応答スペクトルが長周期領域においてフラットになる特性を有しているため、系の固有周期の変化によらず振動し続けるからと考える。

15.6.4 の累積塑性歪エネルギー吸収能力

塑性化部の累積塑性歪エネルギー吸収量E_tを、塑性化部の降伏耐力と弾性限界変形量を乗じて算出したW_yで除して無次元化したパラメータを累積塑性歪エネルギー率ωと定義する。

Fig.15.8にエネルギー吸収の概念図、Fig.15.11に、各地震動による累積塑性歪エネルギー率の層方向の分布を、Table15.5に各地震動において層方向で最大となる累積塑性歪エネルギー率一覧を示す。全ての入力レベルにおいて、累積塑性歪エネルギー率分布は累積塑性変形倍率分布と相似性があるが、累積塑性歪エネルギー率分布ではFig.15.3に示した応力度-歪度関係における歪硬化も考慮しているので、塑

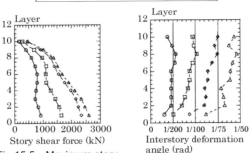

Fig.15.5 Maximum story shear force

Fig.15.6 Maximum Interstory deformation angle

Table 15.4 μ, η of end beam

Earthquake wave	μ		η	
	LV3	LV4	LV3	LV4
ELCENTRO	1.0	1.6	1.0	5.5
KOBE	1.5	1.9	4.9	9.4
TAFT	1.4	1.9	3.5	10.6
HACHINOHE	1.2	1.9	3.5	7.1
BCJ	1.4	2.2	4.9	18.7

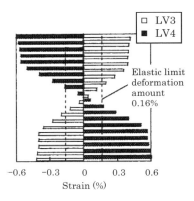

Fig.15.7 End beam strain distribution

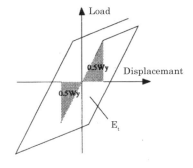

Fig.15.8 Concept of energy absorption

第15章 BRBSMを用いた鋼構造 −性能評価− *183*

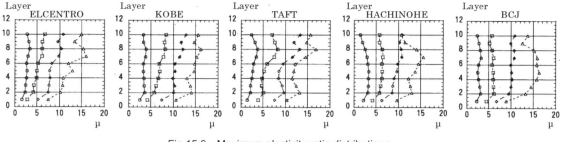

Fig.15.9　Maximum plasticity ratio distributions

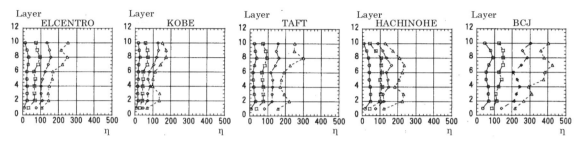

Fig.15.10　Cumulative plasticity rate distributions

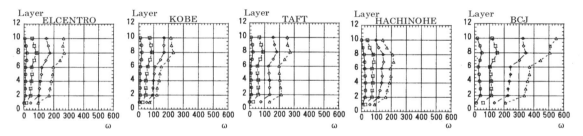

Fig.15.11　Cumulative plastic strain energy ratio distributions

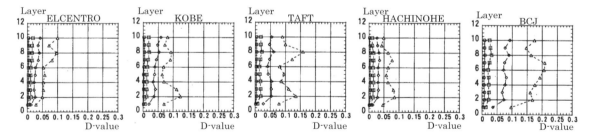

Fig.15.12　Cumulative damage distributions

Table 15.5　List of analysis results (BRBSM)

Earthquake wave	μ				η				ω				D			
	LV1	LV2	LV3	LV4	LV1	LV2	LV3	LV4	LV1	LV2	LV3	LV4	LV1	LV2	LV3	LV4
ELCENTRO	3.4	6.6	10.8	16.1	34.9	99.9	161.2	262.7	20.0	84.0	179.1	272.9	0.005	0.018	0.043	0.102
KOBE	4.0	8.5	12.9	16.2	28.2	74.4	143.5	182.1	21.8	88.8	176.9	237.0	0.005	0.020	0.059	0.126
TAFT	3.7	8.3	13.4	16.9	37.5	95.8	170.5	302.2	21.0	88.2	185.1	275.3	0.005	0.022	0.060	0.164
HACHINOHE	3.3	6.5	10.8	15.6	50.1	122.1	180.2	259.9	27.1	80.7	152.2	220.0	0.005	0.016	0.035	0.087
BCJ	3.3	6.1	11.7	16.7	92.9	153.7	304.4	450.8	50.0	152.8	346.3	549.0	0.009	0.031	0.094	0.213
Avarage	3.5	7.2	11.9	16.3	48.7	109.2	192.0	291.5	28.0	98.9	207.9	310.8	0.005	0.021	0.058	0.138

性化部の履歴特性において軸力の増加傾向も考慮できるため、累積塑性変形倍率分布と比較して、より正確に損傷程度を把握できる。

15.6.5 地震動下における疲労特性

一定振幅下における実大モデルのBRBSMの疲労特性は、全歪振幅$\Delta\varepsilon_a$（%）と疲労寿命回数N_fの関係で表すと次式で推定できる。

$$\Delta\varepsilon_a = 20.48 \cdot N_f^{-0.49} \quad (15.1)$$

上式を用いて、解析モデル内の全ての塑性化部について各地震動によってブレースに生じる歪の時刻歴を求め、これをもとに増分歪の符号が変化した点を1/2サイクルとしてi回目の全歪振幅$\Delta\varepsilon_{ai}$を計算する。下式に示すマイナー則の分母として1/2サイクルあたりの疲労損傷度を計算し、この過程を時刻歴に生じる全ての振幅数mまでについて加算していくことで累積疲労損傷度を算出する。

$$D = \sum_{i=1}^{m} \frac{1}{2N} = \sum_{i=1}^{m} \frac{1}{2 \cdot \left(\frac{\Delta\varepsilon_{ai}}{20.48}\right)^{-0.49}} \quad (15.2)$$

D:累積疲労損傷度
N_i:$\Delta\varepsilon_{ai}$に対する一定振幅下の疲労寿命回数
m:全時刻に振幅（1/2サイクル）が生じる回数

Fig.15.12に各地震動によるマイナー則より算出した塑性化部の累積疲労損傷度の層方向の分布を、Table15.5に各地震動における層方向で最大となる塑性化部の累積疲労損傷度一覧を示す。Fig.15.12より、レベル4の入力での下層がばらつく理由は、残留歪により見かけ上の歪が増えるためである。Table15.5より、レベル4の累積疲労損傷度の平均値は、一般に、ランダム振幅下においてマイナー則による評価が過大評価を与える傾向があることを考慮しても、余裕のある値である。

15.7 解析モデルの性能評価

15.7.1 性能評価手法

Table15.6に各地震動による総入力エネルギーから算出したレベル1からレベル4までのエネルギー等価速度V_Eの一覧を示す。V_Eはそれぞれ、0.85、1.56、2.27、2.94（m/s）であ

Table 15.6 Total energy rank by V_E (m/s)

Earthquake wave	LV1	LV2	LV3	LV4
ELCENTRO	0.75	1.4	2.06	2.7
KOBE	0.7	1.41	20.4	2.58
TAFT	0.75	1.46	2.24	2.96
HACHINOHE	0.91	1.54	2.08	2.63
BCJ	1.14	1.98	2.95	3.84
Avarage	0.85	1.56	2.27	2.94

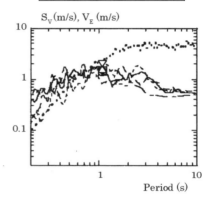

Fig.15.13　S_v (h=2%)-V_E relationship

る。V_Eは、各レベルの地震動でばらつきがあるが、各レベルごとの5つの地震動の平均をそのレベルの総入力エネルギーとして定義する。なおV_Eは、減衰定数2%時の速度応答スペクトルS_vにおけるその系の1次固有周期の値を用いても推測が可能である。Fig.15.13にレベル2のS_vとV_Eの関係を示す。

15.7.2 性能評価指標

性能評価指標として解析結果で検討した塑性率μ、累積塑性変形倍率η、累積塑性歪エネルギー率ω、累積疲労損傷度Dを用いる。従来、耐震部材の性能評価には、主として地震による塑性域での損傷のみを対象とした、塑性率と累積塑性率による方法が採用されてきた。しかし、制振部材では、累積塑性歪エネルギー率や累積疲労損傷度による総合的な評価も必要であると指摘されていることを踏まえ、ここでは4

つの性能評価指標を採用する。Fig.15.14に各評価指標とエネルギー等価速度V_Eの関係および各々の回帰式を示す。なお、Fig.15.14の縦軸は、各評価指標のレベル4における平均値を1.0として各入力レベルを基準化したものである。この結果からμ、η、ω指標は、各々勾配は異なるがV_Eの増加に応じて線形的にその値が増加している。D指標は、他と異なり入力レベルに応じて指数関数的な増加傾向を示している。

15.8 実験結果による性能評価

ここで、2章、3章の実験結果と本解析結果との対応を検討する。Table15.7にこれらの実験結果概要を示す。15.7.2節と同様に各性能評価指標のレベル4の入力レベルにおける平均値によって各試験体の実験結果を基準化し、Fig.15.14に示した回帰式によりV_Eを算出する。Fig.15.15に各試験体の性能評価指標とV_Eの関係を示す。なお、図中のこれらの回帰式は、レベル4を超える場合も拡張して適用できるものとして点線で示す。

Fig.15.15より、各性能評価指標において全ての試験体がレベル2の要求性能を満たしていることが分かる。また、η指標よりもω指標のほうが正確に制振部材の累積塑性変形能力を評価できることを考慮すると、2-B以外の試験体は、主体構造の損傷限界レベルと考えられるレベル3までの要求性能をおおよそ満たしている。レベル4の要求性能を満たしている試験体は2-A、3-Aの2体であるが、2-C試験体もω指標を満たしているのでおおよそレベル4の要求性能を満たしている。

2-A、2-C、3-A試験体の結果に着目すると、軸歪3.0%の繰返し載荷による累積塑性変形能力において性能に差が現れるが、2-Aはレベル4の要求性能に対して各指標で2～10倍程度、3-Aは各指標で1.5～6倍程度の余裕があり、必要以上の性能を有している。また、2-Cはレベル4の要求性能に対して各指標で0.8～2倍程度であり、本解析モデルにおいて必要最低限の要求性能を満足する制振部材である。

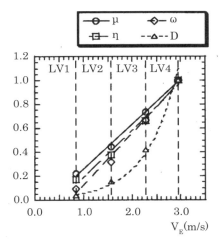

Regression equation of each index

——— μ (index) = $-0.122 + 0.378 V_E$ ・・・(1)

— — η (index) = $-0.208 + 0.398 V_E$ ・・・(2)

— — ω (index) = $-0.321 + 0.441 V_E$ ・・・(3)

----- D (index) = $0.011 \times e^{1.57 V_E}$ ・・・(4)

Fig.15.14 Performance evaluation index-V_E relationship

Table 15.7 List of development experiment results

Specimens	Loading cycles	μ	η	ω	D
2-A	14th with 3.0% axial strain	23.4	690.7	1719.4	1.425
2-B	2nd with 2.0% axial strain	15.6	177.7	190.8	0.169
2-C	1st with 3.0% axial strain	23.4	240.2	491.3	0.364
2-D	1st with 2.5% axial strain	17.9	190.6	380	0.225
3-A	7th with 3.0% axial strain	19.6	405.9	858.1	0.853
3-F	2nd with 2.5% axial strain	16.3	178.3	332.1	0.282
3-G	1st with 2.5% axial strain	16.3	153.3	269.9	0.225

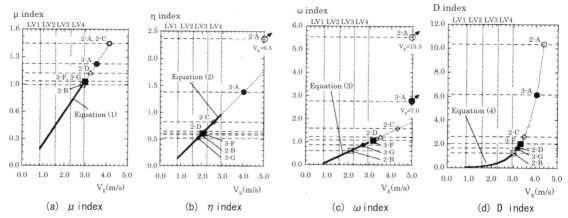

Fig.15.15 Performance evaluation index-V_E relationships by experimental results

15.9 結

損傷制御構造におけるBRBSMの性能評価にあたって、塑性化部と弾性部からなるBRBSMとしてモデル化して組み込んだ10層3スパン平面骨組みモデルによる地震応答解析結果を用いて、性能比較実験および開発実験結果の考察を行い、以下の知見を得た。

(1) 損傷制御構造をモデル化した本解析モデルにおいて、レベル2では、全ての地震動において主体構造である梁端部の歪は弾性範囲である。レベル3でも梁端部は、塑性率μが1.5、累積塑性変形倍率ηは5.0 程度である。

(2) 塑性率μ、累積塑性変形倍率η、累積塑性歪エネルギー率ω、累積疲労損傷度Dの4つを指標とした場合、μ、η、ω指標はエネルギー等価速度V_Eの増加に対しては線形的な増加傾向があり、D指標は、指数関数的に増加する傾向を示す。

(3) 解析結果より想定されるレベル4（V_E＝2.94m/s）の入力レベルに対する要求性能は、塑性率μ＝16.3、累積塑性変形倍率η＝291.5、累積塑性歪エネルギー率ω＝310.8、累積疲労損傷度D＝0.138である。ηよりもωのほうが正確に累積塑性変形能力を表せること、Dは指数関数的に損傷程度が増加することの2 点に留意する必要がある。

引用・参考文献

1) 損傷制御構造における座屈拘束ブレースの性能評価（PERFORMANCE EVALUATION OF BUCKLING-RESTRAINED BRACES ON DAMAGE CONTROLLED STRUCTURE）、加藤貴志、岩田衛、和田章（日本建築学会構造系論文集、第552号、pp.101-108、2002.2）

第16章
BRBSMを用いた鋼構造
―実験分析―

16.1 序

これまでは、保有性能を明らかにすることを主な目的として、BRBSM単体を対象に研究が行われ、芯材の断面積、幅厚比、細長比、拘束材の断面二次モーメント等を変化させた試験体について多くの性能比較実験が行なわれている。実験結果から8章では、高いエネルギー吸収性能を有するBRBSMの提案、9章では繰返し載荷による疲労性能を明らかにしている。

BRBSMが構造部材として地震時の要求性能を満たすものであるかを明らかにするためには、BRBSM単体の研究だけでなく、構造物を考慮した研究が必要である。

15章の構造物と地震動継続時間の異なる5つの地震動を用いて時刻歴応答解析を行う。BRBSMの降伏耐力P_yをパラメータとした解析結果から得られた要求性能を保有性能が満たすことを実験結果と比較し、BRBSMの性能を評価する。

性能評価の方法として、エネルギー吸収性能と疲労性能の2つの観点からBRBSMの構造性能を確認する。1つ目として、エネルギー吸収性能である累積塑性歪エネルギー率ωを用いる。

2つ目として、疲労線図と簡易的な評価方法である線形累積損傷則（以下、マイナー則）を用い、BRBSMの疲労性能を確認する。

BRBSM実験結果と解析結果を比較し、構造物に組み込まれたBRBSMの地震時の性能を評価する。また、保有性能が異なる基本タイプと高性能タイプの2つのBRBSMが構造物に組み込まれた際の性能についても比較を行う。

16.2 解析モデル

解析モデルは、15章と同様の構造物を用いる。以下に解析モデルの概要を示す。

16.2.1 解析モデルの概要

解析ソフトはSNAP（Ver.6）を用いて解析を行う。解析モデルをFig.16.1に示す。

BRBSMが最も効果を発揮するモデルを想定し、建物の曲げ変形を無視できる程度の建物高さに設定されたBRBSMが中央にK型配置された10層3スパンの鋼構造モデルである。

Table16.1に解析モデルの部材断面を示す。柱は角形鋼管、梁はH形鋼である。柱の降伏応力度は共に$\sigma_y=323N/mm^2$とする。BRBSMは、塑性化部と弾性部に分け、モデル化する。塑性化部長さは、芯材長さに対して1/2の長さである。弾性部の断面積は、塑性化部の10倍とする。BRBSMの降伏応力度は、$\sigma_y=235N/mm^2$として降伏耐力を算出する。

解析モデルの重量は、層重量の1/4の重量を持つ質点を柱と梁の接合部分に配分し、梁の中央に接合部分に配分した重量の1/10の重量を持つ質点をそれぞれ集中質点として付加する。層重量は、梁1mあたり39.2kNとして計算する。解析モデルの1次固有周期は1.1秒である。

モデルの解析は平面解析で行う。Fig.16.2に静的増分解析結果を示す。解析結果は、15章の増分解析結果と概ね一致している。

16.2.2 解析条件

時刻歴応答解析には、Newmarkのβ法（β=1/4）を用いる。芯材塑性化部の軸方向の復元力特性は、バイリニアモデルとし、二次剛性は初期剛性の1/50とする。減衰は、瞬間剛性比例型とし、減衰定数hは0.02とする。

入力地震動は、一般的な設計用地震動として用いられており、様々な特性を有する観測地震動El Centro NS（EL CENTRO）、Kobe NS（KOBE）、Taft EW（TAFT）、Hachinohe EW（HACHINOHE）および、日本建築センターによる模擬地震動BCJ-L2（BCJ）を採用する。

観測地震動は、レベル1（LV1）を最大速度25kine（中地震動相当）、レベル2（LV2）を50kine（大地震動相当）、レベル3（LV3）を75kine（大地震動以上の地震動相当）に基準化する。BCJは、LV2にオリジナルを使用し、LV1、LV3をそれぞれオリジナルの0.5倍、1.5倍として作成し、使用する。LV1、LV2地震動は設計時に求められる性能を、LV3では性能の余裕度を検討する。

15章では、地震継続時間を地震動のピークが現れる30秒間としていた。ここでは、継続的な地震動に対する疲労性能を評価することを目的とし、KOBEを31秒、HACHINOHEを51秒、EL CENTRO、TAFTを54秒、BCJの地震継続時間を120秒として入力する。時刻歴応答解析時の解析時間刻みは、全ての地震動で0.01秒とする。

16.2.3 解析モデルの設定

BRBSMは耐震・制振部材として用いられるが、「エネルギーの釣合いに基づく耐震計算法」により、稀に発生する地震時から早期に降伏させることが許容されている。早期から降伏させることで地震エネルギーの吸収をBRBSMに集中させ、主体構造の損傷を抑えることが可能である。

BRBSMの耐力による性能への影響を調べるため、Table16.1にて示した解析モデルに使用されるBRBSMの降伏耐力P_yを変化させたモデルの解析を行い、結果を比較する。

BRBSMのP_yを芯材の断面積により調節する

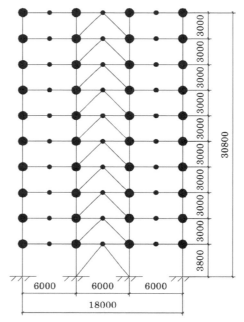

Fig.16.1　Analysis model

Table 16.1　Model sections

Story	Column	Beam	BRBSM
10	□-250×250×6	H-240×170×7×11	PL-9×25
9	□-350×350×8	H-300×200×9×14	PL-12×32
8	□-350×350×9	H-340×250×9×14	PL-12×45
7	□-350×350×11	H-360×300×9×14	PL-12×60
6	□-400×400×11	H-390×300×9×14	PL-12×70
5	□-400×400×12	H-390×300×10×16	PL-12×80
4	□-400×400×12	H-390×300×10×16	PL-12×85
3	□-400×400×14	H-440×300×11×18	PL-12×90
2	□-400×400×14	H-430×300×10×15	PL-12×95
1	□-400×400×15	H-440×300×13×21	PL-16×110

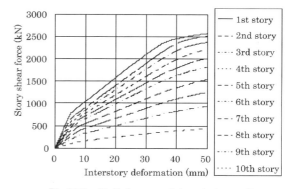

Fig.16.2　Static incremental analysis result

と、P_yと共に剛性が変化する。BRBSMは剛性の調節が可能なことから、P_y以外の条件を同一とするため、見かけの降伏応力度σ_yによるP_yの調節を行う。Table16.1から算出した断面積を、基本となるσ_yが100%のモデルとし、σ_yを80%、90%、110%、120%に変化させ、計5つのモデルを作成、解析を行う。剛性を変えずに、BRBSMのP_yのみを変更する事例としては、10章のように端部に増厚板を用いて軸剛性の調節を行う場合に相当する。

BRBSMが安定した挙動を示す拘束指標Rは、解析の際に特定の値を設定せず、地震応答時にBRBSMが局部変形による耐力低下をせず、安定した挙動を示すものとする。

16.3 解析結果・考察

σ_yを変化させた各モデルのBCJのLV2、LV3地震時の層間変形角をFig.16.3に、各層左側のBRBSMのωをFig.16.4に示す。各モデルのBRBSMはLV1地震時から降伏が生じ、全ての地震動において主体構造はLV2まで弾性状態である。σ_yが低いモデルは、BRBSMの耐力の変化分、建物全体の耐力が下がり、変形量が増加し、層間変形角が大きくなっている。また、σ_yが低くなると早期に降伏が起こり、降伏耐力の低いモデルほどωの値が増加している。

各モデルのσ_yの変化は10%ずつであるが、ωの増加は、σ_yの変化に対して比例していない。σ_yが変化することで弾性限界変形量δ_yの値も変化し、累積塑性歪エネルギーE_tに対する弾性時のエネルギー吸収量W_yが変化するためである。また、BRBSMの耐力が低い場合、軸方向変形量の増加もωに差が生じる要因である。

Table16.2より、σ_yが異なり、入力される地震動が同一の場合、BRBSMの降伏時刻に差が生じている。耐力の変化により、BRBSMが降伏する時刻に変化が生じ、エネルギー吸収量に差が出たと考える。σ_yが80%のモデルとそれ以外のσ_yが90%~120%のモデルに差が生じている。σ_yが80%のモデルのBRBSMは、他のモデルに比べ早期に降伏し、軸方向変形量の増大

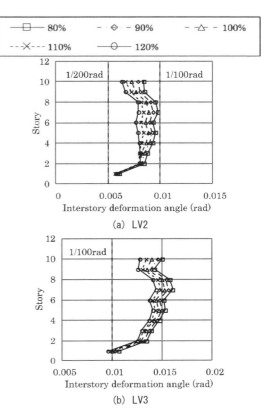

Fig.16.3 Maximum Interstory deformation angle of BCJ

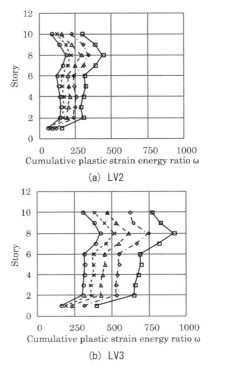

Fig.16.4 ω of BCJ

によるエネルギー吸収量が増えたことから、σ_yが90%のモデルと比較して、σ_yの変化量に対するωの増加量が大きくなっている。

16.4 性能評価方法

LV2、LV3の地震応答時、各モデルで層間変形角が最大となる層のBRBSMを対象にωと累積疲労から性能評価を行う。ωについては、解析結果から要求される値と拘束指標Rの関数で表される保有性能の下限値と比較する。

累積疲労については、BRBSMの変位応答の歪振幅がピークとなる点を1/2サイクルとし、各歪振幅におけるサイクル数を計測する。各歪サイクルを耐用回数で除し、その合計を累積疲労Dとするマイナー則を用いて評価を行う。

累積疲労Dを算出する際の歪振幅は、9章にて示した疲労線図から得られる歪振幅$1.5\varepsilon_y$%、0.5%、1.0%、1.5%に大別する。応答変位を4つの歪サイクルに分けるため、評価が安全側となるよう、所定の歪振幅を超えた歪は繰上げて計測する。耐用回数は、近似直線から得られる値でなく、疲労性能の下限値を用いる。疲労線図の近似値が各タイプの耐用回数の下限値を満たすように近似直線を低減する。Table16.3に低減後の耐用回数を示す。基本タイプは近似直線の8割、高性能タイプは7割とした際の値を本章での耐用回数とする。ωとDを算出しTable16.4、Table16.5に示す。

16.5 累積塑性歪エネルギー率の評価

Table16.4より、モデルの違いによる要求性能は最大2.4倍となり、σ_yが10%変化するとωは2割程度増加する。σ_yが80%のモデルにおけるLV1地震動に要求されるωは、30~100であり、性能評価下限式によるω=900（R>6）以下である。

LV2とLV3の一部のモデルでは、BRBSMがR=3（ω=450）程度でも性能評価下限式が上回っている。R=6としたBRBSMを構造物に用いるとすれば、2~6回のLV2地震動に対しても

Table 16.2 Yield time of BRBSM

Yield time (s)	σ_y				
	80%	90%	100%	110%	120%
LV1	4.7	6.3	6.3	6.3	6.4
LV2	3.3	3.7	3.7	3.7	4.1
LV3	3.0	3.3	3.3	3.3	3.4

Table 16.3 Reduction in Tolerable loading cycles

ε (%)	Tolerable loading cycles			
	B type	H type	B type	H type
	Approx-imation	Reduction	Approx-imation	Reduction
$1.5\varepsilon_y$	2000	1600	9400	6580
0.5	370	296	1000	700
1.0	89	71	170	119
1.5	39	31	61	43

要求性能を満足している。また、σ_yが低い場合にも、8章にて示した高性能タイプのBRBSM（ω=1200）ならば、保有性能が大きく上回る。

8章では、15章の解析結果を用いて地震継続時間30秒の3連動地震に関する必要性能について述べている。σ_yが低く、地震継続時間が120秒の地震動が発生した際の要求性能はω=386、3倍するとω=1158であり、継続時間の長い地震動が連続した場合に必要な高いエネルギー吸収性能を有している。

16.6 疲労性能の評価

Table16.5より、Dは、基本タイプ、高性能タイプともに1を下回っている。歪サイクルの分布は地震動によって異なるが、σ_yの低いモデルほど高歪のサイクル数が多く、累積疲労が大きい。σ_yの高いモデルは、低いモデルに比べ変形量が少なく、累積疲労は小さいが、低歪のサイクル数が多く計測されている。

変形量が軸歪0.5%や1.0%を超えるような大地震動は建物の供用期間中に一度は起こる可能性がある地震動であり、頻繁に発生することは考えにくい。基本タイプでも数十秒の大地震動に対しては5回程度、継続時間の長い地震動による累積疲労に対しては、2~3回発生しても耐

Table 16.4 Analysis results of ω

σ_y	ELCENTRO			KOBE			TAFT			HACHINOHE			BCJ		
	LV1	LV2	LV3	LV1	LV2	LV3	LV1	LV2	LV3	LV1	LV2	LV3	LV1	LV2	LV3
80%	33.7	136	264	31.1	118	240	42.0	149	327	38.2	110	196	94.9	386	813
90%	25.6	112	217	25.3	98.7	195	33.1	118	262	31.3	91.9	168	71.5	304	662
100%	20.0	92.4	182	21.2	82.9	160	26.4	96.8	215	25.9	77.7	144	55.9	244	543
110%	16.4	76.2	155	17.8	70.5	131	20.8	81.0	180	22.0	68.3	125	44.1	194	458
120%	13.7	63.1	136	14.5	59.3	119	16.2	70.2	149	19.3	60.7	110	34.0	161	389

Table 16.5 Analysis results of Cumulative fatigue

ELCENTRO

σ_y	LV1						LV2						LV3					
	Strain cycles				D		Strain cycles				D		Strain cycles				D	
	$1.5\varepsilon_y$	0.5	1	1.5	B	H	$1.5\varepsilon_y$	0.5	1	1.5	B	H	$1.5\varepsilon_y$	0.5	1	1.5	B	H
80%	53	10	0	0	0.08	0.03	57	16	3	0	0.16	0.08	37	26	6	1	0.28	0.16
90%	53	7	0	0	0.07	0.03	62	12	4	0	0.17	0.09	41	22	6	1	0.27	0.16
100%	54	6	0	0	0.07	0.02	61	10	3	0	0.14	0.07	49	19	6	1	0.26	0.15
110%	53	6	0	0	0.07	0.02	69	8	3	0	0.14	0.07	56	15	6	1	0.25	0.15
120%	54	5	0	0	0.06	0.02	67	7	4	0	0.15	0.08	62	11	5	1	0.22	0.13

KOBE

σ_y	LV1						LV2						LV3					
	Strain cycles				D		Strain cycles				D		Strain cycles				D	
	$1.5\varepsilon_y$	0.5	1	1.5	B	H	$1.5\varepsilon_y$	0.5	1	1.5	B	H	$1.5\varepsilon_y$	0.5	1	1.5	B	H
80%	34	5	0	0	0.05	0.02	34	6	4	0	0.12	0.07	46	12	2	4	0.28	0.19
90%	31	5	0	0	0.05	0.02	31	7	3	0	0.11	0.06	49	10	2	4	0.28	0.19
100%	32	5	0	0	0.05	0.02	29	6	4	0	0.12	0.07	45	9	2	4	0.27	0.19
110%	32	5	0	0	0.05	0.02	27	6	3	0	0.10	0.05	46	9	2	3	0.23	0.15
120%	35	4	0	0	0.04	0.02	31	5	3	0	0.10	0.05	47	6	3	2	0.19	0.13

TAFT

σ_y	LV1						LV2						LV3					
	Strain cycles				D		Strain cycles				D		Strain cycles				D	
	$1.5\varepsilon_y$	0.5	1	1.5	B	H	$1.5\varepsilon_y$	0.5	1	1.5	B	H	$1.5\varepsilon_y$	0.5	1	1.5	B	H
80%	57	12	0	0	0.09	0.04	55	22	3	0	0.19	0.09	47	25	3	5	0.40	0.26
90%	57	10	0	0	0.09	0.03	59	21	2	0	0.17	0.08	46	25	4	4	0.37	0.24
100%	56	7	0	0	0.07	0.03	61	18	2	0	0.16	0.07	50	23	3	3	0.31	0.19
110%	57	6	0	0	0.07	0.02	61	17	2	0	0.15	0.07	55	23	4	2	0.29	0.17
120%	58	4	0	0	0.06	0.02	63	14	2	0	0.14	0.07	54	19	4	1	0.23	0.13

HACHINOHE

σ_y	LV1						LV2						LV3					
	Strain cycles				D		Strain cycles				D		Strain cycles				D	
	$1.5\varepsilon_y$	0.5	1	1.5	B	H	$1.5\varepsilon_y$	0.5	1	1.5	B	H	$1.5\varepsilon_y$	0.5	1	1.5	B	H
80%	38	11	0	0	0.07	0.03	40	13	2	0	0.12	0.06	101	14	2	1	0.19	0.09
90%	40	7	0	0	0.06	0.02	42	11	2	0	0.11	0.06	101	12	2	1	0.20	0.10
100%	42	6	0	0	0.06	0.02	42	10	2	0	0.11	0.05	104	7	2	1	0.19	0.09
110%	43	5	0	0	0.05	0.02	35	12	2	0	0.11	0.06	106	6	2	1	0.18	0.09
120%	43	5	0	0	0.05	0.02	35	11	2	0	0.11	0.05	107	4	2	1	0.18	0.09

BCJ

σ_y	LV1						LV2						LV3					
	Strain cycles				D		Strain cycles				D		Strain cycles				D	
	$1.5\varepsilon_y$	0.5	1	1.5	B	H	$1.5\varepsilon_y$	0.5	1	1.5	B	H	$1.5\varepsilon_y$	0.5	1	1.5	B	H
80%	155	25	0	0	0.23	0.08	115	45	7	0	0.40	0.20	86	57	21	4	0.84	0.52
90%	162	21	0	0	0.22	0.08	121	45	5	0	0.37	0.18	103	50	18	3	0.73	0.44
100%	169	16	0	0	0.20	0.07	127	42	4	0	0.35	0.16	108	46	17	3	0.70	0.42
110%	164	11	0	0	0.17	0.06	128	27	4	0	0.28	0.13	116	41	16	2	0.62	0.37
120%	166	8	0	0	0.16	0.05	136	25	4	0	0.28	0.13	121	35	15	2	0.59	0.34

える事の出来る性能を有している。

　一方で、長寿命化を目指した実構造物への供用の際には、HACHINOHEの解析結果のように、低歪のサイクルが多く計測される小規模な地震動および、風荷重による低歪の変形が繰返されることで疲労が蓄積することが考えられる。長期利用を想定する場合や、設置や取替が困難な箇所に設置されるBRBSMは、低歪の疲労性能に優れた高性能タイプを用いることで、Table16.5におけるσ_yが80%のモデルのDを比べると、BRBSMの軸歪$1.5\varepsilon_y$が多く計測されている地震動HACHINOHEのLV3は基本タイプが0.19、高性能タイプが0.09、BCJ-L2のLV2では、基本タイプが0.4、高性能タイプが0.2と、高性能タイプのDは基本タイプの半分程度であり、基本タイプよりも信頼性の高い長期的な供用に適し、安全且つ、経済的に有効である。

　KOBEの累積疲労は、ωのようにσ_yや地震動レベルが変化しても歪サイクルの分布に大きな変化がなく、他の地震動に比べ、モデルによる違いがあまり見られない。KOBEのように、地震継続時間の短い直下型地震においては、累積疲労に差が生じにくい。

16.7　結

　BRBSMが組み込まれた中層鋼構造物に、4つの観測地震動と1つの模擬地震動による時刻歴応答解析を行い、BRBSMの累積塑性歪エネルギー率ωおよび基本タイプ、高性能タイプの累積疲労Dに関する性能評価を行い、本章の範囲内において以下の知見を得た。

（1）BRBSM の保有性能は、継続時間30~120秒のレベル2、レベル3 の地震応答時において解析結果より得られる累積塑性歪エネルギー率ω および累積疲労Dの要求値を上回っており、高い耐震性能が確保されている。

（2）基本タイプは、2~5回のレベル2地震動にする疲労性能を満足している。

（3）累積疲労Dは、Hachinohe EWのレベル3で基本タイプが0.19、高性能タイプが0.09、BCJ-L2のレベル2では基本タイプが0.4、高性能タイプが0.2と、基本タイプに比べて半分程度となる。疲労性能の高い高性能タイプは、小規模の地震動や風荷重による累積疲労の蓄積が小さく、信頼性の高い長期的な供用に対して有効である。

（4）エネルギー吸収性能や疲労性能の高い高性能タイプを用いることで、エネルギーの釣合いに基づく耐震設計法の特徴を十分に引き出す設計が可能となる。言い換えれば、長期的な供用に適した、安全で且つ、経済的な構造物が設計できる。

引用・参考文献

1) 中層鋼構造建築に組み込まれた座屈拘束ブレースの性能評価（PERFOMANCE EVALUATION OF THE BUCKLING-RESTRAINED BRACES INSTALLED IN A MID-RISE STEEL STRUCTURE）、成井涼平、小谷野一尚、緑川光正、中込忠男、岩田衛（鋼構造論文集、第95号、pp.41-48、2017.9）

2) Performance evaluation of buckling-Restrained braces Installed in a Mid-rise Steel Structure、成井涼平、小谷野一尚、緑川光正、中込忠男、岩田衛（STESSA 2018、Christchurch、New Zealand、2018.2）

第17章
BRBSMを用いた鋼構造
－方杖配置構法－

17.1 序

建築鋼構造の分野から地球環境に配慮した構法の開発（Fig.17.1）について述べる。構造物全体の長寿命化を第一の目標とし、社会的ニーズの変化などによりやむなく解体しなければならない場合、部材レベルのリユースを可能とすることを第二の目標として想定している。

建物の長寿命化の観点から、主体構造と制振部材を分離する損傷制御構造の考え方を採用している。すなわち、大地震に遭遇しても地震エネルギーを制振部材に集約することで、主体構造を弾性範囲に留める。制振部材には方杖状に配置したBRBSMを用いる。BRBSMは、中小地震や大地震から主体構造を守り、交換する必要のある唯一の部材である。大規模な地震動時には、地震エネルギーを効率的に吸収させ、大地震後には、損傷し性能が劣化した部材のみを交換、修復することで建築物の持続性を図る。

本章では、まず初めに構造システムの概要について述べる。次に、実験結果から得られた知見に基づき、接合部やBRBSMの設計方法を確立し、実際の設計に適応できるよう構造設計法を提案する。損傷制御構造の設計の流れを設計フローで示した後、提案した設計法に基づいて試設計を行い、目標クライテリアを満足する設計例を示す。

17.2 損傷制御構造

17.2.1 構造システムの概要

損傷制御構造システムにおける柱梁接合部をFig.17.2に示す。梁端部に溶接された接合部ユニットを介して柱フランジ部に鋼棒を通し、鋼棒に初期張力を導入することで締め付ける。この鋼棒を用いた接合部を損傷制御接合部（DC接合部）とする。

DC接合部では、生じる曲げモーメントの大きさに応じて、接合部の剛性が段階的に変化する。鋼棒に導入した初期張力が解消され、接合部ユニットが柱から離間を開始するまでが剛接合、接合部ユニット内全ての鋼棒が完全に塑性

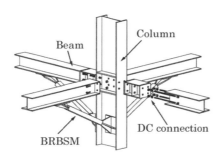

Fig.17.1 Damage-controlled structure

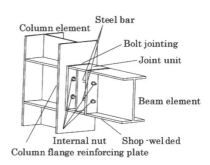

Fig.17.2 DC connection

化するまでが半剛接合、更に、鋼棒の塑性化が進むとピン接合となる（Fig.17.3）。この特徴により、使用時に要求される剛性と大地震時に要求される変形性能を両立している。また、DC接合部の剛性が低下するため、BRBSMによる効率の良いエネルギー吸収が可能となる。このように、主体構造を塑性化させないことを目的としたDC接合部のメカニズムとBRBSMのエネルギー吸収により、主体構造の継続使用、部材のリユースが可能である。

施工に関しては、構造性能が高度に品質管理された汎用的な部材、部品を工場で製作し、現場では組み立てるのみである。そのため、要求された性能を保持し建築物そのものの品質を明確に提示することが可能となる、システム構造体の特徴を併せ持つ。

17.2.2 チューブ構造

損傷制御構造システムは、建物の外周部で水平力を負担する構造であり、オフィスビル等で室内の有効利用が可能な構造形式であるチューブ構造を対象とする。柱にH形鋼を用いた場合、外周部のみにDC接合部を設ける。また、BRBSMは内部空間が広く確保できるように、外周部のみ方杖状に配置する。建物の外周部以外の内側にある鉛直荷重のみを支える柱は角形鋼管とし、外周部の柱と内側の梁の接合はピン接合とする。建物規模の適用範囲は、高さについて一般的にBRBSMが有効な、建物のせん断変形が卓越する建物高さとして、31m以下とする。

17.3 損傷制御接合部実験

Fig.17.3に示すように梁の接合条件（柱に圧延H形鋼、角形鋼管を各々使用）が異なるDC接合部の実大T字型試験体で繰返し曲げ実験を行った。使用した部材の機械的性質をTable17.1に、部材断面表をTable17.2に示す。Fig.17.4に示すように層間変形角1/25radまで鋼棒の破断などが生じておらず、荷重変形関係はスリップ型である。

水平変位が層間変形角1/200rad相当まで柱梁接合部は弾性状態に留まっている。試験体17-Aと17-Cの鋼棒の塑性化は層間変形角が1/200～1/100radの間で発生している。

H形鋼の柱の強軸側（柱フランジ）に梁を接続した場合には、Fig.17.5(a)に示すように鋼棒に損傷が集中し、柱や梁にはほとんど損傷が生じていない。鋼棒径の大きい試験体17-Bは、Fig.17.6(b)に示すように曲げ耐力が上昇するが、柱の降伏曲げ耐力が鋼棒の降伏モーメントよりも低い場合には、Fig.17.5(b)のように柱フランジに損傷が集中した。また、柱に角形鋼管を用いた場合にも、Fig.17.5(c)に示すように柱や梁に損傷が生じることなく、Fig.17.6(b)のH形鋼の柱を使用した場合と同等な性能を示す。すなわち、柱に角形鋼管を用いた場合でも性能

Table 17.1　Mechanical propaties

Specimens (elements)		Material	Yield strength (N/mm^2)	Tensile strength (N/mm^2)	Elongation (%)
17-A	Primary structure	SS400	304	451	30.8
	Connection bolt	S45C	475	768	-
17-B	Primary structure	SS400	316	443	37
	Connection bolt	S45C	611	770	9
17-C	Primary structure	BCR295	390	441	25
	Connection bolt	S45C	625	807	8

Table 17.2　List of specimens

Specimens (column)		Connection bolt			
		Number (pcs)	Length (mm)	Diameter (mm)	Initial tension
17-A	H-582×300×12×17	4	400	21	1/3 P$_y$
17-B	H-588×300×12×20			36	
17-C	□-400×400×22			21	

Beam(H-300×300×10×15), Py:Yield strength

第17章 BRBSMを用いた鋼構造 −方杖配置構法− 195

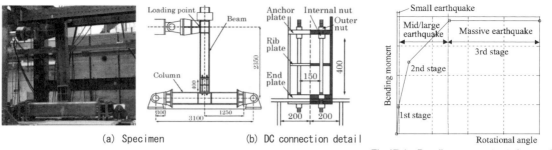

(a) Specimen　　　　　(b) DC connection detail

Fig.17.3　Test of the beam-column connection (Units:mm)

Fig.17.4　Bending moment-rotation angle relationship

(a) 17-A　　　　　(b) 17-B　　　　　(c) 17-C

Fig.17.5　Test of the beam-column connection

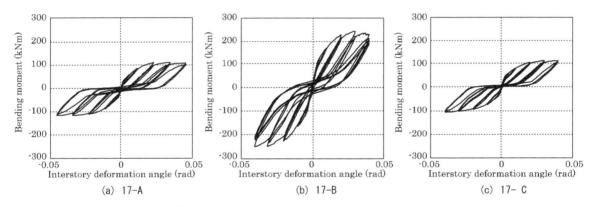

(a) 17-A　　　　　(b) 17-B　　　　　(c) 17-C

Fig.17.6　Bending moment and interstory deformation angle

が劣ることは無く、半剛接合の機構を有している。よって、角形鋼管の柱は外周部で2方向から梁が取り付く隅角部に用いるものとする。

17.4　設計フロー

　損傷制御構造システムの設計フローをFig.17.7示す。本設計法は、損傷制御構造の設計概念を基本的な枠組みとし、一般的な設計フローに、DC接合部の設計とBRBSMの設計、時刻歴応答解析によるクライテリアの検証を追加する。以下に、設計フローの項目の詳細を示す。

17.4.1　一次設計

　一次設計にあたっては、固定荷重と積載荷重に対して、主体構造の断面が許容応力度以内となるように設計する。長期荷重は、BRBSMを除いた柱と梁からなる主体構造のみで負担でき

るように設計する。DC接合部を設計するため、建物の外周の柱梁接合部は剛接合として、長期荷重時に柱梁接合部にかかる曲げモーメントを算出する。

設計したDC接合部を組み込んだ主体構造に対して解析を行う。確認する事項は、長期荷重時のDC接合部の安全性の確認（応力解析）と、建物に必要なBRBSMの負担率を算定するための主体構造の一次固有周期（固有値解析）である。BRBSMを配置したモデルにおいて、標準せん断力係数C_0を0.2として各部材断面が短期許容応力度以内となるように設計し、層間変形角は1/200rad以内とする。

DC接合部は、鋼棒の降伏耐力の1/3の初期張力を導入し、接合部が剛接合の状態とする。梁の剛性は、床の剛性を考慮した合成梁として算定する。

17.4.2 二次設計

二次設計にあたっては、本モデルにおいて十分な塑性変形能力を確保することを前提に、構造特性係数D_s値を0.3として保有水平耐力計算を行う。保有水平耐力時は、DC接合部の鋼棒の初期張力が消失し、接合部が半剛状態となるためBRBSMでエネルギー吸収が行われる。梁の剛性は、床が梁から剥離すると考え、梁のみの剛性とする。

17.4.3 時刻歴応答解析

地震時の応答性状を確認するため、時刻歴応答解析で構造全体の層間変形角、主体構造の柱梁部材の損傷確認、DC接合部の状態、BRBSMのエネルギー吸収量などのクライテリアの確認をする。

17.5 解析方法

17.5.1 DC接合部の力学モデル

DC接合部の力学モデルでは、鋼棒4本と柱フランジ部をモデル化した8本の軸バネで接合部を構成している（Fig.17.8）。鋼棒は平行部とネジ部を軸バネでモデル化し、直列につないで

いる。DC接合部の構成方程式は要素a、要素b、要素cの直列配置により次式で表す。

$$\{f\} = [K]\{d\} \tag{17.1}$$

[K]:柔性マトリックス、{f}:応力ベクトル
{d}:変位ベクトル

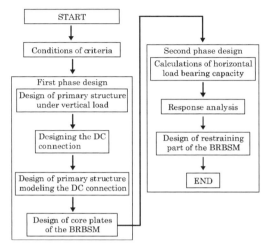

Fig.17.7 Design flow

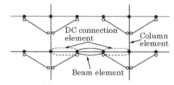

(a) Structure model

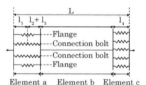

(b) DC connection element

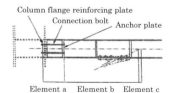

(c) Correspondence of beam element and mechanical model

Fig.17.8 Mechanical model of the beam-to-colunm connection

鋼棒とフランジ部の復元力特性をFig.17.9示す。鋼棒の復元力特性は、DC接合部実大実験と鋼棒単体の軸方向加力実験から得られた結果を元に作成したものである。

Fig.17.10に接合部ユニットの詳細を示す。DC接合部をモデル化するにあたって必要な寸法を設定する。鋼棒の平行部の長さl_1は柱フランジ外面からアンカープレート内側までとする。鋼棒のネジ部の長さl_2+l_3は外ナット、柱補強プレート、柱フランジ、アンカープレート、ユニット補強プレートの合計とする。鋼棒は幅（B）、せい（D）ともに梁断面を4分割し、端部から1/4の配置とする。

17.5.2 BRBSMのモデル化

BRBSMのモデル化は、実大実験の試験体のモデル化と同様に、柱梁芯間を3分割し中央のエネルギー吸収部と両端のガセット部に分けてモデル化する。エネルギー吸収部はトラス材でモデル化し、ガセット部はリブによる補強を想定した矩形の弾性部材とする。圧縮側は座屈を生じないと仮定し、引張側と同様の復元力特性とする。

17.6 DC接合部の設計法

DC接合部に関しては、接合部ユニットと鋼棒を設計する必要がある。DC接合部に用いる鋼棒の材質は中ボルト程度の耐力と伸びが必要となるためS45Cとし、ネジ部の谷径で破断しないように転造ネジとする。ここでは、鋼棒の降伏応力度を600N/mm^{2}とし、最小径と最大径の範囲内から決定する。鋼棒は、接合部に生じる曲げモーメントおよびせん断力に対して安全性を確認する。

17.6.1 接合部ユニット

接合部ユニットは梁に合わせて圧延H形鋼とし、梁の端部に溶接する。なお、接合部ユニット端部のエンドプレートには、鋼棒の塑性化後もせん断力を伝達し鋼棒が圧縮力に抵抗できるように円形の内ナットを配置する。そのため、エンドプレートには円形の内ナットが通過する最小限のクリアランスで孔を開ける。エンドプレート、アンカープレートの板厚は、鋼棒の初期張力によって生じる応力に対して、長期許容応力度以内となるように設定する。接合部ユニットの長さは鋼棒の長さに合わせて設定する。

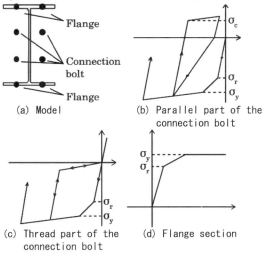

Fig.17.9 Hysteretic characteristics of the connection bolt and flange section

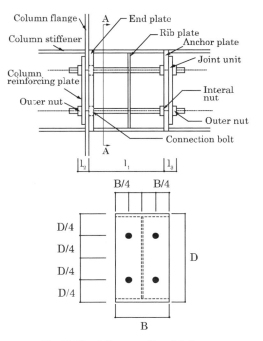

Fig.17.10 DC connection detail (connection bolt arrangement)

柱フランジ部の降伏曲げ耐力は、鋼構造接合部設計指針のスプリットティ形式柱梁接合部の耐力を参考に算出する。柱のスチフナ位置の違いと、引張力を受けるボルト（鋼棒）の本数の違いより、降伏場の数がスプリットティの半分になる（Fig.17.11）。降伏場1つに対して降伏耐力 $_cP_y$ の係数が2なので、DC接合部では鋼棒2本分で $_cP_y$ の係数は4となる。また、計算値にはFig.17.10に示すように柱フランジ内側に設置する柱補強プレートも考慮する。柱フランジ部の降伏曲げ耐力は、柱フランジ部と接触する部分において、柱フランジと同様に降伏線を仮定し、(17.2) 式とする。

建物の隅角部のみで用いる角形鋼管は全体構造の耐力に与える影響は小さいことから、フランジ部降伏耐力の算定において安全側となるよう、単純梁で仮定した簡略モデルによる弾性設計を行う。

下記の式を用いて柱フランジと補強プレートの降伏曲げ耐力を個別に計算する。また、算定において必要な記号をFig.17.12に示す。

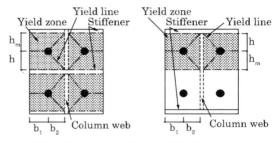

(a) Split-T connection　(b) DC connection

Fig.17.11　Yield zones in the connection when subjected tension

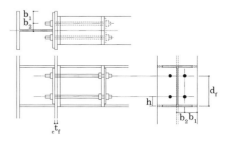

Fig.17.12　Symbols used for the calculations

$$_cM_y = {_cP_y} \cdot d_f \quad (17.2)$$

ここで、

$$_cP_y = 4 \cdot {_cM_0} \left\{ \frac{b_1}{h} + \frac{b_1}{h_m} + \pi + \frac{\pi}{2}\left(\frac{h}{b_2} - 1\right)^2 + \frac{2}{\pi}\left(\frac{h_m}{b_2} - 1\right)^2 \right\} \quad (17.3)$$

$$_cM_0 = \frac{_ct_f^2}{4} {_cF_y} \quad (17.4)$$

$$h_m = \frac{b_2}{2} + \sqrt{\left(\frac{b_2}{2}\right)^2 + \frac{\pi \cdot b_1 \cdot b_2}{4}} \quad (17.5)$$

$_cM_y$：柱フランジ部の引張耐力による降伏曲げ耐力
$_cP_y$：柱フランジ部の降伏引張耐力
$_cF_y$：柱フランジの降伏強さ
d_f：梁フランジ-引張力が作用する鋼棒間距離
b_1：鋼棒-柱フランジ縁端距離、b_2：鋼棒-柱ウェブ間距離
h：鋼棒-梁フランジ板厚中心間距離、$_ct_f$：柱フランジ板厚

17.6.2　鋼棒の設計

1) 鋼棒の降伏曲げモーメント

鋼棒の降伏モーメントは、DC接合部の離間モーメントと同様にDC接合部の実大実験に使用した (17.6) 式とする。

$$M_y = \sum_{i=1}^{n} 2F_y \cdot \frac{d_i^2}{d_1} \quad (17.6)$$

M_y：鋼棒の降伏曲げモーメント
F_y：鋼棒の降伏強度
d_i：梁圧縮フランジ縁端からi行目の鋼棒までの距離、
d_1：梁圧縮フランジ縁端から最初に降伏する鋼棒までの距離

2) 鋼棒のせん断耐力

DC接合部は、鋼棒に初期張力が導入され、柱フランジとエンドプレートが離間するまでは初期張力によって生じる材間圧縮力の効果で摩擦接合の状態となる。このため、鋼棒には直接せん断力が作用しない。DC接合部に力が加わり、鋼棒に導入された初期張力が消失して柱フランジとエンドプレートの離間が始まると、鋼棒にせん断力が生じる。この時、エンドプレートが柱フランジに接している部分での摩擦力も

生じている。更に、力が加わると、DC接合部は完全に離間して摩擦力のない状態となる。このような機構を考慮し、せん断力に対しては一次設計、二次設計において検討を行う。

一次設計に関しては、長期荷重時において(17.7)式で初期張力による摩擦力P_sを算出し、長期荷重に対して3倍の安全率を持つことを確認する。

$$P_s = 2n \cdot \mu \cdot T_0 \quad (17.7)$$

P_s：初期張力による摩擦力
n：鋼棒の本数
T_0：初期張力
μ：摩擦係数（0.4）

(17.8)式で鋼棒の降伏せん断耐力R_sを算出し、短期せん断力に対して鋼棒がせん断降伏しないことを確認する。安全側のため、初期張力による摩擦は無視する。

$$R_s = 2n \cdot F_y / \sqrt{3} \quad (17.8)$$

R_s：鋼棒のせん断耐力

二次設計に関しては、下記の式で鋼棒の終局せん断耐力F_{su}と、エンドプレートと柱フランジ部の支圧耐力R_lを算出し、保有耐力時のせん断力に対して鋼棒がせん断破壊しないことと、各プレートが支圧破壊しないことを検討する。各プレートについては、縁端距離の検討も行う。

$$F_{su} = 2n \cdot F_u / \sqrt{3} \quad (17.9)$$
$$R_l = t \cdot d \cdot 1.25F \quad (17.10)$$

F_{su}：鋼棒の終局せん断耐力
F_u：鋼棒の終局強度、R_l：エンドプレートと柱フランジの支圧耐力、t：プレート板厚、
d：鋼棒径、 F：プレートのF値

3) 鋼棒の最小径の設定

鋼棒の最小径は、エネルギー吸収部材として方杖状に配置しているBRBSMを無視した場合でも、DC接合部が離間せずに積載荷重や固定荷重を負担できる太さを確保する必要がある。そのため、接合部の離間モーメントが長期荷重による梁端モーメントを上回るように鋼棒径を設計する。

DC接合部の離間モーメントはDC接合部の実大実験で用いた式とする。

$$M_s = 2n \cdot T_0 \cdot d_c \quad (17.11)$$

M_s：DC接合部の離間モーメント
n：鋼棒の行数（2）、T_0：初期張力
d_c：梁圧縮フランジ縁端から梁中心までの距離

4) 鋼棒の最大径の設定

柱フランジ部が鋼棒よりも先に塑性化してしまうと、降伏モーメントの算定値に達する前に最大耐力となり耐力が低下してしまう。そのため、設計において降伏モーメントの算定値を使う場合、柱フランジ部の塑性化よりも鋼棒の降伏が先行するように、鋼棒の最大径を定める。すなわち、鋼棒の最大径は柱フランジ部の降伏曲げ耐力を算出し、鋼棒の降伏モーメントがその値以下になるようにする。

鋼棒の最大径の設計式に関して、DC接合部の実験結果を用いてその妥当性を検証する。鋼棒径の相違による実験では柱フランジが変形したが、角形鋼管を柱に用いた実験では、鋼棒に変形が集中し、柱フランジに損傷は生じていない。それぞれの試験体における鋼棒の降伏モーメントと柱フランジ部降伏曲げ耐力を検証する。これによると鋼棒径の相違による実験では、柱フランジ部降伏曲げ耐力が鋼棒の降伏モーメントを下回っている。そのため、DC接合部が曲げモーメントを受けて鋼棒が降伏する前に、柱フランジ部が降伏したためである。一方、角形鋼管を柱に用いた実験（17-C）では、柱フランジ部降伏曲げ耐力が鋼棒の降伏モーメントを上回っている。鋼棒が降伏して損傷が集中し、柱フランジには損傷が生じなかったと考えられる。このことより、算定式の妥当性が確認されたといえる。

17.7 BRBSMの設計法

BRBSMの累積塑性歪エネルギー率ωに関して、拘束指標Rを用いた性能評価下限式を使用する。

$$\omega = 150 \times R \quad (17.12)$$

Rの適応範囲とそれを満たすBRBSMのディテールを使用する。損傷制御構造システムに使用するBRBSMはFig.17.13に示す形状で、芯材

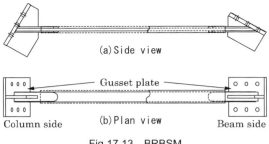

Fig.17.13　BRBSM

にガセット部を溶接して一体にしたものを製作し、両端を柱と梁にボルトで接合する。

17.7.1　芯材の設計法

BRBSM芯材の設計は、等価線形化法に基づいて行う。設計フローをFig.17.14に示す。まず、主体構造のみのモデルにDC接合部のモデルを組み込んだ全体モデルを作成し、得られた主体構造の特性をもとに、等価線形化法で必要なBRBSMの負担率を算定する。この際、計算において考慮すべき条件を以下に述べる。
1) 主体構造の一次モードは直線と仮定する。
2) 建物には、BRBSMの付加による剛性および減衰の効果を考慮する。
3) 芯材断面の幅厚比は、6から11とする。

17.7.2　拘束材の設計法

BRBSMを組み込んだ解析モデルで地震応答解析を行い、BRBSMの拘束材の設計を行う。

BRBSM1本あたりのωを算出し、更に、（17.12）式を用いて、クライテリアとして定めたω_{max}を満たすように、必要なRを決定する。

17.8　試設計

17.6、17.7節にて提案した設計法に基づき、損傷制御構造の試設計を行う。その中で、設計した建物モデルで地震応答解析を行い、本解析モデルの応答性状を確認する。

17.8.1　立体解析モデル

解析モデルは、各構面とも5スパン、10層の鉄骨造とする。柱脚は露出形式柱脚を想定し、回転バネでモデル化する。階高は、1層のみ3.5mとして、その他の層は3mとする。梁スパンは6mとする。小梁は床の配置に合わせるため、千鳥配置とする。平面図と立面図をFig.17.15に示す。主体構造の部材断面表をTable17.3に示す。本解析では、D_s=0.3とした場合の保有水平耐力を満たす部材断面を設定する。鋼種については、圧延H形鋼とBRBSMの拘束材はSS400、BRBSMの芯材はSN400B、角形鋼管はBCP235、鋼棒はS45Cとする。仮定荷重は、全ての層において6.9kN/m²とする（固定荷重5.1kN/m²、積載荷重1.8kN/m²）。

17.8.2　解析モデルの設計条件

試設計における、主体構造、DC接合部、BRBSMそれぞれの耐震設計クライテリアをTable17.4に示す。静的増分解析における外力分布はA_i分布に従うものとする。減衰は瞬間剛性比例型とし、1次固有周期に対する減衰定数は2%とする。時刻歴応答解析に用いる入力地震動は、観測地震動として神戸海洋気象台NS（KOBE）、El centro NS（EL CENTRO）、八戸 EW（HACHINOHE）、Taft EW（TAFT）とし、模擬地震動として、日本建築センター作成によるBCJを採用する。観測地震動については、地動最大速度25kineと50kineに基準化し、それぞれレベル1、レベル2の設定とする。入力地震波の最大加速度をTable17.5に示す。

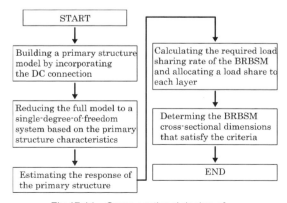

Fig.17.14　Cross-sectional design of the BRBSM core plate

Table 17.3 Sectional dimensions of the primary structure

Mark	Dimension
1C1~3C1	H-498×432×45×70
4C1~6C1	H-458×417×30×50
7C1~8C1	H-482×407×20×35
9C1~10C1	H-400×400×13×21
1C2~3C2	□-450×450×22×77
4C2~6C2	□-400×400×22×77
7C2~8C2	□-350×350×22×77
9C2~10C2	□-300×300×19×66.5
1C3~3C3	□-250×250×12×42
4C3~6C3	□-250×250×8×28
7C3~10C3	□-250×250×6×21
1G1~3G1	H-700×300×13×24
4G1~6G1	H-588×300×12×20
7G1~8G1	H-488×300×11×18
9G1~10G1	H-390×300×10×16
1G2~4G2	H-390×300×10×16
5G2~8G2	H-340×250×9×14
9G2~10G2	H-294×200×8×12

nCm
n: Number of stories on which colums are installed.
m=1: Corner post
m=2: Columns along the outer periphery.
m=3: Columns inside the outer periphery.

nGm
n= Number of stories on which beams are installed.
m=1: Beams along the outer periphery.
m=3: Beams inside the outer periphery.

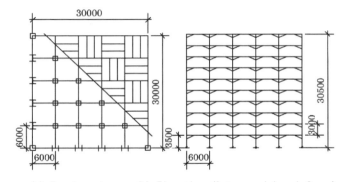

(a) Framing plan (b) Elevation (Outer peripheral frame)

Fig.17.15 Analysis model

17.8.3 鋼棒の試設計

鋼棒はその離間モーメントが、主体構造のみ（柱梁は剛接合で、BRBSMを設置しない状態）の長期荷重時の梁端にかかる曲げモーメントと比較して大きくなるように選択する。なお、鋼棒の初期導入張力は、降伏耐力の1/3とする。各層外周フレームの梁端モーメントの最大応力と、DC接合部の鋼棒径φ21、φ29、φ32、φ36のそれぞれの離間モーメントをTable17.6に示す。各階ごとに比較すると、長期荷重時にかかる最大梁端曲げモーメントを負担可能な最小の鋼棒の最小径はφ29となる。

鋼棒の降伏モーメントと柱フランジ部の降伏曲げ耐力をTable17.7に示す。φ36では10階、

Table 17.4 Seismic design criteria

	First phase design	Second phase design	Seismic wave (Level 1)	Seismic wave (Level 2)
External force	Horizontal forse when $C_0=0.2$	Horizontal forse when $C_0=1.0$	Ground motion velocity 25 kine	Ground motion velocity 50 kine
Allowable inter-atory deformation angle	1/200	1/100	1/200	1/100
Damege in the primary structure	No damage	No damage	No damage	Partial yielding
Connection bolts (DC connection)	First state (Rigid connection)	Separation, Steel bar yielding (Semi-rigid)	First state (Rigid connection)	Steel bar yielding (Semi-rigid)
BRBSM	Elastic range	Plastic range	Yielding ($\omega<0.5\omega_{max}$)	Yielding ($\omega<0.75\omega_{max}$)

Table 17.5 Peak ground motion acceleration

Earthquake wave	Level1 (mm/s^2)	Level 2 (mm/s^2)
Kobe Marine Observatory NS	2260	4520
El Centro NS	2550	5110
Hachinohe EW	1560	3130
Taft EW	2480	4970
BCJ (observed earthquake ground motion)	2070	3560

R階において鋼棒の降伏モーメントが柱フランジ部降伏モーメントを超えてしまうため、鋼棒の最大径はφ32とする。

以上の結果より、本解析モデルでは常時荷重時と支圧についての安全性を考慮し、鋼棒径をφ32とする。

17.9 増分解析結果

Table17.8に試設計した解析モデルの地震時の必要層せん断力（Q_i）、必要保有水平耐力（Q_{uni}）の算定結果を示す。静的増分解析結果の層せん断力と層間変位関係のグラフを

Table 17.6 Minimum connection bolt diameter calculation

	Moment at the beam end (kN·m)	Separated moment (kN·m)			
		φ21	φ29	φ32	φ36
R	65.3	54	103	125	159
10F	64	54	103	125	159
9F	67.5	68	129	157	199
8F	67.3	68	129	157	199
7F	67.8	81	155	189	239
6F	67.2	81	155	189	239
5F	68.1	81	155	189	239
4F	67.6	97	185	225	285
3F	66	97	185	225	285
2F	64.7	97	185	225	285

Table 17.7 Maximum connection bolt diameter calculation

	Column flange bending strength (kN·m)	Yield moment of the connection bolts (kN·m)			
		φ21	φ29	φ32	φ36
R	65.3	135	258	314	397
10F	64	135	258	314	397
9F	67.5	169	322	392	497
8F	67.3	169	322	392	497
7F	67.8	204	388	473	599
6F	67.2	204	388	473	599
5F	68.1	204	388	473	599
4F	67.6	242	462	563	713
3F	66	242	462	563	713
2F	64.7	242	462	563	713

Table 17.8 Required story shear force calculation

	w_i (kN)	Σw_i (kN)	Z	R	α_i	A_i	1st phase design			2nd phase design					
							C_0	C_i	Q_i (kN)	C_0	C_i	Q_{udi} (kN)	D_s	F_{es}	Q_{uni} (kN)
R	5589	5589	1.0	0.84	0.1	2.53	0.2	0.42	2373	1.0	2.12	11866	0.3	1.0	3560
10F	5642	11231	1.0	0.84	0.19	2.02	0.2	0.34	3804	1.0	1.69	19021	0.3	1.0	5706
9F	5767	16998	1.0	0.84	0.29	1.76	0.2	0.3	5025	1.0	1.48	25127	0.3	1.0	7538
8F	5798	29727	1.0	0.84	0.39	1.59	0.2	0.27	6081	1.0	1.33	30406	0.3	1.0	9122
7F	5821	34444	1.0	0.84	0.49	1.46	0.2	0.24	6996	1.0	1.22	34981	0.3	1.0	10494
6F	5826	40347	1.0	0.84	0.59	1.35	0.2	0.23	7781	1.0	1.13	38906	0.3	1.0	11672
5F	5903	40347	1.0	0.84	0.69	1.25	0.2	0.21	8452	1.0	1.05	42261	0.3	1.0	12678
4F	5945	46292	1.0	0.84	0.8	1.16	0.2	0.19	9007	1.0	0.97	45034	0.3	1.0	13510
3F	5952	52244	1.0	0.84	0.9	1.08	0.2	0.18	9445	1.0	0.9	47224	0.3	1.0	14167
2F	5956	58200	1.0	0.84	1	1	0.2	0.17	9768	1.0	0.84	48841	0.3	1.0	14652

Fig.17.16に示す。主体構造は保有水平耐力時でも弾性域であり、設計クライテリアを満足している。DC接合部は、地震時で離間せず剛接合の状態を保ち、保有耐力時には部分的に離間した箇所が見られる。BRBSMは、地震時には弾性域であり、保有耐力時には塑性化する部材がある。

いて満足している。レベル2については、KOBE、TAFT、BCJにおいて一部1/100radを上回るが、概ね1/100radを満たしている。

17.11　BRBSMの設計

BRBSMの設計にあたって、等価線形化法の計算結果より、主体構造とBRBSMの剛性比は5とする。BRBSMの配置は、各階とも柱梁接合部の柱上端から1m、梁端から2mの位置とする。各階のBRBSMのエネルギー吸収部の断面をTable17.9に示す。各地震波のレベル2におけるBRBSMの累積塑性歪エネルギー率ωをFig.17.18に示す。ωの値は各層の最大値である。全ての地震波の中での最大値はBCJの1層の値で、およそ$\omega=135$である。レベル2におけるBRBSMのωのクライテリアは$0.75\omega_{max}$なので、Rを1.2以上とすればクライテリアを満足できる。

17.10　応答解析結果

固有値解析より、本解析モデルの一次固有周期は1.138秒であった。各地震波におけるレベル1とレベル2の最大応答時の層間変形角をFig.17.17に示す。レベル1のクライテリアである、層間変形角1/200radは全ての地震波にお

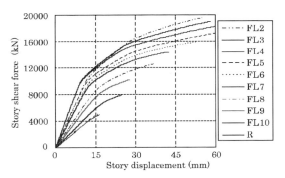

Fig.17.16　Incremental analysis results

Table 17.9　Sectional dimensions of the BRBSM core plate

Mark	Dimension	Steel grade
BR1~BR3	PL-22×200	SN490B
BR4~BR6	PL-22×200	SN490B
BR7~BR8	PL-22×180	SN490B
BR9~BR10	PL-16×150	SN490B

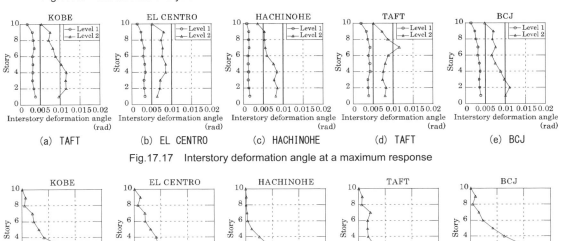

Fig.17.17　Interstory deformation angle at a maximum response

Fig.17.18　Cumulative plastic strain energy ratio (ω) of the BRBSM

17.12 結

方杖状に配置したBRBSMを用いた損傷制御構造の設計に関する検討を行い、以下の知見を得た。

(1) 損傷制御接合部の実大実験および力学モデルを用いた解析結果から得られた知見を統合し、チューブ構造の外周部にH形鋼を強軸配置した、31m以下の建築物に適用する、損傷制御構造の設計法を提案した。

(2) 提案した設計法に沿って、10層5スパンの建物について立体モデルで試設計を行い、設計法の有効性を確認した。

引用・参考文献

1) A DAMAGE-CONTROLLED STRUCTURE USING BUCKLING-RESTRAINED KNEE BRACES、岩田衛、藤田正則（Structural Engineering International、vol.21、No.4、pp.462-470、2011.4）

第18章
BRBSMを用いた鋼木質複合構造
－CSTS構法－

18.1 序

　環境負荷削減を目的として建築構造分野では、木質材料を可能な限り多く使用することで森林再生に貢献しようとする試みが模索されている。しかしながら、従来の木質構造では耐荷性能や耐火性能の問題から、4階建て以上に適用することに難があるとされている。このため、木質材料を中低層規模の建物などに適用することを目指した鋼木質複合構造が期待されている。

　鋼木質複合構造に関しては、主体構造や接合部等の耐火性能および複合部材の構造性能を実証する研究が進められている。現在では、日本国内で鋼木質複合構造がいくつかのビル構造において使用されている。これらの建物の柱と梁は、1時間耐火の国土交通大臣認定を取得し、構造性能と耐火性能を満足した木質ハイブリッド鋼材内蔵型集成材としている。この部材は火災時には集成材が炭化して耐火被覆となり、鋼材への加熱を防ぐ燃え止まり現象を実用化したものである。現在使用されている鋼木質複合構造の建物は、柱や梁の集成材をあらわしとしたビル構造であり、木質材料を利用したデザイン性がある他、木質材料を有効に活用でき、環境負荷の削減を期待できる技術であることから注目されている。

　木質材料を建築資源として有効に活用でき、機能性と安全性を損なうことのない、鋼と木質材料の複合構造システム（以下、この構法をComposite steel-timber structureからCSTSと呼ぶ）の構法成立の可能性を示す。この構法では、方杖状に配置したBRBSMを有する損傷制御構造とする。

　またCSTSについて、中低層建物に適応した設計法を提案する。更に、提案した設計法に基づいて試設計を行い、設計クライテリアを満たした設計例を示す。

18.2 CSTSの構法

18.2.1 CSTS部材

1) 部材構成

　CSTS部材は、鋼の周囲に木質材料を取り付けた複合部材で構成される。CSTSの梁部材と柱部材の例をFig.18.1に示す。鋼はリユース材の利用を想定し、事務所や工場・倉庫に多く使用されている圧延H形鋼を梁に、角形鋼管を柱に用いる。木質材料は、日本の森林に大量に存在するスギの間伐材とする。耐火性能については、木質構造の準耐火構造の燃え代設計を考慮し、木質材料の被り厚さを設定する。ただし、耐火建築物が要求される場合を除いている。梁部材は対称異等級構成集成材とし、柱部材は同一等級構成集成材とする。集成材の積層方向は、梁部材は圧延H形鋼の強軸方向とし、柱部材は2方向に積層するものとする。

2) 接合法

　CSTS部材の鋼と木質材料の代表的な接合法として、接着接合、ボルト接合、接触接合などが用いられている。接合法の耐荷性能は鋼と木質材料の一体化の程度によって異なり、接触接合はその他の接合に比べ最大耐力はやや低下するが、最大耐力以降の変形性能は概ね同じである

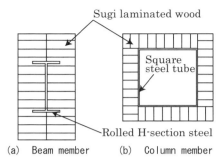

Fig.18.1　Example of CSTS members

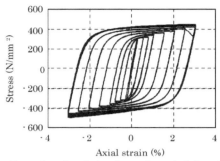

Fig.18.2　Examples of restoring force characteristics of BRBSM

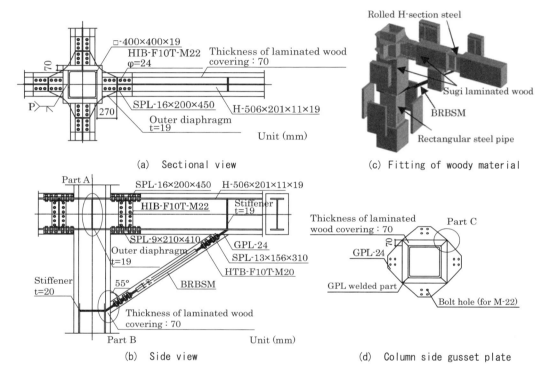

Fig.18.3　Example of CSTS fitting

という知見が得られている。また、CSTS部材の応力は鋼と木質材料の接触面の垂直応力とせん断応力によって伝達される。鋼と木質材料が接触接合の場合、初期剛性は、接着接合の場合とほとんど同じである。よって、耐荷性能、環境性および施工性を考慮し、鋼と木質材料は接触接合とする。木質材料どうしの接合法は、接着接合、ボルト接合、ビス接合などが用いられている。

18.2.2　架構

　CSTS部材を純ラーメン構造に適用する場合、鋼と木質材料の一体化の程度が異なるため、柱梁接合部を剛接合とすることが困難である。これに対応するために、CSTSの架構は制振部材として方杖状に配置したBRBSMを有する損傷制御構造とする。BRBSMの復元力特性の例をFig.18.2に示す。BRBSMは、拘束材によって芯材が座屈しないように補剛し、圧縮領域でも引張領域と同等の性能を発揮することができる制振部材である。BRBSMのみで地震エネルギーを吸収するため、大地震時でも主体構造の損傷を抑えることができ、BRBSMのみを交換することで建築物の長寿命化を図ることができる。

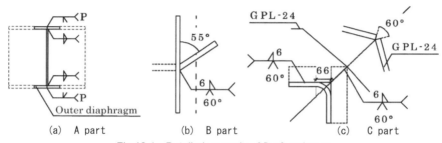

Fig.18.4 Detailed example of fit of each part

更に、柱梁接合部や部材継手を含む部位は、剛接合ではなく、半剛接合とすることでBRBSMのエネルギー吸収効率を向上させ、主体構造の損傷を抑えることができる。BRBSMは全構面の全フレームに方杖状に配置することで各BRBSMをコンパクトに納め、木質材料で覆ってもスマートな外観とすることが可能である。また、方杖状にBRBSMを配置することで開口部を大きくとれる利点がある。

18.2.3　柱梁接合部および部材継手

CSTSを想定した中低層建物の柱梁接合部および部材継手の納まりをFig.18.3、各部の納まりの詳細をFig.18.4に示す。CSTSの柱梁接合部は角形鋼管の周囲に外ダイアフラムを取り付けたものとする。

外ダイアフラムは鋼板の中央部を柱の形状に切り抜き、2枚に分割して柱を挟み込み、部分溶け込み溶接により柱と接合する。柱と鉛直スチフナも同様に部分溶け込み溶接とする。梁のフランジの応力は外ダイアフラムを介して柱に伝達され、梁のウェブのせん断力は外ダイアフラムに取り付けられた鉛直スチフナを介して柱に伝達される。外ダイアフラムの隅部の幅は、木質材料の被り厚さに合わせるものとする。外ダイアフラムが木質材料に納まらない場合は、木質材料の被り厚さを大きくする。

柱梁接合部や梁継手においては、外ダイアフラムにより木質材料の連続性が十分ではないことから、鋼のみが応力を伝達するものとする。また、CSTS部材における鋼の断面を木質材料より小さくし、鋼を先に降伏させることで、柱梁接合部および梁継手を半剛接合としている。

柱の角形鋼管の部材継手は、現場溶接またはワンサイド高力ボルトによる接合とする。梁継手は、フランジおよびウェブの高力ボルトによる摩擦接合とする。

18.2.4　BRBSMの接合部

ガセットプレートはBRBSMの芯材のある構面に対し平行に取り付けることで、主体構造およびBRBSMに生じる偏心曲げモーメントを抑制することができる。BRBSMを接合する構面の異なるガセットプレートは各々に分割された鋼板の稜線を部分溶け込み溶接とする。このガセットプレートにおいては、柱の鋼管壁の面外変形を防止するために必要な板厚とせいを設定する。隅部の幅は木質材料の被り厚さに合わせるものとする。梁側および柱側のガセットプレートは必要に応じて補強リブを設ける。ガセットプレート接合部、BRBSMの端部などではボルトやスチフナなどの鉄骨部材に対しては、標準化されたカバー取り付け部品を準備し、所定の被り厚さを確保する。ただし、これらの主体構造への熱伝導の影響は無いものと仮定する。

18.3　CSTSの設計法

18.3.1　設計フローの提案

CSTSの設計フローをFig.18.5に示す。CSTSの設計法は、損傷制御構造の設計概念を基本的な枠組みとし、一般的な設計フローに、CSTSの主体構造の設計とBRBSMの設計を追加している。以下に設計フローの詳細を示す。なお、BRBSMの設計については後述する。

1) 長期荷重

固定荷重と積載荷重に対して、主体構造の断面が許容応力度設計以内となるように設計する。長期荷重は、BRBSMを除いた柱と梁からなる主体構造のみで負担できるようにする。なお、火災後の木質材料が焼損した状態の安全性の検討については、今後の課題とする。

2) 一次設計

BRBSMを配置した架構において、標準せん断力係数C_0を0.2として各部材断面が短期許容応力度以内となるように設計する。層間変形角は1/200rad以内とする。

3) 二次設計

本構造では、部材ランクFB以上の断面を使用し、BRBSMにより安定した塑性変形能力を確保できることから、構造特性係数D_s値を0.3として保有水平耐力計算を行う。保有水平耐力時の層間変形角は1/100radを満たすものとする。

4) 時刻歴応答解析

地震時の応答性状を確認するため、時刻歴応答解析で構造全体の層間変形角、主体構造の柱梁部材の損傷確認、BRBSMのエネルギー吸収状況などを確認する。

18.3.2 CSTS部材の曲げ耐力

1) 初期剛性

両端ピン支持として、支持間隔を3等分した2点載荷4点曲げの実験結果によると、CSTS部材の初期剛性K_cは、曲げ剛性とせん断剛性により次式で表すことができる。

$$K_c = \frac{1296 E_c I_c G_c A_c}{l(216 k_c E_c I_c + 23 l^2 G_c A_c)} \quad (18.1)$$

ここに、$E_c I_c$はCSTS部材の曲げ剛性（=$E_s I_s + E_w I_w$）、$G_c A_c$はCSTS部材のせん断剛性（=$G_s A_s + G_w A_w$）、E_sは鋼の曲げ弾性係数、I_sは鋼の断面2次モーメント、E_wは木質材料の曲げ弾性係数、I_wは木質材料の断面2次モーメント、G_sは鋼のせん断弾性係数、A_sは鋼の断面積、G_wは木質材料のせん断弾性係数、A_wは木質材料の全断面積、lは支点間距離、k_cはCSTS部材のせん断補正係数（=1.2）。

以上より、(18.1)式によってCSTS部材の初期剛性K_cを算定する。

2) 最大曲げ耐力

最大曲げ耐力時の応力の模式図をFig.18.6に示す。集成材の最外縁のラミナが曲げ強度に達した場合に最大曲げ耐力となる。最大曲げ耐力は鋼と木質材料の一体化の程度によって異なるが、安全性を考慮して実験結果の下限値を満たすものとし、低減係数aを0.75とする。CSTS部材の最大曲げ耐力M_cは、次式で表すことができる。

$$M_c = a \frac{2\sigma_w E_c I_c}{E_w h_w} \quad (18.2)$$

ここに、aは低減係数（=0.75）、σ_wは木質材料の曲げ強度、h_wは木質材料のせい。

ここで、(18.2)式が成り立つためには、集成材による十分な横座屈補剛が必要である。横座屈細長比λ_bは、次式を満たすものとする。

$$\lambda_b = \sqrt{\frac{l_e h_e}{b_e}} \leq 10 \quad (18.3)$$

l_eはCSTS部材の有効座屈長さ、h_eはCSTS部材の等価材せい、b_eはCSTS部材の等価材幅。

ここで、CSTS部材の等価材せいh_eおよび等価材幅b_eは次式とする。

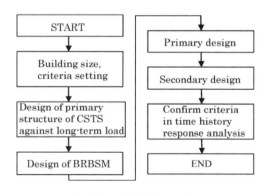

Fig.18.5 CSTS design flow

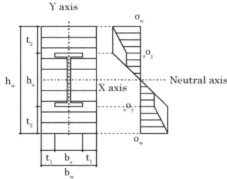

Fig.18.6 Stress schematic diagram at maximum bending strength

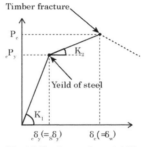

Fig.18.7 Secondary rigidity

$$\begin{cases} \dfrac{b_e h_e^3}{12} = n\, I_{sx} + I_{wx} \\ \dfrac{h_e b_e^3}{12} = I_{wy} \end{cases} \quad (18.4)$$

ここに、n は鋼と木質材料のヤング係数比 ($=E_s/E_w$)、I_{sx} は鋼のX軸回りの断面2次モーメント、I_{wx} は木質材料のX軸回りの断面2次モーメント、I_{wy} は木質材料のY軸回りの断面2次モーメント。

以上より、(18.3) 式を満たす場合、(18.2) 式によってCSTS部材の最大曲げ耐力 M_c を算定し、安全率を1.5として設計する。

3) 二次剛性

CSTS部材の二次剛性をFig.18.7に示す。CSTS部材は、鋼の降伏近傍で第二勾配となり、木質材料の破断時の最大荷重以降、除荷勾配となる。よって、鋼の降伏時と木質材料の破断時の変位によりCSTS部材の二次剛性を算出する。木質構造設計規準より、曲げに対する木質材料は破断するまで弾性と仮定し、鋼の降伏時を $_s\delta_y$、CSTS部材の降伏変位 $_c\delta_y$ とする。よって、二次剛性 K_2 は次式で表すことができる。

$$K_2 = \dfrac{P_c - {_cP_y}}{\delta_c - {_c\delta_y}} \quad (18.5)$$

P_c はCSTS部材の最大荷重、$_cP_y$ はCSTS部材の降伏耐力、δ_c はCSTS部材の最大荷重時の変位（木質材料の破断時）、$_c\delta_y$ はCSTS部材の降伏変位（鋼の降伏時）。

ここで、CSTS部材の降伏耐力 $_cP_y$ は次式とする。

$$_cP_y = {_sP_y} + {_wP_y} \quad (18.6)$$

ここに、$_sP_y$ は鋼の降伏時の荷重、$_wP_y$ は $_c\delta_y$ 時の木質材料の負担荷重。

以上より、(18.5) 式によってCSTS部材の二次剛性 K_2 を算定する。

4) 鋼の降伏先行の条件

CSTS部材では、木質材料の最外縁のラミナの破断よりも先に鋼が降伏するものとしている。よって、鋼の降伏耐力 $_sM_y$ と木質材料の最大耐力 M_w の関係は次式となる。

$$_sM_y < M_w \quad (18.7)$$

ここに、$_sM_y$ は鋼の降伏耐力、M_w は木質材料の最大耐力。

木質材料のX軸方向の被り厚さを t_1、Y軸方向の被り厚さを t_2 とすると、(18.7) 式は次式となる。

$$\dfrac{_s\sigma_y\, I_s}{(h_w - 2t_2)} < \dfrac{\sigma_w\, I_w}{h_w} \quad (18.8)$$

ここに、$_s\sigma_y$ は鋼の降伏応力度。

木質材料は柱梁接合部の端部およびBRBSM用のガセットプレート部分で分割されるので、力の伝達が十分にできない。よって、設計にあたっては、鋼が引張力と圧縮力を伝達し、木質材料が圧縮力のみを伝達するものとする。また、柱梁接合部の梁端部は鋼のみが引張力と圧縮力を伝達しているものとする。解析モデルでは柱と梁の部材端や部材中間で複数のパーツに分かれている箇所では、鋼のみが連続しているものとした変断面として扱う。鋼と木質材料の中立軸は同じであることから、鋼の降伏先行の条件は次式で表すことができる。

$$I_s < \dfrac{b_w h_w^3\, \sigma_w (h_w - 2t_2)}{12\{h_{w\,s}\sigma_y + (h_w - 2t_2)\sigma_w\}} \quad (18.9)$$

ここに、b_wは木質材料の幅。
以上より、CSTS部材の鋼の断面2次モーメントは（18.9）式を満たすものとする。

18.3.3 CSTS部材のせん断耐力
既往の研究では、全ての試験体において、CSTS部材の木質材料の引張側の曲げ破壊となっているため、CSTS部材のせん断耐力の評価は今後の検討課題であるが、ここでは鋼と木質材料の各々のせん断耐力の足し合わせにより評価する。

18.3.4 CSTS部材の軸方向の耐力
1) 引張耐力

CSTS部材に引張力が作用した場合、柱梁接合部や部材継手においては木質材料どうしの応力伝達が困難なため、鋼のみで引張力を負担するものとする。CSTS部材の引張力に対しては、鋼の長期許容引張応力度に断面積を乗じて長期許容引張耐力とし、短期許容引張耐力に対しては、安全率1.5とする。

2) 圧縮耐力

圧縮力はCSTS部材を構成する鋼と木質材料が剛性に応じて各々負担するものとする。CSTS部材の圧縮耐力C_cは、次式で表すことができる。

$$C_c = A_e\, \eta\, {}_w\sigma_c \tag{18.10}$$

ここに、A_eはCSTS部材の等価断面積($= nA_s + A_w$)、ηはCSTS部材の等価細長比に応じて決まる座屈低減係数、${}_w\sigma_c$は木質材料の許容圧縮応力度。

ここで、CSTS部材の等価細長比λ_eおよび等価断面二次半径i_eは次式とする。

$$\lambda_e = \frac{l_k}{i_e} \tag{18.11}$$

$$i_e = \sqrt{\frac{I_w}{A_e}} \tag{18.12}$$

ここに、l_kはCSTS部材の座屈長さ。
等価細長比λ_eと座屈低減係数ηの関係を以下に示す。

$$\begin{cases} \eta = \dfrac{3000}{\lambda_e^2} & (\lambda_e \geq 100) \quad (18.13\text{a}) \\ \eta = 0.30 & (\lambda_e < 100) \quad (18.13\text{b}) \end{cases}$$

ここで、座屈低減係数ηは座屈を考慮して許容圧縮応力度を低減させるものであり、等価細長比λ_eによって定まる。等価細長比λ_eが100以上の場合、集成材のオイラー座屈が支配的であるため、部材の等価細長比λ_eに応じて決まる座屈低減係数ηとする。等価細長比λ_eが100より小さい場合、付録によると$\eta = 0.75$程度であるが、ここでは、安全性を考慮して等価細長比λ_eが100の座屈低減係数$\eta = 0.3$を用いる。以上より、（18.10）式に（18.13）式の座屈低減係数ηを代入することによってCSTS部材の圧縮耐力C_cを算定する。

18.3.5 CSTS部材のモデル化
1) 復元力特性

接触接合の場合、初期剛性は足し合わせで評価できるが、最大耐力は25%程度低下するという知見が得られている。ここで、二次剛性の算出時に用いる最大耐力P_cは、低減係数aを乗じたものとする。CSTS部材の復元力特性は、鋼の降伏後に剛性が低減するバイリニア型である。二次剛性は、Fig.18.7に示すように鋼の降伏後、木質材料が破断するまで弾性と仮定する。

2) CSTS 梁部材

前節までのCSTSの設計法に従い、梁部材の実大繰返し曲げ実験をもとにモデル化する。試験体はH形鋼（H-175mm×90mm×5mm×8mm）およびスギ集成材（被り厚さ t_1 =50mm、t_2 =95mm）を用いる。除荷勾配は実験値に合わせて初期剛性に0.3を乗じたものとする。CSTS梁部材の復元力特性をFig.18.8(a)に示す。降伏耐力に対する最大耐力の比は0.82、弾性限界の変形に対する最大耐力時の変形の比は0.63である。初期剛性および二次剛性、最大耐力において、解析値は実験値に概ね適合している。

3) CSTS 柱部材

CSTS梁部材と同様に柱部材の実大繰返し曲げ実験をもとにモデル化する（Fig.18.8（b））。この場合、試験体は角形鋼管（□-200mm×200mm×4.5mm）およびスギ集成材

（被り厚さ $t_1=t_2=$50mm）を用いている。曲げ実験では、梁部材および柱部材においても境界条件や載荷条件は同じである。除荷勾配において、CSTS梁部材と同様の条件とする。柱に座屈は生じないものとして解析を行うため、軸力は加えないものとする。降伏耐力に対する最大耐力の比は0.77、弾性限界の変形に対する最大耐力時の変形の比は0.70である。Fig.18.8（b）の復元力特性では、初期剛性および二次剛性、最大耐力において、解析値は実験値に概ね適合している。

4）柱梁接合部・部材継手

柱梁接合部・部材継手のモデル化をFig.18.9に示す。外ダイアフラム形式の回転剛性の算定法は既往の研究でも十分に明らかにされていないので、ここでは、外ダイアフラム形式の接合部の局部変形が生じずに、十分な剛性が確保できると仮定する。梁端部は半剛接合とするため、回転ばねを入れ、必要な回転剛性を与える。梁については、梁継手部およびBRBSMの接合部で木質材料が分かれるが、解析上は連続しているものとし、端部において鋼のみが引張力および圧縮力を負担するように設定する。柱については、柱継手部、BRBSMの接合部は、鋼が引張力と圧縮力、木質材料が圧縮力のみを伝達するものとする。木質材料は、部材継手部およびBRBSM接合部において鉄骨スチフナなどによる断面欠損が生じるものの、断面欠損による応力集中の影響は無いものとする。

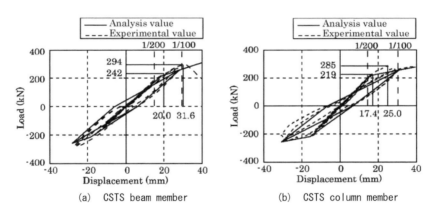

Fig.18.8 Hysteresis characteristics of CSTS member

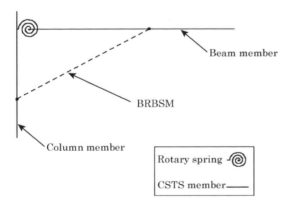

Fig.18.9 Modeling of Column Joints - member joint

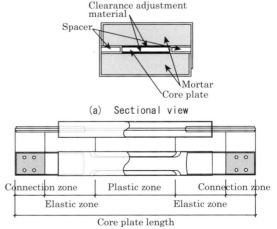

Fig.18.10 BRBSM

18.4 BRBSMの設計

18.4.1 BRBSM

CSTSの架構には、BRBSMを使用する（Fig.18.10）。BRBSMでは、鋼モルタル板で両側からサンドイッチ状に芯材を挟み込んで隅肉溶接により固定し、芯材の座屈を拘束する。この製作方法では、拘束材による芯材形状の制限を受けないため、芯材を比較的自由な形状とすることが可能である。この場合、弾性部および接続部に増厚板や補強リブを設けることによって芯材の軸剛性を調節することができる。

18.4.2 芯材断面の設計

芯材断面の設計フローをFig.18.11に示す。CSTSの主体構造のみのモデルを等価線形化法によって1質点系に等価する。層間変形角1/200rad時のBRBSMの塑性率と、1質点系に等価された主体構造の特性から、BRBSMが層間変形角1/200rad時を越えたところで降伏するための、主体構造とBRBSMの剛性比を算定する。次に、主体構造にBRBSMを付加したモデルにおいて、層間変形角1/100radを満たすためのベースシアー係数を算出し、各層のBRBSMの降伏耐力を算定する。これにより得られた降伏耐力および剛性から、1本当たりに必要な降伏耐力および軸剛性を算定する。主体構造の一次モードは直線と仮定し、BRBSMの付加による剛性および減衰の効果を考慮する。

18.4.3 芯材形状

BRBSMの芯材形状をFig.18.10（b）に示す。方杖状に配置したBRBSMが機能するために必要な考慮すべき芯材形状の条件を以下に述べる。

1) 塑性化部

塑性化部長さ比l_C/l_Bは、0.2〜0.8、芯材の幅厚比は6〜11程度、弱軸細長比は100以上とする。

2) 弾性部および接続部

塑性化部断面と弾性部断面は、同厚または同幅とすることが望まれる。しかし、等価線形化法による芯材断面の設計で算定された必要軸剛性が確保できない場合は、弾性部および接続部を増厚または増幅し、軸剛性を調節する。

18.4.4 拘束材

BRBSMの累積塑性歪エネルギー率ωに関して、拘束指標Rを用いた性能評価下限式ω=150×Rが提案されている。ここでωは、累積塑性歪エネルギーE_tを芯材の降伏耐力P_yと弾性限界変形量δ_yとの積で除して、無次元化した値である。ただし、Rが6以上の場合はωを900で一定とする。レベル2地震動時においてωは最大で概ね150程度である（15章参照）。各建物においてBRBSMに必要なωを決定し、算定式から拘束指標を設定する。

18.4.5 BRBSMのモデル化

BRBSMは柱梁芯間を3分割して、BRBSMと両端のガセットプレート部分に分けてモデル化する。BRBSMはトラス部材でモデル化し、両端のガセットプレートはエネルギー吸収部が効率良く機能するために、十分な断面積を有した弾性部材とする。BRBSMは、圧縮領域で座屈は生じないものと仮定し、引張領域と同様の復元力特性とする。

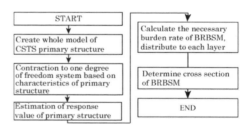

Fig.18.11 Design flow of core plate cross section

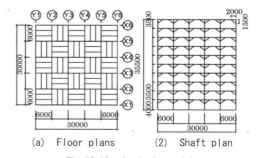

(a) Floor plans　　(2) Shaft plan

Fig.18.12 Analysis model

18.5 試設計

CSTSおよびBRBSMの設計法に基づき、CSTSの試設計を行う。更に、設計した解析モデルで時刻歴応答解析を行い、本解析モデルの応答性状を確認する。

18.5.1 解析モデル

解析モデルは、各構面とも5スパンで10層のCSTSの内側の1構面を抜き出したものとする。

階高は、1層のみ4mとして、その他の層は3.5mとする。梁スパンは6mとする。小梁は千鳥配置とする。床伏図と軸組図をFig.18.12に示す。平面解析モデルは、Fig.18.12（a）のX3構面とする。

解析モデルに用いる柱梁部材の判定結果一覧をTable18.1に示す。判定にあたっては提案した設計式を用いて算定している。柱梁部材は（18.3）および（18.9）式を満足している。また、（18.11）および（18.13）式により、座屈低減係数ηは0.30とする。本試設計では、構造特性係数D_s値を0.3としたときの保有水平耐力を満足する部材断面とする。鋼種は、H形鋼とBRBSMの拘束材はSS400、BRBSMの芯材はSN400、角形鋼管はBCR295とする。木質材料はスギの構造用集成材とし、JAS規格における強度等級はE75-F240とする。梁端部の回転ばねの剛性は、梁部材の鋼の初期剛性と同値とする。CSTSの主体構造のみのモデルを等価線形化法によって1質点系に等価する。これにより得られた主体構造の特性から、主体構造とBRBSMの剛性比を1:4とする。

18.5.2 解析条件

本試設計における主体構造とBRBSMそれぞれのクライテリアをTable18.2に示す。静的増分解析における外力分布はAi分布に従うものとする。減衰は瞬間剛性比例型とし、一次固有周期に対する減衰定数は3%とする。

時刻歴応答解析に用いる入力地震動は、観測地震動としてEl Centro NS、Hachinohe EW、Taft EWとし、模擬地震動として、日本建築センター作成によるBCJを採用する。観測地震動については、地動最大速度25cm/sと50cm/sに基準化し、それぞれレベル1、レベル2の設定とする。

18.5.3 BRBSMの設計

BRBSMの配置は、各階において柱梁接合部の柱上端から1.5m、梁端から2mとする。BRBSMの芯材形状は、塑性化部長さ比は0.2〜0.8、幅厚比は6〜11、弱軸細長比は100以上の範囲内で設定する。設計した各階のBRBSMの芯材断面をTable18.3に示す。本試設計でのBRBSMの拘束指標Rは3とする。

18.5.4 静的増分解析結果

静的増分解析結果の層せん断力-層間変位関係をFig.18.13に示す。18.3で提案した設計法を

Table 18.1　Judgment list of column and beam members

Member	Layer	Steel section	CSTS member section (mm)			K_c (kN/m)	M_c (kN·m)	λ_b	Judgment $\lambda_b \leq 10$	I_s (mm$^4 \times 10^8$)	(18.9) Formula (mm$^4 \times 10^8$)	Judgment $I_s <$ (18.9) Formula	λ_e	Judgment η
			b_w	h_w	t									
Beam	G2-4	H-506×201×11×19	341	646	70	38695.5	1118.7	8.46	OK	5.47	8.00	OK	-	
	G5-7	H-500×200×10×16	340	640		34393.0	1057.1	8.21	OK	4.60	7.74	OK	-	
	G8-9	H-450×200×9×14	340	590		25373.8	881.0	7.72	OK	3.23	5.94	OK	-	
	G10-R	H-346×174×6×9	314	486		10490.8	513.5	7.04	OK	1.07	2.88	OK	-	
Column	C1-3	□-400×400×19	540	540		40965.5	1269.4	5.08	OK	6.66	7.04	OK	47.1	0.30
	C4-6	□-400×400×16				36807.0	1187.2	4.91	OK	5.79	7.04	OK	44.1	
	C7-8	□-400×400×14				33863.4	1126.3	4.78	OK	5.18	7.04	OK	41.9	
	C9-10	□-400×400×12				30779.7	1061.9	4.64	OK	4.53	7.04	OK	39.5	

Table 18.2　Design criteria

	Allowable stress level design		Time history response analysis	
	Primary design	Secondary design	Level 1	Level 2
Seismic force	C_o=0.2	C_o=1.0	Maximum speed 25cm/s	Maximum speed 50cm/s
Interstory deformation angle (rad)	1/200	1/100	1/200	1/100
Damage to the primary structure	No damage	No damage	No damage	No damage
BRBSM	Elastic range	Plasticity range	Elastic range	Plasticity range

Table18.3　Cross section of BRBSM core plate

Layer	Core plate length (mm)	Cross section of plastic zone			
		Cross section of core plate	Width-thickness ratio	Plastic zone length ratio	Slenderness ratio of weak axis
R-F9	1600	PL-9×75	8.3	0.41	221.7
F9-F7		PL-12×105	8.8	0.33	161.7
F7-F4		PL-15×120	8.0	0.33	121.9
F4-F1		PL-16×130	8.1	0.31	108.4

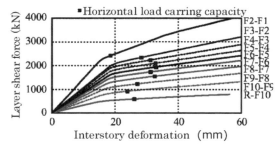

Fig.18.13　Maximum response interstory deformation angle

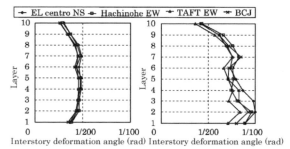

(a)　Level 1 earthquake ground motion　(b)　Level 2 earthquake ground motion

Fig.18.14　Layer shear force – interstory deformation angle relationships

満たす断面の10層5スパンのモデルによると、主体構造とBRBSMの剛性比が1:4の場合、各層の必要保有水平耐力は層間変形角1/100rad以内に分布しており、各層の保有水平耐力は必要保有水平耐力よりも上回っている。主体構造は保有水平耐力時でも弾性域であり、設計クライテリアを満足している。

18.5.5　時刻歴応答解析結果

固有値解析より、本解析モデルの一次固有周期は0.99sである。各地震波におけるレベル1とレベル2の最大応答時の層間変形角をFig.18.14に示す。全ての地震波において、レベル1とレベル2ともに設計クライテリアである層間変形角を満足している。

主体構造およびBRBSMの塑性状態をTable18.4に示す。Table18.4中の主体構造の梁端部は、解析モデルの最も外側のものである。全ての地震波において、2層の塑性率μ（以下、μと呼ぶ）が最大となっている。レベル1地震動

Table18.4　Plasticity situation of Primary structure and BRBSM

Seismic wave		Level 1					Level 2					
		Primary structure				BRBSM	Primary structure				BRBSM	
		Layer	Place	μ	θ (rad×10^{-3})	μ	Layer	Place	μ	θ (rad×10^{-3})	μ	ω
Semi-rigid connection	El centro NS	2	Beam end	0.16	0.339	0.96	2	Beam end	0.34	0.476	2.85	66.8
	Hachinohe EW			0.15	0.318	0.91			0.32	0.445	2.68	60.8
	TAFT EW			0.16	0.326	0.92			0.31	0.434	2.67	59.3
	BCJ			0.17	0.347	0.93			0.33	0.492	3.01	107.6
Rigid connection	El centro NS	1	Beam end	0.37	0.088	0.78	1	Beam end	0.89	0.102	1.95	40.8
	Hachinohe EW			0.36	0.081	0.76			0.76	0.089	1.65	33.8
	TAFT EW			0.35	0.085	0.79			0.86	0.105	1.87	40.0
	BCJ			0.39	0.099	0.85			1.07	0.192	2.05	43.6

時において、主体構造とBRBSMのμはともに1以下である。レベル2地震動時の主体構造において、梁端部のμが一番大きい。しかし、BRBSMが地震エネルギーを吸収しているため、BRBSMのμのみが大きくなり、梁端部のμは1以下となっている。よって、全ての地震波において、主体構造およびBRBSMの設計クライテリアを満足している。

本試設計の解析モデルと、あえて梁端部を剛接合とした解析モデルにおける主体構造およびBRBSMの各々の塑性状態をTable18.4に示す。半剛接合の場合、剛接合の場合と比較して、主体構造のμは小さくなり、BRBSMのμは大きくなる。BRBSMの累積塑性歪エネルギー率ωにおいても、半剛接合の場合の方が剛接合の場合よりも大きくなっている。

18.6　結

方杖状に配置したBRBSMを有する鋼木質複合構造に関して検討した結果、以下の知見を得た。

(1)　方杖状に配置したBRBSMを有する中低層建物に適用するCSTSの設計法を提案した。

(2)　横座屈細長比および鋼の降伏先行の条件を満たした曲げ部材の設計式を提示した。

(3)　提案した条件を満たす方杖状に配置したBRBSMを有する10層5スパンの建物に適用した場合、半剛接合の柱梁接合部のもとで、主体構造は弾性域に抑え、BRBSMのみが塑性化することを時刻歴応答解析により確認した。

引用・参考文献

1)　座屈拘束ブレース有する鋼木質複合構造の設計法の提案（PROPOSAL FOR DESIGN METHOD OF THE COMPOSITE STEEL-TIMBER STRUCTURE USING BUCKLING-RESTRAINED KNEE BRACES)、大越友樹、藤田正則、小田大貴、岩田衛（日本建築学会構造系論文集、第700号、pp.847-855、20014.6)

第19章
BRBSMを用いたRC構造
－スタッド付きガセットプレート構法－

19.1 序

　RC純ラーメン構造は、主体構造が地震エネルギーを吸収しているため、大地震後に修復困難となることが多い。近年では、RC構造の財産性を保持するために、高強度コンクリートによりRC部材の弾性域を大きくする方法が用いられている。しかし、この方法は地震エネルギーを吸収する要素を失うことになるため、減衰効果を期待できない。そこで、エネルギー吸収能力に優れるBRBSMを用いた損傷制御RC構造を提案する（Fig.19.1）。損傷制御RC構造はRC構造が常時荷重の支持と地震時の弾性挙動、BRBSMが地震エネルギーを吸収する機能を独立して持ち、各々の要求に応じた設計が行われる。大地震後には、BRBSMのみを取り換えればよいため、RC構造に対する修復措置は不要となる。

　損傷制御RC構造は、BRBSMを層間変形角1/1000rad程度の小変形領域で降伏させて、早期からエネルギー吸収を行わせることで実現できる。BRBSMには高い軸剛性と低い降伏耐力が要求される。同時に、変位依存型制振部材であるBRBSMの性能を、RC構造に対して十

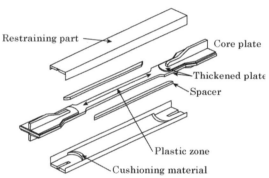

Fig.19.2　Adjusting the yield strength and axial stiffness BRBSM

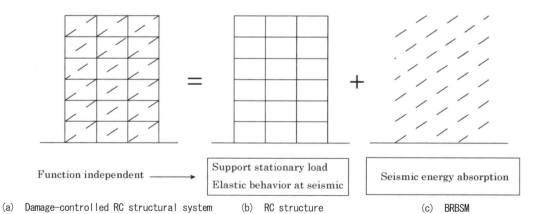

Fig.19.1　Damage-controlled RC structural system

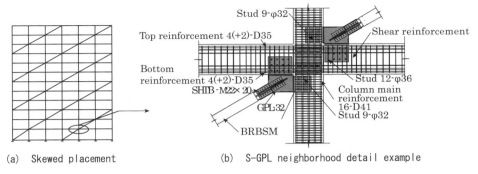

(a) Skewed placement   (b) S-GPL neighborhood detail example

Fig.19.4　Skewed placement and S-GPL neighborhood detail example

分に発揮できる接合部が必要である。これらの要求に対する構造要素として、剛性と耐力を調整できるBRBSMをFig.19.2に、スタッド付きガセットプレート（以下、S-GPL）をFig.19.3に示す。これらの構造要素を用いることで、損傷制御RC構造を実現できる。

BRBSMの配置形状として、同一スパンに連層配置する形式や各スパンに分散配置する形式が想定される。連層配置の場合、BRBSMからの軸力が下階の柱に集中する。そのため、BRBSM耐力が制限される。分散配置の場合、BRBSMからの軸力が各柱に分散されるため、主体構造への集中負荷が少ない。BRBSM耐力を大きくすることも可能である。この分散配置の1つである配置形式として斜行配置がある。斜行配置およびS-GPL近傍ディテール例をFig.19.4に示す。提案した、大変形領域においても引張と圧縮の耐力差が小さいBRBSMを用いることで有効な配置形式となる。更に、各々のS-GPLはFig.19.4（b）のように配置される。そのため、S-GPL近傍ディテールが明快となり、S-GPLを確実に取り付けることができる。S-GPLに対して必要スタッド本数が多くなった場合、GPLの埋込み領域を拡張して多くのスタッドを配置することが可能である。斜行配置は、構造要素を用いて損傷制御RC構造を成立させる上で、最適な配置形式である。

提案した剛性・耐力調節BRBSMおよびS-GPLを用いた構法により、損傷制御RC構造を成立させる設計法を示す。これに伴い、剛性・耐力調節BRBSMおよびS-GPL構法の設計法を

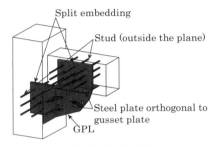

Fig.19.3　S-GPL

示す。更に、設計法に従い、損傷制御RC構造を成立させる上で最適な斜行配置による設計例を示し、時刻歴応答解析により、設計法の有効性を確認する。

19.2　構法

19.2.1　剛性・耐力調節BRBSM

BRBSMの軸剛性と降伏耐力は共に芯材塑性化部の断面積に応じて変化する。そのため、軸剛性と降伏耐力を独立させた設計が難しい。提案したBRBSM（Fig.19.2）は、拘束材である鋼モルタル板でクリアランス調整材を貼付けした芯材を挟み、一体化するものである。芯材塑性化部の軸歪が3%に達した場合でも、引張と圧縮の耐力差が小さい特徴を有する。更に、芯材端部に鋼板（以下、増厚板）を付加することができるため、軸剛性調節の自由度が高い。塑性化部長さを短くして塑性化部幅を小さくする方法に加え、増厚板を付加することで、高い軸剛性と低い降伏耐力を確保できる。（10章参照）

19.2.2 S-GPL構法

提案したS-GPL構法は（Fig.19.3）、パネルゾーンを除いた柱と梁それぞれにGPLを分割して埋込む。柱と梁への分割埋込みにより、BRBSMからの軸力がパネルゾーンに直接伝達することを避け、設計上の力の流れを明確にしている。埋込みGPLにはスタッドを構面外方向に通して廻し溶接を行い、接合部分の高い剛性と耐力を確保している。BRBSMからの軸力は、このスタッドを介してRC構造に伝達される。RC構造の界面位置には型枠として用いる直交鋼板を設ける。この直交鋼板は柱と梁の曲げ変形を拘束し、接合部分の損傷を抑制できる。これらの特徴を持つS-GPL構法は、剛性・耐力調節BRBSMの性能を十分に発揮できる。

19.2.3 S-GPL近傍ディテール

S-GPL近傍ディテール例をFig19.4（b）に示す。スタンドの配列は合成梁のスタッド配列を満たすものとする。スタッドは頭付きではない丸鋼を用いる。埋込みGPLにはせん断補強筋を通すための貫通孔を設ける。せん断補強筋はコ型のものを2本用いて、1本を貫通孔に通した後にもう1本のコ型せん断補強筋を反対側から通して、重ね継手とする。埋込みGPLと主筋が同位置となる場合、主筋位置を修正する。GPLの入隅部はr部を設け、BRBSMからの軸力がパネルゾーンに直接伝達することを避ける。

19.2.4 1層1スパンの構造性能

1）実験

BRBSMおよびS-GPL構法を用いた1/3モデルのRC構造に対して繰返し水平加力実験を行った。水平荷重-層間変位関係をFig.19.5（a）実線で示す。試験体は繰返し水平加力に対して、小変形領域から大変形領域まで安定した復元力特性を有している。更に、本構法の初期剛性と耐力はBRBSMとRC構造の単純累加で評価できる知見が得られている。

2）解析

柱梁の曲げ復元力特性は剛性低下型Takedaモデルとする。加えて柱は2方向曲げと軸力を

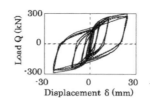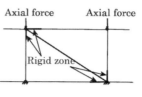

(a) Load displacement relationship　(b) Analysis model

Fig.19.5 Hysteresis characteristics in experiment and analys

考慮したMS-Fibrモデルとする。せん断復元力特性は原点指向型とする。BRBSMは1本部材で表現し、軸剛性と降伏耐力は各々独立して設定する。軸復元力特性はバイリニアモデルとし、座屈が生じず、引張と圧縮の性能は同じものとする。BRBSMの2次剛性は実験値から算出した値（初期剛性の0.03倍）とする。各部材の材料特性は材料試験結果の値とする。解析モデルは、埋込みGPL部の剛域（以下、接合剛域）を考慮しない場合とFig.19.5（b）に示す接合剛域を考慮する場合とする。

接合剛域を考慮しない場合の解析結果をFig.19.5（a）破線、考慮した場合をFig.19.5（a）点線で示す。接合剛域を考慮したものは、考慮しないものより耐力が若干高いが、両者とも実験値とよく対応している。したがって、本構法を設計として用いる場合、接合剛域を考慮しない単純な解析モデルで復元力特性を表現する。

19.3 損傷制御RC構造の設計法

提案した構造要素を用いた構法により、損傷制御RC構造を成立させる設計法を示す。構造設計フローをFig.19.6に示す。

19.3.1 設計クライテリア

鉄筋コンクリート造建物の耐震性能評価指針（案）・同解説において、RC構造が主筋降伏前且つ、補修不要となる限界状態として使用限界状態が示されている。また、評価例において、使用限界状態は主筋降伏時の層間変形角または梁の残留せん断ひび割れ幅が0.2mmとなる時の

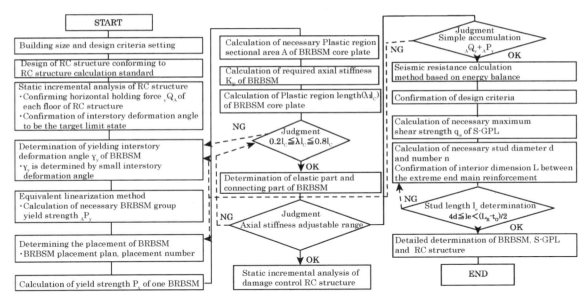

Fig.19.6 Structural design flow

Table 19.1 Design criteria for damage control RC structure

Design criteria	Input ground motion level	Level 1 earthquake ground motion Maximum speed 25cm/s	Level 2 earthquake ground motion Maximum speed 50cm/s
RC structure	Damage degree of member	The main reinforcement does not surrender Residual shear crack width 0.2 mm or less	
	Target response interstory deformation angle γ_A	$\min \begin{cases} \text{Interstory deformation angle } \gamma_1 \text{ at the standard shear coefficient C = 0.2} \\ \text{Interstory deformation angle } \gamma_2 \text{ when residual shear crack width 0.2 mm} \end{cases}$	
	Residual interstory deformation angle R_{res}	1/1000rad or less	—
BRBSM	Damage degree of member	Yield tolerance	Yield

層間変形角で決定されている。

損傷制御RC構造の設計クライテリアをTable19.1に示す。損傷制御RC構造は補修が困難となる主筋の降伏を許容しない。本設計クライテリアは、RC構造は短期許容応力度設計を行うことを前提とし、LV2地震動（最大速度50cm/s）に対して、主筋降伏時の層間変形角より安全側に評価できる標準せん断力係数C_0=0.2時の層間変形角程度に応答変形を抑える。更に、梁の残留せん断ひび割れ幅は0.2mm以下に抑える。よって、LV2地震動に対する目標応答変形角γ_Aは、標準せん断力係数C_0=0.2時の層間変形角γ_1、梁の残留せん断ひび割れ幅が0.2mm時の層間変形角γ_2のうち、小さい値とする。

LV2地震動に対して、RC構造をγ_Aに制御させるため、BRBSMはLV1地震動（最大速度25cm/s）での降伏を許容し、早期から地震エネルギー吸収を開始することを期待して設計する。この場合、LV1地震動に対する残留層間変形角γ_{res}、の配慮が必要である。

19.3.2 設計クライテリア

RC構造計算規準に従って、長期許容応力度および短期許容応力度設計を満足するRC構造を設計する。設計したRC構造の静的増分解析

を行い、損傷制御RC構造の設計クライテリアのγ_A（γ_1およびγ_2の確認）とRC構造の保有水平耐力$_AQ_y$の確認を行う。$_AQ_y$は、全階が保有水平耐力に達したステップの層せん断力とする。

19.3.3 BRBSM

BRBSMの降伏層間変形角γ_yを定める。等価線形化法に基づいてRC構造を1質点系に置換し、γ_Aに対して必要なベースシア係数から各階のBRBSM群降伏耐力$_AP_y$を算出する。等価線形化法で用いる周期は、初期曲げひび割れ後の等価周期T_0とし、BRBSM付加による減衰を考慮した減衰平均法とする。各階の$_AP_y$、層せん断力係数分布がA_i分布となるように分配する。この場合、保有水平耐力比$_AP_y/_AQ_y$は各階一定となる。各階の$_AP_y$算出後、BRBSMを配置する構面を決定し、BRBSM1本に必要な降伏耐力P_yおよび軸剛性K_Bを算出する。BRBSM芯材における塑性化部長さ$\lambda_1 l_B$を算出し$\lambda_1 l_B$が$0.2 l_B$以上$0.8 l_B$以下の範囲内で可能か判断する。この範囲内で決定できない場合、γ_yを大きくする。次いで、弾性部・接合部を決定して軸剛性調節が可能な形状か判断する。接合部幅またはリブ高さがRC梁幅未満であり、形状の良否を判断する。これらを満足しない場合$\lambda_1 l_B$を小さくする。

剛性・耐力調節BRBSMの詳細な設計法は後述する。

19.3.4 耐力累加

BRBSMをRC構造に配置した損傷制御RC構造の静的増分解析を行い、損傷制御RC構造の保有水平耐力$_DQ_y$が、$_AQ_y$と$_AP_y$の単純累加で評価ができることを確認する。単純累加で評価できない場合、BRBSMからの付加力により、RC構造が弾性挙動から外れる可能性がある。これを避けるためにγ_yを小さくして$_AP_y$を大きくする、BRBSMの配置構面を増やす、上下階の$_AP_y$配分を調整する必要がある。$_DQ_y$は、$_AQ_y$確認時におけるステップで確認する。

19.3.5 エネルギーの釣合いに基づく耐震計算法

損傷制御RC構造の静的増分解析結果を用いて、エネルギーの釣合いに基づく耐震計算法（以下、エネルギー法）により、LV1地震動およびLV2地震動に対する各階の応答評価を行う。エネルギー法で用いる履歴モデルをFig.19.7に示す。

LV1地震動に対する各階の層せん断力は、いずれかの部材が短期許容応力度に達したステップとする。損傷限界固有周期T_dは、この時の割線剛性から算出する。LV2地震動に対しては、いずれかの階のRC部材が降伏したステップとする。安全限界固有周期T_sはT_dから$1.2T_d$の範囲で、損傷制御RC構造に作用するエネルギーの速度換算値Vが最大となる点で決定する。損傷制御RC構造が吸収できる歪エネルギー計算時において、RC構造の初期曲げひび割れは最初から生じているものとする。Fig.19.7（b）に示すように初期剛性は原点から短期許容応力度に達したステップ、または、いずれかの階のRC部材が降伏したステップまでの割線剛性で安全側に評価する。この場合、RC構造の弾性歪エネルギーは三角形の面積で表現する。

損傷制御RC構造に作用するエネルギーE_d（LV1地震動）およびE_s（LV2地震動）に対して、損傷制御RC構造が吸収できる歪エネルギー$_sW_e$が上回ることを確認する。その後、LV1地震動に対する応答変形角γ_{E_1}とLV2地震動に対する応答変形角γ_{E_2}を算出し、γ_{E_1}、γ_{E_2}が設計クライテリアのγ_{res}と各々対応することを確認する。

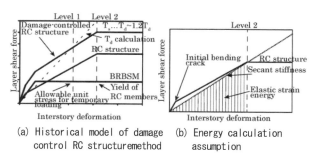

(a) Historical model of damage control RC structuremethod
(b) Energy calculation assumption

Fig.19.7 Historical model used in energy method

19.3.6 S-GPL構法

設計クライテリア確認後、S-GPL構法の設計を行う。BRBSMが最大耐力P_{max}に達する場合でも有効に機能できるS-GPLの必要最大せん断耐力q_aを算出する。更に、q_aを確保するために必要なスタッドの径d、本数$_{sc}$nを算出し、スタッド長さl_eを検討する。l_eは4d以上且つ、最縁端主筋内法距離L_R未満に納める必要がある。l_eが納まらない場合、dを小さくして$_{sc}$nを増やす必要がある。S-GPL構法の詳細な設計法は後述する。

19.4 剛性・耐力調節BRBSMの設計法

19.4.1 降伏耐力

必要降伏耐力P_yを確保するため、塑性化部断面積Aを決定する。AはP_yを降伏応力度σ_yで除することで得られる。σ_yは鋼材強度のバラつきを考慮し、基準強度Fの1.1倍とする。

19.4.2 軸剛性調節

必要軸剛性K_Bを得るため、A以外の各部の断面積および長さを決定する。芯材を直列配置バネとみなし、Fig.19.8に示すように塑性化部・弾性部・接合部に5分割して設計を行う。この場合、各々の断面積は各分割断面内の最大値を用いる。

芯材長さl_Bを3分割して塑性化部長さ$\lambda_1 l_B$が決定した後、残りの長さを2分割して弾性部長さ$\lambda_2 l_B$と接合部長さ$\lambda_3 l_B$を決定する手順とする。3分割時の塑性化部長さ、$\lambda_1 l_B$弾性部接合部間長さ$(\lambda_2+\lambda_3) l_B$の式をそれぞれ（19.1）式および（19.2）式に示す。

$$\lambda_1 l_B = \frac{A(E_{a'}A - K_B l_B)}{K_B(a'A - A)} \quad (19.1)$$

$$(\lambda_2 - \lambda_1)l_B = \frac{l_B}{2}(1-\lambda_1) \quad (19.2)$$

（19.1）式のa'Aは、目標とする$\lambda_1 l_B$に応じて仮定する。次に$(\lambda_2+\lambda_3) l_B$を2分割する。片側の弾性部接合部間の軸剛性をK'とすると、K'はa'Aを用いて（19.3）式で表すことができる。

$$K' = \frac{E_{a'}A}{(\lambda_2-\lambda_3)l_B} \quad (19.3)$$

K'を用いて弾性部と接続部について（19.1）式を解けば、（19.4）式が導ける。

$$\lambda_2 l_B = \frac{a_1 A(E_{a_2} A - K'(\lambda_2-\lambda_3)l_B)}{K'(a_2 A - a_1 A)} \quad (19.4)$$

（19.4）式より、K"を確保しつつ$a_1 A$と$a_2 A$を決定すれば$\lambda_2 l_B$が求まる。更に、$(\lambda_2+\lambda_3) l_B$から$\lambda_2 l_B$を減じることで$\lambda_3 l_B$が求められる。

19.4.3 芯材形状

1) 塑性化部

$\lambda_1 l_B$は$0.2 l_B$以上$0.8 l_B$以下であることを満足させる。弱軸細長比はオイラー座屈荷重式を満足する100以上とする。塑性化部の幅厚比は6以上11以下とする。

2) 弾性部・接合部

$a_1 A$および$a_2 A$は、弾性範囲に留める必要があるため、芯材鋼種がSN400Bの場合は1.5A以上、SN490Bの場合は1.35A以上確保する。接合部幅またはリブ高さはRC梁幅内に収まるこ

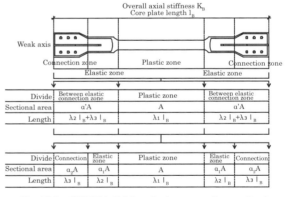

Fig.19.8 BRBSM division design proceduremethod

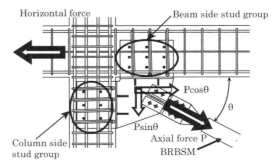

Fig.19.9 Stress transmission mechanism of S-GPL

とが望ましい。弾性部幅は塑性化部幅の1.5倍以下を目安とする。弾性部および接合部の弱軸面に全周まわし溶接を施す増厚板は、基準強度Fが一定である厚さ40mm以下の鋼板を用いる。

19.4.4 拘束材

拘束指標Rを用いて設計する。芯材が早期に弱軸局部変形を起こすことなくエネルギー吸収が行えるように、Rは4.5以上とする。

19.5 S-GPL構法の設計法

19.5.1 応力伝達メカニズム

S-GPL構法の応力伝達メカニズムをFig.19.9に示す。RC構造に水平力が作用した場合、GPLにはBRBSMから軸力Pが作用する。この軸力Pを鉛直成分Psinθ（θ:BRBSM配置角度）と水平成分Pcosθの応力に分離して、これらの応力がGPLに作用すると考える。PsinθとPcosθはそれぞれ柱側スタッド群、梁側スタッド群に伝達するものとしてS-GPL構法の設計を行う。ただし、θは25度～65度の範囲とする。

19.5.2 最大せん断耐力

1) 必要最大せん断耐力

スタッド群の必要最大せん断耐力q_aは、$P_{max}\sinθ$（P_{max}:BRBSM最大耐力）、$P_{max}\cosθ$に対して各々算出する。P_{max}はBRBSMの耐力上昇率P/P_yに対する芯材塑性化部の最大軸歪ε_{max}から決定する。既往のP/P_y-ε関係において、芯材がSN材におけるε_{max}=3%時の場合のP/P_yは1.7程度である。この関係をP_{max}算出に対する指標とする。

S-GPLの梁側を対象としたせん断実験において、各試験体は$P_{max}\cosθ$に対して1.0から1.5倍のせん断耐力を有する設計を行った。$P_{max}\sinθ$時において、各試験体のずれ変位は0.3mm程度と微小であり、必要q_sを$P_{max}\cosθ$としても十分な性能である。しかし、BRBSMを確実に機能させるために安全率を設けるべきである。ブレース接合部の断面積は芯材断面積に最大1.25を乗じた値以上で定められている。安全率として1.25の値を$P_{max}\sinθ$または$P_{max}\cosθ$に乗じたものを、柱側スタッド群または梁側スタッド群の必要q_aとする。

2) 設計式

せん断実験より、q_aは既往のスタッド設計式の（19.5）式および（19.6）式によって、安全側に評価できる知見が得られている。

$$q_{a1} = \varphi_1 \cdot (0.7 \cdot \sigma_y) \cdot {}_{sc}\alpha \qquad (19.5)$$

$$q_{a2} = \varphi_2 \cdot (0.5 \cdot \sqrt{F_c \cdot E_c}) \cdot {}_{sc}\alpha \qquad (19.6)$$

ここに、φ_1、φ_2は短期低減係数、${}_{sc}\alpha$はスタッドの軸部断面積、q_{a1}はスタッドの強度で決まるせん断耐力、q_{a2}はコンクリートの支圧で決まるせん断耐力。（19.5）式および（19.6）式により${}_{sc}\alpha$を算出した値のうち、大きい値が必要${}_{sc}\alpha$、となる。必要${}_{sc}\alpha$をスタッド本数${}_{sc}n$で除することで、1本のスタッド軸部断面積およびスタッド径dが求まる。算出時において、${}_{sc}n$は埋込みGPLに通すスタッド1本を2本とみなして用いる。

19.5.3 スタッド長さ

GPL埋込み部の断面をFig.19.10に示す。（19.6）式および（19.7）式により算定された耐力を発揮させるためには、スタッド全体がコンクリートに覆われる必要がある。スタッドの必要長さは$l_e \geq 4d$と示されている。S-GPLは埋込みGPLに通すスタッド1本を2本とみなしているため、スタッドのみの長さは$2l_e$となる。これにGPLの厚さt_Gを加算した$2l_e+t_G$を、L_R内に納める必要がある。これらを判別式で表現したものを（19.7）式に示す。

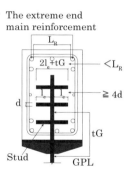

Fig.19.10　Cross section of the embedded part

Table 19.2 RC cross section list

Floor	Design referenced strength	Beam section			Column section		
		Width	Height	Tensile reinforcement ratio	Width		Column total balance ratio
	$F_C(N/mm^2)$	b(mm)	h(mm)	$P_t(\%)$	b(mm)		$P_s(\%)$
12,11	30	500	900	0.62	850	850	1.78
10,9	36	550	900	0.69	900	900	1.9
8,7	36	600	900	0.75	950	950	2.01
6,5,4	42	600	900	0.89	950	950	2.01
3,2,1	48	900	1000	0.8	950	950	2.34

$$4d \leq l_e < \frac{L_R - t_G}{2} \quad (19.7)$$

(19.7)式の範囲内に収まるl_eを決定する。この範囲内で決定できない場合、スタッド径dを小さくし、本数$_{sc}n$を増やす必要がある。

19.6 試設計

損傷制御RC構造を成立させる設計法および構造要素の設計法に従って、試設計を行う。ここでは、斜行配置による設計例を示す。

19.6.1 RC構造のモデル

RC構造モデルは、RC造建物の靱性保証型設計指針・同解説を参考とした12階建て6×3スパンの高強度コンクリート（最大設計基準強度Fc=48N/mm²）を用いた建築物である。RC構造モデルをFig.19.11に、RC断面リストをTable19.2に示す。長期許容応力度設計、短期許容応力度設計を満足し、梁端と1階柱脚の曲げヒンジによって形成される梁降伏先行機構である。柱と梁の主筋はSD390とし、柱では最大D41、梁ではD38を使用する。7階以上はSD295Aのせん断補強筋、6階以下は降伏応力度785N/mm²以上の高強度せん断補強筋を用いる。本試設計は桁行き方向のX1〜X4構面を対象とする。

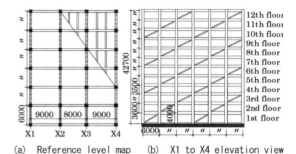

(a) Reference level map　(b) X1 to X4 elevation view

Fig.19.11　RC structure model

19.6.2 解析条件

19.2.4の接合剛域を考慮しない簡略化した解析モデルとする。パネルゾーンの剛域は柱梁せいの1/2とする。1階柱脚の地盤面との接合条件は固定とし、層は剛床仮定とする。解析におけるBRBSMの二次剛性は、RC構造とBRBSMとの単純累加を確認することを考慮し、初期剛性に0.001を乗じた値とする。

19.6.3 設計クライテリア

Table19.1に示す損傷制御RC構造の設計クライテリアとし、LV2地震動に対して、主筋が降伏せず、且つ、梁の残留ひび割れ幅が0.2mm以下となることを目標とする。LV1地震動に対する残留層間変形角γ_{res}は、1/1000rad以下とする。

19.6.4 RC構造の静的増分解析

固有値解析より、RC構造の1次固有周期は0.809sである。この固有周期を用いて層せん断

力を算出する。層せん断力の算定用重量は、柱梁の主体構造に加えて床、小梁の重量を含めたものとする。全重量は133024kNである。RC構造の静的増分解析結果をFig.19.12に示す。標準せん断力係数C_0=0.2ステップを太線で示している。残留せん断ひび割れ幅0.2mmステップは、標準せん断力係数C_0=0.2時の層間変形角R_1で層間変位が最も大きい5階の梁を対象に定めている。実用的評価法に従い、梁の内法スパン5100mm、せん断補強筋比0.59%、せん断ひび割れ等価本数5.3、部材全変形に対する曲げ変形の割合0.83で算出し、梁の部材角は0.0075radである。残留せん断ひび割れ幅0.2mmステップをFig.19.12の二重線で示している。残留せん断ひび割れ幅0.2mm時の層間変形角γ_2はγ_1より大きいため、γ_1を目標応答変形角γ_Aとする（Table19.3）。γ_Aに対する残留せん断ひび割れ幅は最大0.17mm（5階）である。

19.6.5 剛性・耐力調節BRBSMの設計

RC構造およびBRBSMの設計パラメータをTable19.4に示す。BRBSMの降伏層間変形角γ_yは1/1000radで決定した。γ_Aに対して必要なBRBSM群降伏耐力$_AP_y$を、等価線形化法に基づいて算出する。Fig.19.12の破線より、3階のRC部材が降伏したステップの割線剛性（Table19.4のK_C）を用いて固有値解析を行った。等価周期T_0は1.201sである。1質点系における目標応答変形角を1/244radと設定し、RC構造の減衰定数を3%、γ_yを1/1000rad、剛性比を3とした場合、ベースシア係数は0.49である。このベースシア係数を層せん断力係数分布がA_i分布となるように各階に分配する。また、ここではγ_yを各階統一して設計する。各階の割線剛性比K/K_C（K:BRBSM群初期剛性）の平均値は3.07であり、等価線形化法で仮定した剛性比3と概ね対応する。BRBSMは斜行配置するものとし、X1～X4構面における1つの階に対して2本ずつ配置する。

各階のBRBSM塑性化部詳細をTable19.5に示す。芯材の鋼種は全てSN490Bとしている。全階の塑性化部長さ$\lambda_1 L$は判定を満足している。1階のBRBSMの芯材形状をFig.19.13に示す。接合部幅およびリブ高さは、共に330mmであり1階のRC梁幅600mm内に納まり、軸剛性を確保できる形状であることを確認する。

Table 19.3 Target response Deformation angle

Floor	Target response interstory deformation angle γ_A (rad)
12	1/617
11	1/408
10	1/334
9	1/293
8	1/276
7	1/261
6	1/252
5	1/244
4	1/253
3	1/273
2	1/312
1	1/576

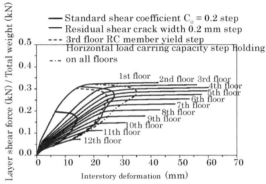

Fig.19.12 Static incremental analysis result of RC structure

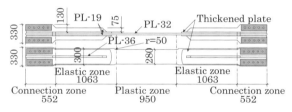

Fig.19.13 Core plate shape of BRBSM on the first floor

Table 19.4　Design parameters of RC structure and BRBSM angle

Floor	RC structure			$_Aγ_y$ (rad)	BRBSM			$_AQ_y/_AP_y$	K/K_C
	$_AQ_y$ (kN)	Q_y (kN)	K_C (kN/mm)		$_AP_y$ (kN)	P_y (kN)	K (kN/mm)		
12	9534	8960	790	1/1000	4767	690	1362	0.5	1.72
11	14680	13796	859		7340	1062	2097		2.44
10	19200	18043	935		9600	1389	2743		2.93
9	23229	21830	1020		11615	1681	3318		3.25
8	26905	25283	1140		13453	1947	3844		3.37
7	30205	28385	1218		15103	2186	4315		3.54
6	33148	31151	1293		16574	2398	4735		3.66
5	35732	33579	1345		17866	2585	5105		3.79
4	37967	35679	1455		18984	2747	5424		3.73
3	39922	37517	1583		19961	2910	5545		3.5
2	41528	39026	1837		20764	3027	5768		3.14
1	42798	40219	2890		21399	3215	5350		1.85

Table 19.5　Details of plasticizing part of BRBSM

Floor	Core plate length l_B (mm)	Plastic zone			Plastic zone length $λ_1l_B$	Judgment $0.2l_B ≦ λ_1l_B ≦ 0.8l_B$
		Section	Width-thickness ratio	Weak shaft slenderness ratio		
12	3880	15×130	8.7	269	0.3l_B	OK
11		19×155	8.2	212		OK
10		22×175	8.0	183		OK
9		22×215	9.8	183		OK
8		22×220	8.8	161		OK
7		22×245	9.8	134	0.25l_B	OK
6		22×240	8.6	120		OK
5		22×260	9.3	120		OK
4		22×275	9.8	110		OK
3	3980	22×290	10.4	113	0.23l_B	OK
2		22×300	10.7	113		OK
1	4180	22×280	8.8	104		OK

19.6.6　損傷制御RC構造の静的増分解析

BRBSMをRC構造に斜行配置した損傷制御RC構造の静的増分解析結果をFig.19.14に示す。固有値解析より、損傷制御RC構造の1次固有周期は0.580sであった。各階のBRBSMの$γ_y$はFig.19.14二重線に示すように概ね1/1000rad であることを確認する。この時のベースシア係数は0.28である。同時に、エネルギー法で用いる5階の部材が短期許容応力度に達したステップを点線で、エネルギー法で用いる3階のRC部材が降伏したステップを破線で、全階が保有水平耐力に達するステップを一点鎖線で示している。

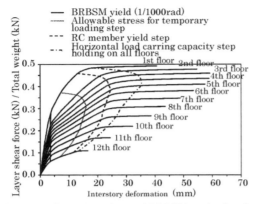

Fig.19.14 Core plate shape of BRBSM on the first floor

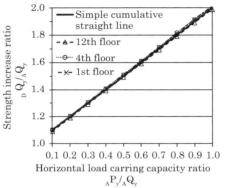

Fig.19.15 $_DQ_y/_AQ_y$ - $_AP_y/_AQ_y$ Relationship

各階のγ_yを1/1000rad、BRBSMを1つの階に8本斜行配置した場合の耐力上昇比$_DQ_y/_AQ_y$保有水平耐力比$_AP_y/_AQ_y$関係をFig.19.15に示す。$_DQ_y/_AQ_y$は、損傷制御RC構造の保有水平耐力$_DQ_y$をRC構造の保有水平耐力$_AQ_y$で除した値である。本試設計の$_AP_y/_AQ_y$はTable19.4より0.50であるため、単純累加が成り立つ。

19.6.7 エネルギー法による応答評価

損傷制御RC構造の静的増分解析結果を用いてエネルギー法による応答評価を行う。Fig.19.14の点線における1階の割線剛性(6978N/mm)より、算出した損傷限界時固有周期T_d：(LV1地震動)は0.717sである。安全限界固有周期T_s（LV2地震動）は、設計用疑似応答速度スペクトルより、エネルギーの速度換算値Vが最も大きくなる$1.2T_d$（0.860s）で決定する。損傷制御RC構造に作用するLV1地震動におけるエネルギーE_dは403kN・m、LV2地震動におけるエネルギーE_sは14532kN・mである。

Table 19.6 Energy calculation result for level 2 seismic motion

Floor	Damage control RC structure		RC structure		BRBSM			Each floor $_sW_e$(kN·m)
	$_DQ_{E2}$ (kN)	$_D\delta_{E2}$ (mm)	Q_{E2} (kN)	W_{fi} (kN·m)	$_AP_y$ (kN)	W_{dei} (kN·m)	W_{dpi} (kN·m)	
12	14219	11.5	9451	55	1767	8	384	446
11	21788	16	14448	116	7340	13	917	1046
10	28445	19	18845	179	9600	17	1490	1686
9	34372	21	22757	239	11615	20	2035	2295
8	39759	21.8	26306	286	13453	24	2456	2766
7	44591	22.8	29488	337	15103	26	2920	3284
6	48883	23.6	32309	381	16574	29	3324	3734
5	52632	24.3	34766	422	17866	31	3717	4170
4	55852	23.7	36868	437	18984	33	3834	4305
3	58627	22.8	38666	442	19961	36	3841	4318
2	60853	20.4	40089	409	20764	37	3490	3936
1	62571	13	41172	268	21399	43	1929	2239

LV2地震動に対するエネルギー計算結果をTable19.6に示す。$\gamma_y=1/1000$radであり、単純累加が成立していることを確認しているため、RC構造が負担する層せん断力Q_{E_2}は、損傷制御RC構造の層せん断力$_DQ_{E_2}$から$_AP_y$を減じたものとしている。累積塑性変形の程度を表す数値はLV1地震動を2、LV2地震動を5としている。LV2地震動に対して損傷制御RC構造が吸収できるエネルギー$_sW_e$の合計は34225kN・mであり、E_s=14532kN・mより上回る。E_sを$_sW_e$で除して平方根とした値を、Fig.19.14の破線で示した層間変形角(Table19.6の$_D\delta_{E_2}$)に乗じることでLV2地震動に対する応答変形角γ_{E_2}を算出する。LV1地震動に対するエネルギー計算も同様に行っている。応答評価をTable19.7に示す。γ_{E_2}とγ_Aは概ね対応する。更に、LV1地震動に対するγ_{res}を確認する。Table19.7よりγ_{E_1}の最大値は5階で1/892radである。BRBSMの塑性率は1.12である。LV1地震動時の5階の割線剛性比3.46と塑性率1.12を用いて算出したγ_{res}は1/10742radとなり、1/1000rad以下を満足する。これより、全設計クライテリアを満足することを確認した。

19.6.8 S-GPL構法の設計

S-GPLの必要最大せん断耐力q_aはBRBSMの最大耐力P_{max}で決定する。S-GPLが最大形状となる1階のS-GPLの詳細をTable19.8に示す。BRBSM芯材塑性化部の最大軸歪ε_{max}=0.77%は、Table19.7のR_{E_2}から算出している。芯材がSN材におけるε_{max}=3%時のBRBSMの耐力上昇率P/P_yが1.7となる関係より、P/P_yは1.15である。P_{max}は3697kNとなる。必要q_aはP_{max}に$\sin\theta$または$\cos\theta$と安全率1.25を乗じた値となる。スタッドはSS400の丸鋼とし、Table19.8のスタッド本数の2倍として算出した。(19.7)式の判別式を満足するスタッド長さl_eを決定する。

19.7 時刻歴応答解析

RC純ラーメン構造、試設計を行った損傷制御RC構造の応答性状、エネルギー法による応答評価を時刻歴応答解析により確認する。

Table 19.7 Response evaluation

Floor	Level 1 earthquake ground motion R_{E1}(rad)	Level 2 earthquake ground motion R_{E2}(rad)
12	1/2031	1/466
11	1/1416	1/336
10	1/1180	1/283
9	1/1046	1/256
8	1/994	1/248
7	1/943	1/236
6	1/915	1/229
5	1/892	1/222
4	1/929	1/227
3	1/1006	1/242
2	1/1153	1/272
1	1/2116	1/473

Table 19.8 Details of the S-GPL on the first floor

BRBSM				S-GPL							
ε_y (%)	ε_{max} (%)	P/P_y	P_{max} (kN)		Necessary q_a(kN)	stud			4d	$(L_R-t_G)/2$	l_e
						d	$_{sc}n$	Array			
0.17	0.77	1.15	3697	Pillar side stud group	2311	φ32	9	3×3	128	355	175
				Beam side stud group	4002	φ36	12	3×4	144	186	175

19.7.1 時刻歴応答解析条件

時刻歴応答解析で入力する地震動をTable19.9に示す。観測地震波としてEl centro、TaFt、Hachinoheの3波、模擬地震波として日本建築センターの地震波BCJを採用する。各地震波を最大速度25cm/sで基準化したものをLV1入力地震動、最大速度50cm/sで基準化したものをLV2入力地震動とする。減衰は瞬間剛性比例型とし、1次固有周期に対する減衰定数は3%とする。

19.7.2 時刻歴応答解析結果

RC純ラーメン構造の最大応答変形角をFig.19.16に、損傷制御RC構造の最大応答変形角をFig.19.17に、LV2入力地震動に対する最大塑性率および最大応答変形角をTable19.10に示す。RC純ラーメン構造におけるLV1入力地震動に対する応答変形角は、目標応答変形角γ_A程度である。LV2入力地震動に対する応答変形角は、γ_Aを超えている。Table19.10より、最大塑性率は2.04である。損傷制御RC構造は、

Table 19.9　Input ground motion

Seismic wave	Level 1 earthquake ground motion		Level 2 earthquake ground motion	
	Maximum speed (cm/s)		Maximum speed (cm/s)	
El centro NS(1940)	25	256	50	513
Taft EW(1952)	25	255	50	510
Hachinohe NS(1968)	25	169	50	338
BCJ	25	207	50	356

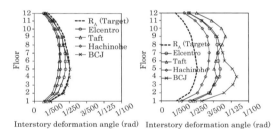

(a) Input seismic weve of LV1　(b) Input seismic weve of LV2

Fig.19.16　Maximum response interstory deformation angle of RC structure

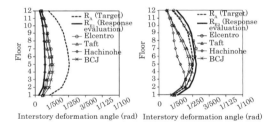

(a) Input seismic weve of LV1　(b) Input seismic weve of LV2

Fig.19.17　Maximum response interstory deformation angle of damage control RC structure

Table 19.10　Maximum ductility factor and maximum response deformation angle of LV2 input ground motion

Seismic wave	RC structure		Damage control RC structure		
	Maximum ductility factor	Maximum response interstory deformation angle (rad)	Maximum ductility factor		Maximum response interstory deformation angle (rad)
	Beam end		Beam end	BRBSM	
El centro NS(1940)	1.37	1/148	0.75	4.36	1/227
Taft EW(1952)	1.49	1/136	0.74	3.83	1/253
Hachinohe NS(1968)	1.15	1/182	0.69	2.84	1/317
BCJ	2.04	1/116	0.66	3.48	1/276

LV2入力地震動において、最大応答変形角はγ$_A$程度に制御されている。Table19.10より、損傷制御RC構造におけるRC構造の最大塑性率は0.75、BRBSMの最大塑性率は4.36である。RC構造は弾性挙動域である。また、エネルギー法による応答評価と各入力地震動に対する最大応答変形角は概ね対応している。これより、損傷制御RC構造を成立させる設計法の有効性を確認した。

19.8　結

　剛性・耐力調節BRBSMおよびスタッド付きガセットプレートを用いた構法により、損傷制御RC構造を成立させる設計法について検討し、以下の知見を得た。

(1) 提案した構造要素を用いた構法により、損傷制御RC構造を成立させる設計法を示した。

(2) 剛性・耐力調節BRBSMスおよびスタッド付きガセットプレート構法の設計法を示した。

(3) 設計法に従い、損傷制御RC構造を成立させる上で最適な配置形式である斜行配置による設計例を示し、時刻歴応答解析により、設計法の有効性を確認した。

引用・参考文献

1) 座屈拘束ブレースおよびスタッド付きガセットプレートを用いた損傷制御RC構造の設計法（DESIGN METHOD FOR A DAMAGE-CONTROLLED RC STRUCTURE USING BUCKLING-RESTRAINED BRACES AND STUD-GUSSET PLATE)、小寺直幸、大家貴徳、坂田弘安、岩田衛（日本建築学会構造系論文集、第698号、pp.533-540、2014.4）

第20章
BRBSMを用いたRC構造
－アンカーレス構法－

20.1 序

　従来のRC構造では、柱、梁、耐力壁などの主体構造が損傷することで地震エネルギーの吸収を行っており、大地震後の継続利用等が困難であった。建物の財産保持の観点から主体構造の損傷を抑える必要がある。

　制振部材を用いることで損傷を抑える損傷制御構造がある。しかしながら、鋼構造では、耐震部材および制振部材としてBRBSMが多用されているが、RC構造ではほとんどない。

　19章ではBRBSMをRC骨組に適用するため、スタッド付きガセットプレートを柱、梁に埋込む接合部の設計法について述べている。しかし、この構法ではBRBSMが主体構造と一体化されているため、補修に手間がかかる。また、一体となっていることで制振部材を含めた設計が必要となり複雑になる。

　そこで、RC構造に鉄骨枠付きBRBSMをはめ込むだけのグラウト材を用いたアンカーレス構法の提案と実験が行われている。アンカーレス構法を用いることで、RC骨組にガセットプレート等を埋め込む必要がないため、分離が可能である。そのため、RC骨組とBRBSMを要求に合わせ各々設計でき、設計が容易になる。また、巨大地震によりBRBSMが損傷を受けた場合、BRBSMのみ、あるいは鉄骨枠ごと取り替えることにより、建物の継続利用が可能である。

　グラウト材を用いたアンカーレス構法ではRC骨組の内側に鉄骨枠を設け、BRBSMを配置している。RC骨組と鉄骨枠の隙間にはグラウト材を用いて接触させる。しかし、この構法では鉄骨枠に局部変形が生じ、RC骨組と鉄骨枠の密着度が十分ではなく、離間が生じ引張側ではBRBSMの効果を発揮できない。

　グラウト材とは異なるアンカーレス構法として、ベッドプレート（以下、BPと呼ぶ）および楔を用いたアンカーレス構法を考える。コンクリート強度が高い試験体と低い試験体による実験を行い、BPおよび楔を用いたアンカーレス構法の構造性能を確認する。

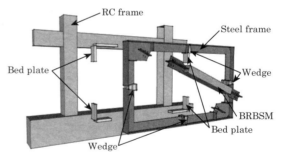

(a) Construction method

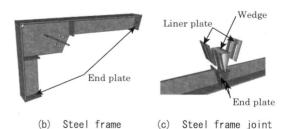

(b) Steel frame　　(c) Steel frame joint

Fig.20.1　Construction method and details of each member evaluation formula

20.2 構法

20.2.1 構法概要

Fig.20.1に構法および部材詳細図を示す。この構法は新規建物に用いることを想定するが、RC骨組と鉄骨枠が分離しており施工が容易なため耐震補強として用いることも考える。

あらかじめRC骨組の内側4隅に取り付けたインサートにBPをボルトで固定する。鉄骨枠はT形鋼を用い、施工性を考慮しFig.20.1（b）に示すようにL字形に4分割とする。鉄骨枠の接合にはFig.20.1（c）のように、接触面が密着するよう、傾斜を設けたエンドプレート同士の間に楔を打ち込み一体化させる。楔を打ち込むことで鉄骨枠に初期圧縮力が生じ、一体化が可能である。この際、隙間が生じないようライナープレートを適当な枚数入れる。更に、楔と鉄骨枠はボルトで仮止めを行い、溶接をする。BPと鉄骨枠はボルト等で接合せず接触接合とし、メタルタッチにより力の伝達を行う。

制振部材としてBRBSMを用いる。BRBSMは鉄骨枠に設けたガセットプレートに高力ボルトで固定する。また、面外方向へのずれを防止するため、BP側面に設けたボルト孔にプレートを取り付け面外方向のずれを拘束する。

躯体の損傷については、LV1地震動に対し、RC骨組は継続利用が可能である残留ひび割れ幅を0.2mm以下、LV2地震動に対しては、コンクリートは修復可能である残留ひび割れ幅を1.0mm以下とし、いずれも修復可能範囲内に抑える。BRBSMが早期降伏によりエネルギー吸収を行う。

20.2.2 BRBSM

BRBSMは、芯材を2つの鋼モルタル板を用いた拘束材で補剛することにより、圧縮時においても座屈をせず、引張時と同等の性能を発揮する部材である。芯材にはクリアランス調整材を貼付することで、モルタルとの間に生じる摩擦力を抑え、復元力特性を安定させる。BRBSMは制振部材として高い性能を有しており、設定された荷重、変形で確実に降伏させ、芯材の塑性変形により、安定した復元力特性のもとでエネルギー吸収を行うことができる。

BRBSMをRC構造に適用するには早期降伏させ、小変形時からエネルギー吸収を行う必要がある。そのため、高い軸剛性と低い降伏耐力が要求される。10章の軸剛性・耐力調節BRBSMを用いて設計する。このBRBSMは芯材塑性化部の長さを変えることで軸剛性の調節が可能であり、芯材塑性化部の断面積を変えることで降伏耐力の調節も可能となる。

20.3 実験計画

20.3.1 試験体概要

各RC部材概要をTable20.1に、試験体全体をFig.20.2に示す。20-A試験体として強度$Fc=48N/mm^2$を1体、20-B試験体として強度$Fc=18N/mm^2$を1体、それぞれ1層1スパン1/3モデルで製作する。RCおよびBRBSMの芯材、鉄骨枠の素材試験結果をTable19.2に示す。

BRBSMの形状をFig.20.3に示す。BRBSMの端部はリブを設け十字断面とし、高力ボルトを用いて摩擦接合とする。拘束材と芯材の間にはクリアランス調整材を設けてクリアランスを確保する。BRBSMは層間変形角$γ=1/500rad$で降伏するよう、軸剛性を調整したものを用いる。また、拘束指標Rは9.4とする。

Table 20.1 RC member cross section

Compressive Strength (N/mm^2)	48(18)	
Section details	Column	Beam
Main reinforcement SD345(SD295)	12-D10	Upper end 3-D10 lower end 3-D10
Shear reinforcement muscle SD295	D6@50(100)	D6@75
Section b×D(mm)	200×200	100×230
Sectional view		

Table 20.2 Material test results

Specimen	Concrete compressive strength (N/mm²)	Main reinforcement (D10) SD295A/SD345 (A/B)		Shear reinforcement muscle (D6)		BRBSM SN400B		Steel frame flange SS400		Steel frame web SS400	
		Yield stress (N/mm²)	Tensile strength (N/mm²)	Yield stress (N/mm²)	Tensile strength (N/mm²)	Yield stress (N/mm²)	Tensile strength (N/mm²)	Yield stress (N/mm²)	Tensile strength (N/mm²)	Yield stress (N/mm²)	Tensile strength (N/mm²)
20-A	42.0	388	554	363	502	389	468	345	456	312	442
20-B	22.0	375	524								

Table 20.3 Loading data

Interstory deformation angle (rad)	Interstory deformation (mm)	Times
1/1600	0.76	2
1/800	1.52	2
1/400	3.03	2
1/200	6.08	2
1/100	12.2	2
1/50	24.3	2
1/25	48.6	1

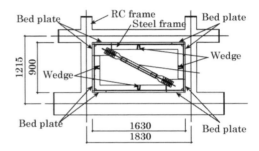

Fig.20.2 Overall specimen

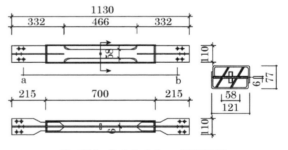

Fig.20.3 Detailed view of BRBSM

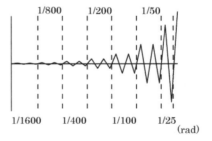

Fig.20.4 Loading cycle

20.3.2 載荷方法

載荷方法は、1000kN水平アクチュエータを用いた層間変位制御による引張力と圧縮力の交番繰返し載荷とする。載荷サイクルは、層間変形角γ=±1/1600rad、1/800rad、1/400rad、1/200rad、1/100rad、1/50radを2サイクルずつ繰返し、2回目の引張および圧縮載荷後にひび割れ観察を行う。その後、γ=±1/25radを1サイクル行い、耐力低下が見られない場合、引張単調載荷とする。また、あらかじめ鉛直アクチュエータによりRC柱に軸力比10%の圧縮力（20-A試験体で192kN、20-B試験体で96kN）をかける。安全性を考慮し、γ=1/50radの載荷終了時、RC柱の鉛直荷重を除荷し、RC柱から鉛直アクチュエータを切り離し載荷する。Table20.3に載荷データ、Fig.20.4に載荷サイ

クルを示す。載荷点は上梁端部とし、BRBSMに対し引張を＋方向、圧縮を－方向とする。

測定計画として、柱、梁部材芯の交差する点および、柱、基礎梁部材芯の交差する点における水平方向の相対変位を測定する。両柱の層間変位を平均した値を試験体の層間変位とする。BRBSMの軸方向変位はレーザー変位計を用いて、第1ボルト間（Fig.20.3b）におけるab間）で測定を行う。また、BRBSM歪は芯材塑性化部の両端部に歪ゲージを貼付け測定する。

交番繰返し載荷が安定して行えるよう、梁両端部に治具を設け4本のPC鋼棒を取り付ける。PC鋼棒には、歪ゲージを用いて、梁への影響がないよう僅かな張力を管理し与える。また、面外拘束のためのパンタグラフ、浮き上がり、横ずれ防止用の治具を設置する。Fig.20.5にセットアップ図を示す。

20.4 実験結果

荷重-層間変形関係をFig.20.6、BRBSMにおける軸方向荷重-歪関係をFig.20.7に、各サイクル最大荷重をTable20.4に示す。歪はBRBSMの各歪を降伏歪で除した値である。

20.4.1 20-A試験体（高強度）

γ=1/50radまで大きな耐力低下は見られず、安定した復元力特性を有している。γ=1/50radの載荷終了後、安全のため鉛直荷重を除荷し鉛直アクチュエータと柱を切り離し、載荷を続ける。γ=1/25radを1サイクル行っても耐力低下が見られなかったため引張単調載荷とし、γ=1/20rad程度で耐力が最大耐力の80%以下に低下したため載荷を終了した。BRBSMは、γ=1/100rad程度で降伏した。最大耐力は引張側で327.5kN、圧縮側で346.6kNである。

20.4.2 20-B試験体（低強度）

引張側γ=1/50radの2回目から耐力低下が見られ、γ=1/25radの圧縮側で耐力が最大耐力

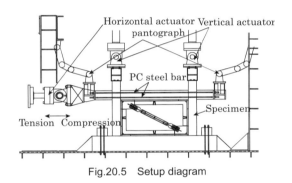

Fig.20.5　Setup diagram

Table 20.4　Each cycle maximum load

Interstory deformation angle (rad)	20-A				20-B			
	Tension (kN)		Compression (kN)		Tension (kN)		Compression (kN)	
	First time	Second time	First time	Second time	First time	Second time	First time	Second time
1/1600	76.7	78.3	-50.1	-49.6	35.9	37.8	-33.7	-33.1
1/800	110.5	112.1	-87.1	-84.4	60.1	59.6	-49.5	-50.8
1/400	162.2	158.4	-157.7	-154.3	149.5	147	-138.4	-100.7
1/200	233.12	239.7	-250.6	-242.2	197.7	192.9	-166.1	-166.8
1/100	287.5	284.7	-300.1	-299.9	244.2	236.3	-236.1	-218.3
1/50	316.6	321.7	-346.6	-321.3	271.4	229.1	-262.9	-230.3
1/25	283.9		-301.6		212		-189	
MAX	327.5		-346.6		275.79		-268.43	

の80%以下に低下している。引張単調載荷は行わず、γ=1/25radで載荷を終了した。20-A試験体同様γ=1/50radの載荷終了後、鉛直荷重を除荷し鉛直アクチュエータと柱を切り離し、載荷を続ける。BRBSMは、γ=1/125rad程度で降伏した。最大耐力は引張側で275.8kN、圧縮側で268.4kNである。

20.5 RC骨組

20-A試験体におけるγ=1/50rad時のRC骨組のひび割れは、4隅に多く生じ、梁両端部にひび割れが集中している。柱のひび割れはBRBSM接合部の加力側柱頭、非加力側柱脚に比較的多く見られる。20-B試験体におけるγ=1/50rad時のRC骨組のひび割れは、4隅に多く生じ、両側の柱脚に集中している。また、20-A試験体に比べ梁中央にひび割れが見られ、梁両端部の損傷も大きい。20-A試験体同様、柱のひび割れはBRBSM接合部の加力側柱頭、非加力側柱脚に多く生じている。

BRBSMはBPで反力をとり、力を発揮するため、RC骨組の4隅にひび割れが多く生じる。20-B試験体においてはRC骨組の損傷が大きく、RC骨組とBPの間にも隙間が生じているのが確認できる。

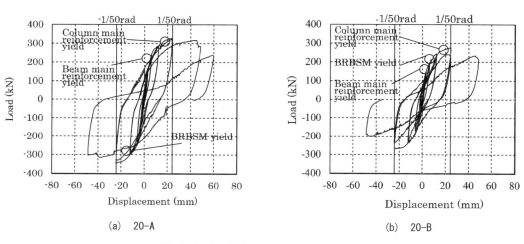

Fig.20.6 Load displacement relationships

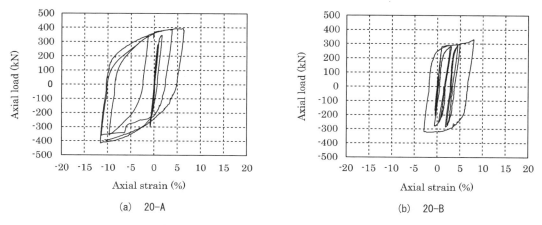

Fig.20.7 Axial load displacement relationships

20.6 鉄骨枠

載荷後、両タイプともに、亀裂や局部変形のような鉄骨枠の損傷はみられない。グラウト材タイプでは鉄骨枠の亀裂や局部変形が生じたため、本試験体では鉄骨枠の寸法を小さくし、座屈長さおよび剛性の調整を行っている。そのため鉄骨枠の損傷は改善されている。BPと鉄骨枠の離間については、引張側の載荷時はBRBSM配置部の左上および右下に、圧縮側の載荷時は左下および右上に集中している。RC骨組の変形が進むにつれ、鉄骨枠の離間が大きくなる。両タイプともにγ=1/50radでは5mm以上の離間が確認できる。Fig.20.8にγ=1/50rad引張時の離間状態を示す。鉄骨枠は4箇所で溶接接合されているため剛である。そのためRC骨組の変形に追随することができず、BRBSMへの力の伝達がスムーズになされない。

Fig.20.8 Separations

20.7 BRBSM

両タイプともに、想定した層間変形で降伏せず、γ=1/100rad程度で降伏した。そのため、エネルギー吸収が遅れRC骨組の損傷が大きくなっている。弾性範囲においては引張側と圧縮側で同程度の復元力特性を示したが、塑性化後についてはBRBSM歪が20-A試験体は圧縮側に、20-B試験体は引張側に偏っている。塑性化後に生じた残留変形や鉄骨枠の剛性の影響による。Fig.20.9に示すように、20-A試験体ではBRBSMの芯材に座屈モードが生じたが、20-B試験体では座屈モードが生じていない。20-B試験体は、Fig.20.10に示すように20-A試験体に比べ、RC骨組の損傷が大きい。すなわち、RC骨組がエネルギー吸収をしており、BRBSMの座屈モードが形成されなかったといえる。

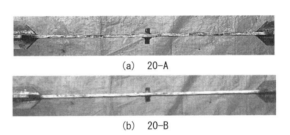

Fig.20.9 Failure mode status of core plates

20.8 グラウト材タイプとの比較

グラウト材タイプにおける荷重変位関係、BRBSM荷重歪関係をFig.20.11に、弾性範囲における荷重変位関係をFig.20.12に示す。グラ

Fig.20.10 Cracked states

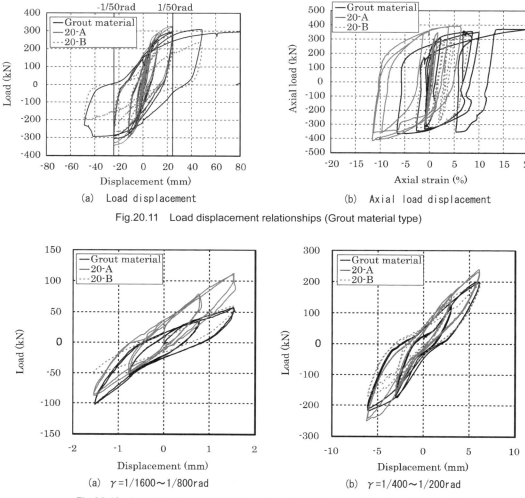

(a) Load displacement

(b) Axial load displacement

Fig.20.11 Load displacement relationships (Grout material type)

(a) $\gamma=1/1600〜1/800$rad

(b) $\gamma=1/400〜1/200$rad

Fig.20.12 Load displacement relationships of elastic range (Grout material type)

ウト材タイプのγ=1/800radまで生じていた引張側と圧縮側の耐力差は本試験体において、両タイプで緩和されている。また、スリップ型の履歴は、両タイプともγ=1/200radまでは生じていない。スリップ型の履歴が生じる原因はRCフレームと鉄骨枠の密着が不十分であるためBRBSMが効果を発揮していないことによる。本試験体においては、楔を打ち込みあらかじめ鉄骨枠に初期圧縮力を与えることで、弾性範囲内ではRCフレームから離間することなく密着させることができる。このことから弾性範囲においては楔を打ち込み、あらかじめ鉄骨枠に初期圧縮力を与えることは有効である。

20.9 構法の改良実験

20.9.1 改良構法

BPおよび楔を用いたアンカーレス構法ではBRBSMが塑性化した後、変形が大きくなるにつれBPと鉄骨枠が離間する現象が見られた。これはRC骨組の変形に鉄骨枠がうまく追随出来ていないため生じている。この構法においては鉄骨枠を4分割し柱、梁の中央位置で楔を打ち込み初期圧縮力を与え、一体化し溶接接合を行った。そのため、鉄骨枠の剛性が高くなりRC骨組の変形に対して、追随することができていない。

Fig.20.13に構法の改良案を示す。鉄骨枠はL字の2分割とし、BRBSMの配置していない側の対角に楔を打ち込み接合する。更に、楔は下面のみ現場溶接を行うことで、ピン接合となり、RC骨組の変形に追随する。

20.9.2 試験体概要

試験体は1体とし、1層1スパン1/3モデルで製作する（20-C試験体）。コンクリートの圧縮強度は$F_c=48N/mm^2$とし、RC部材概要をTable20.5に示す。鉄骨枠はSS400、BRBSMの芯材はSN400Bを用い、約29度の傾斜で取り付ける。コンクリートおよびBRBSMの芯材、鉄骨枠の素材試験結果をTable20.6に示す。

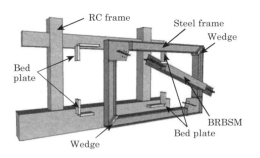

(a) Construction method

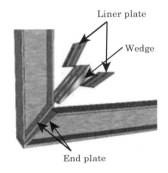

(b) Steel frame joint

Fig.20.13 Construction method and details of each member evaluation formula

20.9.3 載荷計画

セットアップ図をFig.20.14に示す。載荷方法、は前述の実験同様、引張力と圧縮力の交番繰返し載荷とする。（20.3.1節参照）あらかじめ柱にPC鋼棒8本を用いて、軸力比10%の圧縮力をかける。載荷点は上梁端部とし、1000kN水平アクチュエータを用いて載荷する。安全性を考慮し、γ=1/50radの載荷終了後、RC柱の軸力を除荷する。

Table 20.5　RC member cross section

Compressive Strength (N/mm^2)	48	
Section details	Column	Beam
Main reinforcement SD345	12-D10	Upper end　3-D10 lower end　3-D10
Shear reinforcement muscle SD295	D6@50	D6@75
Section b×D(mm)	200×200	100×230
Sectional view		

Table 20.6　Material test

Specimen	Concrete compressive strength (N/mm^2)	Main reinforcement (D10) SD345		Shear reinforcement muscle (D6) SD295A		BRBSM SN400B		Steel frame A flange SS400		Steel frame A web SS400		Steel frame B·C SS400	
		Yield stress (N/mm^2)	Tensile strength (N/mm^2)	Yield stress (N/mm^2)	Tensile strength (N/mm^2)	Yield stress (N/mm^2)	Tensile strength (N/mm^2)	Yield stress (N/mm^2)	Tensile strength (N/mm^2)	Yield stress (N/mm^2)	Tensile strength (N/mm^2)	Yield stress (N/mm^2)	Tensile strength (N/mm^2)
20-C	54.0	395	356	367	511	414	471	325	436	314	428	333	452

20.10 改良構法の実験結果と考察

20.10.1 実験結果

各サイクルにおける最大荷重をTable20.7、荷重-層間変形関係をFig.20.15、BRBSMの軸方向荷重-軸方向変位関係をFig.20.16に示す。γ=1/50radまでは大きな耐力低下は見られず、安定した履歴を描いている。更に、γ=1/25radを1サイクル行っても耐力低下が見られなかった。その後γ=1/20radの引張まで載荷をしたものの、耐力低下は見られず、安全のためその時点で載荷を終了した。

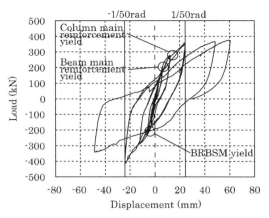

Fig.20.15　Load displacement relationship

Table 20.7　Each cycle maximum load

Interstory deformation angle (rad)	Improved construction methods type			
	Tension (kN)		Compression (kN)	
	First time	Second time	First time	Second time
1/1600	37.8	37.3	-53.5	-52.8
1/800	61.7	60.2	-86.7	-85.6
1/400	106	105	-161	-151
1/200	189	203	-228	-227
1/100	273	275	-283	-284
1/50	358	355	-403	-406
1/25	362		-334	
MAX	372		-414	

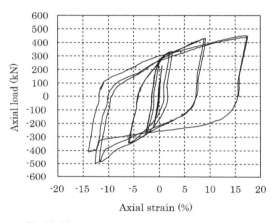

Fig.20.16　Axial load displacement relationship

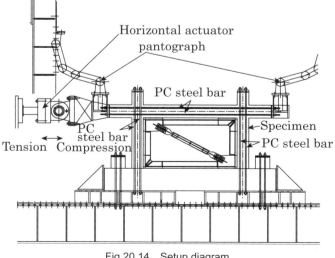

Fig.20.14　Setup diagram

20.10.2 考察

1) BRBSM

BRBSMは引張側の約γ=1/100rad、圧縮側の約γ=1/200radで降伏した。弾性範囲については、引張側と圧縮側で同程度の履歴を示す。Fig.20.16から、改良構法試験体では引張と圧縮両方で効果を発揮したのが分かる。鉄骨枠の形状を剛フレームからピンフレームにしたことで、鉄骨枠付きBRBSMがRC骨組の変形に追随する。

2) 鉄骨枠

Fig.20.17にγ=1/50rad引張時の離間状態を示す。鉄骨枠の離間に関してはγ=1/25radの圧縮載荷終了時に楔部の柱側で約10mmの離間が生じているが、梁側には生じていない。改良前の20-A試験体では柱側において、同様の大きさの離間が生じ、梁側においても離間が生じている。改良構法において、RC骨組の変形に対する鉄骨枠の追随性が向上し、離間箇所が減少している。

3) RC骨組

γ=1/100rad載荷終了時のひび割れをFig.20.18に、柱梁主筋歪度分布をFig.20.19に示す。γ=1/100radで柱脚の主筋が降伏歪に達し、γ=1/200radで梁端部の主筋が降伏歪に達

Fig.20.17　Separation

(a) Force side column base　　(b) Non-force side column base

Fig.20.18　Cracked state

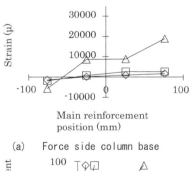

(a) Force side column base　　(b) Non-force side column base

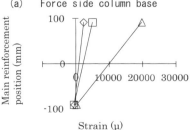

(c) Force side beam end　　(d) Non-force side beam end

―◇― : 1/200rad　　―□― : 1/100rad　　―△― : 1/50rad

Fig.20.19　Strain distribution of column and beam main reinforcement

している。RC骨組の主筋とBRBSMの降伏が$\gamma=1/100$rad付近で同時である。損傷制御設計を確立するためには、BRBSMをRC主筋より、先に降伏させる必要がある。

20.11 結

ベッドプレートおよび楔を用いたアンカーレス構法に鉄骨枠付きBRBSMを設ける構法の提案と実験を行い、以下の知見を得た。

(1) 楔の適用により鉄骨枠に初期圧縮力を与え、RC骨組と密着させることでアンカーレス構法が成り立つ。
(2) RC骨組と鉄骨枠の接触には、グラウト材を用いるよりBPおよび楔を用いたほうが、弾性範囲においてスリップ型の履歴は生じない。
(3) 鉄骨枠は剛フレームより、ピンフレームとすることで、RC骨組の変形に対して鉄骨枠の追随性が向上する。

引用・参考文献

1) 座屈拘束ブレースを制振部材として用いる損傷制御RC構造の実験的研究（A DAMAGE-CONTROLLED RC STRUCTURE USING THE BUCKLING-RESTRAINED BRACE AS A DAMPING MEMBER）、大竹誠寛、大家貴徳、毎田悠承、小谷野一尚、坂田弘安、岩田衛（日本建築学会構造系論文集、第688号、pp.1123-1129、2013.6）
2) 鉄骨枠付き座屈拘束ブレースを用いたアンカーレス構法の研究（THE ANCHOR-LESS STRUCTURAL SYSTEM USING A BUCKLING-RESTRAINED BRACE AND STEEL-FRAME）、菊池剛和、小谷野一尚、坂田弘安、岩田衛（日本建築学会技術報告集、第54号、pp.507-511、2017.6）

用語日英対照表

索引	日本語	英語	記号
あ	アクチュエータ	Actuator	
	圧延H形鋼	Rolled H-section steel	
	圧縮強度	Compressive strength	
	圧縮載荷	Compression loading	
	圧縮耐力	Compression strength	P_C
	圧縮引張耐力比	Compression-to-tension strength ratio	α
	圧縮ブレース	Compression brace	
	アンカーレス構法	Anchorless building system	
	安全限界	Safety limit	
	アンボンド材	Unbonded material	
い	一部降伏	Partial yielding	
	一定歪振幅繰返し載荷	Constant strain amplitude cyclic loading	
え	エネルギー吸収性能	Energy absorption performance	
	エネルギー吸収分布	Energy absorption distribution	
	エネルギー等価速度	Energy equivalent speed	
	エンドプレート	End plate	
お	オイラー座屈荷重	Euler buckling load	P_E
	応力集中	Stress concentration	
	応力歪関係	Stress-strain relationship	
か	解析モデル	Analysis model	
	回転方向の自由度	Freedom of rotation direction	
	拡大変形	Enlarged deformation	
	割線剛性	Secant stiffness	
	被り厚さ	Covering depth	
	完全溶込み溶接	Full penetration welding	
	観測地震波	Earthquake ground motion record	
	管理許容差	Permissible deviation in quality control	
き	機械的性質	Mechanical properties	
	強軸方向変形	Deformation in the strong axis direction	
	局部変形	Local deformation	
く	楔	Wedge	
	クッション材	Cushioning material	
	首折れ	Drooping neck	
	クリアランス	Clearance	
	クリアランス調整材	Clearance adjustment material	

	繰返し載荷	Cyclic loading	
け	軽量コンクリート	Lightweight concrete	
	限界許容差	Permissible deviation limit	
	限界性能	Limit-state performance	
	減衰効果	Damping effect	
	建築構造用圧延鋼材	Structural rolled steel	
こ	鋼管	Steel pipe / Steel tube	
	高性能タイプ	High performance type	
	構造ランク	Structure rank	
	拘束材	Restraining part	
	拘束指標	Restraining index	R
	高歪状態	High strain rate condition	
	降伏応力度	Yield stress	σ_y
	降伏層間変形角	Yield interstory deformation angle	γ_y
	降伏層せん断力	Yield story shear	
	降伏耐力	Yield strength	P_y
	降伏比	Yield ratio	
	降伏歪	Yield strain	ε_y
	降伏変位	Yield displacement	δ_y
	鋼棒	Steel bar	
	鋼木質複合構造	Composite steel-timber structure	CSTS
	鋼モルタル板	Steel mortar plank	
	高力ボルト	High strength bolt	
	固有周期	Natural period	
さ	載荷回数	Number of load application	
	載荷装置	Loading equipment	
	載荷歪	Loading strain	
	載荷方法	Loading method	
	載荷履歴	Loading history	
	最大耐力	Maximum strength	
	最大耐力比	Maximum strength ratio	
	材料試験	Material testing	
	材料特性	Material properties	
	座屈荷重	Buckling load	
	座屈拘束ブレース	Buckling-restrained brace	BRB
	座屈補剛	Buckling stiffening	
	座屈モード	Buckling mode	
	鞘管付き圧縮材	Sleeved compression member	
	算出概念図	Calculation concept diagram	

	残留せん断ひび割れ	Residual shear crack	
	残留層間変形角	Residual drift angle	
し	軸剛性	Axial stiffness	
	軸降伏強度	Axial yield strength	
	軸歪	Axial strain	
	軸方向の自由度	Freedom in the axial direction	
	軸方向変位	Axial displacement	
	軸力	Axial force	
	試験体重量	Specimen weight	
	時刻歴応答解析	Time history response analysis	
	地震応答	Seismic response	
	地震波	Seismic wave	
	実験結果	Experimental results	
	質量密度	Mass density	
	弱軸方向変形	Deformation in the weak axis direction	
	斜行配置	Oblique arrangement	
	シャルピー吸収エネルギー	Charpy absorbed energy	
	シャルピー衝撃試験	Charpy impact test	
	終局位置	Failure position	
	終局回数	Finial number of loading cycles	
	終局状態	Failure mode status	
	集成材	Laminated wood	
	主筋	Main reinforcement	
	主体構造	Primary structure	
	準耐火構造	Semi-fireproof construction	
	初期剛性	Initial stiffness	
	初期張力	Initial tension	
	初期品質	Initial quality	
	初期不整	Initial imperfection	
	芯材	Core plate	
	芯材形状	Core plate shape	
	芯材長さ	Core plate length	l_B
	振動モード	Vibration mode	
す	数値解析モデル	Numerical analysis model	
	スタッド付きガセットプレート構法	Building system using stud-gusset plates	
	スチールファイバー	Steel fiber	
	スペーサー	Spacer	
	隅肉溶接	Fillet weld	
	ずれ止め	Shear key	

せ	制振部材	Seismic-response control member	
	制振ブレース	Seismic-response control brace	
	脆性破壊	Brittle fracture	
	脆性破面率	Percent brittle fracture	
	静的増分解析	Static incremental analysis	
	性能評価下限式	Performance evaluation lower limit formula	
	性能評価指標	Performance evaluation index	
	設計基準強度	Design strength	
	設計クライテリア	Design criteria	
	設計値	Design value	
	設計フロー	Design flow	
	接合部ユニット	Joint unit	
	接触反力	Contact reaction force	
	接合部	Connection zone	
	接続プレート	Connection plate	
	遷移温度	Transition temperature	
	線形累積損傷則	Linear cumulative damage rule	
	せん断変形	Shear deformation	
	せん断補強筋	Shear reinforcement	
そ	増厚板	Thickened plate	
	層間変形角	Interstory deformation angle	
	層降伏	Story yield	
	総重量	Gross weight	
	層せん断力係数	Story shear coefficient	
	増分解析結果	Incremental analysis result	
	測定結果	Measurement results	
	塑性化部	Plastic zone	
	塑性化部長さ	Plastic zone length	l_C
	塑性歪	Plastic strain	
	塑性変形	Plastic deformation	
	塑性変形能力	Plastic deformation capacity	
	塑性率	Ductility factor	μ
	外ダイアフラム	Outer diaphragm	
	損傷限界	Damage limit	
	損傷制御構造	Damage-controlled structure	
	損傷制御接合部	Damage-controlled connection	
た	耐火性能	Fire resistance performance	
	耐荷性能	Load carrying capacity	
	耐震設計法	Seismic design method	

	耐震ブレース	Earthquake resistant brace	
	第2剛性	Secondary stiffness	
	耐用回数	Maximum number of loading cycles	
	短期許容応力度	Allowable stress for temporary loading	
	弾性挙動	Elastic behavior	
	弾性限界変形量	Elastic limit deformation amount	δ_y
	弾性バネ	Elastic spring	
	弾性部	Elastic zone	
	弾塑性応答	Elasto-plastic response	
	単調圧縮載荷	Monotonic compression loading	
	単調載荷	Monotonic loading	
	端部当て金	End patch	
	端部リブ	End rib	
	断面積拡縮	Sectional area expansion and contract	
	断面積拡大率	Expansion rate in the cross-sectional area	
ち	地動最大加速度	Peak ground motion acceleration	
	チューブ構造	Tube structure	
	中立軸	Netural axis	
	長期許容応力度	Allowable stress for sustained loading	
て	低降伏点鋼	Low yield point steel	
	鉄骨精度検査基準	Steel accuracy inspection standard	
	鉄骨枠	Steel frame	
と	等価線形化法	Equivalent linearization method	
に	入力レベル	Input level	
ね	熱影響部	Heat affected zone	
	熱電対	Thermocouple	
は	破壊繰返し数	Fracture repetition number	
	破壊形式	Failure type	
	柱主筋比	Main reinforcement ratio of column	
	破断伸び	Elongation at break	
	パネルゾーン	Panel zone	
	幅厚比	Width-thickness ratio	
	破面遷移温度	Fracture surface transition temperature	
	梁端部	End beam	
ひ	ビード不整	Bead irregularity	
	歪振幅	Strain amplitude	
	歪分布	Strain distribution	
	非線形構造解析	Nonlinear structural analysis	
	非線形動的応答解析	Nonlinear dynamic response analysis	

	日本語	English	記号
	ビッカーズ硬さ試験	Vickers hardness test	
	引張強度	Tensile strength	
	引張載荷	Tension loading	
	引張試験	Tension test	
	引張耐力	Tension strength	P_T
	引張鉄筋比	Tension reinforcement bar ratio	
	引張破断	Tension fracture	
	引張ブレース	Tension brace	
	引張力と圧縮力の交番繰返し載荷	Cyclic loading applied in tension and compression	
	必要軸剛性	Required axial stiffness	
	ひび割れ	Crack	
	標準せん断力係数	Standard shear force coefficient	
	ビルドアップH形鋼	Build-up H-section steel	
	疲労性能	Fatigue performance	
	疲労線図	Fatigue diagram	
	品質管理値	Quality control value	
ふ	復元力特性	Hysteresis characteristics	
	複合構造システム	Composite structure system	
	部分溶込み溶接	Partial penetration welding	
	分散配置	Distributed arrangement	
へ	ベースシア係数	Base shear coefficient	
	ベッドプレート	Bed plate	
	ヘルスモニタリング	Soundness monitoring	
	変位依存型	Displacement dependent type	
	変位制御	Displacement control	
	変形性能	Deformation capacity	
ほ	ポアソン比	Poisson's ratio	
	紡錘形曲線	Spindle shaped curve	
	方杖	Knee	
	補強リブ	Stiffening rib	
	母材	Base metal	
	細長比	Slenderness ratio	λ
	保有水平耐力	Horizontal load-carring capacity	
	保有性能	Seismic capacity	
	保有耐力	Load-carring capacity	
ま	マイナー則	Minor rule	
	丸鋼	Round steel bar	
	まわし溶接	Boxing	
み	溝形鋼	Channel steel	

め	面外荷重	Out-of-plane load	
も	模擬地震波	Simulated earthquake ground motion	
	目標応答変形角	Target response deformation angle	
や	ヤング係数	Young's modulus	E
ゆ	有限要素解析	Finite-element analysis	
よ	要求性能	Required performance	
	溶接時間	Weld time	
	溶接止端部	Welded toe portion	
	溶接条件	Welding condition	
	溶接速度	Welding speed	
	溶接長さ	Weld length	
	溶接部	Weld zone	
	溶着金属	Weld metal	
	予熱処理	Preheating treatment	
ら	ラーメン構造	Frame structure	
り	力学特性	Mechanical properties	
	リブ貫入長さ	Rib penetration length	
	リブ長さ	Rib length	
る	履歴曲線	Hysteresis curve	
	履歴減衰	Hysteretic damping	
	履歴特性	Hysteresis characteristics	
	履歴モデル	Hysteresis model	
	累積塑性歪エネルギー	Cumulative plastic strain energy	E_t
	累積塑性歪エネルギー率	Cumulative plastic strain energy ratio	ω
	累積塑性変形倍率	Cumulative plastic deformation ratio	η
	累積疲労	Cumulative fatigue	
	累積疲労損傷度	Cumulative fatigue damage rate	
れ	冷間成形	Cold forming	
	冷間成形角型鋼管	Cold-formed square steel tube	
	連層配置	Continuous multilayer arrangement	
わ	ワンパス溶接	Single-pass weld	

用語英日対照表

索引	英語	日本語	記号
A	Actuator	アクチュエータ	
	Allowable stress for sustained loading	長期許容応力度	
	Allowable stress for temporary loading	短期許容応力度	
	Analysis model	解析モデル	
	Anchorless building system	アンカーレス構法	
	Axial displacement	軸方向変位	
	Axial force	軸力	
	Axial stiffness	軸剛性	
	Axial strain	軸歪	
	Axial yield strength	軸降伏強度	
B	Base metal	母材	
	Base shear coefficient	ベースシア係数	
	Bead irregularity	ビード不整	
	Bed plate	ベッドプレート	
	Boxing	まわし溶接	
	Brittle fracture	脆性破壊	
	Buckling load	座屈荷重	
	Buckling mode	座屈モード	
	Buckling stiffening	座屈補剛	
	Buckling-restrained brace	座屈拘束ブレース	BRB
	Building system using stud-gusset plates	スタッド付きガセットプレート構法	
	Build-up H-section steel	ビルドアップH形鋼	
C	Calculation concept diagram	算出概念図	
	Channel steel	溝形鋼	
	Charpy absorbed energy	シャルピー吸収エネルギー	
	Charpy impact test	シャルピー衝撃試験	
	Clearance	クリアランス	
	Clearance adjustment material	クリアランス調整材	
	Cold forming	冷間成形	
	Cold-formed square steel tube	冷間成形角型鋼管	
	Composite steel-timber structure	鋼木質複合構造	CSTS
	Composite structure system	複合構造システム	
	Compression brace	圧縮ブレース	
	Compression loading	圧縮載荷	
	Compression strength	圧縮耐力	P_c

	Compression-to-tension strength ratio	圧縮引張耐力比	α
	Compressive strength	圧縮強度	
	Connection plate	接続プレート	
	Connection zone	接合部	
	Constant strain amplitude cyclic loading	一定歪振幅繰返し載荷	
	Contact reaction force	接触反力	
	Continuous multilayer arrangement	連層配置	
	Core plate	芯材	
	Core plate length	芯材長さ	l_B
	Core plate shape	芯材形状	
	Covering depth	被り厚さ	
	Crack	ひび割れ	
	Cumulative fatigue	累積疲労	
	Cumulative fatigue damage rate	累積疲労損傷度	
	Cumulative plastic deformation ratio	累積塑性変形倍率	η
	Cumulative plastic strain energy	累積塑性歪エネルギー	E_t
	Cumulative plastic strain energy ratio	累積塑性歪エネルギー率	ω
	Cushioning material	クッション材	
	Cyclic loading	繰返し載荷	
	Cyclic loading applied in tension and compress	引張力と圧縮力の交番繰返し載荷	
D	Damage limit	損傷限界	
	Damage-controlled connection	損傷制御接合部	
	Damage-controlled structure	損傷制御構造	
	Damping effect	減衰効果	
	Deformation capacity	変形性能	
	Deformation in the strong axis direction	強軸方向変形	
	Deformation in the weak axis direction	弱軸方向変形	
	Design criteria	設計クライテリア	
	Design flow	設計フロー	
	Design strength	設計基準強度	
	Design value	設計値	
	Displacement control	変位制御	
	Displacement dependent type	変位依存型	
	Distributed arrangement	分散配置	
	Drooping neck	首折れ	
	Ductility factor	塑性率	μ
E	Earthquake ground motion record	観測地震波	
	Earthquake resistant brace	耐震ブレース	
	Elastic behavior	弾性挙動	

	Elastic limit deformation amount	弾性限界変形量	δ_y
	Elastic spring	弾性バネ	
	Elastic zone	弾性部	
	Elasto-plastic response	弾塑性応答	
	Elongation at break	破断伸び	
	End beam	梁端部	
	End patch	端部当て金	
	End plate	エンドプレート	
	End rib	端部リブ	
	Energy absorption distribution	エネルギー吸収分布	
	Energy absorption performance	エネルギー吸収性能	
	Energy equivalent speed	エネルギー等価速度	
	Enlarged deformation	拡大変形	
	Equivalent linearization method	等価線形化法	
	Euler buckling load	オイラー座屈荷重	P_E
	Expansion rate in the cross-sectional area	断面積拡大率	
	Experimental results	実験結果	
F	Failure mode status	終局状態	
	Failure position	終局位置	
	Failure type	破壊形式	
	Fatigue diagram	疲労線図	
	Fatigue performance	疲労性能	
	Fillet weld	隅肉溶接	
	Finial number of loading cycles	終局回数	
	Finite-element analysis	有限要素解析	
	Fire resistance performance	耐火性能	
	Fracture repetition number	破壊繰返し数	
	Fracture surface transition temperature	破面遷移温度	
	Frame structure	ラーメン構造	
	Freedom in the axial direction	軸方向の自由度	
	Freedom of rotation direction	回転方向の自由度	
	Full penetration welding	完全溶込み溶接	
G	Gross weight	総重量	
H	Heat affected zone	熱影響部	
	High performance type	高性能タイプ	
	High strain rate condition	高歪状態	
	High strength bolt	高力ボルト	
	Horizontal load-carring capacity	保有水平耐力	
	Hysteresis characteristics	復元力特性	

	Hysteresis characteristics	履歴特性	
	Hysteresis curve	履歴曲線	
	Hysteresis model	履歴モデル	
	Hysteretic damping	履歴減衰	
I	Incremental analysis result	増分解析結果	
	Initial imperfection	初期不整	
	Initial quality	初期品質	
	Initial stiffness	初期剛性	
	Initial tension	初期張力	
	Input level	入力レベル	
	Interstory deformation angle	層間変形角	
J	Joint unit	接合部ユニット	
K	Knee	方杖	
L	Laminated wood	集成材	
	Lightweight concrete	軽量コンクリート	
	Limit-state performance	限界性能	
	Linear cumulative damage rule	線形累積損傷則	
	Load carrying capacity	耐荷性能	
	Load-carring capacity	保有耐力	
	Loading equipment	載荷装置	
	Loading history	載荷履歴	
	Loading method	載荷方法	
	Loading strain	載荷歪	
	Local deformation	局部変形	
	Low yield point steel	低降伏点鋼	
M	Main reinforcement bar	主筋	
	Main reinforcement ratio of column	柱主筋比	
	Mass density	質量密度	
	Material properties	材料特性	
	Material testing	材料試験	
	Maximum number of loading cycles	耐用回数	
	Maximum strength	最大耐力	
	Maximum strength ratio	最大耐力比	
	Measurement results	測定結果	
	Mechanical properties	力学特性	
	Mechanical properties	機械的性質	
	Minor rule	マイナー則	
	Monotonic compression loading	単調圧縮載荷	
	Monotonic loading	単調載荷	

N	Natural period	固有周期	
	Netural axis	中立軸	
	Nonlinear dynamic response analysis	非線形動的応答解析	
	Nonlinear structural analysis	非線形構造解析	
	Number of load application	載荷回数	
	Numerical analysis model	数値解析モデル	
O	Oblique arrangement	斜行配置	
	Outer diaphragm	外ダイアフラム	
	Out-of-plane load	面外荷重	
P	Panel zone	パネルゾーン	
	Partial penetration welding	部分溶込み溶接	
	Partial yielding	一部降伏	
	Peak ground motion acceleration	地動最大加速度	
	Percent brittle fracture	脆性破面率	
	Performance evaluation index	性能評価指標	
	Performance evaluation lower limit formula	性能評価下限式	
	Permissible deviation in quality control	管理許容差	
	Permissible deviation limit	限界許容差	
	Plastic deformation	塑性変形	
	Plastic deformation capacity	塑性変形能力	
	Plastic strain	塑性歪	
	Plastic zone	塑性化部	
	Plastic zone length	塑性化部長さ	l_C
	Poisson's ratio	ポアソン比	
	Preheating treatment	予熱処理	
	Primary structure	主体構造	
Q	Quality control value	品質管理値	
R	Required axial stiffness	必要軸剛性	
	Required performance	要求性能	
	Residual drift angle	残留層間変形角	
	Residual shear crack	残留せん断ひび割れ	
	Restraining index	拘束指標	R
	Restraining part	拘束材	
	Rib length	リブ長さ	
	Rib penetration length	リブ貫入長さ	
	Rolled H-section steel	圧延H形鋼	
	Round steel bar	丸鋼	
S	Safety limit	安全限界	
	Secant stiffness	割線剛性	

	Secondary stiffness	第2剛性	
	Sectional area expansion and contract	断面積拡縮	
	Seismic capacity	保有性能	
	Seismic design method	耐震設計法	
	Seismic response	地震応答	
	Seismic wave	地震波	
	Seismic-response control brace	制振ブレース	
	Seismic-response control member	制振部材	
	Semi-fireproof construction	準耐火構造	
	Shear deformation	せん断変形	
	Shear key	ずれ止め	
	Shear reinforcement	せん断補強筋	
	Simulated earthquake ground motion	模擬地震波	
	Single-pass weld	ワンパス溶接	
	Sleeved compression member	鞘管付き圧縮材	
	Slenderness ratio	細長比	λ
	Soundness monitoring	ヘルスモニタリング	
	Spacer	スペーサー	
	Specimen weight	試験体重量	
	Spindle shaped curve	紡錘形曲線	
	Standard shear force coefficient	標準せん断力係数	
	Static incremental analysis	静的増分解析	
	Steel accuracy inspection standard	鉄骨精度検査基準	
	Steel bar	鋼棒	
	Steel fiber	スチールファイバー	
	Steel frame	鉄骨枠	
	Steel mortar plank	鋼モルタル板	
	Steel pipe / Steel tube	鋼管	
	Stiffening rib	補強リブ	
	Story shear coefficient	層せん断力係数	
	Story yield	層降伏	
	Strain amplitude	歪振幅	
	Strain distribution	歪分布	
	Stress concentration	応力集中	
	Stress-strain relationship	応力歪関係	
	Structural rolled steel	建築構造用圧延鋼材	
	Structure rank	構造ランク	
T	Target response deformation angle	目標応答変形角	
	Tensile strength	引張強度	

	Tension brace	引張ブレース	
	Tension fracture	引張破断	
	Tension loading	引張載荷	
	Tension reinforcement bar ratio	引張鉄筋比	
	Tension strength	引張耐力	P_T
	Tension test	引張試験	
	Thermocouple	熱電対	
	Thickened plate	増厚板	
	Time history response analysis	時刻歴応答解析	
	Transition temperature	遷移温度	
	Tube structure	チューブ構造	
U	Unbonded material	アンボンド材	
V	Vibration mode	振動モード	
	Vickers hardness test	ビッカーズ硬さ試験	
W	Wedge	楔	
	Weld length	溶接長さ	
	Weld metal	溶着金属	
	Weld time	溶接時間	
	Weld zone	溶接部	
	Welded toe portion	溶接止端部	
	Welding condition	溶接条件	
	Welding speed	溶接速度	
	Width-thickness ratio	幅厚比	
Y	Yield displacement	降伏変位	δ_y
	Yield interstory deformation angle	降伏層間変形角	Y_y
	Yield ratio	降伏比	
	Yield story shear	降伏層せん断力	
	Yield strain	降伏歪	ε_y
	Yield strength	降伏耐力	P_y
	Yield stress	降伏応力度	σ_y
	Young's modulus	ヤング係数	E

BRBSM関連文献リスト（2000年8月～2018年2月）；

1. Buckling-restrained braces as hysteretic dampers、(岩田　衛、加藤貴志、和田　章)、STESSA 2000, Montreal、pp.33-38、2000年8月
2. Passive damping technology for buildings in Japan、(和田　章、黄　一華、岩田　衛)、Progress in Structural Engineering and Materials, Vol2, No3, pp.335-350、2000年9月
3. 梁材の力学的性能が柱梁溶接接合部の変形能力に与える影響に関する実験的研究、(中込忠男、的場　耕、岩田　衛)、日本建築学会構造系論文集、第540号、pp.111-117、2001年2月
4. 損傷制御構造における座屈拘束ブレースの性能評価、(加藤貴志、岩田　衛、和田　章)、日本建築学会構造系論文集、第552号、pp.101-108、2002年2月
5. Behavior of flat system truss with hysteretic damper、(関戸宏幸、藤田正則、岩田　衛)、9th International Conference on Computing in Civil and Building Engineering, Taipei, pp.489-494、2002年4月
6. 欠陥を有する柱梁溶接接合部の変形能力に関する実験的研究、(中込忠男、服部和徳、市川祐一、的場　耕、岩田　衛)、日本建築学会構造系論文集、第556号、pp.145-150、2002年6月
7. 損傷制御構造とした軸降伏型ダンパーを有する平版システムトラスに関する研究、(藤田正則、関戸宏幸、岩田　衛)、日本建築学会構造系論文集、第559号、pp.165-172、2002年9月
8. 鋼モルタル板を用いた座屈拘束ブレースの実験的研究、(村井正敏、小林史興、野田隆博、岩田　衛)、日本建築学会構造系論文集、第569号、pp.105-110、2003年7月
9. Performance Evaluation of Buckling-Restrained Braces in Damage-Controlled Structures、(岩田　衛、加藤貴志、和田　章)、STESSA 2003, Naples, pp.37-43、2003年8月
10. 損傷制御構造とした軸降伏型履歴ダンパーを有する屋根構造の設計と施工、(藤田正則、前崎忠司、関戸宏幸、岩田　衛)、日本建築学会技術報告集、第18号、pp.85-90、2003年12月
11. Applications-Design of Buckling Restrained Braces in Japan、(岩田　衛)、13WCEE, STS Special Theme Session, Vancouver, MTC 12(pp.1-15)、2004年8月
12. 冗長性構造とした高張力鋼座屈拘束部材を有する平版システムトラスに関する研究、(藤田正則、関戸宏幸、岩田　衛)、日本建築学会構造系論文集、第583号、pp.85-90、2004年9月
13. 鋼モルタル板を用いた座屈拘束ブレースの実験的研究：その2製作簡易化と芯材幅厚比の変化、(小林史興、村井正敏、和泉田洋次、岩田　衛)、日本建築学会構造系論文集、第586号、pp.187-193、2004年12月
14. サステナブルビル構造システムの柱梁接合部に関する実験、(岡田　健、山本重治、山田　哲、岩田　衛)、日本建築学会構造系論文集、第591号、pp.145-152、2005年5月
15. ファサードエンジニアリングの統合に関する研究：既存ファサードの性能調査・分析、(竹内　徹、小谷野一尚、岩田　衛)、日本建築学会環境系論文集、第592号、pp.97-104、2005年6月
16. 鋼モルタル板を用いた座屈拘束ブレースの耐火性能、(齋藤啓一、中田安洋、村井正敏、岩田　衛)、日本建築学会技術報告集、第22号、pp.223-226、2005年12月
17. ファサードエンジニアリングの統合に関する研究-統合ファサードの提案および性能評価、(竹内　徹、小谷野一尚、安田幸一、湯浅和博、岩田　衛)日本建築学会環境系論文集、No.601、pp.81-88、2006年3月
18. Buckling-restrained brace using steel mortar planks; performance evaluation as a hysteretic damper、(岩田　衛、村井正敏)、Earthquake Engineering and Structural Dynamics, 2006; 35:1807-1826、2006年7月
19. サステナブルビル構造システムの柱梁接合部の力学モデルとその検証、(岩田　衛、平田倫央、山本重治、長尾真奈)、

日本建築学会構造系論文集、第606号、pp.187-193、2006年8月

20. Studies on Integrated Building Façade Engineering with High-Performance Structural Elements、(竹内　徹、安田幸一、岩田　衛)、International Association for Bridge and Structural Engineering, Budapest, pp.442-443 (CD8p.)、2006年9月
21. Buckling behavior of the core plate on buckling-restrained braces、(岩田　衛、村井正敏)、STEEL, A New and Traditional Material for Building, The International Conference in Metal Structures, Poiana Brasov, Romania, pp.165-172、2006年9月
22. 統合ファサードによる既存不適格建物の耐震改修、(竹内　徹、安田幸一、湯浅和博、岡山俊介、宮崎健太郎、岩田　衛)、日本建築学会技術報告集、第24号、pp. 161-166、2006年12月
23. 鋼モルタル板を用いた座屈拘束ブレースの実験的研究：その3芯材の座屈挙動、(岩田　衛、村瀬　亮、和泉田洋次、村井正敏)、日本建築学会構造系論文集、第611号、pp.133-139、2007年1月
24. 高性能硬質ポリウレタンフォームにより小型・軽量化した座屈拘束ブレース、(村井正敏、金木洋平、南野　久、大石不二夫、岩田　衛)、日本建築学会技術報告集、第25号、pp.143-146、2007年6月
25. A mechanical model for a sustainable building structural system、(岩田　衛、平田倫央)、Ninth Canadian Conference on Earthquake Engineering, Ottawa, Canada, W3, 1010、2007年6月
26. 鋼モルタル板を用いた座屈拘束ブレースの有限要素法による弾塑性大変形の解析、(和泉田洋次、川上　誠、岩田　衛)、日本建築学会構造系論文集、第618号、pp.207-213、2007年8月
27. 弾塑性骨組に配置された座屈拘束ブレースの累積変形性能予測、(竹内　徹、宮崎健太郎、岩田　衛)、日本建築学会構造系論文集、第619号、pp.171-178、2007年9月
28. 鋼モルタル板を用いた座屈拘束ブレースの実験的研究：その4芯材幅厚比と拘束力および断面ディテールの影響、(村瀬　亮、村井正敏、岩田　衛)、日本建築学会構造系論文集、第620号、pp.117-124、2007年10月
29. サステナブルビル構造システムの部分架構実験、(島有希子、平田倫央、加藤貴志、村井正敏、岩田　衛)、日本建築学会技術報告集、第27号、pp.121-126、2008年6月
30. 初期不整を有する鋼モルタル板を用いた座屈拘束ブレースに関する実験的研究、(吉田文久、岡本勇紀、田所敦志、前田親範、岩田　衛)、日本建築学会技術報告集、第27号、pp.127-130、2008年6月
31. ファサードエンジニアリングの統合に関する研究—統合ファサードの構造性能、(金木洋平, 竹内　徹, 宮崎健太郎, 岩田　衛)、日本建築学会技術報告集、第27号、pp.137-142、2008年6月
32. 鋼モルタル板を用いた座屈拘束ブレースの実験的研究：芯材の降伏耐力および軸剛性の調節、(中村　慎、山下哲郎、村井正敏、岩田　衛)、日本建築学会構造系論文集、第629号、pp.1143-1150、2008年7月
33. 斜行配置座屈拘束ブレースによる耐震補強、(金木洋平、彦根　茂、山下哲郎、岩田　衛)、日本建築学会構造系論文集、第634号、pp.2215-2222、2008年12月
34. サステナブルビル構造システムの設計法の提案、(島有希子、古川純也、加藤貴志、前田親範、岩田　衛)、日本建築学会構造系論文集、第640号、pp.1179-1185、2009年6月
35. 鋼モルタル板を用いた座屈拘束ブレースの実験的研究：芯材長さ・塑性長さ比・端部リブ長さの影響、(田所敦志、緑川光正、村井正敏、岩田　衛)、日本建築学会構造系論文集、第641号、pp.1363-1369、2009年7月
36. Partial frame testing of a sustainable building steel structure system、(岩田　衛、島有希子)、STESSA 2009, Philadelphia, Pennsylvania, pp.283-289、2009年8月
37. ルーバーと座屈拘束ブレースから成る統合ファサードの構法成立、(中村　慎、彦根　茂、三澤　温、岩本静男、岩田　衛)、日本建築学会環境系論文集、第647号、pp.121-129、2010年1月
38. 鋼モルタル板あるいは鋼材を拘束材に用いた座屈拘束ブレースの比較実験、(小川　健、村井正敏、前田親範、岩田　衛)、日本建築学会技術報告集、第33号、pp.517-521、2010年6月
39. 鋼モルタル板を用いた座屈拘束ブレースの実験的研究：クリアランスの圧縮耐力への影響と圧縮耐力に応じた座屈モード数の評価、(緑川光正、佐々木大輔、麻里哲広、村井正敏、岩田　衛)、日本建築学会構造系論文集、第653号、

pp.1361-1368、2010年7月

40. Sustainable and quake-resistant façade for existing buildings、(彦根　茂、三澤　温、岩田　衛、岩本　静男、中村　慎)、International Association for Bridge and Structural Engineering, Venice, pp.426-427 (CD8)、2010年9月

41. Comparison tests of buckling-restrained braces using steel mortar planks or steel alone for restraining parts、(岩田　衛、小川　健、村井正敏)、Pacific Structural Steel Conference 2010, Beijing, China, pp1482-1490、2010年10月

42. 統合ファサードにおけるトリガーシステムの提案、(古川純也、伊藤　央、渡辺　仁、梅野　岳、岩田　衛)、日本建築学会構造系論文集、第657号、pp.2073-2078、2010年11月

43. 座屈拘束ブレースの脆性破壊に関する実験的研究：溶接を有する芯材の実験、(小川　健、中込忠男、若井亮太、村井正敏、岩田　衛)、日本建築学会構造系論文集、第661号、pp.667-674、2011年3月

44. 鋼モルタル板を用いた座屈拘束ブレースの実験的研究：座屈モード数の評価および圧縮引張耐力比と細長比の関係、(緑川光正、田中康隆、大竹誠寛、麻里哲広、村井正敏、岩田　衛)、日本建築学会構造系論文集、第664号、pp.1153-1160、2011年6月

45. Buckling-restrained braces using steel mortar planks; effects of the clearance between core plate and restraining element on compressive strength、(緑川光正、岩田　衛、佐々木大輔、村井正敏、麻里哲広)、4th International Conference on Advances in Experimental Structural Engineering, JRC, ELSA, Ispra, (CD11)、2011年6月

46. 座屈拘束ブレースの脆性破壊に関する実験的研究：芯材の溶接形状および実験温度による影響、(小川　健、中込忠男、若井亮太、村井正敏、岩田　衛)、日本建築学会構造系論文集、第666号、pp.1507-1514、2011年8月

47. Seismic retrofit with a new type of buckling-restrained brace、(大家貴徳、深沢　隆、岩田　衛、加藤史郎)、International Association for Bridge and Structural Engineering, London, pp.58 (CD8)、2011年9月

48. Inelastic behaviour of buckling-restrained braces using steel mortar planks、(緑川光正、岩田　衛、佐々木大輔、村井正敏、麻里哲広) International Association for Bridge and Structural Engineering, London, pp.392 (CD8)、2011年9月

49. A Damage-controlled structure using buckling-restrained knee braces、(岩田　衛、藤田正則)、Structural Engineering International, Vol.21, No.4, pp.462-470、2011年11月

50. Experimental study on brittle fracture of buckling-restrained braces influences of core plate welding specifications and experimental temperatures、(岩田　衛、村井正敏、中込忠男)、STESSA 2012, Santiago, Chile, pp.577-583、2012年1月

51. Cyclic Behaviour of Buckling-restrained Braces Using Steel Mortar Planks; Buckling Mode Number and Strength Ratio、(緑川光正、麻里哲広、岩田　衛、村井正敏、田中康隆)、15th World Conference on Earthquake Engineering, Lisbon, Portugal, Paper　(10 pages)、2012年9月

52. 鋼モルタル板を用いた座屈拘束ブレースの実験的研究：座屈モード数および圧縮引張耐力比と摩擦力の評価、(緑川光正、若山拓也、飯塚亮太、麻里哲広、村井正敏、岩田　衛)、日本建築学会構造系論文集、第681号、pp.1763-1771、2012年11月

53. 座屈拘束ブレースを用いた既存RC造建築物の耐震補強における接合部のせん断耐力の実験的研究、(大竹誠寛、稲田達夫、岩田　衛)、日本建築学会構造系論文集、第682号、pp.1925-1931、2012年12月

54. RC骨組と座屈拘束ブレースとの接合部に関する実験的研究、(小寺直幸、大家貴徳、毎田悠承、坂田弘安、岩田　衛)、日本建築学会技術報告集、第41号、pp.137-140、2013年2月

55. 座屈拘束ブレースを制振部材として用いる損傷制御RC構造の実験的研究、(大竹誠寛、大家貴徳、毎田悠承、小谷野一尚、坂田弘安、岩田　衛)、日本建築学会構造系論文集、第688号、pp.1123-1129、2013年6月

56. 鋼モルタル板を用いた座屈拘束ブレースの実験的研究：芯材細長比の違いによる強軸座屈モード、(飯塚亮太、若山

拓也、緑川光正、岩田　衛)、鋼構造論文集、第78号、pp.15-21、2013年6月

57. Evaluation of buckling mode number and compression-to-tension strength ratio of buckling-restrained braces、(緑川光正、岩田　衛、田中康隆、村井正敏、麻里哲広)、7th International Structural Engineering and Construction Conference, Honolulu, Hawaii、2013年6月

58. Bending test of the composite steel-timber beam、(藤田正則、岩田　衛)、Applied Mechanics and Materials, Vols.351-352, pp415-421、2013年6月

59. 座屈拘束ブレース付きRC構造におけるスタッド接合部の繰返しせん断実験、(小寺直幸、大家貴徳、坂田弘安、岩田　衛)、コンクリート工学年次論文集、Vol.35、No.2、pp.1201-1206、2013年7月

60. 鋼と木質材料の複合構造システムの構法成立の可能性、(藤田正則、宿輪桃花、大越友樹、村井正敏、岩田　衛)、日本建築学会環境系論文集、第691号、pp.725-731、2013年9月

61. 座屈拘束ブレースの脆性破壊に関する実験的研究：溶接接合された十字断面芯材の力学的性能（伊藤龍之介、中込忠男、村井正敏、岩田　衛、若井亮太)、日本建築学会構造系論文集、第691号、pp.1613-1620、2013年9月

62. Compressive-to-tensile strength ratio of buckling-restrained braces using steel-and-mortar planks、(若山拓也、大浦　匠、緑川光正、岩田　衛、飯塚亮太、村井正敏、麻里哲広)、The thirteenth east Asia-pacific conference on structural engineering and construction, Sapporo, Japan、2013年9月

63. 鋼木質複合梁部材の曲げ実験、(大越友樹、藤田正則、村井正敏、岩田　衛)、日本建築学会技術報告集、第43号、pp.967-970、2013年10月

64. 鋼モルタル板を用いた座屈拘束ブレースの実験的研究：摩擦力分布を考慮した圧縮引張耐力比の算定手法とその評価、(緑川光正、若山拓也、麻里哲広、岩田　衛)、日本建築学会構造工学論文集、Vol.60B、pp.307-315、2014年3月

65. 座屈拘束ブレースおよびスタッド付きガセットプレートを用いた損傷制御RC構造の設計法、(小寺直幸、大家貴徳、毎ం悠承、坂田弘安、岩田　衛)、日本建築学会構造系論文集、第698号、pp.533-540、2014年4月

66. 鋼モルタル板を用いた座屈拘束ブレースの構面外機構安定性、(竹内　徹、松井良太、三原早紀、大家貴徳、岡本勇紀、小﨑　均、岩田　衛)、日本建築学会技術報告集、第45号、pp.569-574、2014年6月

67. 座屈拘束方杖ブレースを有する鋼木質複合構造の設計法の提案、(大越友樹、藤田正則、小田大貴、岩田　衛)、日本建築学会構造系論文集、第700号、pp.847-855、2014年6月

68. Buckling-mode number and compressive-to-tensile strength ratio of buckling-restrained braces、(緑川光正、岩田　衛、若山拓也、飯塚亮太、岡崎太一郎、麻里哲広)、Tenth U.S. National Conference on Earthquake Engineering, Anchorage, Alaska、2014年7月

69. 累積塑性歪エネルギー率の大きな座屈拘束ブレースの研究、(飯塚亮太、小谷野一尚、緑川光正、岩田　衛)、日本建築学会構造系論文集、第701号、pp.1015-1023、2014年7月

70. Trial design of the composite steel-timber structure、(藤田正則、大越友樹、小田大貴、岩田　衛)、37th IABSE Symosium, Madrid, Spain、2014年9月

71. Building system for a composite steel-timber structure、(藤田正則、酒井惇平、小田大貴、岩田　衛)、Euro Steel 2014, 7th European Conference on Steel and Composite Structures, Naples, Italy, pp527-528(USB p.5)、2014年9月

72. Building system for a composite steel-timber structure、(藤田正則、酒井惇平、小田大貴、岩田　衛)、Steel Construction, Volume 7,pp.183-187、2014年9月

73. 疲労性能の高い座屈拘束ブレースの研究、(小谷野一尚、宮川和明、小出秀一、喜多村亘、岩田　衛)、日本建築学会技術報告集、第47号、pp.137-140、2015年2月

74. 鋼モルタル板を用いた座屈拘束ブレースの実験的研究：鋼製ずれ止め位置が力学性能に及ぼす影響及び座屈変形の評価、(菱田俊介、大浦　匠、緑川光正、岩田　衛、岡崎太一郎、麻里哲広)、日本建築学会構造工学論文集、Vol.61B、pp.141-149、2015年3月

75. The buckling-restrained brace with high fatigue performance、(小谷野一尚、小出秀一、宮川和明、岩田　衛)、

STESSA 2015, Shanghai, China, pp.133-134 (CD6p)、2015年7月

76. Behavior of the composite steel-timber structure with semi-rigid joint、(藤田正則、林 伴尊、大越友樹、岩田 衛)、STESSA 2015, Shanghai, China, pp.385-386 (CD6p)、2015年7月

77. 座屈拘束ブレースの力学的性能に及ぼすモルタル強度の影響、(山崎 翔、緑川光正、岩田 衛、岡崎太一郎、麻里哲広)、鋼構造年次論文報告集、第23巻、pp.671-675、2015年11月

78. 芯材の曲げ座屈変形が座屈拘束ブレースの力学的性能に及ぼす影響、(菱田俊介、緑川光正、岩田 衛、岡崎太一郎、麻里哲広)、鋼構造年次論文報告集、第23巻、pp.705-712、2015年11月

79. 座屈拘束ブレースの小塑性歪振幅における疲労性能の研究、(小谷野一尚、小出秀一、中込忠男、緑川光正、岩田 衛)、日本建築学会技術報告集、第50号、pp.115-119、2016年2月

80. Bending deformation of the steel core of buckling-restrained braces、(緑川光正、菱田俊介、岩田 衛、岡崎太一郎、麻里哲広)、Geotechnical & Structural Engineering Congress, Innovative System for Seismic Resistance、2016年2月

81. The buckling-restrained brace having high structural performance、(岩田 衛、緑川光正、小谷野一尚)、The International Colloquium on Stability and Ductility of Steel Structures, pp.767-774, Universitatea Politehnica Timisoara, Romania、2016年5月

82. 座屈拘束ブレースの破壊モード・圧縮耐力上昇・エネルギー消費性能、(大内京太郎、山崎 翔、緑川光正、岩田 衛、岡崎太一郎、麻里哲広)、日本建築学会構造工学論文集、Vol.63B、pp.543-552、2017年3月

83. 鉄骨枠付き座屈拘束ブレースを用いたアンカーレス構法の研究、(菊池剛和、小谷野一尚、坂田弘安、岩田 衛)、日本建築学会技術報告集、第54号、pp.507-511、2017年6月

84. 鋼モルタル板を用いた座屈拘束ブレースの疲労性能の研究、(小谷野一尚、中込忠男、緑川光正、岩田 衛)、日本建築学会構造系論文集、第736号、pp.921-928、2017年6月

85. 中層鋼構造建築に組込まれた座屈拘束ブレースの性能評価、(成井涼平、小谷野一尚、緑川光正、中込忠男、岩田 衛)、鋼構造論文集、第95号、pp.41-48、2017年9月

86. 鋼モルタル板を用いた座屈拘束ブレースの製作時の品質管理値の検証、(小谷野一尚、岩田 衛、荏本孝久、緑川光正、坂田弘安、藤田正則)、神奈川大学工学研究（共同研究）、第1号、2018年2月

87. 鋼モルタル板を用いた座屈拘束ブレースのクリアランスとモルタルが力学性能に及ぼす影響、(小谷野一尚、岩田 衛、荏本孝久、緑川光正、中込忠男、大熊武司)、神奈川大学工学研究（プロジェクト研究）、第1号、2018年2月

88. Performance Evaluation of Buckling-Restrained Braces Installed in a Mid-rise Steel Structure、(成井涼平、小谷野一尚、緑川光正、中込忠男、岩田 衛)、STESSA 2018, Christchurch, New Zealand、2018年2月

89. Verification of Clearance and Gap for Fabricating the Buckling-restrained Brace Using steel Mortar Planks、(小谷野一尚、藤田正則、岩田 衛)、STESSA 2018, Christchurch, New Zealand、2018年2月

90. Buckling-restrained brace with high structural performance、(岩田 衛、緑川光正、小谷野一尚)、Berlin, Steel Construction-Resign and Research、2018年2月

おわりに

　BRBSM付き建築物においては、最大級のレベルの大地震においても主体構造は無傷でBRBSMのみに損傷が生じる。BRBSMの損傷コストは、設計時に、建築物の構造信頼性および地震の発生確率から予め予測することができる。また、地震後の建築物の損傷度を把握する地震ヘルスモニタリングシステムを利用すると、より正確に損傷コストを把握できる。大地震後に構造のどこが損傷しているか分らない従来の建築物においては、地震ヘルスモニタリングには難しい点が多々あったが、BRBSM付き建築物ならば、損傷はBRBSMのみに限られるので、現実的な地震ヘルスモニタリングが可能となる。

　リスクマネジメントにおけるリスク処理の方法には、損傷発生前に損傷を最小に抑えるように、その原因や対象を事前にコントロールしようというリスクコントロール手法と、損傷発生後に損傷を金銭的に補填するリスクファイナンス手法がある。従来の耐震設計や防災対策等の技術は、リスクコントロール手法によるリスクの軽減と位置付けられる。一方、BRBSM付き建築物には、リスクファイナンス手法も容易に適用できる。建築物の所有者は、BRBSMの損傷コストの期待値に基づき、そのリスクを自分自身で保有し、補修費用を予め用意しておくことができる。

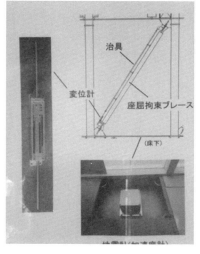

リスクファイナンス手法には、リスクの転嫁もある。リスク転嫁の代表例が地震保険である。しかし、個人住宅では地震保険は既にあるが、実際に貰う保険料は少なく、リスクの完全な転嫁にはなっていない。損傷額が大きくなることが予想される建築物（事務所、高層集合住宅等）に対しては、保険金額が膨大になるため保険料も高くなり、保険制度自体に問題を有する。BRBSM付き建築物ならば、この問題解決の糸口となり、安い保険料の設定が可能になると考えている。

　最後になりますが、本書で述べた多くの研究成果は、共同研究をしてきて頂いた緑川光正博士（北海道大学名誉教授）、中込忠男博士（信州大学名誉教授）、竹内徹博士（東京工業大学教授）、坂田弘安博士（東京工業大学教授）、山田哲博士（東京工業大学教授）、藤田正則博士（山口大学教授）、並びに研究に際して御指導して頂いた秋山宏博士（東京大学名誉教授）、大熊武司博士（神奈川大学名誉教授）、瀧口克己博士（東京工業大学名誉教授）、小野徹郎博士（名古屋工業大学名誉教授）、和田章博士（東京工業大学名誉教授）の方々、更に研究室に所属していた歴代の学生、大学院生の協力によるものであります。また、村井正敏氏（元神奈川大学主任技術員）、小谷野一尚氏（神奈川大学助手）、岩田研究室最終年度の大学院生である菊池剛和氏、成井涼平氏には、本書を纏めるにあたり、資料整理などで多大な協力を頂きました。ここに心よりの謝意を表させて頂きます。

　恩師藤本盛久博士（東京工業大学名誉教授、神奈川大学名誉教授）には、学生時代、企業勤務時代、大学勤務時代を通して、45年以上にわたり暖かい御指導を頂きました。ここに改めて謝意を表させて頂きます。

2018年3月

岩田　衛

Conclusion

In buildings incorporating the BRBSM, the primary structure is kept intact and only the BRBSM is damaged when exposed to a major earthquake. The BRBSM repair cost can be predicted at the time of design based on the structural reliability of the building and the probability of an earthquake. Damage recovery costs can be grasped more accurately by using earthquake safety monitoring systems that permit the detection of the actual extent of damage after the occurrence of an earthquake. There were many difficulties in applying the earthquake safety monitoring system to conventional buildings in which damaged parts could not be located. However, for buildings incorporating the BRBSM, earthquake safety monitoring is possible, as damage is limited to the BRBSM.

In risk management, there are two methods for handling risks. One is a risk control method in which structural parts likely to be damaged and the form of damage are controlled in advance to minimize damage. The other is risk financing in which damage is financially compensated after the event. Conventional techniques such as seismic design and disaster prevention measures are positioned as risk reduction using the risk control method. Meanwhile, risk financing can be applied without difficulty to buildings incorporating the BRBSM. Based on the expected value of the damage repair cost, the building owners retain the risk themselves and are able to prepare expenses in advance.

The risk financing technique also involves risk transfer. A typical example of risk transfer is earthquake insurance. Earthquake insurance for private homes is already available; however, the amount of insurance money received is so small that risk transfer is not complete. In office and high-rise apartment buildings, an enormous amount of damage is assumed. In such a case, the insurance amount becomes huge and so does the insurance premium. This is a problem with the insurance system itself.

Buildings incorporating the BRBSM provide a way of solving this problem and reducing premiums.

Finally, I would like to express my deep gratitude to my research collaborators and the many other people involved in the creation of this book for their enormous cooperation and support.

Dr. Mitsumasa Midorikawa (professor emeritus, Hokkaido University), Dr. Tadao Nakagome (professor emeritus, Shinshu University), Dr. Toru Takeuchi (professor, Tokyo Institute of Technology), Dr. Hiroyasu Sakata (professor, Tokyo Institute of Technology), Dr. Satoshi Yamada (professor, Tokyo Institute of Technology) and Dr. Masanori Fujita (professor, Graduate School of Science and Engineering, Yamaguchi University). Without their support, the research and study achievements presented in this book would not have been possible. I would like to thank Dr. Hiroshi Akiyama (professor emeritus, University of Tokyo), Dr. Takeshi Okuma (professor emeritus, Kanagawa University), Dr. Katsuki Takiguchi (professor emeritus, Tokyo Institute of Technology), Dr. Tetsuro Ono (professor emeritus, Nagoya Institute of Technology), and Dr. Akira Wada (professor emeritus, Tokyo Institute of Technology) for their guidance in pursuing my studies.

I would like to thank Mr. Masatoshi Murai (former technician at Kanagawa University, Dept. of Architecture and Building Engineering), Dr. Kazuhisa Koyano (Assistant porfessor, Kanagawa University), Mr. Takamasa Kikuchi and Mr. Ryohei Narui, graduate students in the final year of the Iwata Laboratory, for their enormous cooperation in preparing and organizing materials for compiling this book. I would also like to thank the students and graduate students who used to belong to the laboratory for their cooperation.

I would like to thank anew my former teacher, Dr. Morihisa Fujimoto (professor emeritus, Tokyo Institute of Technology and Kanagawa University) for his kind guidance for over 45 years since my student years throughout my working career as a corporate employee and university faculty member.

March 2018
Mamoru IWATA

著者略歴

岩田　衛（いわた　まもる）
1947年6月30日静岡県生

主な資格
　工学博士（東京工業大学.工博第514号.1975年3月）
　一級建築士（登録番号87875.1974年1月）
　技術士（建設）（登録番号27321.1993年2月）

主な経歴
　1966年3月　　静岡県立沼津東高校卒業
　1970年3月　　東京工業大学理工学部建築学科卒業
　1975年3月　　東京工業大学理工学研究科建築学専攻博士課程修了
　1988年9月　　ＭＩＴ　Visiting Engineer（至1989年6月）
　1989年7月　　新日本製鐵株式会社建築事業部技術開発室長
　1992年4月　　名古屋工業大学共同研究センター客員教授（至1999年3月）
　1992年7月　　新日本製鐵株式会社建築事業部鉄構設計室長
　1995年7月　　新日本製鐵株式会社建築事業部技術開発部長
　1999年4月　　神奈川大学工学部建築学科教授（至2018年3月）
　2002年4月　　神奈川大学工学研究所所長（至2006年3月）

主な日本建築学会歴
　2003年6月　　図書理事（建築雑誌編集委員長）（至2005年5月）
　2005年4月　　地球環境本委員会委員長（至2007年3月）
　2006年9月　　大会（関東）実行副委員長
　2009年6月　　監事（至2011年5月）
　2012年6月　　副会長（至2014年5月）
　2014年4月　　気候変化による災害防止に関する特別調査委員会委員長（至2016年3月）

主な業績
　著書：一次元部材論、実教出版（共著）．1981年9月
　　　　はじめてのシステムトラス、建築技術（単著）．1996年6月
　　　　建築物の損傷制御設計、丸善（共著）．1998年7月
　　　　建築鋼構造のシステム化、鋼構造出版（共著）．2001年2月
　　　　Innovative Approaches to Earthquake Engineering、Chapter 2、WIT Press（共著）．2002年1月
　受賞：日本建築学会賞（論文）（システムトラスに関する研究）．1998年4月
　　　　日本建築学会賞（技術）（建築物の損傷制御構造の研究・開発・実現）（共同）．2003年4月
　　　　文部科学大臣表彰科学技術賞（地球環境に配慮したサステナブル建築構造の技術の振興）（共同）．2011年4月
　論文：＜査読付き論文；201編＞
　　　　日本建築学会論文集；85編、日本建築学会技術報告集；24編
　　　　国際論文；77編、その他；15編
　発明：NSトラス（システムトラス）
　　　　鋼モルタル板座屈拘束ブレース　他

鋼モルタル板を用いた座屈拘束ブレース
(こう)(ばん)(もち)(ざ くつこうそく)

2018年3月20日　第1刷発行

著　者　岩田　衛
　　　　(いわた)(まもる)

発行者　坪内　文生

発行所　鹿島出版会
　　　　104-0028　東京都中央区八重洲2丁目5番14号
　　　　Tel. 03 (6202) 5200　振替 00160-2-180883

落丁・乱丁本はお取替えいたします。
本書の無断複製(コピー)は著作権法上での例外を除き禁じられています。
また、代行業者等に依頼してスキャンやデジタル化することは、たとえ
個人や家庭内の利用を目的とする場合でも著作権法違反です。

装幀：石原 亮　　DTP：エムツークリエイト　　印刷・製本：壮光舎印刷
©Mamoru IWATA. 2018
ISBN 978-4-306-03384-9　C3052　　Printed in Japan

本書の内容に関するご意見・ご感想は下記までお寄せください。
URL : http://www.kajima-publishing.co.jp
E-mail : info@kajima-publishing.co.jp